Individualarbeitsrechtliche Informationsrechte des Arbeitnehmers

Europäische Hochschulschriften
Publications Universitaires Européennes
European University Studies

Reihe II
Rechtswissenschaft

Série II Series II
Droit
Law

Bd./Vol. 3680

PETER LANG
Frankfurt am Main · Berlin · Bern · Bruxelles · New York · Oxford · Wien

Heiko Kunst

Individualarbeitsrechtliche Informationsrechte des Arbeitnehmers

Ein Beitrag zur Informationsordnung im Arbeitsverhältnis

PETER LANG
Europäischer Verlag der Wissenschaften

Bibliografische Information Der Deutschen Bibliothek
Die Deutsche Bibliothek verzeichnet diese Publikation in der Deutschen Nationalbibliografie; detaillierte bibliografische Daten sind im Internet über <http://dnb.ddb.de> abrufbar.

Zugl.: Darmstadt, Techn. Univ., Diss., 2002

D 17
ISSN 0531-7312
ISBN 3-631-51135-3

www.peterlang.de

Meiner lieben Mutter

Vorwort

Die vorliegende Arbeit wurde im Wintersemester 2002/2003 vom Fachbereich Rechts- und Wirtschaftswissenschaften der Technischen Universität Darmstadt als Dissertation angenommen.

Das Manuskript war im Winter 2002 abgeschlossen, bis dahin erschienene Literatur wurde bei der Erstellung berücksichtigt.

Mein erster Dank gilt Herrn Prof. Dr. Egbert Nickel, der die vorliegende Arbeit mit dem rechten Maß an Großzügigkeit und Nachdruck betreut hat, für seine wertvolle fachliche und persönliche Unterstützung am rechten Ort zur rechten Zeit. Mein Dank gilt auch der stets kollegialen und freundschaftlichen Zusammenarbeit an seinem Lehrstuhl und umfasst das ganze Mitarbeiterteam.

Danken möchte ich ferner Herrn Prof. Dr. Richard Giesen, der in kürzester Zeit das Zweitgutachten erstellt hat, für seinen wissenschaftlichen und persönlichen Rat.

Frankfurt am Main, den 22.02.2003 Heiko Kunst

Inhaltsverzeichnis

1. KAPITEL:

EINFÜHRUNG

A. Herleitung der Fragestellungen

„Ich weiß, also bin ich", so mag der moderne Mensch des beginnenden 21. Jahrhunderts die Frage nach dem Stellenwert von Wissen beantworten.[1] Zu dieser Erkenntnis kann der Mensch in allen Bereichen des Lebens gelangen. Ohne Wissen kann er weder am Leben (mit anderen) teilnehmen noch (eigen-) verantwortlich zu dessen Gestaltung tätig werden.[2]

In diesem Zusammenhang erweist sich Information als die entscheidende Basis, um Wissen zu erlangen.[3] Ihre herausragende Bedeutung in der heutigen Gesellschaft[4] hat zu einer strukturellen Änderung aller Lebensbereiche geführt und den Wechsel von der Industrie- zur Informationsgesellschaft eingeleitet.[5] Insbesondere im wirtschaftlichen Bereich ist sie als Produktions-, Wettbewerbs- und

---

[1] Das geht noch über die Feststellung „Wissen ist Macht" – ein Francis *Bacon* (1561-1626) zugeschriebener Ausspruch („for knowledge itself is power") - hinaus.

[2] Ebenso *Bell*, Gesellschaft, S. 41; *Tinnefeld/Ehmann*, Datenschutzrecht, S. 2 ff. und S. 29. Das gilt auch für Information; vgl. etwa *Werckmeister*, DVR 7 (1978), 105. Siehe zu diesem Thema ausführlich *Edvinsson/Brüning*, Aktivposten Wissenskapital, Wiesbaden 2000.

[3] Wie sich später (siehe 2. Kapitel, B) zeigen wird, beinhaltet Information aber nicht nur Wissen, sondern auch Kenntnis hinsichtlich anderer Gegebenheiten. Als Beispiel aus der Rechtsprechung sei hier genannt, dass das *Bundesverfassungsgericht* (NJW 1994, 2143, LS 1) ausländischen Mietern gegenüber ihren (inländischen) Vermietern ein Recht auf Zugang zu Heimatsendern gewährt. Das Gericht räumt in dieser Entscheidung der Informationsfreiheit einen hohen Stellenwert im privaten Bereich (Wahrung der kulturellen Identität) ein.

[4] Vgl. *Ehmann/Sutschet*, RDV 1997, 5 („Jede Gesellschaft ist auf Informationen angewiesen und kann ohne sie nicht funktionieren"); ferner *Werckmeister*, DVR 7 (1978), 102.

[5] Vgl. grundlegend *Bell*, Gesellschaft, S. 134, 353 f.; ferner *Gassmann*, Datenschutz in Europa, S. 11; *Werckmeister*, DVR 7 (1978), 102; *Zöllner*, Informationsordnung, S. 12 jeweils m.w.N. Auch *Sieber*, Missbrauch, S. 186, spricht von einer „zweiten industriellen Revolution". Siehe zu diesem Thema ausführlich *Hoeren/Queck*, Rechtsfragen der Informationsgesellschaft, Berlin 1999; *Tauss*, Deutschlands Weg in die Informationsgesellschaft, Baden-Baden 1996, *Wanckel*, Persönlichkeitsschutz in der Informationsgesellschaft, Frankfurt am Main 1999. Nicht zu übersehen ist, dass sich die Gesellschaft heute sogar schon zur „globalen Wissensgesellschaft" weiter entwickelt hat; ebenso u.a. *Bell*, Gesellschaft, S. 219 ff., 370 ff.; siehe in diesem Sinne ferner den *Bangemann-Report*, Europe and the Global Information Society, Brüssel 1994.

Machtfaktor[6] von wachsender Relevanz.[7] Dort werden die Möglichkeiten der neuen (Informations-) Techniken und Medien verstärkt genutzt, um einen immer unkomplizierteren und schnelleren Zugriff auf immer größere Informationsmengen zu erzielen.[8] Ein anderer Gesichtspunkt kommt hinzu: Je komplexer die Lebenssachverhalte in unseren Gesellschaften mit der Zeit geworden sind, um so wertvoller werden die Informationen, die den Empfänger befähigen, die Strukturen der Erscheinungen zu erkennen.[9] Information ist mehr und mehr zu einem geldwerten (immateriellen) „Gut" geworden.[10] Das gilt nicht mehr nur an der Börse[11] oder im Wettbüro, sondern in allen wirtschaftlichen Bereichen.[12]

---

[6] Vgl. *Hentze/Kammel*, Personalwirtschaftslehre, S. 42 („Macht definiert sich ... über die Möglichkeit bzw. Fähigkeit, den Zugang zu kritischen Ressourcen zu kontrollieren"); ferner *Rossnagel/Wedde/Hammer/Pordesch*, Digitalisierung, S. 38 ff.; *Steinmüller*, Informationsrecht, S. 2, 6.

[7] Ebenso etwa *Beyer*, GRUR 1990, 400; *Leutheusser-Schnarrenberger*, Informationsgesellschaft, S. 11; *Sieber*, Jura 1993, 562; *Tinnefeld/Ehmann*, Datenschutzrecht, S. 3; *Vogt*, DB 1978, 1481 jeweils m.w.N. Vgl. ferner ausführlich *Mikl-Horke*, Industrie- und Arbeitssoziologie, S. 309 ff. m.w.N. Sehr instruktiv auch *Flury*, Gewinnerläuterungsprinzipien, S. 10, die beim handelsrechtlichen Jahresabschluss des Einzelkaufmanns ohne Gewinnbeteiligungsabreden die Informationsfunktion in der Selbstinformation (des Kaufmanns) erkennt.

[8] Ebenso *Gassmann*, Datenschutz in Europa, S. 11 ff.; *Sieber*, Jura 1993, 562 (mit Beispielen technischer Entwicklung auf dem Gebiet der Informationstechnik); *Stettner*, Information, S. 35 jeweils m.w.N. *Zöllner*, Informationsordnung, S. 13 f. spricht von steigender Informationsdichte, was zum Ansteigen auch der qualitativen Bedeutung der Information führe. Vgl. in diesem Sinne ferner *Hilty*, Information Highway, S. 22 f.; *Steinmüller*, Informationsrecht, S. 8 ff.

[9] Vgl. *Egloff*, DVR 7 (1978), 118. Als Beispiele seien an dieser Stelle die Komplexität der Wirtschafts- und Währungsunion in Europa bzw. der rechtlichen Ausgestaltung der gesetzlichen Altersversorgung genannt.

[10] Vgl. *Hildebrand*, Informationsmanagement, S. 1 ff. Laut *Sieber*, Missbrauch, S. 187 ist „Information ... ein neues wirtschaftliches, kulturelles und politisches Gut." *Sieber*, a.a.O. sowie *ders.*, Jura 1993, 562 weist ebenfalls zutreffend darauf hin, dass anstelle körperlicher zunehmend auch andere unkörperliche Werte an Bedeutung gewinnen. Er nennt Urheberrechte, Giralgelder, Geschäftsgeheimnisse, Know-how. Vgl. ferner *Pethig*, Wirtschaftsgut, S. 2, der von „Informationsgut" spricht, das nützlich für einzelne Wirtschaftssubjekte ist und folglich Zahlungsbereitschaft hervorruft; ebenso *Wiebe*, Geistiges Eigentum, S. 99. Ähnlich auch *Hauck*, Wirtschaftsgeheimnisse, S. 20, 40, der wegen des besonderen Aufwands zur Informationsermittlung oder Informationsschöpfung und der Nachfrageorientierung bei Information von einem Wirtschaftsgut ausgeht. Auch *Podlech*, Gesellschaftstheoretische Grundlagen, S. 316 ff., erkennt in der postindustriellen Gesellschaft eine Verwandlung der Information in die Warenform.

[11] Siehe zu diesem Thema ausführlich *Henssler*, Anlegerschutz durch Information, in: ZHR 153 (1989), 611 ff.

[12] Dass sich diese Erkenntnis in Wissenschaft und Praxis durchgesetzt hat, zeigt sich nicht zuletzt an der Etablierung der wissenschaftlichen Fachgebiete Rechtsinformatik, Informationsrecht, Wirtschaftsinformatik und Informationsökonomik.

Mit dieser Entwicklung einher geht ein Zuwachs an Bedeutung der Ausgestaltung der informationellen Rahmenbedingungen.[13] Denn konkrete Probleme können entstehen, wenn in einzelnen (wirtschaftlichen, sozialen) Beziehungen (Informations-)Gefälle auftreten, die im Falle von nicht deckungsgleich verlaufenden Interessenmustern nicht ohne weiteres zu einem fairen und gerechten Ausgleich gebracht werden.[14] Naheliegendes Mittel, diese Konflikte zu lösen, ist die rechtliche Reglementierung des Informationsverkehrs.[15] „Es geht also darum, den sozialen Inhalt von Informationsrecht explizit zu bestimmen und die zu seiner Realisierung unternommenen bzw. zu unternehmenden Schritte konkret so auszugestalten, dass sie mit diesem Inhalt in Übereinstimmung stehen“.[16]

---

[13] Darauf weisen u.a. *Breisig/König/Wengelowski*, Mitarbeitergespräch, S. 32; *Fiedler*, JuS 1970, 603 ff.; *Fiedler/Ullrich*, Vorwort, S. V; *Haug*, Informationelle Strategien, S. 19; *Hentze/Kammel*, Personalwirtschaftslehre, S. 133; *Sieber*, Jura 1993, 570; *Steinmüller*, Informationsrecht, S. 11 f., 16; *Zöllner*, Informationsordnung, S. 14, 31 ff. jeweils m.w.N. hin. *Zöllner*, a.a.O., S. 7 f. spricht in diesem Zusammenhang von einer „Informationsordnung“. *Stettner*, Information, S. 37 ff. prüft eine „gegebene Informationsverfassung“. Für den Bereich des Datenschutzes und „... weit über die Datenschutzproblematik hinausgehend“ spricht *Gassmann*, Datenschutz in Europa, S. 14, 25 f. von der Notwendigkeit, neue Informationsrechte zu definieren und führt den Begriff „Informationsmanagement“ ein. Für den EDV-Bereich ebenso *Tinnefeld/Ehmann*, Datenschutzrecht, S. 28.

[14] *Bell*, Gesellschaft, S. 9, 30 f., 36 spricht ganz allgemein von Managementproblemen der postindustriellen Gesellschaft, die vom politischen System als „Schiedsrichter“ zu lösen sind. Auch *Grunewald*, AcP 190 (1990), 611 sieht (für den vorvertraglichen Bereich) im Wissensgefälle die Ursache für die Statuierung von Aufklärungs- und Hinweispflichten; ähnlich *Tinnefeld/Ehmann*, Datenschutzrecht, S. 42.

[15] Der Gesetzgeber hat dem angesprochenen Bedarf nach Normierungen im Zusammenhang mit der Gestaltung von Informationsbeziehungen frühzeitig Rechnung getragen, indem er im Zivilrecht eine ganze Fülle von Normen erlassen hat, die einzelne Informationsrechte beinhalten. So gelten für die verschiedenen schuldrechtlichen Vertragstypen u.a. die §§ 536c (Mängelanzeige des Mieters); 569 Abs. 4 (Angabe des wichtigen Grunds bei einer außerordentlichen Kündigung eines Mietvertrages); 650 Abs. 2 (Mitteilungspflicht des Werkunternehmers bei zu erwartender Überschreitung des Kostenanschlags); 665 Satz 2 (Anzeige über Abweichen des Beauftragten von den Weisungen des Auftraggebers); 666 (Auskunft und Rechenschaft beim Auftrag); 692 Satz 2 BGB (Änderung der vereinbarten Art der Aufbewahrung); 713 i.V.m. 666 BGB (Auskunft und Rechenschaft des geschäftsführenden Gesellschafters). Auch zivilrechtliche Nebenbestimmungen sind zur Bestimmung der informationellen Rahmenbedingungen erlassen worden. Vgl. im einzel-nen *Gäntgen*, Pflicht zum Hinweis, S. 9 f.; *Grunewald*, AcP 190 (1990), 610 f.; *Haug*, Informationelle Strategien, S. 37; Staudinger (*-Schmidt*), § 242 BGB Rz. 829 f. jeweils mit weiteren Beispielen und Nachweisen. Ein Beispiel aktueller gesetzgeberischer Aktivität ist das geplante, aber zur Zeit noch umstrittene Verbraucherinformationsgesetz.

[16] *Werckmeister*, DVR 7 (1978), 101. *Egloff*, DVR 7 (1978), 116 weist darauf hin, dass „die Informationsnormen ihrerseits integrierter Bestandteil der als einheitlich zu denkenden Rechtsordnung“ sind.

Allerdings sind dabei sowohl wilder Aktionismus[17] als auch Widersprüchlichkeiten zu vermeiden. Das gelingt nur, wenn zuvor Klarheit besteht über das „Gesamtgefüge der grundlegenden Regelungsideen".[18] Jede einzelne Informationsnorm ist im Idealfall Ausdruck einer dahinterstehenden Konzeption des Informationsverkehrs, die Gesamtheit der Informationsnormen erscheint als deren stringente Verwirklichung.[19] Die Informationsordnung ist den in der Gesellschaft vorzufindenden wirtschaftlichen und sozialen Handlungssystemen zu- bzw. untergeordnet.[20]

Anders als bei körperlichen Gegenständen ist die gesetzliche Regelung der Besitz- und Eigentumsverhältnisse an dem immateriellen Gut „Information" eine relativ neue legislative Aufgabe und Herausforderung.[21] Gefragt wird nach einer sozialverträglichen Informationsordnung, die insbesondere die Informationszugangsrechte klären muss.[22] Dabei ist zu bedenken, dass eine freie und offene wirtschaftliche (und politische) Ordnung ohne freien Fluss von Informationen heute nicht mehr vorstellbar ist.[23] Andererseits kann aber der Inhalt einzelner Informationen es rechtfertigen, sie ausschließlich einem Rechtssubjekt zuzuordnen bzw. sie bestimmten Rechtssubjekten vorzuenthalten.[24] Damit sind zunächst die Verfügbarkeit von Informationen und deren Grenzen angesprochen, zudem ihre Nutzbarmachung und schließlich die Rechtsfolgen ihrer unrechtmäßigen Zurückbehaltung oder Weitergabe.

---

[17] Davor warnt auch *Bell*, Gesellschaft, S. 119 f. mit dem Schlagwort: „Herrschaft der Vorschriften". Auch *Dollinger*, Festschrift Floretta, S. 134 gibt zu bedenken, dass soziale Probleme nicht allein und nicht immer durch staatliche Interventionen zu lösen sind. Vgl. ferner *Werckmeister*, DVR 7 (1978), 108. Laut *Schierbaum*, AiB 1993, 517 m.w.N. muss davon ausgegangen werden, dass nur 2 bis 3 % der Arbeitnehmer in der Privatwirtschaft von den im BDSG gewährten Rechten Gebrauch machen. Das habe seine Ursache in der komplizierten Gesetzestechnik.

[18] *Zöllner*, Informationsordnung, S. 8 ff.

[19] Sehr weitreichend *Zöllner*, Informationsordnung, S. 12, der von einer konzeptionellen Durchdringung und Strukturierung des gesamten Rechts und nicht nur der Partialordnungen spricht. Eine Parallele zum Begriff „Wirtschaftsordnung" lässt sich ziehen; vgl. *Zöllner*, Informationsordnung, S. 8, 14 f.

[20] Ähnlich *Steinmüller*, Informationsrecht, S. 16 f.

[21] *Sieber*, Jura 1993, 562, 570 m.w.N. spricht insoweit von einem Paradigmenwechsel. Vgl. ferner *Egloff*, DVR 7 (1978), 115, 140.

[22] Ebenso *Sieber*, Missbrauch, S. 187; *Stettner*, Information, S. 35; *Tinnefeld/Ehmann*, Datenschutzrecht, S. 28; *Werckmeister*, DVR 7 (1978), 108 jeweils m.w.N. Vgl. ferner *Gassmann*, Datenschutz in Europa, S. 25, der Informationsrechte sehr weitgehend als „Grundrechte neuer Art" ansieht.

[23] Vgl. u.a. *Sieber*, Jura 1993, 568.

[24] Vgl. *Sieber*, Missbrauch, S. 187.

In das Blickfeld kommen damit etwa die Fragen: Gibt es einen Rechtsanspruch darauf, informiert zu werden? Worauf basiert er? Und unter welchen Voraussetzungen ist er zu gewähren? Und wie? Ist der Informationsbedürftige „rechtlos“, falls kein subjektiver Anspruch auf Information besteht? Hat andererseits der potentielle Informationsschuldner ein Recht auf Geheimhaltung? Ferner wird zu fragen sein: In welcher Art und Weise hat der Informationsgläubiger mit den gewonnenen Informationen umzugehen? Ebenso interessieren die Fragen: Lässt sich ein etwaiges Informationsrecht durchsetzen und wenn ja, wie?

B. Einordnung des Themas in die Gesamtrechtsordnung

I. Informationsbeziehungen in anderen Rechtsverhältnissen

Die genannten Fragen stellten sich in einem anderen Zusammenhang bereits nach dem zweiten Weltkrieg im *Öffentlichen Recht*. Es ging damals um die Frage, von welchem Menschenbild die Staatsgewalten bei der Ausführung ihrer Staatsaufgaben ausgehen sollten. Folgt man der Vorstellung von einem mündigen, aufgeklärten Bürger, dann ist er umfassend über alle Geschehnisse in der Gemeinschaft zu informieren. Auf der anderen Seite ist ein unmündiger und unrational handelnder Bürger durch das Herausfiltern von (problematischer, gefährlicher) Information quasi vor sich selbst zu schützen.[25] Heute ist anerkannt, dass die Transparenz des staatlichen Handelns untrennbar mit dem demokratischen Prinzip der politischen Mitgestaltung des Staatswesens durch aufgeklärte und verantwortliche Bürger verbunden ist.[26]

Die oben angesprochenen Fragen stellten sich alsdann auch im Verhältnis zwischen Privatrechtssubjekten (Bürger – Bürger); dort vor allen Dingen im Recht der zivilrechtlichen Sonderbeziehungen.[27] So wurde beispielsweise im Gesell-

---

[25] Siehe zu diesem Thema ausführlich *Jung*, Akteneinsichts- und Informationsrecht des Bürgers, Berlin 1970; *Lodde*, Informationsrecht des Bürgers gegen den Staat, Köln/Berlin/Bonn/München 1996; *Wolfrum*, Recht auf Information, Schutz vor Information, Berlin 1986.

[26] Die grundsätzliche Informationsfreiheit ist seit dem zweiten Weltkrieg in der Rechtsprechung des Verfassungsgerichts anerkannt; vgl. insbesondere *BVerfGE* 27, 71, 80 ff. Vgl. ferner *Tinnefeld/Ehmann*, Datenschutzrecht, S. 9; *Tinnefeld*, Der runde Tisch, S. 20 ff.; *Stettner*, Information, S. 49; *Zöllner*, Informationsordnung, S. 27 ff. jeweils m.w.N.

[27] Vgl. *Abegglen*, Aufklärungspflichten, S. 1 f. m.w.N. („Eines der zur Zeit aktuellen Themen des Vertragsrechts ist die Frage nach Funktion und Bedeutung der Informationspflichten“). Allerdings sind monographische Abhandlungen über Informationsbeziehungen in Dienstleistungsbeziehungen eher selten; ebenso *Abegglen*, a.a.O., S. 4 f. m.w.N. Zur Diskussion über allgemeine Aufklärungspflichten im Rahmen neuer Verhaltenspflichten vgl. ferner *Grunewald*, AcP 190 (1990), 609 ff.; speziell zum Verbraucherschutz siehe *Dauner-Lieb*,

schaftsrecht erörtert, welche Informationsrechte dem GmbH-Gesellschafter bzw. dem Gesellschafter einer GmbH & Co. KG, dem Stillen Gesellschafter sowie dem Aktionär gegenüber dem jeweiligen Unternehmen zustehen.[28] Im allgemeinen Zivilrecht wurden u.a. die Aufklärungspflichten im Bürgschaftsvertrag,[29] im Erbrecht die Auskunftspflicht im Erbgang,[30] im Bankrecht die Aufklärungspflichten bei Kredit- sowie Anlagegeschäften[31] untersucht und – um ein letztes Beispiel zu nennen – im Arztrecht wurden die Ansprüche des Patienten hinsichtlich der Krankenunterlagen des Arztes[32] geprüft. Für die Tendenz dieser Erörterungen kann auf *Grunewalds*[33] Äußerung zum vorvertraglichen Informationsbereich zurückgegriffen werden: „Kein Zweifel, die Postulierung von Aufklärungspflichten hat Konjunktur".

Verbraucherschutz durch Ausbildung eines Sonderprivatrechts für Verbraucher, Berlin 1983 (insbesondere S. 69 ff.).

[28] Siehe ausführlich zu diesen Themen u.a. *Bopp*, Informationsrecht des GmbH-Gesellschafters: eine rechtsvergleichende Untersuchung des deutschen, französischen und schweizerischen Rechts, Konstanz 1991; *Bunte*, Informationsrechte in der GmbH und im GmbH-Konzern, Bern/Frankfurt am Main 1976; *Flury*, Gewinnerläuterungsprinzipien, Frankfurt/Main 1999; *Schlitt*, Informationsrecht des Stillen Gesellschafters in der typischen Stillen Gesellschaft und in der Stillen Publikumspersonengesellschaft, Berlin 1996; *K. Schmidt*, Informationsrechte in Gesellschaften und Verbänden: ein Beitrag zur gesellschaftsrechtlichen Institutionsbildung, Heidelberg 1984; *ders.*, Gesellschaftsrecht, 3. Aufl., Köln/Berlin/Bonn/München 1997; *Sigel*, Die Informationsrechte der Gesellschafter einer GmbH & Co KG: Betrachtung der Systematik der Informationsrechte im Gesellschaftsrecht, Aachen 1991; *Vogt*, DB 1978, 1481 ff. (insb. S. 1487 zu § 131 AktG); *Wischenbart*, Informationsbedarf und Informationsrecht im Gesellschaftsrecht, Frankfurt am Main/Bern/New York 1986; *Wohlleben*, Informationsrecht des Gesellschafters, Köln/Berlin/Bonn/München 1988.

[29] Siehe ausführlich *Burghardt*, Aufklärungspflichten des Bürgschaftsgläubigers, Frankfurt am Main/Bern/New York 1985. Vgl. ferner *Klingler*, Aufklärungspflichten, S. 35 ff. m.w.N.

[30] Siehe *Schulte*, Informationsrecht des Vermächtnisnehmers gegenüber dem Erben, Bielefeld 1996.

[31] Vgl. u.a. *Abegglen*, Aufklärungspflichten, S. 2, 7; *Arendts*, WM 1993, 229 ff.; *ders.*, DZWir 1994, 185 ff.; *Kunz*, DZWir 1994, 199 ff. jeweils m.w.N. Ferner *BGHZ* 47, 207 ff.; *BGH* NJW 1973, 452 ff.; *BGH*, WM 1975, 1298 f. Siehe zu diesem Thema ausführlich *Krimphove*, Anlagenberatung: Das System der zivilrechtlichen Haftung von Kreditinstituten, Frankfurt am Main 1992; *Nobbe*, Neue höchstrichterliche Rechtsprechung zum Bankrecht; 5. Aufl., Köln 1993; *Kümpel*, WM 1995, 689 ff.; *Raeschke-Kessler*, WM 1993, 1830 ff.; *Vortmann*, Aufklärungs- und Beratungspflichten der Banken, 2. Aufl., Köln 1993.

[32] Siehe zu diesem Thema ausführlich *Eisner*, Die Aufklärungspflicht des Arztes – Die Rechtslage in Deutschland, der Schweiz und den USA, Bern 1992; *Kern/Laufs*, Die ärztliche Aufklärungspflicht, Berlin/Heidelberg/New York 1983; *Laufs*, Arztrecht, 5. Aufl., München 1993.

[33] *Grunewald*, AcP 190 (1990), 609.

II. Besonderheiten der Informationsbeziehungen im Arbeitsverhältnis

Gerade die Besonderheiten des Arbeitsverhältnisses als Dauerschuldverhältnis mit personenrechtlichem Einschlag machen deutlich, dass mit diesem Schuldverhältnis ein „komplexes Sinngebilde, ein sinnhaftes Gefüge“[34] gemeint ist.[35] Das Schuldverhältnis beschränkt sich also nicht auf den Austausch der Hauptleistungen, sondern umfasst weitere Nebenpflichten.[36] Diese grundlegende Erkenntnis hat der Gesetzgeber im Rahmen der Schuldrechtsmodernisierung im Jahre 2002 in § 241 Abs. 2 BGB niedergelegt, indem er ein allgemeines schuldrechtliches Rücksichtnahmegebot statuiert.

In diesem Zusammenhang ist auch die (rechtliche) Ausgestaltung der Informationsbeziehungen von großer Bedeutung.[37] Keinen Unterschied macht dabei zunächst, welcher der Vertragspartner in der konkreten Lebenssituation Informationsschuldner bzw. Informationsgläubiger ist. Beide Arbeitsvertragsparteien können als Wirtschaftssubjekte keine (vorteilhaften) Entscheidungen treffen, ohne eine ausreichende und verlässliche Informations- und Wissensbasis zur Verfügung zu haben.[38] Das gilt auch für den Fall, dass der eine Vertragspartner an einer Entscheidung des anderen beteiligt ist.[39] Der Zugang zur Information ist dann Kern und Basis der Beteiligungsmöglichkeit. Darüber hinaus sind Informationen hilfreich beim Schutz von Rechtsgütern (Leben, Gesundheit, Eigentum, Persönlichkeitsrechte etc.) sowie bei der Verwirklichung sonstiger materieller und ideeller Interessen.[40]

---

[34] Ebenso *Larenz*, Schuldrecht AT, § 2 V; ähnlich *Gernhuber*, Schuldrecht, § 2 I 2, 3 jeweils m.w.N. Vgl. auch *Abegglen*, Aufklärungspflichten, S. 80; *Canaris*, JZ 1965, 475, 478; *Wiegand*, Festschrift Gagnér, S. 555 jeweils m.w.N.

[35] *Canaris*, Festschrift Larenz II, S. 34 weist auf eine besondere Haftpflicht- und Verhaltensordnung innerhalb einer „Sonderverbindung“ hin. Ebenso schon *Stoll*, AcP 1932, 288 f. Zur spezifischen Eigenart des Arbeitsverhältnisses vgl. *Wiese*, ZfA 1996, 461 m.w.N. (Besondere Einbindung des Arbeitnehmers und längere Dauer des Schuldverhältnisses führen zu seiner erweiterten Schutzbedürftigkeit).

[36] Vgl. *Burian*, AuA 1992, 1 f.; MüKo (*-Müller-Glöge*), § 611 BGB Rz. 401 ff.

[37] Auch das Wissen um die rechtliche Ausgestaltung der Informationsbeziehungen ist für Vorgesetzte und Mitarbeiter wichtig, auch wenn das Gesetz oft erst im Streitfall zur Hand genommen wird; vgl. *Zander*, Mitarbeiterinformation, S. 3, 9 ff.

[38] So kann etwa in Großbetrieben ohne (dateigestützte) Personaldatensammlungen keine Personalarbeit mehr durchgeführt werden; ebenso LAG Niedersachsen, EzA § 37 BetrVG 1972 Nr. 64; *Tinnefeld/Ehmann*, Datenschutzrecht, S. 9 m.w.N.

[39] Siehe etwa die §§ 81 Abs. 3, 81 Abs. 4 Satz 2, 82 BetrVG.

[40] Vgl. W. *Schmidt*, JZ 1974, 245; *Schwarz*, Arbeitnehmerüberwachung, S. 29. *Wiese*, ZfA 1996, 440, 455 spricht in diesem Zusammenhang vom personalen Gehalt des Arbeitsverhältnisses. Vgl. näher *dens.*, a.a.O., S. 442 ff. zu der historischen Entwicklung des Gedankens, als Teil des personalen Gehalts des Arbeitsverhältnisses auch ideelle Interessen zur Geltung zu bringen. In diesem Bereich sieht *Wiese* (S. 458) Handlungsbedarf.

Seit dem Beginn der Industrialisierung und Technisierung mit Ende des 18. Jahrhunderts haben sich aber die Voraussetzungen, für einen Austausch von betrieblichen/unternehmerischen Informationen zwischen den Vertragsparteien grundlegend verändert. Die ehemals wegen des persönlichen Kontakts in den Familien- bzw. Kleinstbetrieben bestehende Nähe[41] ist im Zeitalter der Industrialisierung und Spezialisierung der Arbeit sowie Globalisierung der Unternehmen mehr und mehr zu einer Kluft zwischen den Arbeitsrechtssubjekten geworden. Auch das Anwachsen der Informationsmengen bei gleichzeitiger Verringerung der Überschaubarkeit der Gesamtzusammenhänge hat diese Entwicklung mitverursacht. Die Versachlichung der Arbeit erfasste auch die Menschen und deren Kommunikationsordnungen. Die entstandenen Spannungen zwischen den Vertragsparteien fanden ihren Höhepunkt in Demonstrationen und Aufständen gegen die Verobjektivierungstendenzen des arbeitenden Menschen in wirtschaftlichen Prozessen.[42]

Um in diesen Auseinandersetzungen politisches Gewicht zu gewinnen, bot sich eine Kollektivierung der Interessenpositionen an.[43] Im 19. Jahrhundert entstanden erste Arbeiterparteien und eine Gewerkschaftsbewegung gewann an Einfluss. Am Ende dieser Entwicklung standen sich in formalisierten Schlichtungsverfahren Gewerkschaften bzw. Betriebsräte auf der einen, Arbeitgeberverbände bzw. der einzelne Unternehmer auf der anderen Seite gegenüber.[44] Das hatte aber andererseits zur Folge, dass statt des einzelnen Arbeitnehmers dessen Vertretungen in ihrer Gesamtheit Rechte für sich gewinnen und in Anspruch nehmen konnten.[45]

Den Schwerpunkt der arbeitsrechtlichen Diskussion in der Frage nach dem Recht auf Informationsgewährung bildet demzufolge die *kollektivrechtliche* Problematik der Ausgestaltung der Beteiligungsrechte des Betriebsrates in sozialen, personellen und wirtschaftlichen Angelegenheiten.[46] So waren beispiels-

---

[41] Vgl. *Sennett*, Der flexible Mensch, S. 40 ff., 52; *Zander*, Mitarbeiterinformation, S. 9, 14. *Zander*, AuA 1992, 3 f. weist allerdings darauf hin, dass Umfragen in kleineren und mittleren Unternehmen zeigen, dass auch dort der Informationsstand von den Mitarbeitern (trotz engeren Kontaktes) als unzureichend eingestuft wird.

[42] Siehe ausführlich zu diesem Thema *Fürstenberg*, Arbeitsbeziehungen im gesellschaftlichen Wandel, München 2000. Vgl. zu den heute anerkannten regelmäßigen Kampfmitteln nur *Dütz*, Arbeitsrecht, Rz. 610 ff.

[43] Vgl. ausführlich *Mikl-Horke*, Industrie- und Arbeitssoziologie, S. 38 f.

[44] Vgl. *Mikl-Horke*, a.a.O., S. 39 ff., 261 ff.; ferner *Burghardt*, Betriebssoziologie, S. 111 ff.

[45] Vgl. zu Lösungsansätzen für informationsrechtliche Fragen im Aufgabenbereich des Betriebsrats hier nur *Linnekohl*, ArbuR 1984, 132 ff.

[46] Vgl. zur Übersicht etwa *Brox/Rüthers*, Arbeitsrecht, Rz. 365 ff. m.w.N. Siehe ferner ausführlich zum Informationsrecht des Betriebsrats *Balthasar*, Der allgemeine Informations-

weise bei der Planung einer Änderung der Betriebsgestaltung (gemäß § 90 Abs. 1 BetrVG), der Personalplanung (gemäß § 92 Abs. 1 und 3 BetrVG) und der konkreten personellen Einzelmaßnahmen (gemäß § 99 Abs. 1 BetrVG) sowie bei der Planung von Betriebsänderungen (gemäß § 111 Abs. 1 BetrVG) immer wieder die Fragen von rechtlichem Interesse, wann und inwieweit der Betriebsrat von dem Unternehmer als Betriebspartner Informationen verlangen kann.[47]

III. Individuelle Informationsrechte des Arbeitnehmers

Die vorliegende Arbeit untersucht tendenziell andere Fragestellungen, wenn sie unter Berücksichtigung der im Arbeitsverhältnis bestehenden speziellen Informations- und Kommunikationsbedingungen[48] das Recht des einzelnen Arbeitnehmers auf Zugang zur Information zum Zwecke der Wahrung und Förderung seiner subjektiven Rechtspositionen und Interessen gegenüber seinem Arbeitgeber behandelt.[49] Dieser Ansatz ist wegen der in den letzten Jahren zunehmen-

---

anspruch des Betriebsrats, München, Florenz 1986; *Säcker*, Informationsrecht der Betriebsrats- und Aufsichtsratsmitglieder und Geheimsphäre des Unternehmers, Heidelberg 1979.

[47] Ganz allgemein ist der Betriebsrat zur Durchführung seiner Aufgaben nach dem Betriebsverfassungsgesetz gemäß § 80 Abs. 2 BetrVG rechtzeitig und umfassend vom Arbeitgeber zu unterrichten; vgl. näher *BAG* DB 1989, 982 f.; LAG Baden Württemberg DB 1995, 51. Siehe ferner die §§ 85 Abs. 3 Satz 1 (Unterrichtung im Beschwerdeverfahren); 105 (Mitteilung bei Einstellung oder personellen Veränderungen von leitenden Angestellten); 108 Abs. 5 BetrVG (Erläuterung des Jahresabschlusses) sowie das Gebot der vertrauensvollen Zusammenarbeit gemäß §§ 2 Abs. 1, 74 Abs. 1 BetrVG. Das *BVerfG* (NJW 1986, 1601) hat festgestellt, dass durch die Mitbestimmungsrechte des Betriebsrats (hier insb. die Einschaltung einer Einigungsstelle gem. § 76 Abs. 5 BetrVG) die unternehmerische Entscheidungsfreiheit (Art. 2 Abs. 1, 12 Abs. 1, 14 GG) des Unternehmers/Arbeitgebers nicht verletzt wird. Vgl. in diesem Zusammenhang ferner *Brox/Rüthers*, Arbeitsrecht, Rz. 376, 379, 383, 390; *Buchner*, ZfA 1988, 453 ff., 478 ff.; *Haug*, Informationelle Strategien, S. 83 jeweils m.w.N.

[48] Vgl. etwa *Burghardt*, Betriebssoziologie, S. 18, 51, 55 ff. zu den Themen „Netz sozialer Beziehungen“ sowie „Interaktionsanalyse“; ferner *Zöllner*, Informationsordnung, S. 14. Siehe ferner *Hunnins*, Innerbetriebliche Information und Kommunikation, Köln 2000.

[49] Die umgekehrte Fragestellung, nämlich das Recht des Arbeitgebers Informationen von einem Bewerber bzw. seinem Arbeitnehmer zu erhalten, ist ein vieldiskutierter Problembereich; vgl. etwa *Haug*, Informationelle Strategien, S. 194. Zum Fragerecht des potentiellen Arbeitgebers bzw. zur Offenbarungspflicht des Bewerbers im Bewerbungsverfahren vgl. zur Übersicht Palandt (*-Putzo*), § 611 BGB Rz. 5 ff.; Palandt (*-Heinrichs*), § 123 BGB Rz. 5a ff. (mit Hinweis auf u.a. LAG Mainz NJW 1985, 510 - Mitgliedschaft in der DKP); vgl. ferner im einzelnen *Bauer/Baeck*, DB 1997, 2534 ff. (Scientology); *Buchner*, ZfA 1988, 461 ff.; *dens.*, NZA 1991, 578 ff.; *Gamillscheg*, Grundrechte, S. 65 ff.; *Grillberger*, Festschrift Floretta, S. 375 ff.; *Hofmann*, ZfA 1975, 47 ff.; *Lichtenberg/Schücking*, NZA 1990, 41 ff. (Aidserkrankung); *Moritz*, NZA 1987, 329 ff. (insb. S. 335 ff. - Frage nach einer bestehenden Schwangerschaft); *Raab*, RdA 1995, 36 ff. (Vorstrafen/schwebendes Strafverfahren); *Sowka*, NZA 1994, 967 (Schwangerschaft); *Wiese*, ZfA 1971, 282, 296, 301 jeweils m.w.N. Siehe

den Tendenz zur Individualisierung und zur Heterogenität der Arbeitnehmerschaft[50] naheliegend.[51]

Als Ausgangspunkt dient also die bereits angesprochene Überlegung, dass der individualarbeitsrechtliche Zugang zu Informationen einen ausgesprochen hohen Stellenwert bekommen hat und allseits angestrebt wird.[52] Mag es teilweise auch zu Überschneidungen und zur Verdoppelung der Informationssachverhalte mit den kollektivrechtlichen Gremien – falls diese überhaupt bestehen und funktionell arbeiten - kommen, so behält doch jede Informationsebene ihre eigenständige Bedeutung im komplexen Wirtschaftssystem. So können etwa Informationsmängel auf der Individualebene nicht durch Informa-

---

ausführlich zu diesen Themen *Degener*, Das Fragerecht des Arbeitgebers gegenüber Bewerbern, Berlin 1975; *Kuznik*, Das vorvertragliche Informationsbedürfnis des Arbeitgebers, Darmstadt 1982. Zur Rechtsprechung vgl. u.a. *BAG* AP Nr. 26, Nr. 30, Nr. 50, Nr. 58, Nr.59 zu § 123 BGB; *BAG* AP Nr. 8 zu § 611a BGB (im Anschluss an *EuGH*, AP Nr. 23 zu Art. 119 EWGV); *BAG* DB 1984, 298 f.; BAG, DB 1987, 1048, 1049 (Erhebung und Speicherung von Arbeitnehmerdaten); BAG NJW 1994, 1363 ff. (Schwerbehinderteneigenschaft); LAG Köln NZA-RR 1996, 403. Grundlegend führt das BVerfG (E 96, 171, 184 ff.) aus, dass es nur zulässig sei, solche Fragen zu stellen, die für das Arbeitsverhältnis unverzichtbar sind. Vgl. ferner LAG Frankfurt *LAGE* Nr. 8 zu § 123 BGB, das feststellt, dass eine Offenbarungspflicht des Arbeitnehmers nur hinsichtlich solcher Umstände besteht, die zur Nichterfüllung des Vertrages führen würden.

50 Vgl. *Mikl-Horke*, Industrie- und Arbeitssoziologie, S. 114, 172, 268, 281 ff. Zur geschichtlichen Entwicklung der Verlagerung von kollektiven Rechten auf das Individuum am Beispiel des BetrVG vgl. *Wiese*, RdA 1973, 3.

51 Den gleichen Ansatz verfolgt *Ossberger*, Betriebliche Kontrolle, S. 144 für den Bereich der technisierten Kontrolle der Arbeitnehmer. Auch *Braun*, Unterrichtung, S. 1 ff. stellt den einzelnen Arbeitnehmer in das Zentrum seiner Ausführungen. Kritisch gegenüber dem individualistische Ansatz und die Bedeutung der kollektiven Bestimmung des § 87 Abs. 1 BetrVG betonend, *Schwarz*, Arbeitnehmerüberwachung, S. 53 f. Ihm ist insoweit zuzustimmen, als der einzelne Mitarbeiter oftmals das gesamte (Kontroll-) System nicht überblicken kann. Andererseits ist der einzelne Arbeitnehmer Träger seiner Rechte und nicht das Kollektiv, was sich insbesondere daran zeigt, dass nur er in Eingriffe in seine rechtlichen Positionen einwilligen kann (etwa §§ 4 Abs. 1, 4a BDSG), nicht aber das Kollektiv bzw. der Betriebrat (strittig; vgl. zum Streitstand etwa *Schwarz*, Arbeitnehmerüberwachung, S. 56 m.w.N). Von einer besseren Wahrung der Interessen durch Kollektivrechte geht auch *Lischke*, Abstimmung und Koordinierung von unternehmensübergreifenden Prozessen der Produktentwicklung, Bremen 1992 aus. Er übersieht aber, dass die großen kollektiven Kräfte im Betrieb die Einzelinteressen aus dem Blick verlieren können; ebenso *Bächle*, DB 1973, 1400 m.w.N. Für den Datenschutz will auch *Gola*, Datenschutz, S. 111, 122 die Betriebsratsbefugnisse gestärkt sehen, nicht so sehr den individuellen Datenschutz, da insoweit der Schutz bereits durch die bestehenden Gesetze und die Rechtsprechung sichergestellt sei. Die Gefahren für den einzelnen verschweigt *Gola*, a.a.O. jedoch nicht.

52 Auf das steigende Interesse der Mitarbeiter an Unternehmensinformationen weist u.a. *Braun*, Unterrichtung, S. 4 hin.

tionsüberangebote auf anderer Ebene kompensiert werden.[53] Denn die Gefahr, dass es zwischen den Interessen der Vertretung auf Betriebsebene und den Arbeitnehmerinteressen zu Widersprüchen kommt und sich der Betriebsrat im Einzelfall sogar über die Arbeitnehmerinteressen hinwegsetzen mag, macht die Ergänzung durch Individualrechte notwendig.[54]

Nicht zu übersehen ist ferner, dass im Arbeitsrecht weiterhin der eigentliche Grundkonflikt zwischen den Parteien des Arbeitsverhältnisses besteht.[55] Hier kann es zu diversen Zielkonflikten kommen.[56] So gibt es beispielsweise Vorgänge im Betrieb/Unternehmen, bei denen zwar der Arbeitnehmer Interessen geltend machen kann, von ihnen Kenntnis zu erhalten; auf der anderen Seite aber der Arbeitgeber davon ausgeht, dass sie bei Beachtung seiner Interessen der Geheimhaltung unterliegen müssen.[57] Es gilt also, dem Informationsbegehren des Arbeitnehmers die Interessen des Arbeitgebers an der Zurückbehaltung der Information gegenüberzustellen[58] und den sich abzeichnenden Interessenkonflikt – nachvollziehbar und gerecht - rechtlich zu lösen.[59] Eine ge-

---

[53] Ähnlich *Braun*, Unterrichtung, S. 104.

[54] Ebenso für die §§ 81 ff. BetrVG *Niederalt*, Individualrechte, S. 93 ff.

[55] Im Gesellschaftsrecht, Familien- und Erbrecht wird demgegenüber an einigen Stellen von einem „Interessenvergemeinschaftungsverhältnis" gesprochen; vgl. nur *Abegglen*, Aufklärungspflichten, S. 5. Für das Arbeitsrecht ist die Vorstellung eines personenrechtlichen Gemeinschaftsverhältnisses überwunden; vgl. *Mohnen*, RdA 1957, 365; *Schwarz*, Dauerschuldverhältnis, S. 356. Siehe in diesem Zusammenhang ferner *Wiedemann*, Das Arbeitsverhältnis als Austausch- und Gemeinschaftsverhältnis, Karlsruhe 1966.

[56] Vgl. zum Überblick *Mikl-Horke*, Industrie- und Arbeitssoziologie, S. 98 (soziale Konflikte im Betrieb), S. 242 ff. (wirtschaftliche Konflikte); ferner *Burghardt*, Betriebssoziologie, S. 106 ff. (innerbetriebliche Konflikte). Vgl. ferner *Klingler*, Aufklärungspflichten, S. 122 ff. (Konflikt sozialer Schutzerwägungen mit (der) privatautonome(n) Gestaltungsfreiheit); *Arendts*, WM 1993, 233; *Aussem*, Ausstrahlungswirkung, S. 2; *Gamillscheg*, Grundrechte, S. 17 f.; *Schwerdtner*, Fürsorgetheorie, S. 35; *Wiegand*, Festschrift Gagnér, S. 561 ff. jeweils m.w.N. Aus der Rechtsprechung vgl. etwa BAG AP Nr. 15 zu § 611 BGB – Persönlichkeitsrecht. Vgl. ferner *Hauck*, Wirtschaftsgeheimnisse, S. 47 ff., insbes. S. 64 ff.

[57] Vgl. *Sieber*, Jura 1993, 570, der bei Informationsbeziehungen vom typischen Interessenkonflikt zwischen Offenheit und Geheimhaltung spricht; siehe hierzu ausführlich *Maass*, Information und Geheimnis im Zivilrecht, Stuttgart 1970; vgl. ferner *Hauck*, Wirtschaftsgeheimnisse, S. 1 ff.. Offene und authentische Informationspolitik im Unternehmen ist noch nicht zum Allgemeingut geworden; ähnlich *Zander*, Mitarbeiterinformation, S. 24.

[58] Das zeigt sich insbesondere daran, dass es kein Rechtsprinzip gibt, wonach allein die Schutz- bzw. Förderungsbedürftigkeit des Arbeitnehmers Informationslasten des Arbeitgebers auslösen – immer ist auch die Position des Arbeitgebers zu berücksichtigen. Vgl. ähnlich für vorvertragliche Aufklärungspflichten das ablehnende Ergebnis bzgl. eines alleinigen Prinzips „Verbraucherschutz" *Breidenbach*, Informationspflichten, S. 24 ff.;

[59] Ähnlich für das Betriebsverfassungsrecht *Fürstenberg*, Zeitschrift für Arbeits- und Sozialrecht (ZAS), 1971, 83 ff.; für das Wirtschaftsrecht *Hauck*, Wirtschaftsgeheimnisse, S. 28; für das Bilanzrecht *Flury*, Gewinnerläuterungsprinzipien, S. 12 f. Vgl. ferner *Aussem*, Aus-

nauere Untersuchung der Voraussetzungen, unter denen Information geschuldet wird, ihres Inhalts und der Art und Weise ihrer Gewährung ist unerlässlich.

Die Arbeitswelt als Teil der Gesellschafts- und Wirtschaftsordnung hat sich zudem dem bereits erwähnten Wandel zur Informations- und Technologiegesellschaft zu stellen. Die tiefgreifenden Folgen reichen von dem Versprechen einer höheren Lebensqualität für jeden einzelnen Arbeitnehmer,[60] bis zu den Gefahren, die insbesondere mit dem hohen Technisierungsstand einhergehen.[61] Auch diese Gesichtspunkte sind bei der rechtlichen Betrachtung und Bewertung der Informationsordnung zu berücksichtigen.[62]

C. Entwicklungsstand der rechtlichen Grundlagen, der Rechtsprechung und rechtswissenschaftlichen Forschung sowie des Informationsmanagements

I. Nationale Gesetzgebung

Informationsrechte werden in aller Regel in bundesrechtlichen Gesetzen gewährt, aber auch auf Länderebene lassen sie sich finden.[63] Der nationale (arbeitsrechtliche) Gesetzgeber hat in der Vergangenheit - seit den siebziger Jahren des 20. Jahrhunderts - an vielen Stellen versucht, durch den Erlass einzelner Gesetze die Informationsordnung mit Blick auf den einzelnen Arbeitnehmer zu konkretisieren.[64] Zuvor waren solche Informationsrechte nicht vor-

---

strahlungswirkung, S. 3; *Beyer*, GRUR 1990, 401; *Sieber*, Jura 1993, 571; *Zöllner*, Informationsordnung, S. 11, 14 („Wir stehen erst am Anfang der Herausarbeitung stringenter informationeller Ordnungsmodelle"). Ähnlich auch *Linnekohl*, ArbuR 1984, 130 m.w.N.

[60] Vgl. *Leutheusser-Schnarrenberger*, Informationsgesellschaft, S. 11.

[61] Vgl. *Schwarz*, Arbeitnehmerüberwachung, S. 48 f.; ferner *Tinnefeld/Ehmann*, Datenschutzrecht, S. 5, die auf das Bestreben der Arbeitgeber hinweisen, immer mehr personenbezogene Informationen über die Mitarbeiter zu gewinnen, um sie kostengünstig einsetzen zu können.

[62] Ebenso *Wiebe*, Geistiges Eigentum, S. 99. Vgl. ferner *Wiese*, ZfA 1996, 440 f., 479.

[63] In erster Linie ist dabei an die entsprechenden Landesdatenschutzgesetze zu denken. Für Hessen siehe etwa § 18 Hess.DSG. Außerdem besteht die Möglichkeit, dass Tarifverträge, Betriebsvereinbarungen oder einzelne Arbeitsverträge Informationsrechte der Mitarbeiter vorsehen; vgl. näher *Braun*, Unterrichtung, S. 157 f. Siehe als Beispiel die Betriebsvereinbarung der IG Metall „Partnerschaftliches Verhalten am Arbeitsplatz" vom 1.7.1996, abgeschlossen mit der Volkswagen AG; abgedr. im Internet unter der www-Adresse: igmetall. de/betriebsraete/betriebsvereinbarungen/vw_mobbing.html (Stand 30.6.2002). Allerdings kommt diesen Rechtsgrundlagen keine generelle Bedeutung für die arbeitsrechtlichen Informationsrechte zu, da sie nur ausnahmsweise und auf Einzelfälle beschränkt anwendbar sind.

[64] Zu den einzelnen Informationsrechten des Arbeitnehmers siehe das 3. Kapitel der vorliegenden Arbeit.

gesehen gewesen, weil das BGB - insbesondere das allgemeine Schuldrecht - stark am Prinzip der Privatautonomie und der Selbstverantwortlichkeit ausgerichtet ist.[65]

Erstmals im Betriebsverfassungsgesetz 1972 wurde der einzelne Arbeitnehmer mit einigen Individualrechten, unter denen sich verstärkt Informationsrechte befinden, ausgestattet.[66] Nach dem Aufkommen neuer Datenverarbeitungstechniken ist das Bundesdatenschutzgesetz erlassen worden, ein auch arbeitsrechtlich relevantes Regelwerk mit individuellen Informationsrechten der von einer Datenverarbeitung betroffenen Arbeitnehmer.[67]

Das Arbeitsschutzgesetz, das Nachweisgesetz, das Teilzeit- und Befristungsgesetz sowie das Tarifvertragsgesetz sind weitere Beispiele für Gesetze aus neuerer Zeit, die einzelne Informationsrechte des Arbeitnehmers vorsehen.[68] Das ändert aber nichts an der Tatsache, dass der Gesetzgeber nur punktuell tätig geworden ist.

Eine Vielzahl der gesetzlich geregelten Informationsrechte ist Ergebnis der nationalen Umsetzung von europäischen Richtlinien. Damit wird dem nationalen Gesetzgeber ein Rechtsrahmen vorgegeben, den er auszufüllen hat.[69]

In den letzten Jahren ist ein Trend zu beobachten, das betriebliche Wissen und die Transparenz im Unternehmen/Betrieb weiter zu intensivieren.[70] Aus diesem Grund wird jetzt verstärkt versucht, die Informationsgegenstände in den Informationsnormen möglichst eindeutig festzuschreiben.[71] Die Informationsinhalte sind nur ganz ausnahmsweise unternehmensbezogen, in aller Regel beziehen sie sich individualistisch auf die Person oder den Arbeitsplatz jedes einzelnen.[72] Die Regelung der Modalitäten der Informationserteilung und - vor allen Dingen - die der Rechtsfolgen fehlender bzw. unzureichender Informationserteilung wird allerdings meistens vernachlässigt.[73]

---

[65] Das gilt besonders in der vorvertraglichen Anbahnungsphase; vgl. etwa *Breidenbach*, Informationspflichten, S. 5.
[66] Vgl. hier nur *Wiese*, RdA 1973, 1 ff.
[67] Siehe hierzu ausführlich 3. Kapitel A.
[68] Siehe hierzu ausführlich das 3. Kapitel B, C, D.
[69] Siehe sogleich unter C.II.
[70] Ähnlich etwa *Braun*, Unterrichtung, S. 155. *Flury*, Gewinnerläuterungsprinzipien, S. 189 f. spricht für das Bilanzrecht von der „Zeitgebundenheit der gesetzgeberischen Wertungen bezüglich der Informationsregelungen".
[71] Hier sei beispielsweise § 613a Absatz 5 BGB genannt; siehe ausführlich 3. Kapitel E.
[72] Vgl. *Braun*, Unterrichtung, S. 1.
[73] Vgl. *Haug*, Informationelle Strategien, S. 190, 229 ff. ("Der Sanktionierung von Verstößen kommt ein besonderes Gewicht für die Implementierung des geschaffenen Kommunikations-

II. Europäische Richtlinien

Wie gerade erwähnt, muss auch das Recht der Europäischen Gemeinschaften im nationalen Arbeitsrecht berücksichtigt werden.[74] Spätestens[75] seit dem Abkommen der Mitgliedstaaten über die Sozialpolitik (ASP) auf der Gipfelkonferenz in Maastricht im Dezember 1991 und der Bezugnahme in Art. 1 ASP auf die Gemeinschaftscharta der sozialen Grundrechte der Arbeitnehmer[76] ist das Arbeitsrecht stärker in das Blickfeld der europäischen Organe gerückt. Anschließend wurde das Arbeits- und Sozialrecht als Regelungsmaterie in die Art. 136 ff. EGV[77] aufgenommen.

Bei der konkreten Gestaltung der europäischen und mitgliedstaatlichen Wirtschafts- und Sozialpolitiken, in denen das Gewicht des Arbeitsrechts stetig zunimmt,[78] wird die Problematik der Ausgestaltung der Informationsordnung mittlerweile ernst genommen.[79] Denn die Fortentwicklung der wirtschaftlichen, technischen und gesellschaftlichen Integrationsprozesse zwischen den Staaten der Europäischen Union (Globalisierung und Technisierung, vor allen Dingen auf dem Gebiet der Kommunikation; Wirtschafts- und Währungsunion; Verwirklichung der Grundfreiheiten[80] im europäischen Wirtschaftsraum)[81] hat den Bedeutungsgehalt von Information nochmals anwachsen lassen.[82]

---

systems zu“). Vgl. ferner *Winkler von Mohrenfels*, Informationsleistungspflichten, S. 86 ff. Ebenso für die Schadensersatzpflicht gegenüber Auskunft- und Ratsuchenden *Lorenz*, Festschrift Larenz I, S. 575.

[74] Vgl. hier nur *Wissmann*, NZA 2000, 3.

[75] Vgl. im einzelnen zur historischen Entwicklung *M. Schmidt*, EG-Arbeitsrecht, Kap. I Rz. 3, 82 ff.

[76] Vom 9.12.1989 (KOM (89) 471 endg.); siehe insbesondere die Ziffern 17 und 18 der Gemeinschaftscharta (Unterrichtung, Anhörung und Mitwirkung der Arbeitnehmer); vgl. näher *Wlotzke*, NZA 1990, 421.

[77] Vertrag zur Gründung der Europäischen Gemeinschaft vom 25.3.1957 (BGBl. II S. 766), in der Fassung des Vertrages über die Europäische Union vom 7.2.1992 (BGBl. II S. 1253/ 1256), geändert durch den Amsterdamer Vertrag vom 2.10.1997 (BGBl. 1998 II S. 387).

[78] Vgl. *Däubler*, NZA 1992, 577.

[79] So ist etwa ein sozialer Dialog gemäß Art. 137 EGV Grundlage des sozialen Partnerschaftsgedankens; vgl. *Menrad*, Richtlinienvorschlag, S. 112 f.

[80] Freiheiten des Waren- (Art. 9 EWGV), Personen- (Art. 48 f. EWGV), Dienstleistungs- (Art. 59 EWGV) und Kapitalverkehrs (Art. 73 b EWGV).

[81] Zu den Veränderungen der wirtschaftlichen und sozialen Rahmenbedingungen in der EU vgl. *Burger*, Europäische Betriebsräte, S. 14.

[82] Vgl. etwa *Menrad*, Richtlinienvorschlag, S. 121; *Tinnefeld/Ehmann*, Datenschutzrecht, S. 5; *Tinnefeld*, Der runde Tisch, S. 14 jeweils m.w.N. Als Beispiel sei darauf hingewiesen, dass sich gemäß § 434 Abs. 1 S. 3 BGB der Käufer schon auf die Werbung (Information zur Anpreisung einer Ware/Dienstleistung) berufen und die dort versprochenen Eigenschaften

Eine moderne europäische Marktwirtschaft ist anerkanntermaßen nicht allein durch Marktfreiheit gekennzeichnet, sondern auch durch eine soziale staatliche Ordnung, die Marktkonzentrationen aufzuheben bzw. zu vermeiden weiß. Das gilt insbesondere zugunsten von Marktteilnehmern, die in der Ausgangslage schlechter informiert sind als ihr Gegenüber, weil sie weniger professionell handeln.[83]

Seit Mitte der neunziger Jahre wird im Gemeinschaftsrecht der einzelne Mitarbeiter zunehmend in das Zentrum der arbeitsrechtlichen Überlegungen gerückt, obwohl in Fragen der Mitwirkung bzw. Mitbestimmung in den Betrieben/ Unternehmen den kollektiven Arbeitnehmervertretungen der Vorrang eingeräumt wird.[84]

1. Kollektivrechtliche Regelungen

Auf dem Gebiet der betrieblichen Mitbestimmung bzw. der Unternehmensmitbestimmung sind die europäischen Organe in erster Linie tätig geworden durch den Erlass besonderer Informations- und Anhörungsnormen der Arbeitnehmervertretungen[85] (bzw. der Arbeitnehmer selbst[86]). Zu nennen sind die

---

auch fordern kann, weil die Kaufentscheidung heutzutage bereits im Zeitpunkt der Erlangung der Information erfolgt.

[83] In der Annäherung der nationalen Informationsordnungen lässt sich zudem ein wichtiges Symbol der europäischen Einigung erblicken, wodurch deren soziale Akzeptanz verbessert wird; vgl. *Heinze*, Vorwort, S. II.; *Menrad*, Richtlinienvorschlag, S. 121.

[84] Zur Vollständigkeit werden im folgenden dennoch die kollektivrechtlichen Maßnahmen kurz dargestellt.

[85] Einen Überblick geben *Brox/Rüthers*, Arbeitsrecht, Rz. 44, 409j. Vgl. ferner etwa *Hanau*, RdA 1998, 231; *Heinze*, Europäische Aktiengesellschaft, S. 92, 97; *Hostasch*, Europäischer Betriebsrat; *M. Schmidt*, EG-Arbeitsrecht, Kap. IV Rz. 9 ff., 56 ff.

[86] Beispielsweise ist die Festsetzung des Verfahrens der Arbeitnehmerbeteiligung laut Art. 6 EBR-Richtlinie (bzw. § 17 EBR-Gesetz) Vereinbarungssache zwischen der Unternehmensleitung und der Arbeitnehmerseite. Erst im Falle der Nichteinigung kommt es zu einer Installierung eines Europäischen Betriebsrats kraft Gesetzes (§§ 21 ff. EBR-Gesetz). Außerdem genießen gemäß Art. 13 EBR-Richtlinie bereits vor dem Stichtag des Inkrafttretens des deutschen EBR-Gesetz bestehende Vereinbarungen (etwa der direkte Unternehmensdialog mit den Arbeitnehmern bzw. sog. Europa-Foren etc.) Vorrang und Bestandsschutz. Allerdings wird in der deutschen Arbeitsrechtspraxis von einer Vertretung der Arbeitnehmer durch kollektiven Vereinigungen ausgegangen; vgl. etwa *Bachner/Nielebock*, AuR 1997, 132; *Goos*, Europäischer Betriebsrat, S. 44 ff.; *Heinze*, AG 1995, 385; *Hostasch*, Europäischer Betriebsrat, S. 24; *Chr. Müller*, Einl. vor § 1 Rz. 13, § 17, § 43 EBR-Gesetz; *M. Schmidt*, EG-Arbeitsrecht, Kap. IV Rz. 27 jeweils m.w.N. Das gilt auch für die Vereinbarung nach Art. 3 der SE-Richtlinie; vgl. näher *Heinze*, Europäische Aktiengesellschaft, S. 90; *M. Schmidt*, EG-Arbeitrecht, Kap. IV Rz. 74.

Richtlinie 94/45/EG des Rates über „die Einsetzung eines Europäischen Betriebsrats oder die Schaffung eines Verfahrens zur Unterrichtung und Anhörung der Arbeitnehmer in gemeinschaftsweit operierenden Unternehmen und Unternehmensgruppen“,[87] die Richtlinie 2001/86/EG über die „Beteiligung der Arbeitnehmer in der Europäischen Aktiengesellschaft“,[88] die Richtlinie 98/59/EG des Rates zur „Angleichung der Rechtsvorschriften der Mitgliedstaaten über Massenentlassungen“[89] sowie die Richtlinie 77/187/EWG des Rates zur „Angleichung der Rechtsvorschriften der Mitgliedstaaten über die Wahrung von Ansprüchen der Arbeitnehmer beim Übergang von Unternehmen, Betrieben oder Unternehmens- oder Betriebsteilen“.[90]

---

[87] Richtlinie vom 22. September 1994 (ABl. EG 1994, Nr. L 254/64), geändert durch Richtlinie 97/74/EG vom 15.12.1997 (ABl. EG 1998 Nr. L 10/22); sog. EBR-Richtlinie. Siehe zu dieser Richtlinie und zu ihrer Umsetzung in das deutsche EBR-Gesetz vom 28.10.1996 (BGBl. I, S. 1548, ber. S. 2022), geändert durch Gesetz vom 21.12.2000 (BGBl. I S. 1983) ausführlich etwa *Bachner/Nielebock*, AuR 1997, 129 ff.; *Blanke*, Europäische Betriebsräte-Gesetz: EBRG-Kommentar, Baden-Baden 1999; *Burger*, Europäischer Betriebsrat, S. 14 ff.; *Brox/Rüthers*, Arbeitsrecht, Rz. 409a ff.; *Goos*, Europäischer Betriebsrat, S. 43 ff.; *Heinze*, AG 1995, 385 ff.; *Holz*, Die Richtlinie des Rates vom 22.9.1994 über die Einsetzung eines Europäischen Betriebsrates oder die Schaffung eines Verfahrens zur Unterrichtung und Anhörung der Arbeitnehmer in gemeinschaftsweit operierenden Unternehmen und Unternehmensgruppen, Aachen 1996; *Hostasch*, Europäischer Betriebsrat, S. 21 ff.; *Chr. Müller*, Europäisches Betriebsrätegesetz: EBRG-Kommentar, Stuttgart/Berlin/Köln 1997; *Pipkorn*, Europäische Aspekte der Informations- und Mitwirkungsrechte der Arbeitnehmer, Bonn 1995; *Ruoff*, BB 1997, 2478 ff.; *Sandmann*, Die Euro-Betriebsrats-Richtlinie 94/45/EG, Augsburg 1996; *M. Schmidt*, EG-Arbeitsrecht, Kap. IV Rz. 9 ff. jeweils m.w.N.

[88] Richtlinie 2001/86/EG vom 8.10.2001 (ABl. EG 2001, Nr. L 294, S. 22 ff.) Diese Richtlinie ergänzt die Europäische Verordnung Nr. 2157/2001 über das Statut der Europäischen Aktiengesellschaft (vom 8.10.2001, ABl. EG 2001, Nr. L 294, S. 1 ff.), in der mit unmittelbarer Geltung in den Mitgliedstaaten die gesellschaftsrechtlichen Fragen (Gründung, Struktur, Organe etc.) der neuen europäischen Gesellschaftsform geregelt werden; vgl. hierzu etwa *Fischer*, Europäische Aktiengesellschaft, S. 104 f.; *Hanau*, RdA 1998, 231 ff. *Heinze*, AG 1997, 289 ff.; *dens.*, Europäische Aktiengesellschaft, S. 85 ff.; *M. Schmidt*, EG-Arbeitsrecht, Kap. IV Rz. 56 ff.

[89] Richtlinie vom 20. Juli 1998 (ABl. EG 1998 Nr. L 225/16). Vorangegangen waren die Richtlinie 75/129/EWG vom 17.02.1975 sowie die Richtlinie 92/56/EWG vom 24.6.1992. Die Richtlinie ist in den §§ 17 bis 22 KSchG in nationales Recht umgesetzt worden.

[90] Richtlinie vom 14. Februar 1977 (ABl. EG 1977 Nr. L 61/26), geändert durch Abkommen über den Europäischen Wirtschaftsraum vom 3.1.1994 (ABl. EG 1994 Nr. L 1/490) sowie durch Richtlinie 98/50/EG vom 29.6.1998 (ABl. EG 1998 Nr. L 201/88); zuletzt geändert durch Richtlinie 2001/23/EG vom 12.3.2001 (ABl. EG 2001 Nr. L 82, S. 16 f.); vgl. näher *M. Schmidt*, EG-Arbeitsrecht, Kap. III Rz. 233 ff.; ferner *Giesen*, EU-Richtlinienvorschlag, S. 129 m.w.N. Die aktuelle Richtlinie 2001/23/EG geht in ihrem Grundmodell (Art. 7 Abs. 1 und 2) von der Information und Konsultation der Arbeitnehmervertretung aus (ebenso *Franzen*, RdA 2002, 259; *Meyer*, AuA 2002, 159), sie ist aber ausnahmsweise insofern individualrechtlich, als Art. 7 Abs. 6 der Richtlinie vorsieht, dem *einzelnen* Arbeitnehmer ein Informationsrecht einzuräumen, wenn es unabhängig vom Willen der Arbeitnehmer keine Ar-

Seit März 2002 liegt nunmehr auch eine „Rahmenrichtlinie über die Unterrichtung und Anhörung der Arbeitnehmer" vor.[91] Ziel diese Rahmenrichtlinie ist es, auf *nationaler*[92] Ebene die sozialen Rechte[93] der Arbeitnehmer in der Europäischen Gemeinschaft in allen Unternehmen[94] mit mindestens 50 beschäftigten Arbeitnehmern[95] bzw. in Betrieben mit mindestens 20 Arbeitnehmern durch die Einführung von Mindeststandards zur Information und Konsultation zu erweitern.[96] Damit einher geht eine europaweite Rechtsangleichung. Die Wettbewerbsbedingungen der Unternehmen sollen vereinheitlicht werden, damit soll der Vollendung des Binnenmarkts gedient werden.[97] Schließlich gehört die Richtlinie zu einem Paket von Beschäftigungsstrategien für den europaweiten Arbeitsmarkt.[98]

Sofern die Interessen der Arbeitnehmer berührt werden, gewährt die Richtlinie 2002/14/EG Informations- und Konsultationsrechte im Hinblick auf Fragen und

---

beitnehmervertretung gibt; vgl. *Franzen*, RdA 2002, 259 f.; *M. Schmidt*, EG-Arbeitsrecht, Kap. III Rz. 275 jeweils m.w.N. Die nationale Umsetzung dieser Richtlinien erfolgte zuletzt in § 613a BGB im Rahmen des Gesetzes zur Änderung des Seemannsgesetzes und anderer Gesetze vom 1.4.2001 (BT-Drs. 14/7760, S. 41 ff.); vgl. *Bauer/v. Steinau-Steinrück*, ZIP 2002, 457 ff.; *Franzen*, RdA 2002, 258 ff.; siehe hierzu auch 3. Kapitel E. I. 2.3.

[91] Richtlinie 2002/14/EG des Europäischen Parlaments und des Rates vom 11.3.2002, ABl. EG Nr. L 080, S. 29 ff. vom 23.3.2002. Diese Richtlinie basiert auf dem Vorschlag für eine Richtlinie des Rates zur Festlegung eines allgemeinen Rahmens für die Information und Anhörung der Arbeitnehmer in der Europäischen Gemeinschaft (ABl. EG 1999, C 2, S. 3 ff. = KOM (1998) 612 endg. = BR-Drucks. 1002/98). Vgl. näher zum Gang des Verfahrens *Weiler*, AiB 2002, 265 ff. und zum Entwurf *Deinert*, NZA 1999, 800 ff.; *Giesen*, EU-Richtlinienvorschlag, S. 123 ff.; *Menrad*, Richtlinienvorschlag, S. 111 ff.; *M. Schmidt*, EG-Arbeitsrecht, Kap. IV Rz. 8.

[92] Die Richtlinie löst sich von der Voraussetzung der Transnationalität der Unternehmen/ Betriebe.

[93] Als Ermächtigungsgrundlage nennt die Richtlinie Art. 137 Abs. 2 EGV (Individualrecht !) in Verbindung mit Art. 251 EGV (Regelungsgegenstand ist die „Unterrichtung und Anhörung der Arbeitnehmer"). Vgl. hierzu näher *Giesen*, EU-Richtlinienvorschlag, S. 125 ff.; *M. Schmidt*, EG-Arbeitsrecht, Kap. I Rz. 11 ff.

[94] Vgl. ferner kritisch zur ursprünglichen Anknüpfung des Richtlinienvorschlags am Unternehmensbegriff *Giesen*, EU-Richtlinienvorschlag, S. 127 ff. m.w.N.

[95] Damit wären ca. 47 % aller Arbeitnehmer in der EU erfasst; so *Menrad*, Richtlinienvorschlag, S. 116. Vgl. näher zum Arbeitnehmerbegriff *Giesen*, EU-Richtlinienvorschlag, S. 124, 127 m.w.N. Zu weitergehenden Forderungen, u.a. die Information und Konsultation auf alle Unternehmen auszudehnen, vgl. *Weiler*, AiB 2002, 267.

[96] Die Gemeinschaft wird unterstützend und ergänzend tätig. Vgl. zur Subsidiarität gem. Art. 137 Abs. 1 EGV und Art. 5 Abs. 2 EGV *Giesen*, EU-Richtlinienvorschlag, S. 125 ff., 145.

[97] Vgl. Erwägungsgrund Nr. 11 und 12. Laut *Menrad*, Richtlinienvorschlag, S. 115 soll „soziales Dumping" vermieden werden.

[98] Siehe Erwägungsgrund Nr. 10 der Richtlinie 2002/14/EG. Vgl. ferner *Menrad*, Richtlinienvorschlag, S. 115.

Entscheidungen[99] zur wirtschaftlichen/finanziellen und strategischen Unternehmens- und Beschäftigungslage bzw. –entwicklung[100] sowie zur Arbeitsorganisation und zu den Arbeitsverträgen.[101] Im „Geist der Zusammenarbeit“[102] sollen die (Beschäftigungs-) Interessen der Mitarbeiter verstärkte Beachtung bei der wirtschaftlichen Entwicklung der Betriebe/Unternehmen des Binnenmarktes finden. Insbesondere sollen die negativen sozialen Folgen der verstärkten Änderungs- und Anpassungserfordernisse im Zusammenhang mit der Verwirklichung des Binnenmarktes abgefedert werden.[103] Als Grenzen des Informationsrechts sieht Artikel 6 Abs. 2 Richtlinie 2002/14/EG vertrauliche Informationen vor, deren Preisgabe die Tätigkeit des Unternehmens/Betriebs erheblich beeinträchtigen oder dem Unternehmen/Betrieb schaden könnte.[104]

Fraglich ist, ob die Richtlinie eine Loslösung vom Gedanken der regelmäßigen Einschaltung von Arbeitnehmervertretern in den Informations- (und Anhörungs-) -prozess vorsieht.[105] Die Richtlinie spricht wortwörtlich von Unterrichtung und Anhörung der *Arbeitnehmer* und wird zudem auf Artikel 137 Abs. 2 EGV (in Verbindung mit Art. 251 EGV: „Unterrichtung und Anhörung der

---

[99] Es ist von einer rechtzeitigen, d.h., vor der unternehmerischen Entscheidung zu erfolgenden, Information auszugehen; siehe Art. 4 Abs. 3 Richtlinie 2002/14/EG.

[100] Beispiele: Bevorstehende Fusion, Konkursanmeldung, Unternehmensbeteiligung etc.; vgl. etwa *Weiler*, AiB 2002, 265 f. Zum antizipatorischen Element vgl. *Giesen*, EU-Richtlinienvorschlag, S. 134 ff.

[101] Im einzelnen sieht die Richtlinien folgendes vor: *Unterrichtung* über „die jüngste Entwicklung und die wahrscheinliche Weiterentwicklung der Tätigkeit und der wirtschaftlichen Situation des Unternehmens oder des Betriebes“ (lit. a); *Unterrichtung und Anhörung* über die „Beschäftigungssituation, Beschäftigungsstruktur und wahrscheinliche Beschäftigungsentwicklung im Unternehmen oder Betrieb sowie zu gegebenenfalls geplanten antizipativen Maßnahmen, insbesondere bei einer Bedrohung für die Beschäftigung (lit. b) sowie über „Entscheidungen, die wesentliche Veränderungen der Arbeitsorganisation sowie der Arbeitsverträge mit sich bringen können, einschließlich solcher, die Gegenstand der in Art. 9 Abs. 1 genannten Gemeinschaftsbestimmungen sind.“ (lit. c). Vgl. im einzelnen bereits zum Richtlinievorschlag *Giesen*, EU-Richtlinienvorschlag, S. 126, 132 f. m.w.N., der eine Parallele zu § 106 Abs. 3 Nrn. 1 und 10 BetrVG (Wirtschaftsausschuss) zieht; ferner *Menrad*, Richtlinienvorschlag, S. 117; *Deinert*, NZA 1999, 801 ff.

[102] Siehe Art. 1 Abs. 3 Richtlinie 2002/14/EG. Vgl. ferner *Weiler*, AiB 2002, 266, die von „Dialog der Sozialpartner“ spricht.

[103] In diesem Sinne *Burger*, Europäischer Betriebsrat, S. 17; *Menrad*, Richtlinienvorschlag, S. 114 (insbesondere auch nationale Fusionen von Unternehmen).

[104] Vgl. näher *Deinert*, NZA 1999, 801. Ob sich diese Formulierung auch auf strategische und planerische Unternehmenshandlungen beziehen lässt, ist fraglich. Dafür spricht sich *Giesen*, EU-Richtlinienvorschlag, S. 135 f. aus.

[105] Die Richtlinie ist insoweit nicht eindeutig; vgl. bereits zum Richtlinievorschlag *Giesen*, EU-Richtlinienvorschlag, S. 124, 131; vgl. ferner in diesem Zusammenhang *Deinert*, NZA 1999, 800; *Menrad*, Richtlinienvorschlag, S. 114 f.

Arbeitnehmer" als Regelungsgegenstand) gestützt.[106] Allerdings bezieht sich die Richtlinie wiederholt, nämlich in den Art. 1 Abs. 3, Art. 4 Abs. 3, Art. 5, Art. 6 Abs. 1 und Art. 7 auf Arbeitnehmer*vertreter*,[107] was im Ergebnis auf die Ermächtigungsgrundlage des Artikels 137 Abs. 3 EGV (= kollektives Recht) verweist.[108]

Praktische Gesichtspunkte sprechen für die Ansicht, die Arbeitnehmervertretung an Stelle jedes einzelnen Arbeitnehmers – was kaum vorstellbar ist - zu informieren. Nur wenn eine Arbeitnehmervertretung im Betrieb nicht vorhanden ist, wird die Belegschaft in ihrer Gesamtheit zum Informationsadressaten.[109] Im Ergebnis handelt es sich bei der Richtlinie 2002/14/EG also um eine Regelung zum *kollektiven* Informations- und Anhörungsrecht.

2. Individualrechtliche Regelungen

Dem Individualarbeitsrecht zuzuordnen sind demgegenüber die Richtlinie 91/533/EWG des Rates über die Pflicht des Arbeitgebers zur Unterrichtung des Arbeitnehmers über die für seinen Arbeitsvertrag oder sein Arbeitsverhältnis geltenden Bedingungen,[110] die Rahmenrichtlinie 89/391/EWG des Rates über die Durchführung von Maßnahmen zur Verbesserung der Sicherheit und des Gesundheitsschutzes der Arbeitnehmer bei der Arbeit[111] sowie die Richtlinien 199/70/EG[112] und 97/81/EG[113] des Rates zu den EGB-UNICE-CEEP-Rahmenvereinbarungen über befristete Arbeitsverträge bzw. über Teilzeit.

---

[106] Vgl. *Giesen*, EU-Richtlinienvorschlag, S. 139 f.

[107] Vgl. näher *Deinert*, NZA 1999, 800; *Giesen*, EU-Richtlinienvorschlag, S. 126, 137 f.

[108] Vgl. *Giesen*, EU-Richtlinienvorschlag, S. 131, 146.

[109] Ebenso *Giesen*, EU-Richtlinienvorschlag, S. 131.

[110] Richtlinie vom 14.10.1991 (ABl. EG 1991 Nr. L 288/32), sogenannte Nachweisrichtlinie; vgl. hierzu etwa *Däubler*, NZA 1991, 577 ff.; *M. Schmidt*, EG-Arbeitsrecht, Kap. III Rz. 297 ff. Die Richtlinie wurde mit dem Erlass des NachwG vom 20.7.1995 (BGBl. I S. 946), zuletzt geändert durch Gesetz vom 20.6.2001 (BGBl. I S. 1542), in nationales Recht umgesetzt. Siehe hierzu näher 3. Kapitel B.

[111] Richtlinie vom 12.6.1989 (ABl. EG 1989 Nr. L 183/1). Siehe zur Ergänzung für befristete bzw. Leiharbeitsverhältnisse die Richtlinie 91/383/EWG vom 25.6.1991 (ABl. EG 1991 Nr. L 206/19); vgl. hierzu *Däubler*, NZA 1991, 577 ff.; *M. Schmidt*, EG-Arbeitsrecht, Kap. II Rz. 6 ff. Die Rahmenrichtlinie wurde mit Erlass des ArbSchG vom 7.8.1996 (BGBl. I S. 1246), zuletzt geändert durch Gesetz vom 27.12.2000 (BGBl. I S. 2048), in nationales Recht umgesetzt; siehe hierzu näher 3. Kapitel C. I.

[112] Richtlinie befristete Arbeitsverträge vom 28.6.1999 (ABl. EG 1999 Nr. L 175, S. 43); siehe zum Arbeitnehmerinformationsrecht dort Art. 1 RL i.V.m. § 6 Abs. 1 Rahmenvereinbarung über befristete Arbeitsverträge; vgl. *M. Schmidt*, EG-Arbeitsrecht, Kap. III Rz. 395.

[113] Richtlinie über Teilzeitarbeit vom 15.12.1997 (ABl. EG 1998 Nr. L 14, S. 9, geändert durch Richtlinie 98/23/EG vom 7.4.1998 (ABl. EG Nr. L 131, S. 10); vgl. hierzu *M. Schmidt*,

Auf dem Gebiet des Datenschutzes hat der Ministerrat am 24.07.1995 die sogenannte Datenschutzrichtlinie verabschiedet.[114] Damit hat die Europäische Gemeinschaft eine Maßnahme zur Harmonisierung des Rechts der Mitgliedstaaten auf diesem Gebiet erlassen,[115] mit dem Ziel, den freien Datenverkehr zu erleichtern,[116] ohne den grundsätzlichen Schutz natürlicher Personen bei der Datenverarbeitung aufzugeben.[117]

III. Rechtsprechung

Für die tatsächliche Gestaltung der Informationsbeziehungen ist neben der Ausgestaltung der Rechtsgrundlagen auch deren Anwendung durch die Gerichte von entscheidender Bedeutung.[118] Das gilt umso mehr angesichts der Vielschichtigkeit der zu regelnden Materie, der nur punktuellen Regelungsabsicht des Gesetzgebers und der häufigen Verwendung auslegungsbedürftiger Tatbestandsmerkmale.

Tatsächlich waren in der Vergangenheit einige Rechtsfragen im Zusammenhang mit der Auslegung bestehender Informationsnormen durch die Arbeitsgerichte zu entscheiden. Es war zum Beispiel fraglich, was unter einer Personalakte zu verstehen ist;[119] d.h. im Ergebnis, auf welche Unterlagen sich das Einsichtsrecht im Sinne von § 83 BetrVG erstreckt. Die Arbeitsgerichte mussten auch entscheiden, welche Informationsinhalte notwendig sind, um der

---

EG-Arbeitsrecht, Kap. III Rz. 364 ff. Siehe zum Arbeitnehmerinformationsrecht Art. 1 RL i.V.m. § 5 Abs. 3 lit. c Rahmenvereinbarung über Teilzeitarbeit.

[114] Richtlinie 95/46/EG des Europäischen Parlaments und des Rates vom 24.10.1995 zum Schutz natürlicher Personen bei der Verarbeitung personenbezogener Daten und zum freien Datenverkehr (ABl. EG Nr. L 281/31). Die Richtlinie ist mittlerweile in nationales Recht umgesetzt worden: Zur Zeit gilt das BDSG 1990 in der Fassung vom 26.6.2001 (BGBl. I S. 1254); siehe hierzu 3. Kapitel A. I.

[115] Der Binnenmarkt als einheitlicher Rechtsraum; vgl. zu weiteren Einzelheiten *Bachmeier*, RDV 1995, 49 f.; *Simitis*, Datenschutzrichtlinie, S. 54 f.; *Däubler*, Arbeitnehmerdatenschutz, S. 115, 118 ff. jeweils m.w.N.

[116] Siehe die Erwägungsgründe 1-7 der Richtlinie 95/46/EG. Vgl. auch *Ehmann/Sutschet*, RDV 1997, 4; *Däubler*, Arbeitnehmerdatenschutz, S. 115.

[117] Vgl. zu den einzelnen Standpunkten und Entwicklungsschritten innerhalb der Europäischen Organe in dieser Frage *Simitis*, Datenschutzrichtlinie, S. 51 ff.; *Däubler*, Arbeitnehmerdatenschutz, S. 118 ff.

[118] *Gola*, Datenschutz, S. 121 erkennt etwa für das Datenschutzrecht in der Rechtsprechung die eigentliche Quelle der Informationsordnung.

[119] Vgl. etwa LAG Bremen DB 1977, 1007 zur Frage, ob auch Sonder- und Nebenakten dazu zählen und sich deshalb das Einsichtsrecht des Arbeitnehmers auch auf diese erstreckt.

Informationspflicht des Arbeitgebers zu genügen[120] und in welchem Zeitpunkt der Informationsanspruch eines Arbeitnehmers entsteht.[121]

Ein zweiter Bereich der Rechtsprechung gewinnt immer mehr an Bedeutung: Die Arbeitsgerichte werden insbesondere angerufen, wenn keine ausdrücklichen Informationsvorschriften bestehen.[122] Fehlt es an ausdrücklich normierten Informationsrechten, hat sich das Arbeitsrecht verstärkt in den Gesamtzusammenhang der Rechtsprechung der Zivilgerichte einzuordnen.

Der BGH hat Auskunftsbegehren zur Vorbereitung der Durchsetzung von Rechten/Ansprüchen für berechtigt erachtet, wenn „eine besondere rechtliche Beziehung zwischen dem Auskunftsfordernden und dem Inanspruchgenommenen" besteht und es das „Wesen des Rechtsverhältnisses mit sich bringt, dass der Berechtigte in entschuldbarer Weise über Bestehen und Umfang seiner Rechte im Ungewissen, der Inanspruchgenommene aber in der Lage ist, die verlangte Auskunft unschwer zu erteilen".[123] Damit wurde auch über einen Teilbereich der arbeitsrechtlichen Problematik entschieden, nämlich über die sogenannten präparatorischen Informationsrechte des Arbeitnehmers.[124]

Darüber hinaus bejahen der BGH[125] und das BAG[126] Aufklärungspflichten, wenn Gefahren für Leistungs- oder Integritätsinteressen des (Informations-)

---

[120] Vgl. etwa BAG NZA 1991, 817; BAG AP Nr. 1 zu § 96 BetrVG 1972 zur Unterrichtung gem. § 81 Abs. 1 BetrVG. Vgl. ferner BAG AP Nrn. 10 und 17 zu § 1 KSchG 1969 – Soziale Auswahl (zu der Angabe der Gründe für die soziale Auswahl gemäß § 1 Abs. 3 KSchG).

[121] Vgl. etwa BAG NZA 1987, 628 für den Anspruch auf Zeugniserteilung.

[122] Siehe hierzu etwa für das arbeitsrechtliche Anbahnungsverhältnis *Hümmerich*, NZA 2002, 1305 f. mit einer aktuellen Rechtsprechungsübersicht.

[123] Vgl. bereits RGZ 158, 377, 379; BGH NJW 1980, 2463. Das LAG Köln (LAGE Köln Nr. 5 zu § 242 BGB – Auskunftspflicht) ist dem BGH gefolgt. Diese Rechtsprechung beruft sich auf den Grundsatz von Treu und Glauben bzw. die zu Gewohnheitsrecht gewordenen Inhalte dieses Grundsatzes; vgl. Staudinger (*-Schmidt*), § 242 BGB Rz. 829 f. m.w.N.

[124] Vgl. zum Begriff *Winkler von Mohrenfels*, Informationsleistungspflichten, S. 30 ff.; siehe ferner unten 4. Kapitel B. IV.

[125] Vgl. BGHZ 36, 328; 64, 49; ferner *BGH* WM 1963, 24, 25; WM 1968, 398; WM 1974, 8, 10 (Aufklärungspflichten bei Bürgschaft); für den vorvertraglichen Bereich der Willensbildung vgl. bereits *RGZ* 62, 149, 150; 97, 325, 327 (Aufklärungspflichten bei Kaufverträgen). Vgl. näher etwa *Larenz*, Schuldrecht AT, § 9 I (S. 111); MüKo (*-Roth*), § 242 BGB Rz. 260 ff.; *Werres*, Aufklärungspflichten, S. 21. Durchaus kritisch jedoch *Abegglen*, Aufklärungspflichten, S. 2, 48 f.; *Grunewald*, AcP 190 (1990), 609; *Gäntgen*, Pflicht zum Hinweis, S. 32 ff. (mit dem Hinw. auf BGH NJW 1961, 166); *Klingler*, Aufklärungspflichten, S. 1, 4 m.w.N.

[126] Vgl. als Beispiele aus der Rechtsprechung BAG NJW 1975, 708, 709 und BAG BB 1977, 1705 (der Arbeitgeber muss vorhandene wirtschaftliche Schwierigkeiten offenbaren, wenn diese den Lohnanspruch des Arbeitnehmers gefährden oder die ordnungsgemäße Beendigung des Ausbildungsverhältnisses bedrohen.). Vgl. ferner ArbG Darmstadt DB 1988, 918 (Auf-

Gläubigers bestehen, von denen dieser keine Kenntnis hat.[127] Ein allgemeines Informationsrecht in Schuldverhältnissen wird jedoch allgemein abgelehnt.[128]

Immer wieder einmal ergehen Urteile, die wenig arbeitnehmerfreundlich sind: Das BAG[129] hat im Jahre 1972 im Zusammenhang mit der Auslegung von Tarifverträgen die Auffassung vertreten, dass es einem in der Mitte des 20. Jahrhunderts lebenden Menschen zumutbar sei, sich die Rechtskenntnisse zu verschaffen, die er im Arbeitsleben für die Wahrnehmung seiner sozialen Sicherheit brauche.[130] Auch die Erkundung der Folgen eines Arbeitsplatzwechsels sei Sache des Arbeitnehmers, solange diese nicht ausnahmsweise in der Sphäre des Arbeitgebers liegen.[131] Vom Prinzip der Eigenverantwortlichkeit geht das BAG grundsätzlich auch in den Fällen der Vereinbarung eines Auflösungsvertrags aus.[132]

IV. Rechtswissenschaftliche Forschung

Für die Erörterung der hier interessierenden arbeitsrechtlichen Informationsbeziehungen verdient diejenige rechtswissenschaftliche Forschung besondere Aufmerksamkeit,[133] die sich in der Disziplin „Informationsrecht" mit der rechtlichen Regelung von Informationsvorgängen beschäftigt.[134] In Einzelfällen wird speziell der „informierte Arbeitnehmer" zum Gegenstand der rechtlichen For-

---

klärung über drohende Zahlungsunfähigkeit bei einem Aufhebungsvertrag); LAG Hessen, NZA 1994, 884 (unzutreffende Angabe über die Höhe eines zu erzielenden Mindestjahreseinkommen); BAG BB 1977, 246 und LAG Nürnberg, LAGE Nr. 3 zu § 176 BGB (Aufklärung über die Tatsache, dass der Arbeitsvertrag möglicherweise bereits nach kurzer Frist gekündigt werden wird). Sehr weitgehend bejaht das BAG (NZA 2001, 203, 205) sogar eine Hinweispflicht des Arbeitgebers auf eine bestehende Möglichkeit zur Altersversorgung.

127 Dabei werden die Rechtsfindungsprozesse mehr oder minder stark auf eine Interessenabwägung im Einzelfall gestützt. *Werres*, Aufklärungspflichten, S. 14 (mit Hinweis auf BGH NJW 1971, 1795, 1799) merkt zu Recht an, dass der BGH eine exakte Grenzziehung der Informationspflichten vermeidet.

128 Vgl. BGH NJW 1978, 1002; 1980, 2463 („... die Tatsache, dass jemand Informationen besitzt, die für einen anderen bedeutsam sind, begründet keine Auskunftspflicht").

129 Vgl. BAG v. 6.7.1972, 5 AZR 100/72, ArbuR 1972, 381.

130 Ebenso vom Prinzip der Selbstverantwortlichkeit gehen LAGE Mecklenburg-Vorpommern Nr. 6 zu § 242 BGB – Auskunftspflicht sowie BAG DB 2000, 96, 98 aus.

131 Vgl. BAG ArbuR 1996, 404.

132 Vgl. BAG NZA 1990, 971. A.A. jedoch u.a. BAG VersR 1989, 502 (Aufklärung über die Auswirkungen eines Aufhebungsvertrages auf Rentenansprüche). Siehe 5. Kapitel C. II.

133 Das gilt umso mehr angesichts der Zurückhaltung von Gesetzgebung u. Gerichtsbarkeit.

134 Vgl. allgemein zum „Informationsrecht" *Steinmüller*, Informationsrecht, S. 1 ff.; *Werckmeister*, DVR 7 (1978), 97 f. („Beitrag zur gesellschaftlichen Beherrschung der Verwendung von Information ..."); ferner *Podlech*, DVR 5 (1976), 30 f. jeweils m.w.N.

schungsarbeit gemacht.[135] Allerdings hatte im Jahre 1982 *Braun* bei seiner wissenschaftlichen Untersuchung der Unterrichtung der Arbeitnehmer über die wirtschaftliche Lage und Entwicklung des Unternehmens noch festgestellt, dass jedenfalls die Kommentarliteratur zu diesem Themenbereich sehr allgemein gehalten ist und kaum Kontroversen aufweist.[136] Tatsächlich betrifft der Schwerpunkt der bisherigen Forschungen allgemeine Schuldverhältnisse[137] bzw. spezielle Gebiete des Zivilrechts[138], insbesondere das vorvertragliche Vertragsverhältnis.[139] Insgesamt kann dabei im Ergebnis davon gesprochen werden, dass eine allgemeine Tendenz besteht, in Schuldverhältnissen die Transparenz durch vermehrten und umfangreicheren Informationsaustausch zu erhöhen.[140]

Darüber hinaus kann auf eine nicht geringe Anzahl von grundlegenden Erkenntnissen der Forschung und Rechtsprechung zurückgegriffen werden. Zum einen ist anerkannt, dass der Arbeitsvertrag ein komplexes Sinngebilde darstellt, also mehr ist, als die Summe verschiedenartiger Rechtsfolgen.[141] Zudem gilt das Arbeitsverhältnis zu Recht als ein in der Zeit verlaufender Prozess;[142] die Informationsbeziehungen sind deshalb nicht notwendigerweise an das Bestehen eines Rechtsverhältnisses im engeren Sinne geknüpft.[143] Ferner kann die Tendenz, Informationen als „meritorisches Gut" anzuerkennen - d.h. als Gut mit gesellschaftlichem Nutzen – kaum noch übersehen werden.[144]

V. Informationsmanagement

Auch das Informationsmanagement gehört zu den elementaren Bestandteilen der arbeitsrechtlichen Informationsordnung. Als Teil der Unternehmensführung ist es der Regelungsgewalt des Staates als solches aber weitestgehend entzogen,

---

[135] Vgl. *Braun*, Unterrichtung; *Däubler*, CR 1991, 475 ff.; *Egelmeyer*, DB 1996, 2542 ff.; *Ewald*, AiB 1991, 33 f.; *Haug*, Informationelle Strategien; *Hümmerich*, NZA 2002, 1305 ff.; *Kursawe*, NZA 1997, 245 ff.; *Pulte*, BB 2000, 197 ff.; *Richter/Richter*, AiB 1988, 319 ff.; *Zander*, Mitarbeiterinformation jeweils m.w.N.

[136] *Braun*, Unterrichtung, S. 4.

[137] Vgl. *Abegglen*, Aufklärungspflichten; *Jickeli*, Europäisches Privatrecht; *Klingler*, Aufklärungspflichten; *G. Müller*, Informationspflichten; *Winkler von Mohrenfels*, Informationsleistungspflichten.

[138] Vgl. etwa *Niedenführ*, Informationsgebote; *K. Schmidt*, Informationsrecht.

[139] Vgl. *Böhme*, Aufklärungspflicht; *Breidenbach*, Informationspflichten; *Grigoleit*, Informationshaftung; *Grunewald*, AcP 190 (1990), 609 ff.

[140] Vgl. hier stellvertretend nur *Abegglen*, Aufklärungspflichten, S. 44.

[141] Vgl. *Larenz*, Schuldrecht AT, § 2 V m.w.N.; speziell *Dütz*, Arbeitsrecht, Rz. 174 ff.

[142] Vgl. *Larenz*, Schuldrecht AT, § 2 V m.w.N.

[143] Vgl. näher *Gernhuber*, Schuldrecht, § 24 III 2 c für das Auskunftsbegehren.

[144] Vgl. hierzu ausführlich *Wiebe*, Geistiges Eigentum, S. 104, 148 m.w.Nachw.

denn die Ausgestaltung der Informationssysteme und Kommunikationstechnologien ist zunächst Aufgabe unternehmensinterner Managementaktivitäten. Allerdings bilden insbesondere die bestehenden Informationsregelungen, aber auch allgemein anerkannte Rechtsgrundsätze den Rahmen für das praktizierte Informationsmanagement.[145] Das Informationsmanagement ist eingebettet in ein umfassendes Führungs- und Managementkonzept. Einzelne Aspekte des Informationsmanagements wirken sich unter anderem auf die Personalführung, die Delegation von Aufgaben und Kompetenzen, die Mitarbeiterbeurteilung sowie die Aus- und Weiterbildung im Unternehmen/Betrieb aus.[146]

Der Trend in den Unternehmen geht in Richtung offener, flexibler, motivationsorientierter und kooperativer Personalführung mit einer entsprechend ausgestalteten Informationspolitik.[147] Von Seiten einer modernen Unternehmensführung werden systematische Maßnahmen ergriffen und verantwortliche Stellen eingerichtet, um die Informationsflüsse zu optimieren.

D. Abgrenzung

Schwerpunkt der vorliegenden Arbeit ist die Untersuchung der *individualrechtlich* konzipierten Informationsrechte des Arbeitnehmers gegenüber seinem Arbeitgeber auf betrieblicher Ebene. Da sich die Fragestellungen und Darstellungen quer durch das nationale und europäische Recht ziehen, kann eine erschöpfende Analyse aller Einzelprobleme nicht geleistet werden. Mit der vorliegenden Arbeit soll der Versuch unternommen werden, die Informationsbeziehungen der Parteien des Arbeitsverhältnisses in das Privatrecht einzuordnen und damit zur Gestaltung der arbeitsrechtlichen Informationsordnung beizutragen. Wegen der Besonderheiten des öffentlich-rechtlichen Dienst- und Treueverhältnisses der Beschäftigten im öffentlichen Sektor[148] wird das Per-

---

145 Siehe insbesondere die §§ 81 ff. BetrVG. Vgl. ferner *Pries*, FS Fürstenberg, S. 29 ff.

146 Vgl. zur Übersicht *Breisig*, Personalbeurteilung, S. 118. Siehe ferner etwa *Fank*, Einführung in das Informationsmanagement, München, Wien 1996; *Hildebrand*, Informationsmanagement – Wettbewerbsorientierte Informationsverarbeitung, München, Wien 1995; *Wöhe*, Betriebswirtschaftslehre, S. 171 ff, insb. S. 196 ff.

147 Vgl. zum Beispiel der Personalbeurteilung *Breisig*, Personalbeurteilung, S. 83 ff., 122.

148 Vgl. hierzu nur *Breisig/König/Wengelowski*, Mitarbeitergespräch, S. 60 f., die zeigen dass die individuellen Informationsrechte im Öffentlichen Dienst schwächer ausgeprägt sind als im privatrechtlichen Arbeitsverhältnis.

sonalvertretungsrecht[149] hierbei nicht explizit einbezogen, allenfalls wird auf Parallelvorschriften hingewiesen.

Darüber hinaus treffen den Arbeitgeber/Unternehmer in anderen Zusammenhängen weitere mannigfaltige Informationspflichten gegenüber verschiedenen *Betriebs- und Unternehmensorganen*, die mit Arbeitnehmervertretern besetzt sind und die jeweils die unternehmerische Tätigkeit begleiten und kontrollieren, etwa Betriebsrat,[150] Wirtschaftsausschuss,[151] (mitbestimmter) Aufsichtsrat.[152] Insoweit wird für Einzelheiten auf die Spezialliteratur verwiesen.[153]

Weil etwa die kollektiven Informationsrechte des Betriebsrats und seiner Ausschüsse nicht dem einzelnen Arbeitnehmer Informationsrechte gewähren, sondern nur der Belegschaft in ihrer Gesamtheit bzw. ihrer Vertretung,[154] sollen

---

[149] Zur Übersicht der Bestimmungen aus dem BPersVG und den LandesPersVGen vgl. *Altvater/Bacher/Hörter/Peiseler/Sabottig/Vohs*, Bundespersonalvertretungsgesetz – Basiskommentar mit Wahlordnung und ergänzenden Vorschriften, 3. Aufl., Frankfurt am Main 2000. Siehe ferner *Hentze/Kammel*, Personalwirtschaftslehre, S. 170 ff.

[150] Siehe ausführlich hierzu etwa *Balthasar*, Informationsanspruch; *Säcker*, Informationsrecht; vgl. ferner *Breisig*, Personalbeurteilung, S. 205 ff.; *Haug*, Informationelle Strategien, S. 186 ff.; *Tinnefeld/Ehmann*, Datenschutzrecht, S. 124; *Vogt*, DB 1978, 1483 f.; *Winkler von Mohrenfels*, Informationsleistungspflichten, S. 65 m.w.N. Aus der Rechtsprechung vgl. aus neuerer Zeit etwa *LAG* Baden-Württemberg, DB 1995, 51 m.w.N. Für den Datenschutz weisen unter anderem *Ehmann/Sutschet*, RDV 1997, 4; *Linnekohl*, ArbuR 1984, 132; *Nickel*, AuR 1976, 95 f. (technischen Überwachung am Arbeitsplatz) auf die erhebliche Bedeutung des Betriebsrats hin (insbesondere wegen der §§ 80 Abs. 1, 87 Abs. 1 Ziffer 6 sowie 94 Abs. 1 BetrVG).

[151] Siehe §§ 106 Abs. 2 (mit den Ausnahmen in § 118 Abs. 1 S. 2, Abs. 2), 108 Abs. 5, 110 BetrVG. Zu den Unterrichtung- und Beratungsrechten des Wirtschaftsausschusses nach § 106 BetrVG vgl. etwa *Vogt*, DB 1978, 1483 f.; *Zander*, Mitarbeiterinformation, S. 144 ff. jeweils m.w.N.

[152] Siehe § 25 MitbestG als Grundsatznorm der Mitbestimmung mit der Verweisung auf die speziellen Vorschriften der jeweiligen Gesellschaftsform. Siehe zu diesem Thema näher *Götz*, AG 1995, 337 ff. (insb. S. 349 f.); *Henze*, NJW 1998, 3309 ff.; *Lutter*, Information und Vertraulichkeit im Aufsichtsrat, 2. Aufl., Köln/Berlin/Bonn/München 1984; *H. Müller*, Mitbestimmung im Aufsichtsrat und Kontrolle der Unternehmenspolitik, Frankfurt am Main 1986; *Raiser*, § 25 MitbestG Rz. 69 ff; *Vogt*, DB 1978, 1482 f.; *Zöllner/Loritz*, Arbeitsrecht, § 51 II (S. 608 ff.).

[153] Vgl. zum Überblick *Braun*, Unterrichtung, S. 102 f.; *Säcker*, Informationsrecht der Betriebs- und Aufsichtsratsmitglieder und Geheimsphäre des Unternehmers, Heidelberg 1979; siehe ferner für den Konzernbereich *Witte*, Der Prüfungsbericht als Informationsträger im Konzern, Köln/Berlin/Bonn/München 1996.

[154] Die genaue Zuordnung dieser Rechte ist umstritten; vgl. näher *Söllner*, Arbeitsrecht § 20 I 1 (S. 169); *Zöllner/Loritz*, Arbeitsrecht § 45 II (S. 511). Zu beachten ist jedenfalls, dass dem Betriebsrat rechtliche Grenzen gesetzt sind, wenn er seinerseits ihm vorliegende Informationen an die Mitarbeiter weiterreichen will (siehe §§ 77 Abs. 1 Satz 2, 74 Abs. 2 Satz 2, 74 Abs. 2 Satz 3); vgl. hierzu *Säcker*, Informationsrecht, S. 31 ff.

diese Rechte nur am Rande behandelt werden. So lassen sich etwa die kollektiven Informationsrechte aus den §§ 90 Abs. 1, 92 Abs. 1, 99 Abs. 1, 111 Abs. 1 BetrVG nicht von einem einzelnen Mitarbeiter, sondern nur vom Betriebsrat als Kollektivorgan einfordern bzw. einklagen. Bei erfolgreicher Klage ist demzufolge auch nur der Betriebsrat zu informieren.[155]

Ferner beeinträchtigen sich die individuellen Informationsrechte und die des Betriebsrats in keiner Weise,[156] vielmehr ergänzen sie sich.[157] Wegen der unterschiedlichen Rechtsgrundlagen[158] und Zielsetzungen sind beide Regelungsmaterien grundsätzlich getrennt zu betrachten.[159]

Nicht Gegenstand der Arbeit sind die Publizitätsverpflichtungen des Arbeitgebers/Unternehmers gegenüber der Öffentlichkeit, wie sie zum Beispiel aufgrund der Rechnungslegungsvorschriften bei Kapitalgesellschaften vorgesehen sind (§§ 264 ff. HGB). Auch alle Arten von öffentlichen Registern (Handelsregister, Vereinsregister, Genossenschaftsregister etc.) zielen auf die Informierung der Öffentlichkeit.[160]

---

[155] Ebenso *Däubler/Kittner/Klebe*, § 81 BetrVG Rz. 2; *Winkler von Mohrenfels*, Informationsleistungspflichten, S. 65 m.w.N.

[156] Ebenso *Däubler/Kittner/Klebe*, § 81 BetrVG Rz. 2 („Die Individualrechte sind unabhängig von den Rechten des Betriebsrats"); *G/K/S/K*, § 81 BetrVG Rz. 1. Zum Verhältnis beider Rechtsbereiche vgl. ausführlich GK (-*Wiese*) vor § 81 BetrVG Rz. 4 ff., 19 ff.; ferner BAG vom 18.9.1973, AP Nr. 3 zu § 80, Bl. 3; BAG NZA 1986, 535; NZA 1991, 837. Für den Bereich des Datenschutzes geht *Schierbaum*, AiB 1993, 518 zu Recht von einem Zusammenwirken des betroffenen Arbeitnehmers, des Datenschutzbeauftragten und des Betriebsrats gemäß § 80 Absatz 1 Ziffer 1 BetrVG aus. Zu einem Beispiel aus jüngster Zeit - § 613a BGB – vgl. insoweit die Gesetzesbegründung, BT-Drs. 14/7760, S. 41.

[157] Vgl. ebenso *Wiese*, RdA 1973, 4; vgl. ferner *Meyer*, AuA 2002, 160 für die Informationsrechte gemäß § 613a Abs. 5 BGB. Kritisch *Däubler*, Arbeitnehmerdatenschutz, S. 113, 118 zur Aktivität der betrieblichen Interessenvertretung im Rahmen des dem einzelnen dienenden Datenschutzes; vgl. in diesem Zusammenhang näher *Schierbaum*, AiB 1993, 518; *Wiese*, ZfA 1996, 441; *Wohlgemuth*, Arbeitnehmerdatenschutz, S. 176 m.w.N. Davon zu unterscheiden ist der Umstand, dass der Betriebsrat bei der Wahrnehmung der individuellen Informationsrechte durchaus den Arbeitnehmer unterstützende Funktionen übernehmen kann; vgl. hierzu *Zander*, Mitarbeiterinformation, S. 152.

[158] Vgl. GK (-*Wiese*), vor § 81 BetrVG Rz. 19.

[159] Ebenso *Däubler/Kittner/Klebe*, § 81 BetrVG Rz. 2; vgl. schon *Hanau*, BB 1971, 485 ff.; von einer Reflexwirkung spricht jedoch *Isele*, RdA 1962, 373 ff. Siehe ausführlich zu diesem Thema ferner *Hoffmann*, Kompetenzzuweisung an den Betriebsrat, Grundlage für Individualrechte einzelner Arbeitnehmer?, Hamburg 1984.

[160] Vgl. hierzu näher *Hauck*, Wirtschaftsgeheimnisse, S. 113 ff.; *Zöllner*, Informationsordnung, S. 24 f. jeweils m.w.N.

Insofern sich Fragen ergeben, die im Zusammenhang mit der Rechtsberatungs- und Informationspraxis durch die Arbeitgeberverbände und Gewerkschaften stehen, wird auf die Spezialliteratur verwiesen.[161] Das gilt auch für das Problemfeld der Bezichtigungspflichten bei eigenem Fehlverhalten.[162]

Soweit mit der Gestaltung der innerbetrieblichen Informationsordnung letztendlich unternehmerische Zwecke verfolgt werden, ist das Informationsmanagement (Informationswirtschaft, Informationssysteme, Informations- und Kommunikationstechnologien) angesprochen, das den effizienten Einsatz der Ressource Information im Unternehmen/Betrieb zum Gegenstand hat. Dieser betriebswirtschaftliche Themenbereich, d.h. die Ausgestaltung der organisationsrechtlichen Informationsvorschriften, ist nur in Grundzügen Gegenstand der vorliegenden Arbeit. Als Teilbereich der Unternehmensführung sind die Aspekte der Ausbau- und Ablauforganisation der Informationsprozesse der rechtlichen Normierung weitestgehend entzogen.

E. Gang der Untersuchung

Die vorliegende Arbeit ist in insgesamt acht Kapitel unterteilt.

Nach dieser Einführung werden im zweiten Kapitel die Grundlagen der arbeitsrechtlichen Informationsbeziehungen erörtert. Zunächst wird versucht, eine für das Arbeitsrecht gültige Arbeitsdefinition des Begriffs „Information“ zu geben. Daran anschließend werden die Begriffe „Informationsordnung“ und „Informationsrechte“ näher beschrieben. Das Kapitel schließt mit Erörterungen über die grundrechtliche Basis der Informationsrechte des Arbeitnehmers.

Das anschließende dritte Kapitel dient der Darstellung der arbeitsrechtlichen Informationsordnung an Hand einer Übersicht über die bestehenden Einzelnormierungen, die jeweils spezielle Informationstatbestände beinhalten. Um den Blick für das Ganze zu schärfen und die Grundlinien der Informationsordnung zu verdeutlichen, werden die verschiedenen Zeitphasen der Informationserteilung dem typischen Ablaufplan eines Arbeitsverhältnisses zugeord-

---

161 Vgl. *Haug*, Informationelle Strategien, S. 25 ff. m.w.N. Für das Datenschutzrecht vgl. *Däubler*, Arbeitnehmerdatenschutz, S. 113. Siehe ausführlich auch *Asplund*, Gewerkschaftliche Grundrechte im Unternehmen in westeuropäischen Ländern, Bruxelles, 1980.

162 Siehe hierzu etwa *Taupitz*, Die zivilrechtliche Pflicht zur unaufgeforderten Offenbarung eigenen Fehlverhaltens, Tübingen, 1989.

net.[163] Die einzelnen, speziellen Regelungsprobleme werden aufgezeigt. Ohne sie bis in ihre Einzelheiten zu diskutieren, erfolgt eine kritische Würdigung. Die Art und Weise der Informationsweitergabe wird jeweils beschrieben. Auch die Erörterung der bestehenden Durchsetzungs- und Sanktionsmechanismen für den Fall rechtswidrig unterlassener bzw. unzureichender Erteilung von Information gehört in diesen Zusammenhang.

Das folgende vierte Kapitel ist dem Versuch gewidmet, die dogmatischen Grundlagen der ausdrücklich normierten Informationsrechte des Arbeitnehmers aufzuzeigen. Diese Untersuchung erscheint unentbehrlich, um später auch für nicht ausdrücklich normierte Informationsrechte tragfähige und praktikable Aussagen machen zu können.[164] So kann es beispielsweise problematisch sein, wenn alle Informationsrechte gleich behandelt werden, nur weil ihr Gegenstand jeweils die Weitergabe von Informationen ist.[165] Die Informationsrechte werden deshalb zunächst in juristisch relevanten Kategorien strukturiert.

Daran anschließend folgt eine Darstellung der Dogmatik der Durchsetzung der Informationsrechte und der Rechtsfolgen ihrer Verletzung. Allerdings kommen (rein praktisch) verfahrensrechtliche Gesichtspunkte der Informationsbeziehungen meist erst nach dem Ende des Arbeitsvertrages zum Tragen.[166] Eher zeigt sich die praxisrelevante Ausgestaltung der Informationsordnung in den bestehenden materiellrechtlichen Normen. Diese bestimmen das tagtägliche Arbeitsleben, in dem der Arbeitnehmer vor informationelle Problemsituationen gestellt wird, die in aller Regel nicht bis vor die Gerichte getragen werden.[167]

Das fünfte Kapitel soll aufzeigen, dass über die ausdrücklich normierten Informationstatbestände hinaus weiterer Bedarf besteht, die Informationsordnung rechtlich zu strukturieren und zu konkretisieren.

Im sechsten Kapitel wird in enger Korrespondenz zu dem schuldrechtlichen Gebot, Rücksicht auf die Rechte, Rechtsgüter und Interessen des anderen Teils des Arbeitsverhältnisses zu nehmen (§ 241 Abs. 2 BGB), versucht, die Herleitung und den Umfang dieser Informationsrechte zu bestimmen. Hierzu

---

[163] Diese Vorgehensweise folgt einer modernen Auffassung des Schuldverhältnisses als eines „in der Zeit verlaufenden Prozesses", vgl. *Larenz*, Schuldrecht AT, § 2 V; Palandt (*-Heinrichs*), § 242 BGB, Rz. 37. Ebenso verfährt *Teichmann*, JA 1984, 546 f.

[164] Vgl. in diesem Zusammenhang *Klingler*, Aufklärungspflichten, S. 32 ff., 109 ff., 64 ff., 84 ff. sowie *Abegglen*, Aufklärungspflichten, S. 48 ff.

[165] Diese Tendenz ist aber zur Zeit in den normativen Regelungen vorherrschend. Ebenso kritisch für die Aufklärungspflichten ist *Abegglen*, a.a.O., S. 50.

[166] Siehe die statistischen Angaben bei *Haug*, Informationelle Strategien, S. 25.

[167] Vgl. *Haug*, Informationelle Strategien, S. 20 und 78.

erfolgt ein Rückgriff auf den Grundsatz von Treu und Glauben (§ 242 BGB). Mit Hilfe verschiedener „beweglicher Begründungselemente“ wird schließlich versucht, diese Generalklausel handhabbar zu machen.[168]

Ein rechtspolitisch orientierter Ausblick auf eine anzustrebende arbeitsrechtliche Informationsordnung wird im siebten Kapitel gegeben. Dabei soll zunächst die Erforderlichkeit einer Neuorientierung der Informationsordnung thematisiert werden. Hierzu werden die externen und internen Veränderungen des „Sozialmodells Arbeitswelt“ aufgezeigt.[169] Anschließend werden – unter Auswertung der Erkenntnisse der vorhergehenden Kapitel – Überlegungen präsentiert, welche grundsätzlichen Ordnungsideen sich bei der Regelung der arbeitsrechtlichen Informationsordnung anbieten.

Abschließend werden im achten Kapitel die wichtigsten Ergebnisse in einem Resümee in Thesen zusammengefasst.

---

[168] Vgl. ähnlich für das allgemeine Zivilrecht etwa MüKo (-*Roth*), § 242 BGB Rz. 269 ff.
[169] Vgl. in diesem Zusammenhang *Wiegand,* Festschrift Gagnér, S. 550 m.w.N.

2. KAPITEL:

GRUNDLAGEN DER ARBEITSRECHTLICHEN INFORMATIONSBEZIEHUNGEN

A. Allgemeine Definition von Information

Der Begriff „Information" wird in der *Brockhaus Enzyklopädie*[1] allgemein definiert als „Mitteilung", „Nachricht", „Auskunft". Der lateinische Ursprung des Wortes bedeutet „Bildung", „Belehrung"[2]. Zudem lassen sich in der Wissenschaft zahlreiche spezielle Begriffsbestimmungen finden.[3] So meint „Information" in der Informatik die „... formulierte Unterrichtung nicht nur von Menschen, sondern auch von anderen Organismen oder technischen Einrichtungen über Sachverhalte, Ereignisse oder Abläufe ...".[4] Im damit verwandten Bereich der elektronischen Datenverarbeitung wird unter „Information" das „zur Lösung einer Aufgabe nötige Wissen"[5] verstanden. In der Informationselektronik geht es unter anderem um „... die Übertragung elektromagnetischer und akustischer Signale sowie physikalischer Größen ...".[6] Demgegenüber sehen die Soziologie und die Politikwissenschaft in der „Information" ein Bindeglied zwischen den sozialen Systemen, durch deren Austausch und Verbreitung das Verhalten der sozialen Systeme gesteuert wird.[7] Als weiteres Beispiel sei die Informationspsychologie genannt, die an der „Information" vor allem die Teilaspekte des Wahrnehmungs- und Gedächtnisgehalts sowie des Informationsgehalts interessieren.[8] Aus betriebswirtschaftlicher Sicht gibt eine Information Auskunft über einen Sachverhalt um Entscheidungen oder Handeln vorzubereiten.[9] In allgemeinen juristischen Zusammenhängen hat sich der Sprach-

---

[1] *Brockhaus Enzyklopädie*, 10. Band: Herr – Is.

[2] Vgl. zur allgemeinen Begriffsbestimmung ferner *Hauck*, Wirtschaftsgeheimnisse, S. 26; *Stettner*, Information, S. 36 jeweils m.w.N.

[3] Vgl. *Beyer*, GRUR 1990, 400 m.w.N.

[4] *Brockhaus Enzyklopädie*, 10. Band: Herr – Is.

[5] *Fiedler*, JuS 1970, 604. Vgl. ferner *Gassmann*, Datenschutz in Europa, S. 13, der Information definiert als „ein Datum oder mehrere Daten, die in einem gewissen Zusammenhang gebraucht werden".

[6] *Brockhaus Enzyklopädie*, a.a.O., Stichwort: „Informationselektronik".

[7] Vgl. *Bell*, Gesellschaft, S. 353 f.

[8] Siehe etwa *Schulz von Thun*, Miteinander reden, 1. Störungen und Klärungen. Allgemeine Psychologie der Kommunikation, Hamburg 2000.

[9] Vgl. etwa *Wöhe*, Betriebswirtschaftslehre, S. 172 f. („Unter Information versteht man nicht jedes beliebige Wissen, sondern zweckbezogenes, entscheidungsrelevantes Wissen"); ebenso *Hildebrand*, Informationsmanagement, S. 3. Für das Bilanzrecht ähnlich *Flury*, Gewinner-

gebrauch „Information ist ein zur Übermittlung geeignetes Zeichen mit Bedeutungsgehalt“[10] etabliert.

Aus dieser Aufzählung wird erkennbar, dass die Bedeutungen von „Information“ variiert, je nach dem thematischen Zusammenhang, in dem der Begriff verwendet wird. Die jeweils beteiligten Verkehrskreise messen ihm verschiedene Bedeutungen zu. Eine einheitliche Begriffsbestimmung wird wohl nicht gefunden werden.[11]

Ein weiteres wird ersichtlich: Der Begriff „Information“ wird unter zwei Aspekten verwendet. Zum einen als Synonym für eine objektiv wahrnehmbare Erscheinung[12] und zum anderen als Beschreibung des tatsächlichen Vorgangs ihrer Nutzung durch zweckorientierte Weiterleitung an einen Rezipienten.[13]

B. Bedeutung des Begriffs „Information“ für die betroffenen Arbeitsrechtssubjekte

Aufgrund des für die vorliegende Arbeit maßgeblichen arbeitsrechtlichen Sachzusammenhangs interessiert im folgenden die Bestimmung einer spezifisch arbeitsrechtlichen Definition des Begriffs.[14] Dieser bestimmt sich nach den Inhalten, die ihm die betroffenen Arbeitsrechtssubjekte zuschreiben, und dem arbeitsrechtlichen Nutzungszusammenhang.

Eine sehr weitreichende Definition versteht unter Information neben den an Menschen gerichteten Nachrichten, Auskünften, Belehrungen u.s.w. auch Zeichen oder Codes, die an Maschinen oder Automaten zu deren Steuerung (im Arbeitsablauf) gegeben werden.[15] Da Maschinen und Automaten aber keine

---

läuterungsprinzipien, S. 11 f. m.w.N. („Nachrichten, die in der Lage sind, ... bisherige Erwartungen .... über künftige Konsequenzen von Entscheidungsalternativen zu verändern“).

[10] *Zöllner*, Informationsordnung, S. 18; vgl. ferner u.a. *Beyer*, GRUR 1990, 401; *Fiedler*, JuS 1970, 607; *Werckmeister*, DVR 7 (1978), 104; *Wiebe*, geistiges Eigentum, S. 100 jeweils m.w.N.

[11] Ebenso u.a. *Wiebe*, Geistiges Eigentum, S. 99; *Schwarz*, Arbeitnehmerüberwachung, S. 19 jeweils m.w.N.

[12] Eine Erscheinung auf der Stufe von „Materie“ und „Energie“ nimmt Norbert *Wiener* an, zitiert nach *Sieber*, Jura 1993, 570.

[13] Vgl. in diesem Sinne *Hauck*, Wirtschaftsgeheimnisse, S. 20 ff, 110; *Sieber*, Jura 1993, 570.

[14] Vgl. zum praktischen und theoretischen Wert von Definitionen in diesem Zusammenhang *Abegglen*, Aufklärungspflichten, S. 117 f.

[15] Vgl. *Beyer*, GRUR 1990, 399, 402; *Strombach*, Information, S. 3, 6; *Zander*, Mitarbeiterinformation, S. 12.

Rechte haben, ist diese Begriffsbestimmung für die vorliegende Arbeit ohne weitere Bedeutung.

Es wird vielmehr für den arbeitsrechtlichen Sprachgebrauch[16] folgende Definition vorgeschlagen: Für die am Arbeitsverhältnis Beteiligten ist Information eine sinnlich wahrnehmbare[17] *Aussage* über innere oder äußere Sachverhalte,[18] die für das Arbeitsverhältnis von Relevanz sind.[19]

Schaubild:

<u>Arbeitgeber</u>	> (<) **INFORMATION** > (<)	<u>Arbeitnehmer</u>
(WISSEN, MEINUNGEN, GEFÜHLE, GEDANKEN, STIMMUNGEN, etc.)	sinnlich wahrnehmbar Aussage	(WISSEN, MEINUNGEN, GEFÜHLE, GEDANKEN, STIMMUNGEN, etc.)

Diese Definition verdeutlicht, dass im Arbeitsrecht die Nutzung der Information im Vordergrund steht.[20] Der konkrete Informationsgehalt spielt für den Begriff dagegen zunächst keine Rolle: Die Aussage kann aus reinen Sachkenntnissen[21] (Wissen[22]) bestehen, aber ebenso Meinungen, Erfahrungen, Gefühle, Ideen und Wünsche und ähnliches beinhalten.[23]

---

[16] Entgegen der allgemeinen juristischen Begriffsbestimmung, die auf das wahrnehmbare *Zeichen* abstellt (vgl. *Zöllner*, Informationsordnung, S. 18 m.w.N.), wird hier die *Aussage* in den Vordergrund der Definition gerückt.

[17] Vgl. *Hauck*, Wirtschaftsgeheimnisse, S. 27; siehe zur Parallele auch § 3 Absatz 1 MarkenG („Zeichen")

[18] *Zöllner*, Informationsordnung, S. 18 spricht hier ähnlich von „Bedeutungsgegenständen".

[19] Ähnlich *Podlech*, DVR 1 (1972/1973), S. 150; *Schwarz*, Arbeitnehmerüberwachung, S. 19; *Wiebe*, Geistiges Eigentum, S. 100 f.; *Zander*, Mitarbeiterinformation, S. 12. Ein sehr anschauliches Schaubild findet sich bei *Neuberger*, Mitarbeitergespräch, S. 13.

[20] Ganz allgemein erkennt *Werckmeister*, DVR 7 (1978), 103 f. in der Information als solche ihre Zielgerichtetheit; ähnlich *Hildebrand*, Informationsmanagement, S. 3. *Egloff*, DVR 7 (1978), 119 erkennt, dass Handlung und Information notwendig miteinander verbunden sind.

[21] Vgl. *Podlech*, DVR 1 (1972), 150 („Kenntnis über Sachverhalte und Vorgänge").

[22] Vgl. abweichend zur Begriffsbestimmung von „Wissen" *Bell*, Gesellschaft, S. 180 f., dessen Definition sehr nahe an der hier vorgeschlagene Definition von „Information" liegt.

[23] Ähnlich *Zöllner*, Informationsordnung, S. 18; zu eng demnach aber die Definition von *Wiebe*, Geistiges Eigentum, S. 100.

Alle diese Erscheinungen bedürfen eines (auch immateriellen) Mediums[24] (Sprache, Schrift, Bild, Licht, Mimik etc.), sollen sie von einem auf den anderen Menschen übergehen, um die Teilnahme des Empfängers an der Information zu ermöglichen.[25] Beispielsweise kann bereits ein einziger Buchstabe, ein Gesichtsausdruck in einem Augenblick oder gar eine fehlende Stellungnahme an entscheidender Stelle eine Aussage enthalten.[26] In der betrieblichen Praxis sind heute die physischen Träger der modernen Informations- und Kommunikationstechnologien vorherrschend. Die Aussage kann also in verschiedenen Formen in Erscheinung treten, solange sie nur sinnlich wahrnehmbar, also etwa sichtbar, lesbar, hörbar, schmeck- oder fühlbar ist. Die Aussage an sich ist aber immer unkörperlich.[27]

Da wir uns im Arbeitsrecht befinden, ist außerdem erforderlich, dass sich die Aussage auf Sachverhalte bezieht, die das Arbeitsverhältnis betreffen. Mit Hilfe dieses Begriffsverständnisses werden von vornherein die Bereiche ausgegrenzt, die mit dem Arbeitsverhältnis nichts zu tun haben, etwa der rein private Lebensbereich der Vertragsparteien.[28] Andererseits wird klargestellt, dass in zeitlicher Hinsicht das gesamte Arbeitsverhältnis in allen seinen Phasen von Relevanz ist.[29]

Was den Nutzungsrahmen der Aussage betrifft, so kann sie beispielsweise im Zuge einer Belehrung, Unterrichtung oder Warnung, aber auch in jedem an-

---

[24] Dem Gedanken einer Materialisierung der Information verpflichtet sind etwa *Egloff*, DVR 7 (1978), 118; *Pethig*, Wirtschaftsgut, S. 2 f., der insoweit von einem „Informationsträger" spricht; ähnlich *Wiebe*, Geistiges Eigentum, S. 100; *Zöllner*, Informationsordnung, S. 18, die von „Zeichen" sprechen. Vgl. ferner *Werckmeister*, DVR 7 (1978), 103, der das „In-Form-Bringen" der Aussage aus dem Wort in-form-ation herleitet und darin die wesentliche Bedingung ihrer Nutzungsmöglichkeit erblickt. *Eghoff*, DVR 7 (1978), 118 zählt auch die Sprache und sprachliche Kommunikation zu den „Medien" im oben genannten Sinn.

[25] Auch *Zöllner*, Informationsordnung, S. 18 übersieht nicht die Intersubjektivität der Information („.... zur Übermittlung geeignete Zeichen"); ähnlich *Beyer*, GRUR 1990, 401.

[26] *Breisig/König/Wengelowski*, Mitarbeitergespräch, S. 25 m.w.N. sprechen von nonverbaler Information und der Beziehungsebene der Kommunizierenden. Dem entspricht die Erkenntnis von *Tinnefeld/Ehmann*, Datenschutzrecht, S. 7, dass jede Information nur im Rahmen eines bestimmten Kontextes seine sinngemäße Bedeutung erlangt.

[27] Ebenso *Hauck*, Wirtschaftsgeheimnisse, S. 26; ferner *Linnekohl*, ArbuR 1984, 130 (Information ist „Denkstoff" oder „Abbild"). Information ist also keine Sache im Sinne von § 90 BGB; vgl. hierzu etwa Palandt *(-Bassenge)*, § 903 BGB Rz. 1 ff.; Palandt *(-Heinrichs)*, § 90 BGB Rz. 1, 2. Die u.a. von *Zöllner*, Informationsordnung, S. 18; *Wiebe*, Geistiges Eigentum, S. 100 vorgenommene Definition kann das nicht entsprechend verdeutlichen, weil ein *Zeichen* durchaus körperlichen Charakter haben kann.

[28] Vgl. *Bell*, Gesellschaft, S. 180 f. (Im vorliegenden Zusammenhang würde nur das „praktische Wissen" erfasst).

[29] Vgl. ähnlich für die Aufklärungspflichten *Klingler*, Aufklärungspflichten, S. 1.

deren Sachzusammenhang auftauchen und mannigfaltigen Interessen dienen.[30] Keine Bedeutung für die Begriffsbestimmung hat schließlich die Übermittlungsrichtung und der Umstand, auf wessen Initiative hin die Aussage ans Tageslicht kommt.[31]

C. Informationsrecht

Der Begriff „Informationsrecht" wurde bereits vor cirka 30 Jahren in der juristischen Literatur entwickelt.[32] Mit ihm werden sämtliche Arten von Regelungen[33] erfasst, die unter gewissen Voraussetzungen informationelle Prozesse gebieten oder erlauben oder gegebenenfalls sogar verbieten.[34] Das Informationsrecht des Arbeitnehmers bedeutet im Kern, sein *Recht* gegenüber seinem Arbeitgeber *auf* Erlangung von Information und dessen Grenzen.[35]

Bei näherer Betrachtung der Informationsrechte zeigt sich, dass deren Rechtsqualität durchaus unterschiedlich ist. Nicht jedes Informationsrecht gewährt dem Arbeitnehmer eine individuelle Rechtsposition,[36] oftmals handelt es sich bei dem sogenannten „Recht" in Wahrheit nur um eine Informationsobliegen-

---

[30] So ist etwa das Auskunftsrecht ebenso erfasst wie eine substantiierte Rechenschaftslegung; vgl. ausführlich *Haug*, Informationelle Strategien, S. 21.

[31] Vgl. *Breidenbach*, Informationspflichten, S. 1 f., der von Informationspflichten spricht, damit aber nur Aufklärungspflichten erfasst sehen will. Kritisch hierzu *Grigoleit*, Informationshaftung, S. 4 m.w.N.

[32] Vgl. *Fiedler*, JuS 1970, 607; *Gassmann*, Datenschutz in Europa, S. 25; *Sieber*, NJW 1989, 2569; kritisch *Zöllner*, Informationsordnung, S. 9 jeweils m.w.N. Siehe ferner ausführlich *Bull*, Grundprobleme des Informationsrechts, Frankfurt am Main 1985.

[33] Erfasst sind neben Gesetzen auch Regelungen in Tarifverträgen, Betriebsvereinbarungen und Arbeitsverträgen; für die rechtlichen Grundlagen eines Mitarbeitergesprächs ebenso *Breisig/König/Wengelowski*, Mitarbeitergespräch, S. 54.

[34] Ebenso *Schwarz*, Arbeitnehmerüberwachung, S. 29; vgl. ferner *Sieber*, Jura 1993, 568 jeweils m.w.N. Auf das Nebeneinander der „richtigen Verteilung von Information" und der „Abwehr von Gefahren für die Rechte und Interessen des einzelnen" weist u.a. *Bull*, NJW 1979, 1177 hin.

[35] Und nicht etwa ein Recht an Information im Sinne eines Ausschließlichkeitsrecht der Vermögensordnung.

[36] Vgl. in diesem Zusammenhang zur weiteren Unterscheidung zwischen selbständiger und unselbständiger Nebenpflicht Palandt (*-Heinrichs*), § 242 BGB Rz. 25. *Heinrichs* zählt die Auskunftsrechte zu den selbständigen und die Aufklärungsrechte zu den unselbständigen Nebenpflichten.

heit, einen funktionellen Nötigungstatbestand oder eine organisationsrechtliche Vorschrift, deren Begünstigter jeweils der Arbeitnehmer ist.[37]

Inhaltlich geht es bei den Informationsrechten primär um den Aspekt der Informationsfreiheit, nämlich die Gewährleistung des Zugangs zu (im Entscheidungsprozess) relevanter Information sowie deren selbstbestimmte Verarbeitung und Verwendung. Dieser Gesichtspunkt wird aber ergänzt durch den sekundären Aspekt der Transparenz, der dem Schutz bei/vor Eingriffen in den privaten Bereich des Arbeitnehmers dient (sogenannte Informationsabwehr).[38]

Wurde damit offenbart, dass der Begriff „Informationsrecht" mehrdeutig zu verstehen ist, soll an ihm dennoch als Oberbegriff festgehalten werden, weil alle diese Regelungen den rechtlichen Umgang mit Informationen zum Gegenstand haben.

D. Informationsordnung

Der Begriff „Informationsordnung" weist über die gesetzliche bzw. positivrechtliche Reglementierung des Informationsverkehrs hinaus.[39] Zum einen, weil die Informationspolitik im Unternehmen/Betrieb als Teil einer strukturierten und disziplinierten Arbeits- und Interaktionsordnung zum unternehmerischen Selbstbestimmungsrecht zählt.[40] Zum anderen, weil informelle Interaktionen im Unternehmen/Betrieb zu einem Großteil nicht geplant und reguliert werden können.[41]

---

[37] Vgl. grundlegend *R. Schmidt*, Obliegenheiten, S. 57 f., 93, 314; ferner *Niedenführ*, Informationsgebote, S. 3 f., 146 m.w.N.; *Winkler von Mohrenfels*, Informationsleistungspflichten, S. 28; ähnlich auch *Abegglen*, Aufklärungspflichten, S. 51. Allerdings wird die Rechtsqualität der Informationsrechte nicht immer streng unterschieden; vgl. z.B. *Breisig/König/Wengelowski*, Mitarbeitergespräch, S. 56 (§ 81 Abs. 1 und Abs. 2 seien Obliegenheiten *und* Pflichten). Siehe hierzu näher 4. Kapitel B. II. 3.

[38] Vgl. *Egloff*, DVR 7 (1978), 127; *Werckmeister*, DVR 7 (1978), 106 f.

[39] Vgl. *Zöllner*, Informationsordnung, S. 7 f., 15 f. (zur Parallele einer „Verkehrsordnung"). Zur „Wirtschaftsordnung" vgl. *Sennett*, Der flexible Mensch, S. 69. Siehe zum Thema Informationsordnung ausf. *Bull*, Die Grundprobleme des Informationsrechts, Ffm. 1985.

[40] Auch neue Konzepte betrieblicher Führungsarbeit sind ohne neue Informationsordnung undenkbar, vgl. *Burghardt*, Betriebssoziologie, S. 19, 51 ff. Siehe ausf. zum Informationsmanagement etwa *Fank*, Einführung in das Informationsmanagement, München, Wien 1996; *Hildebrand*, Informationsmanagement – Wettbewerbsorientierte Informationsverarbeitung, München, Wien 1995; *Wöhe*, Betriebswirtschaftslehre, S. 171 ff, insb. S. 196 ff.

[41] Vgl. *Burghardt*, Betriebssoziologie, S. 52, 84 f.

Dennoch ist der normative Bezugsrahmen[42] wegen der „Verrechtlichung" der Unternehmens- und Betriebsführung elementarer Bestandteil der Informationsordnung.[43] Bezogen auf dessen derzeitigen Zustand, auch was seine Anwendung und Interpretation angeht,[44] wird von einer gewissen Orientierungslosigkeit gesprochen.[45]

Eine stringente Informationsordnung entsteht erst, wenn die Informationsregelungen im einzelnen und in ihrer Gesamtheit in eine Konzeption eingebunden sind, deren leitende Regelungsideen zuvor aus einer Vielzahl von Möglichkeiten sinnvoll ausgewählt und zusammengestellt wurden.[46] Es gilt also auch die Herausarbeitung und Strukturierung der arbeitsrechtlichen Informationsordnung als Modell/System voranzutreiben,[47] um „Zielkonflikte und damit verbundene Wertungswidersprüche, Überlagerungen oder Überschneidungen von Rechtsinstituten, mangelnde Konsistenz und Kohärenz"[48] zu überwinden.

Dabei können von vornherein zwei Extremmodelle ausgeschieden werden. Sowohl die völlige Freiheit[49] als auch die totale Reglementierung und Be-

---

[42] Für Tarifverträge gilt die normative Wirkung gem. § 4 Abs. 1 TVG; für Betriebsvereinbarungen gilt § 77 Abs. 4 BetrVG.

[43] Vgl. *Burghardt*, Betriebssoziologie, S. 58 ff.; *Egloff*, DVR 7 (1978), 116. Ähnlich für den Bereich des Bilanzrechts/Jahresabschluss *Moxter*, Vorwort, S. VII.

[44] Die Präzisierung und Lückenfüllung der Normen ist Sache des Richters als Teil der rechtsstaatlichen Ordnung; vgl. *Larenz*, Methodenlehre, S. 312 ff., 366 ff.

[45] Vgl. *Hauck*, Wirtschaftsgeheimnisse, S. 18; ebenso für weite Teile des Zivilrechts *Wiegand*, Festschrift Gagnér, S. 549 ff., der auch Ursachen für den Zustand der Orientierungslosigkeit nennt.

[46] Ähnlich *Zöllner*, Informationsordnung, S. 8. Dabei charakterisieren auch die Art und Weise wie Information erteilt wird (vgl. *Abegglen*, Aufklärungspflichten, S. 163) sowie die rechtlichen Konsequenzen der Missachtung der Informationsregelungen die bestehende Informationsordnung (vgl. *Haug*, Informationelle Strategien, S. 190). Laut BVerfGE 97, 169, 179 kann etwa der objektive Gehalt von Grundrechten auch im Verfahrensrecht Bedeutung erlangen. Beispielsweise dürfen der gerichtlichen Durchsetzung von Grundrechtspositionen des Grundrechtsträgers keine praktisch unüberwindbaren Hindernisse entgegengesetzt werden.

[47] Vgl. etwa das Untersuchungs- und Bewertungsschema von *Werckmeister*, DVR 7 (1978), 110. Für die dem Jahresabschluss von Kapitalgesellschaften zu entnehmenden Informationen verfolgt auch *Flury*, Gewinnerläuterungsprinzipien, S. 6 m.w.N. einen systematischen Ansatz. Zum „Informationsmodell" des § 53 Abs. 2 BörsG vgl. *Henssler*, ZHR 153 (1989), 620 ff. *Bell*, Gesellschaft, S. 31 spricht zurückhaltend von „Tendenzen". Vgl. *dens.*, a.a.O., S. 43 ff. zur Entwicklung der Wissenschaftstheorien. Vgl. ferner zum Begriff „System" *Canaris*, Systemdenken, S. 19 ff., 40 ff.

[48] *Wiegand*, Festschrift Gagnér, S. 549. Für die Geheimhaltung von Wirtschaftsgeheimnissen ähnlich *Hauck*, Wirtschaftsgeheimnisse, S. 20, 28.

[49] Das BGB kennt nach ganz herrschender Meinung kein allgemeines Informationsrecht; vgl. etwa RGZ 102, 336; BGH NJW 1978, 1002; 1980, 2463 („... die Tatsache, dass jemand

schränkung des arbeitsrechtlichen Informationsverkehrs sind praktisch nicht zu verwirklichen,[50] weil sie nicht in der Lage sind, die in einer demokratischen Gesellschaft vorzufindenden unterschiedlichen Interessenlagen der Arbeitsrechtssubjekte ausgewogen zu berücksichtigen.[51] Gesucht werden muss nach einem „goldenen Mittelweg", der die verfassungsmäßigen Wertungen eines sozialen sowie marktwirtschaftlich orientierten Rechtsstaats in sich vereinigt, der also durch Abwägungen und Kompromisse gekennzeichnet ist.[52]

E. Verfassungsrechtlicher Rahmen der arbeitsrechtlichen Informationsordnung

In der Folge interessiert die Frage, auf welche rechtliche Grundaussagen sich ein (potentieller, gegenwärtiger, ehemaliger) Arbeitnehmer berufen kann, wenn er eine Information über einen für ihn relevanten Sachverhalt von seinem (potentiellen, gegenwärtigen, ehemaligen) Arbeitgeber begehrt. Natürlich lassen sich Informationsrechte unschwer auf die entsprechenden vorhandenen Normen bzw. Vereinbarungen stützen. Aufgezeigt werden sollen aber die Wertungsgrundlagen der Informationsordnung,[53] die das Begehren - sogar im Fall einer fehlenden ausdrücklichen Regelung - rechtfertigen können.[54]

Informationen besitzt, die für einen anderen bedeutsam sind, begründet keine Auskunftspflicht") sowie BGH NJW 1981, 1733; ferner Staudinger (-*Schmidt*), § 242 BGB Rz. 829 m.w.N.

[50] Ebenso mit Blick auf die Wirtschaftsordnung *Zöllner*, Informationsordnung, S. 8, 14; siehe ferner ausführlich zu diesem Thema *Kunz*, Marktsystem und Information – „konstitutionelle Unwissenheit" als Quelle von „Ordnung", Tübingen 1985.

[51] Vgl. schon BGH NJW 1970, 653, 655; ferner *Egloff*, DVR 7 (1978), 119; *Werkmeister*, DVR 7 (1978), 97 ff.

[52] Vgl. *LAGE* Mecklenburg-Vorpommern Nr. 6 zu § 242 BGB - Auskunftspflicht (Das Prinzip der Selbstverantwortlichkeit kann in Ausnahmefällen durchbrochen werden.). In diesem Zusammenhang kann auch ein Blick auf verwandte Regelungskomplexe hilfreich sein. Als Beispiel sei an dieser Stelle zunächst auf die Fälle der finanzierten Abzahlungsgeschäfte hingewiesen. Vgl. hierzu *Klingler*, Aufklärungspflichten, S. 125 ff. Aus der Rechtsprechung vgl. etwa BGHZ 47, 207 f., 211; BGH NJW 1973, 452 ff.; BGH WM 1975, 1298 f. (unter Würdigung der Gesamtumstände trifft die Bank eine Pflicht zur deutlichen und klaren Aufklärung über die Risiken und Gefahren des jeweiligen konkreten Geschäfts; die Offenbarungspflicht besteht hinsichtlich der Sachverhalte, die für die Entschließung des Kunden erkennbar von Bedeutung sein können).

[53] Einen Überblick über die vielfältig angebotenen juristischen Konstruktionen der Aufklärungspflichten gibt *Abegglen*, Aufklärungspflichten, S. 49, 130 f.

[54] Vgl. *Canaris*, Festschrift Larenz II, 35 f.; *Loges*, Erklärungspflichten, S. 28.

I. Die einschlägigen Grundrechte

Zu denken ist daran, dass sich der Bewerber/Arbeitnehmer auf (einzelne) Grundrechte beruft,[55] wenn er informiert werden will.[56] In Betracht kommen das Grundrecht auf Achtung und Förderung der Menschenwürde nach Art. 1 Abs. 1 GG, die Integrität von Leben und Körper nach Art. 2 Abs. 2 GG, das allgemeine Persönlichkeitsrecht nach Art. 2 Abs. 1 (in Verbindung mit Art. 1 Abs. 1) GG, die Informationsfreiheit nach Art. 5 Abs. 1 GG, die Berufsfreiheit nach Art. 12 GG sowie die allgemeine Handlungsfreiheit gemäß Art. 2 Abs. 1 GG.

Bevor aber eine nähere Betrachtung der Schutzbereiche der angesprochenen Grundrechte erfolgt, ist daran zu erinnern, dass die Grundrechte auch Bedeutung entfalten, wenn ein Privatrechtssubjekt gegenüber einem anderen Privatrechtssubjekt Rechte geltend machen will.[57] Das war zunächst umstritten, weil die Verfassungsväter aus den Erkenntnissen über die Gefahren des totalitären Staates die Grundrechte als subjektive Abwehrrechte des Bürgers gegen die als allmächtig empfundene Obrigkeit der Staatsgewalten ausgestaltet hatten und nicht als ein im Privatrechtsverkehr wirkendes rechtliches Instrument.[58] Im Verhältnis der Bürger untereinander standen allein die Rechtssätze des einfachen Rechts zur Verfügung.

---

[55] Diesen juristischen Begründungsansatz halten *Zöllner*, Informationsordnung, S. 14; *Egloff*, DVR 7 (1978), 116 für naheliegend; vgl. ferner BVerfGE 39, 1, 38. Siehe ausf. zu diesem Thema *Breitfeld*, Berufsfreiheit und Eigentumsgarantie als Schranke des Rechts auf informationelle Selbstbestimmung: Verfassungsrechtliche Vorgaben für die zivilrechtliche Informationsordnung, Berlin 1992 *Canaris*, Grundrechte und Privatrecht; *Gallwas*, Grundrechte; *Gamillscheg*, Grundrechte im Arbeitsrecht.

[56] Damit ist noch nicht gesagt, ob das von Erfolg gekrönt ist, denn dazu bedarf es eines Abwägungs- und Ausgleichsprozesses zwischen den widerstreitenden Rechtspositionen und Interessen der Betroffenen unter Berücksichtigung weiterer Umstände des Einzelfalls; siehe hierzu näher 6. Kapitel B.

[57] Zwar scheidet nach h.M. (vgl. näher von Münch/Kunig (*-von Münch*), vor Art. 1 ff. GG Rz. 31; *Pieroth/Schlink*, Grundrechte, Rz. 173 ff.; ferner *Aussem*, Ausstrahlungswirkung, S. 5, 18; *Gamillscheg*, Grundrechte, S. 15, 31 ff. jeweils m.w.N.) eine unmittelbare Wirkung der Grundrechte aus. Da aber auch das Arbeitsrecht an die Wertentscheidungen des Grundgesetzes gebunden ist, die Grundrechte also mittelbare Wirkung entfalten, können diese als rechtliche Grundaussage der Herleitung von Informationsrechten dienen. Vgl. zum Thema Drittwirkung der Grundrechte ausführlich u.a. von Münch/Kunig (*-von Münch*), vor Art. 1 ff. GG Rz. 22, 28 ff. (mit Hinweis auf u.a. BVerfGE 7, 198, 205 - Lüth-Urteil); *Canaris*, AcP 184 (1984), 201 ff.; *Enders*, Menschenwürde, S. 56 f.; *Küchenhoff*, Festschrift Nipperdey II, S. 317 ff.; *Hauck*, Wirtschaftsgeheimnisse, 234 ff.; *Wiese* ZfA 1996, 456, 468 jeweils m.w.N.

[58] Vgl. BVerfGE 5, 85, 138; 6, 41; ferner *Aussem*, a.a.O., S. 17, 23; *Gamillscheg*, Grundrechte, S. 75.

Heute wird ernsthaft nicht mehr bestritten, dass die im sogenannten Lüth-Urteil vom Bundesverfassungsgericht angenommene mittelbare Drittwirkung der Grundrechte für das gesamte Privatrecht gilt.[59] Das heißt, die durch die Grundrechte vermittelte objektive Wertordnung ist bei der Auslegung (unbestimmter Rechtsbegriffe, Generalklauseln[60]) und Lückenschließung des bestehenden einfachen Rechts mit zu berücksichtigen, um Widersprüche zwischen den (arbeitsrechtlichen) Gesetzen und dem Grundrechtskatalog zu vermeiden.[61]

Sogar eine darüber hinausgehende unmittelbare Anwendung von Grundrechten im Bürger – Bürger – Verhältnis ohne Hinzuziehung anderer Rechtssätze des einfachen Rechts („unmittelbare Drittwirkung“[62]) wird diskutiert.[63] Im Arbeitsrecht hat sich jedoch eine vorherrschende Meinung gebildet, die eine *unmittelbare* Drittwirkung der Grundrechte ablehnt.[64]

Damit kann der Bewerber/Arbeitnehmer im Ergebnis sein Begehren nach Information im Arbeitsverhältnis grundsätzlich zumindest mittelbar auf Grund-

---

[59] Vgl. beispielsweise BVerfGE 39, 1, 41 (Fristenlösung); 66, 166 ff. (Springer/Wallraff).

[60] Als Beispiel sei an dieser Stelle § 75 Abs. 2 BetrVG genannt, über den das Persönlichkeitsrecht der Art. 1 Abs. 1 und 2 Abs. 1 GG in das Arbeitsverhältnis Eingang findet; vgl. hierzu näher *Breisig*, Personalbeurteilung, S. 224; *Gerhardt*, Personalakte, S. 25 ff.; *Gamillscheg*, Grundrechte, S. 46 jeweils m.w.N.

[61] Vgl. *Aussem*, Ausstrahlungswirkung, S. 13, 17; *Gamillscheg*, Grundrechte, S. 77; *Pieroth/Schlink*, Grundrechte, Rz. 76 ff.; *Stettner*, Information, S. 51 jeweils m.w.N. Zu den Besonderheiten des Art. 3 GG als Teilhaberechte und Differenzierungsverbote vgl. nur von Münch/Kunig (-*Gubelt*), Art. 3 GG Rz. 2, 94 ff.

[62] Für eine unmittelbare Drittwirkung spricht sich etwa *Hager*, JZ 1994, 376 ff. aus. *Funk*, Diskussionsberichte, S. 57 plädiert dafür, dass im Informationsbereich über eine unmittelbare Grundrechts-Drittwirkung neu nachgedacht werden sollte. Für eine unmittelbare Drittwirkung jedenfalls im Bereich des allgemeinen Persönlichkeitsrecht spricht sich *Linnekohl*, ArbuR 1984, 130 aus.

[63] Vgl. hierzu ausführlich etwa *Canaris*, AcP 184 (1984), 203 ff.

[64] Zunächst sprach das BAG von einer unmittelbaren Drittwirkung, vgl. BAGE 1, 185, 191 ff. Seit BAG GS 48, 122, 138 geht nunmehr auch das BAG in st. Rspr. von einer nur mittelbaren Drittwirkung aus; vgl. BAG NZA 1985, 702, 703 f.; BAG NZA 1992, 405, 406 f.; BAG NZA 1994, 835. Für das Arbeitsrecht grundlegend ferner *Dürig*, Festschrift Nawiasky, S. 159 ff.; vgl. zudem *Enders*, Menschenwürde, S. 56 f.; *Kempff*, Grundrechte im Arbeitsverhältnis: Zum Grundrechtsverständnis des Bundesarbeitsgerichts, Köln 1988; MüArbR (-*Richardi*) § 10 Rz. 10 f. *Gamillscheg*, Grundrechte, erörtert ausf. (S. 75 ff.), dass dieses Ergebnis nicht zwingend ist. Er spricht von einem Scheinproblem (S. 81), da bei der Rechtsfindung „der Vorgang nicht nur in seiner Wirkung, sondern auch dogmatisch der gleiche“ (S. 78) sei. Im Ergebnis kommt er zu einer unmittelbaren Drittwirkung bei der Lückenausfüllung.

rechtspositionen stützen, sofern und soweit sich in den Grundrechten entsprechende Aussagen wiederfinden lassen.[65]

1. Die Menschenwürde

Um klären zu können, ob und inwieweit sich aus der Verbürgung des Art. 1 Abs. 1 S. 1 GG ein Recht auf Informationserlangung im oben beschriebenen Sinne herleiten lässt, soll zunächst ein näherer Blick auf den Inhalt des Menschenwürdebegriffs erfolgen. Wegen dessen Unbestimmtheit sind in der Rechtswissenschaft vielfältige Menschenwürdekonzepte entwickelt worden.[66] Das liegt zuvorderst an der Vielfältig- und Vieldeutigkeit des Allgemein-Menschlichen, der Wesenheit, der Natur des Menschen.[67] Auch andere vorgeschlagene Umschreibungen menschlicher Würde (Fähigkeit zur Selbstbestimmung, Freiheit, Subjektivität, Persönlichkeit, Person, Identität etc.) sind wenig aussagekräftig.[68]

Im Hinblick auf die Definitionsbemühungen war ein anderer theoretischer Ansatz hilfreich. Es wird versucht, eine Inhaltsbestimmung vom Verletzungsvorgang aus zu gewinnen: Die Menschenwürde sei betroffen, wenn der konkrete Mensch zum Objekt, zum bloßen Mittel zur Erfüllung äußerer Zwecke herabgewürdigt werde.[69] Nimmt man dieses absolute Zweckverbot aber ernst, so enthält es auch ein allgemeines Definitionsverbot: Die Menschenwürde ist „maßgeblich vom Selbstverständnis jedes Menschen geprägt".[70]

Alle bis hierhin genannten Überlegungen haben Kritik erfahren, weil sie in einem vorrechtlichen Bereich verharren und in ihrem Menschenbild in der abendländischen Geistesgeschichte wurzeln.[71] Das Bundesverfassungsgericht hat unter Rückgriff auf den theoretischen Ansatz, dass in der Menschenwürde rechtliche Teilfunktionen anderer Grundrechte gebündelt werden, unter Berück-

---

[65] Vgl. hierzu näher *Ehmann*, AcP 188 (1988), 237 f.; *Gallwas*, NJW 1992, 2785 ff.; *Langer*, Informationsfreiheit, S. 47 f.; *Stettner*, Information, S. 51.

[66] Vgl. *Enders*, Menschenwürde, S. 6, 7, 9; von Münch/Kunig (-*Kunig*), Art. 1 GG Rz. 18 ff. jeweils m.w.N.; siehe ausführlich ferner zu diesem Thema *Geddert-Steinacher*, Menschenwürde als Verfassungsbegriff - Aspekte der Rechtsprechung des Bundesverfassungsgerichts zu Art. 1 Abs. 1 GG, Berlin 1990. Zur Bedeutung der Menschenwürde im Betrieb vgl. *Söllner*, RdA 1968, 437 ff.

[67] Vgl. nur *Enders*, Menschenwürde, S. 5.

[68] Ebenso *Enders*, a.a.O., S. 12, 14.

[69] Vgl. *Enders*, Menschenwürde, S. 20, 84, 85; von Münch/Kunig (-*Kunig*), Art. 1 GG Rz. 22 f.; *Söllner*, RdA 1968, 438; BVerfGE 9, 89, 95; 72, 105, 116.

[70] Vgl. *Enders*, a.a.O., S. 92.

[71] Vgl. *Enders*, a.a.O., S. 14, 17, 19.

sichtigung von Art. 2 Abs. 1 GG den Bezug der (Menschen-)Würde zur Freiheit hergestellt.[72] Einem Gedanken von *Luhmann*[73] folgend, differenziert das Gericht dann zwischen einem eher statischen Begriff der Würde („der Mensch besitzt Würde") und einer dynamisch nach außen gerichteten Garantie der Freiheitsrechte („der Mensch entfaltet sich als Persönlichkeit").[74]
Als Verbürgung von anthropologisch Selbstverständlichem gewährt Art. 1 Abs. 1 GG insoweit einen letzten unantastbaren Bereich der Seinsgegebenheit.[75] In der subjektiv-rechtlichen Menschenwürdegarantie beschränkt sich der - dann aber absolute, das heißt keiner Einschränkung mehr zugängliche - Schutz auf elementare Belange des Menschseins.[76]

Aufgrund dieser Ausführungen wird in dreifacher Hinsicht deutlich, dass jedenfalls ein allgemeines Recht auf Informationserlangung im Arbeitsverhältnis nicht Ausfluss der Menschenwürdegarantie sein kann. Erstens – und das tritt besonders deutlich zutage – ist ein allumfassendes Informationsrecht, ohne dass nach weiteren Kriterien differenziert wird, nicht zum elementaren Bereich des Menschseins zu zählen. Der arbeitende Mensch braucht keine Kenntnis über alles und jeden im Unternehmen/Betrieb zu haben, um seiner Natur nach „Mensch" zu sein. Er wird dadurch auch nicht zum Objekt herabgewürdigt.

Zweitens verträgt sich ein allgemeines Recht auf Information nicht mit dem eher statischen Würdebegriff. Informationsbeziehungen sind durch eine zielgerichtete, von Interessen gesteuerte Dynamik gekennzeichnet. Aus diesem Grund ist ein Zusammenhang mit den auf Verwirklichung gerichteten Freiheitsrechten sehr viel naheliegender.

Drittens wäre wegen der Absolutheit des Informationsrechts – wollte man es auf Art. 1 Abs. 1 GG stützen - im Konfliktfall mit anderen Rechtspositionen und Interessen eine Abwägung nicht mehr möglich.[77]

Folglich beinhaltet die Menschenwürdegarantie nicht mehr, aber auch nicht weniger als die Achtung und Verwirklichung des menschlichen Grundbedürfnisses

---

[72] Vgl. etwa BVerfGE 27, 71 ff., 81; 27, 344, 350 f.; ferner *Egloff*, DVR 7 (1978), 119; *Enders*, a.a.O., S. 7, 21, 92 ff., 110 ff.; *Tinnefeld*, Der runde Tisch, S. 21; *Werckmeister*, DVR 7 (1978), 105 jeweils m.w.N.
[73] *Luhmann*, Grundrechte als Institution, S. 53 ff.
[74] Vgl. *Enders*, a.a.O., S. 15; von Münch/Kunig (*-Kunig*), Art. 1 GG Rz. 10 m.w.N.
[75] Ähnlich *Enders*, Menschenwürde, S. 23, 41, 56 f., 70, 76, 86, 93, 94 ff.; BVerfGE 6, 32, 36, 40; 7, 377, 402 ff.; vgl. ferner *Schwarz*, Arbeitnehmerüberwachung, S. 58 m.w.N.
[76] Vgl. *Egloff*, DVR 7 (1978), 121; *Enders*, a.a.O., S. 5, 108; ferner von Münch/Kunig (*-Kunig*), Art. 1 GG Rz. 22 jeweils m.w.N.
[77] Vgl. *Enders*, a.a.O., S. 108; von Münch/Kunig (*-Kunig*), Art. 1 GG Rz. 4 f.

nach Kommunikation.[78] Eine genaue Ausformung der arbeitsrechtlichen Kommunikations- und Informationsbeziehungen lässt sich Art. 1 Abs. 1 GG nicht entnehmen.

2. Die Integrität von Leben und Körper

Art. 2 Abs. 2 GG gewährt dem Bewerber/Arbeitnehmer das Recht auf Leben[79] und körperliche Unversehrtheit.[80] Beinhalten Informationen Aussagen, die für den Schutz des Lebens oder die körperliche Integrität notwendig sind bzw. ihnen dienen[81] und weisen diese Informationen einen Zusammenhang zum Arbeitsverhältnis auf, kann sich der Bewerber/Arbeitnehmer auf die Schutzfunktion des Art. 2 Abs. 2 GG berufen.

Allerdings hat das Grundrecht nur Schutzfunktion, das Erlangen von Gesundheit im Sinne eines Zustands „des vollständigen körperlichen, geistigen und sozialen Wohlbefindens“[82] kann nicht verlangt werden; d.h. diesbezügliche Informationsbegehren kann der Arbeitnehmer nicht auf Art. 2 Abs. 2 GG stützen.

3. Das allgemeine Persönlichkeitsrecht

Das allgemeine Persönlichkeitsrecht ist heute, nach etwa 50 Jahren seit seiner „Erfindung“ durch die Rechtsprechung,[83] zu einem etablierten Rechtsinstitut im deutschen Recht geworden.[84] Der BGH hat es zusätzlich - gestützt auf die Art. 1 Abs. 1 und Art. 2 Abs. 1 GG – auch im Deliktsrecht als „sonstiges Recht“ im Sinne von § 823 Abs. 1 BGB anerkannt.[85] Später hat das Bundesverfas-

[78] Vgl. *Zander*, AuA 1992, 4; *dens.*, Mitarbeiterinformation, S. 209. Abweichend *Söllner*, RdA 1968, 437, der eine Fürsorgepflicht des Arbeitgebers aus der Menschenwürde ableitet; deren konkrete Inhalte bleiben aber zunächst unbestimmt.
[79] Vgl. von Münch/Kunig (*-Kunig*), Art. 1 GG Rz. 55.
[80] Vgl. von Münch/Kunig (*-Kunig*), Art. 1 GG Rz. 64 (in den Grenzen der Sozialadäquanz).
[81] Zur Gefahrenvorsorge näher von Münch/Kunig (*-Kunig*), Art. 1 GG Rz. 68.
[82] Vgl. von Münch/Kunig (*-Kunig*), Art. 1 GG Rz. 62. Ferner u.a. *Gallwas*, NJW 1992, 2787 („Die Grundrechte sind keine Leistungsrechte“).
[83] Vgl. BVerfGE 6, 32 (Elfes-Urteil). Vgl. ferner zu weiteren Rechtsprechungsnachweisen *Pieroth/Schlink*, Grundrechte, Rz. 374.
[84] Vgl. zu Einzelheiten *Gottwald*, Das allgemeine Persönlichkeitsrecht, Berlin/Baden-Baden 1996; *Jarass*, NJW 1989, 857; von Münch/Kunig (*-Kunig*), Art. 2 GG Rz. 30 ff; *Tinnefeld/Ehmann*, Datenschutzrecht, S. 78 ff. jeweils m.w.N. Vgl. auch die umfangreichen Hinweise zur Rspr. des Bundesverfassungsgerichts in BVerfG NJW 1984, 419, 421.
[85] Vgl. BGHZ 13, 334 (Schachtbrief-Urteil), ferner *Wiese*, ZfA 1996, 467; *Wohlgemuth*, BB 1980, 1531 jeweils m.w.N. Zum Verhältnis beider Grundrechtsbestimmungen vgl. *Enders*,

sungsgericht diese Rechtsprechung ausdrücklich gebilligt und nochmals betont, dass die Werteordnung der Grundrechte auch im Bereich des Privatrechts mittelbare Wirkungen entfaltet.[86] Heute ist die Geltung des allgemeinen Persönlichkeitsrechts auch im Rahmen arbeitsrechtlicher Beziehungen anerkannt.[87] Als allgemeines Recht gilt es selbstverständlich auch gegenüber allen am Arbeitsverhältnis Beteiligten.[88]

Das allgemeine Persönlichkeitsrecht ist einer allgemeinen und abschließenden Definition kaum zugänglich.[89] Unzweifelhaft beinhaltet es als sog. Quellrecht den Schutz aller Erscheinungsformen der menschlichen Persönlichkeit (also unter anderem das Recht am eigenen Bild, am gesprochenen Wort und den eigenen Daten), zudem den Schutz der Privatsphäre und der Ehre sowie die Freiheit des Gewissens, des Glaubens und der Meinungsäußerung; auch die Kommunikations- und Informationsfreiheit werden geschützt.[90]

Neben der Achtung dieser verschiedenen Konkretisierungen wird in dynamischer Hinsicht auch deren Wahrnehmung im Rahmen der Persönlichkeitsentfaltung garantiert.[91] Es gehört zu den elementaren Bedürfnissen des Menschen sich aus möglichst vielen Quellen zu unterrichten, sein eigenes Wissen zu erweitern, um dadurch zu bewussten und selbstbestimmten Entscheidungen im Hinblick auf den einzuschlagenden Lebensweg zu kommen.[92]

Menschenwürde, S. 79. *Wiese*, ZfA 1971, 276 weist zu Recht darauf hin, dass das allgemeine Persönlichkeitsrecht im Sinne von § 823 Abs. 1 BGB mit den Grundrechten der Art. 1 Abs. 1, Art. 2 Abs.1 GG nicht identisch ist, sondern nur auf ihnen basiert.

[86] Vgl. BVerfGE 34, 269, 281 f.; 54, 148, 153; 72, 155, 170; *Wiese*, ZfA 1996, 468 m.w.N.

[87] Ebenso *Wiese*, ZfA 1996, 467; vgl. ferner *Schwarz*, Arbeitnehmerüberwachung, S. 31; BAG AuR 1980, 92 ff.

[88] Vgl. *Wiese*, ZfA 1996, 469; näher auch *Gamillscheg*, Grundrechte, S. 46 ff.

[89] *Wiese*, a.a.O., S. 470 spricht von Elastizität. *Thees*, Arbeitnehmer-Persönlichkeitsrecht, S. 27, 31 m.w.N. gibt eine anschauliche Umschreibung des Persönlichkeitsrechts (Es ist ein subjektiv-privates Recht , welches die Persönlichkeit des Menschen in ihrer leiblichen, seelischen und geistigen Integrität, in ihrer Entfaltung und in den Gütern schützt, in denen sich die Persönlichkeit manifestiert). Vgl. ferner *Enders*, Menschenwürde, S. 76 ff.

[90] Zur defensiven Freiheit von Information (Abwehr) vgl. *Werckmeister*, DVR 7 (1978), 107.

[91] Vgl. etwa *Egloff*, DVR 7 (1978), 119 f.; von Münch/Kunig (*-Kunig*), Art. 2 Rz. 11; Maunz/Dürig (*-Dürig*), Art. 1 Abs. 1 GG Rz. 18; *Wohlgemuth*, BB 1980, 1531 m.w.N. *Sennett*, Der flexible Mensch, S. 11 spricht von Persönlichkeit, bei der „es auch um Sehnsüchte und Gefühle im Inneren" geht. Auch die berufliche und politische Weiterbildung ist laut BVerfGE 77, 308, 335 Teil der Persönlichkeitsentfaltung.

[92] Vgl. BVerfGE 27, 71, 81; ferner *Buchner*, ZfA 1988, 452 („Es widerspricht dem Persönlichkeitsgedanken, Entscheidungen aufgrund fehlender oder falscher Informationen fällen zu müssen"); *Egloff*, DVR 7 (1978), 120, 127 (Information als conditio sine qua non der Persönlichkeitsentfaltung); von Münch/Kunig (*-Kunig*), Art. 2 Rz. 33; *W. Schmidt*, JZ 1974, 241 ff.; *Werckmeister*, DVR 7 (1978), 105 (positive Freiheit zur Information).

Das Recht des Bewerbers/Arbeitnehmers, an seinen (potentiellen) Arbeitgeber Fragen zu richten (Auskunftsbegehren), lässt sich nach dem gerade Gesagten als Entfaltung der Persönlichkeit auf das allgemeine Persönlichkeitsrecht stützen.[93] Auch über das aktive Fragerecht hinaus ist auf das allgemeine Persönlichkeitsrecht abzustellen, wenn es gilt, mittels der fraglichen Information den Persönlichkeitsschutz zu gewährleisten.[94] Zu denken ist in diesem Zusammenhang insbesondere an das Datenschutzrecht[95] mit dem dort herrschenden Grundsatz, wonach der von einer Datenverarbeitung Betroffene Herr seiner personenbezogenen Daten ist und er die notwendige Transparenz sogar ohne Nachfrage (=Aufklärung) beim Arbeitgeber beanspruchen kann.[96]

Ist der Aspekt der *Förderung* der Persönlichkeit und deren Entfaltung angesprochen, so wird der Schutzbereich des allgemeinen Persönlichkeitsrechts allerdings überschritten, denn es handelt sich um ein reines Abwehrrecht gegen rechtswidrige Eingriffe in die Persönlichkeitssphäre bzw. eine (objektive) Schutznorm.[97] Es kann keine Unterstützungs- oder Handlungspflichten des Arbeitgebers zur Förderung seiner Arbeitnehmer begründen.[98] So kann etwa bloße Neugierde ohne Bezugnahme auf einen Schutzaspekt Informationsrechte nicht begründen.[99]

4. Die Meinungs- und Informationsfreiheit

Auch die in Art. 5 Abs. 1 GG statuierte Meinungsfreiheit beinhaltet eine ganze Reihe von Teilaspekten, die jeweils als Wertentscheidung mittelbar auch Eingang in das Arbeitsrecht gefunden haben. Im Zusammenhang mit der vorlie-

---

[93] Damit ließ sich auch schon vor Inkrafttreten des § 83 BetrVG und des BDSG beispielsweise das Recht begründen, den Umgang mit persönlichen Daten beim Arbeitgeber zu erfragen; vgl. *Wiese*, ZfA 1996, 470; *Gerhardt*, Personalakte, S. 28. Zum Einsichtsrecht in Patientenakten vgl. jüngst BVerfG NJW 1999, 1777 f. Allerdings ist damit noch nicht gesagt, dass der Arbeitgeber auf alle Fragen authentisch zu antworten hat. Denn das Grundrecht wird nicht schrankenlos gewährt. Zu beachten sind vorrangige schutzwürdige Interessen anderer; vgl. hier nur *Buchner*, ZfA 1988, 452.

[94] Vgl. *Egloff*, DVR 7 (1978), 122; von Münch/Kunig (*-Kunig*), Art. 2 Rz. 40.

[95] Etwa bei rechtswidrigen Eingriffen in seine Privatsphäre; vgl. *Linnekohl*, ArbuR 1984, 130 m.w.N.; BAGE 42, 375, 381; 46, 98, 102.

[96] Als weiteres Beispiel ist der Schutz der Persönlichkeitsrechte im Zusammenhang mit psychologischen Testverfahren zur Persönlichkeitsbeurteilung im Rahmen von Bewerbungsverfahren zu nennen; vgl. *Bregenhorn*, Personalbeurteilung, S. 11 ff., 66 ff.

[97] Ebenso *Gallwas*, NJW 1992, 2786; von Münch/Kunig (*-Kunig*), Art. 2 GG Rz. 40; *Wiese*, ZfA 1971, 279; *ders.*, ZfA 1996, 469, 477 ; a.A. *Ermann/Ehmann*, Anhang zu § 12 Rz. 632.

[98] Ebenso BAG AP Nr. 14 zu § 611 BGB – Beschäftigungspflicht, Bl. 7.

[99] Vgl. BGH NJW 1981, 1733.

genden Untersuchung interessiert aber ausschließlich das Informationszugangsrecht gemäß Art. 5 Abs. 1 S. 1 Halbs. 2 GG, das als Vorstufe der Meinungsbildung vom Schutz des Grundrechts ausdrücklich mitumfasst wird.[100] Der Schutzbereich des Grundrechts umfasst das Recht, sich aus allgemein zugänglichen Informationsquellen Informationen zu beschaffen, weil Information von wesentlicher Bedeutung für die soziale Stellung des einzelnen ist.[101]

Erfasst werden Informationen mit Öffentlichkeitsbezug, die zur Verbreitung an die Allgemeinheit (das ist ein nicht individuell bestimmbarer Personenkreis) bestimmt sind.[102] Die Eröffnung neuer, bislang noch nicht geöffneter Informationsquellen kann nicht beansprucht werden.[103] Damit verengt sich bereits der Schutzbereich des Grundrechts auf Informationen, für die der Anbieter kein Interesse an Geheimhaltung geltend macht.[104]

Im Arbeitsverhältnis kann sich der Arbeitnehmer auf ein grundrechtlich nach Art. 5 Abs. 1 GG verbürgtes Informationsrecht gegenüber dem Arbeitgeber also nur insoweit berufen, als dieser von sich aus Informationen allgemein[105] zugänglich zur Verfügung stellt und den Zugang nicht sperrt.[106]

5. Die Berufsfreiheit

Das Grundrecht der Berufsfreiheit (Art. 12 Abs. 1 GG) umfasst die Freiheit der Berufswahl und die der Berufsausübung.[107] Beide Gewährleistungen dienen der freien Entfaltung der Persönlichkeit.[108] Zur beruflichen Selbstbestimmung scheint eine ausreichende Informationsbasis unerlässlich zu sein, auch um zu

---

[100] Vgl. BVerfGE 27, 71, 81; ferner von Münch/Kunig (-*Wendt*), Art. 5 GG Rz. 22 ff. Siehe ausführlich zu diesem Thema *Gornig*, Äußerungs- und Informationsfreiheit als Menschenrecht, Berlin 1988; *Schmitt Glaeser*, Jura 1987, 567 ff.

[101] Vgl. BVerfGE 27, 71, 80 ff.; 33, 52 ff., 65; BVerfG NJW 1994, 2143 (Zugang zu Heimatsender); ferner *Hauck*, Wirtschaftsgeheimnisse, S. 283 ff.

[102] Vgl. BVerfGE 27, 71, 83; 90, 27, 33; ferner von Münch/Kunig (-*Wendt*), Art. 5 GG Rz. 23, 25.; *Tinnefeld/Ehmann*, Datenschutzrecht, S. 50.

[103] Ebenso *Schmitt Glaeser*, Jura 1987, 570 f.; *Stettner*, Information, S. 43.

[104] Vgl. *Tinnefeld/Ehmann*, Datenschutzrecht, S. 36.

[105] Die Freiheit der Individualkommunikation ist vom Schutzbereich also ausgegrenzt; allerdings gewinnt Art. 5 Abs. 1 S. 1 GG in Verbindung mit Art. 1 und Art. 2 Abs. 1 GG eine individualrechtliche Komponente; vgl. BVerfGE 27, 71 ff., 81.

[106] Vgl. grundlegend BVerfGE 66, 116, 137 (Springer/Wallraff); ferner *Stettner*, Information, S. 43.

[107] Vgl. näher von Münch/Kunig (-*Gubelt*), Art. 12 GG Rz. 1; *Stettner*, Information, S. 45.

[108] Vgl. BVerfGE 30, 292, 334; 71, 183, 201. Es handelt sich um einen einheitlichen Grundrechtskomplex; vgl. BVerfGE 7, 377 (Apothekenurteil).

einem annähernden Kräftegleichgewicht der Vertrags- bzw. Verhandlungspartner zu gelangen.[109] Informationsrechte lassen sich folglich auf Art. 12 Abs. 1 GG stützen, soweit ohne die betreffende Information die freie Berufswahl oder Berufsausübung vereitelt werden. Neben der schützenden Wirkung entfaltet Art. 12 Abs. 1 GG aber keine Förderungswirkung. Eine Aufklärung seitens des (potentiellen) Arbeitgebers hinsichtlich bloß vorteilhafter Handlungen oder Entscheidungen kann der Arbeitnehmer nicht verlangen.[110]

Unter dem Informationsaspekt beinhaltet das Grundrecht der Berufsfreiheit ferner das subjektive Recht zu lernen und sich zu bilden, also berufliche Qualifikation zu erwerben.[111] Da damit untrennbar das Recht auf Zugang zu qualifizierenden Informationen verbunden ist, stellt Art. 12 GG eine Sonderregelung der Informationsfreiheit im Bildungsbereich dar.[112] Der Arbeitnehmer kann sich also aus den im Betrieb/Unternehmen vorhandenen, allgemein zugänglichen Quellen informieren.

6. Die allgemeine Handlungsfreiheit

Die allgemeine Handlungsfreiheit (Art. 2 Abs. 1 GG) ist als Auffanggrundrecht ausgestaltet.[113] Zum relevanten Schutzbereich gehören demzufolge die Verhaltensweisen der Grundrechtsträger,[114] die andernorts im Grundrechtskatalog nicht oder nicht abschließend gewährleistet werden.[115] Als lex generalis kommt Art. 2 Abs. 1 GG in der Hauptsache die Bedeutung zu, als objektive Verfassungsnorm bei der Auslegung anderer Normen den Aspekt der grundsätzlichen Entscheidung der Verfassung für die Freiheit jedes einzelnen einfließen zu lassen.[116] So kann etwa unter Bezugnahme auf die Informationsfreiheit ein Recht des Bewerbers/Arbeitnehmers entwickelt werden, auch nicht

---

[109] Vgl. BVerfGE 81, 242, 255 (Handelsvertreter-Entscheidung); ferner *Pieroth/Schlink*, Grundrechte, Rz. 183 („faktische Symmetrie“) m.w.N.

[110] Ein Beispiel für diese Grundrechtsfunktion liefert § 7 Abs. 2 TzBfG: Erst nach Anzeige des Veränderungswunsches beim Arbeitgeber braucht dieser *Auskunft* über geplante Neubesetzungen zu erteilen. Unterlässt er das jedoch, vereitelt er die freie Berufsausübung seines Arbeitnehmers.

[111] Vgl. *Egloff*, DVR 7 (1978), 132 f.; *Pieroth/Schlink*, Grundrechte, Rz. 823.

[112] Ebenso *Egloff*, DVR 7 (1978), 135.

[113] Vgl. BVerfGE 6, 32, 37; 77, 84, 118; ferner *Egloff*, DVR 7 (1978), 123; von Münch/Kunig (-*Kunig*), Art. 2 GG Rz. 12, 16; Maunz/Dürig (-*Di Fabio*) Art. 2 GG Rz. 7.

[114] Vgl. näher *Gallwas*, NJW 1992, 2785 ff.

[115] Beispielsweise wird die Gewährleistung des beruflichen Fortkommens u.a. auf die allgemeine Handlungsfreiheit gestützt; vgl. *Werckmeister*, DVR 7 (1978), 112.

[116] Ähnlich *Egloff*, DVR 7 (1978), 123; ferner von Münch/Kunig (-*Kunig*), Art. 2 GG Rz. 18a.

allgemein zugängliche Informationen zu begehren bzw. nachzufragen.[117] Im Zusammenhang mit dem Recht auf informationelle Selbstbestimmung verstärkt Art. 2 Abs. 1 GG das individuelle Fragerecht des Arbeitnehmers nach dem Umgang mit seinen personenbezogenen Daten.[118]

II. Das Sozialstaatsprinzip

Das Sozialstaatsprinzip (Art. 20, 28 GG) gehört zu den höchsten verfassungsrechtlichen Grundnormen, es ist mit der „Ewigkeitsgarantie" des Art. 79 Abs. 3 GG ausgestattet. Eine inhaltliche Beschreibung fällt jedoch schwer.[119] Allgemein wird davon gesprochen, dass das Sozialstaatsprinzip dem Staat, insbesondere dem Gesetzgeber, aufgibt, für einen sozial ausgewogenen und gerechten Zustand des Gemeinwesens nachhaltig Sorge zu tragen.[120] Es gilt also auch im Arbeitsrecht mindestens „erträgliche Lebensbedingungen"[121] herzustellen.

Für die arbeitsrechtliche Informationsordnung kann daraus aber nur geschlossen werden, dass sie insgesamt sozialverträglich „getönt"[122] sein muss. Einzelne Informationsvorschriften und deren Inhalte kann das Sozialstaatsprinzip aber nicht determinieren, allenfalls kann sie zur Normauslegung herangezogen werden.[123] Auch der unmittelbare Weg einer eigenständigen Rechtsgrundlage für Informationserteilungen ist dem Sozialstaatsprinzip verwehrt,[124] hierzu fehlt es ihm an der erforderlichen Bestimmtheit.

---

[117] Vgl. *Buchner*, ZfA 1988, 451 (m.Hinw. auf *Zöllner*, Daten- und Informationsschutz, S. 23 ff.); *Egloff*, DVR 7 (1978), 120, 123, 126 f.
[118] Vgl. *Egloff*, DVR 7 (1978), 120.
[119] Vgl. hier nur Maunz/Dürig (-*Herzog*), Art. 20 GG, II Rz. 1 ff.
[120] Vgl. BVerfGE 81, 242, 255; ferner *Dollinger*, Festschrift Floretta, S. 134 und 135; *Hesse*, Verfassungsrecht, Rz. 9.
[121] So BVerfGE 1, 97, 105; vgl. ferner *Werckmeister*, DVR 7 (1978), 106 m.w.N.
[122] Vgl. Maunz/Dürig (-*Herzog*), Art. 20, VIII Rz. 18 ff.
[123] Vgl. etwa BAGE 8, 1, 10 (Lohnfortzahlung); 14, 304, 310 (Mutterschutz); ferner *Breidenbach*, Informationspflichten, S. 30; *Küchenhoff*, Festschrift Nipperdey II, S. 328 ff.; *Reich*, NJW 1978, 519 jeweils m.w.N.
[124] Vgl. BAGE 14, 282, 290. Abweichend aber BAGE 3, 23; 25, 146, 164 (Auffüllung einer Regelungslücke mit Hilfe des Sozialstaatsprinzips). Zum Grenzbereich zwischen Auslegung und Rechtsfortbildung vgl. *Gamillscheg*, Grundrechte, S. 72 ff. m.w.N.

3. KAPITEL:

AUSDRÜCKLICHE GESETZLICHE INFORMATIONSRECHTE ZU GUNSTEN DES ARBEITNEHMERS

A. Informationsrechte in der Anbahnungsphase

Kommt es im vorvertraglichen Anbahnungsverhältnis zur Erhebung von personenbezogenen Daten des Bewerbers und wird mit diesen Daten in für den Datenschutz relevanter Weise umgegangen,[1] sieht das Bundesdatenschutzgesetz (im folgenden: BDSG) ausdrückliche Informationsrechte des potentiellen Arbeitnehmers über diese Sachverhalte vor.[2] Einschlägig sind die §§ 4 Abs. 3, 4a Abs. 1, 33 Abs. 1 und 34 Abs. 1 BDSG.

I. Informationsrechte nach dem Bundesdatenschutzgesetz

1. Vorbemerkungen

Das unternehmerseitige Interesse an einer möglichst exakten Kenntnis aller Daten, die den Bewerber/Arbeitnehmer[3] betreffen und für dessen Arbeitsleistung relevant sind, lässt sich erklären mit dem unternehmerischen Ziel, effizient und rational tätig zu sein.[4] Dem Unternehmenszweck förderliche, richtige

---

[1] Siehe § 1 Abs. 2 Nr. 3 BDSG.

[2] Hier überschneiden sich die Wissenschaftsgebiete Informationstechnik und Informationsrecht; vgl. *Sieber*, Jura 1993, 568.

[3] Die folgenden Ausführungen betreffen Bewerber und (ehemalige) Beschäftigte gleichermaßen. Das BDSG ist nach seinem Anwendungsbereich nicht auf Arbeitnehmer beschränkt, sondern erfasst jeden Betroffenen im Sinne des BDSG, mithin auch einen Stellenbewerber und einen ausgeschiedenen Arbeitnehmer, vgl. hier nur *Zöllner*, Daten- und Informationsschutz, S. 70

[4] Ähnlich *Däubler*, Arbeitnehmerdatenschutz, S. 110 m.w.N., der aber zu Recht darauf hinweist, dass der Unternehmer oftmals nur als Zuträger für eine von der öffentlichen Verwaltung aufgrund zahlreicher gesetzlicher Auskunfts-, Bescheinigungs- und Meldepflichten geforderten Information (etwa an die Sozialversicherungen) fungiert; ebenso *Kilian*, BB 1977, 1153 ff.; *Simitis*, Gutachten, S. 8 ff.; *Tinnefeld/Ehmann*, Datenschutzrecht, S. 23. Das ändert aber nichts an dem unternehmerischen Interesse auch an diesen Daten! Vgl. zum berechtigten Auskunftsbedürfnis des Arbeitgebers ferner GK (*-Kraft*), § 94 BetrVG Rz. 12; *Degener*, Fragerecht, S. 61 ff.; *Hofmann*, ZfA 1975, S. 76 f. Vgl. auch BAG NJW 1986, 2724.

Entscheidungen setzen Kenntnis über die Entscheidungsgrundlagen voraus.[5] Mit dem Streben nach genauer Kenntnis der Produktions- bzw. Dienstleistungsprozesse gehen der Wunsch und der Versuch einher, ein Höchstmaß an Information auch über die (potentiellen) Beschäftigten zu erlangen.[6] In der Bewerbungsphase bieten sich etwa Einstellungsgespräche, Personalfragebögen, Zeugniseinsicht und die Einschaltung Dritter[7] zur Informationsgewinnung an.

Die Möglichkeit, umfassend informiert zu sein und möglichst unbegrenzt mit den Daten umgehen zu können, wird heute erweitert durch die technische Fortentwicklung der elektronischen Daten*verarbeitung* und Informationstechnik.[8] Sie erlaubt einen immer perfekteren, d.h. schnelleren, umfangreicheren sowie kaum noch fehlerbehafteten Umgang mit erhobenen und (anschließend) gespeicherten personenbezogenen Daten.[9] Darüber hinaus wird der Umgang mit Daten verselbständigt; der bei der Erhebung ursprünglich einmal vorhandene (soziale) Kontext braucht während der gesamten Datenverarbeitung nicht wieder hergestellt zu werden.[10] Mit Hilfe von Datenbanken bestehen nun die Möglichkeiten der multifunktionalen Verwendung und Verknüpfung von Einzelinformationen zur Erstellung von Persönlichkeitsprofilen oder neuen

---

[5] Erfolgreiche Unternehmens- und Personalpolitik scheint anders nicht zu funktionieren; vgl. *Buchner*, ZfA 1988, 451 f.; *Gassmann*, Datenschutz in Europa, S. 11 f.; *Simitis*, Gutachten, S. 1 ff., S. 6.

[6] Das BAG (DB 1987, 1048) führte allerdings aus, dass „... in die Privatsphäre des Arbeitnehmers nicht tiefer eingedrungen werden darf, als es der Zweck des Arbeitsverhältnisses unbedingt erfordert".

[7] Etwa: Ehemaliger Arbeitgeber, Ausbildungsstätte, Auskunftei. Auch die Verwendung von Personalinformationssystemen bietet sich bereits im Bewerbungsverfahren an; siehe hierzu ausführlich *Hümmerich*, Erfassungsschutz im arbeitsvertraglichen Anbahnungsverhältnis unter besonderer Berücksichtigung des vorvertraglichen Rechts der Datenerfassung bei Personalinformationssystemen, Bonn 1977.

[8] Siehe ausführlich zu diesem Themenkomplex etwa *Bader*, Computerunterstützte Personalinformationssysteme – Stand und Entwicklungstendenzen, Dresden 1997.

[9] Zur arbeitsrechtlichen Datenschutzdiskussion siehe ausführlich etwa *Gola*, BB 1980, 584 ff.; *Maier*, Personalinformationssysteme in der Verwaltung privater Unternehmen: Möglichkeiten und Grenzen der Mitentscheidung des Betriebsrats über ihre Nutzung nach Maßgabe der höchstrichterlichen Rechtsprechung, Baden-Baden 1996; *Mayer-Maly*, DB 1980, 1441 ff.; *Rossnagel/Wedde/Hammer/Pordesch*, Digitalisierung der Grundrechte?, Opladen 1990.; vgl. ferner *Schwarz*, Arbeitnehmerüberwachung, S. 38 f.; *Steinmüller*, DVR 1982, 170 ff.; *Wohlgemuth*, BB 1980, 1531, 1535, jeweils m.w.N. Von einer Entwicklung zur „Jedermann-Technik" spricht *Wohlgemuth*, BB 1996, 690; ebenso *Schierbaum*, AiB 1993, 518; *Tinnefeld/ Ehmann*, Datenschutzrecht, S. 1.

[10] Vgl. BVerfG NJW 1984, 419, 422 (es gibt unter den Bedingungen der automatischen Datenverarbeitung kein „belangloses" Datum mehr). Vgl. ferner *Schwarz*, Arbeitnehmerüberwachung, S. 44 f. zur „Datenentfremdung".

Aussagen.[11] Darüber hinaus wird die Datenweitergabe an Dritte erleichtert.[12] Dies kann wegen der schrankenlosen Rekonstruierbarkeit der Daten noch nach Jahren erfolgen.[13]

Anhand der Schilderung dieser Konfliktpotentiale wird deutlich, dass der Datenschutz im Arbeitsverhältnis unter dem Aspekt der persönlichen Integrität des Arbeitnehmers eines der wichtigsten, aber auch umstrittensten Gebiete des allgemeinen Datenschutzrechts ist.[14] Das gilt als Teilaspekt des Datenschutzes auch für die Frage nach der Transparenz beim Umgang mit personenbezogenen Daten der Bewerber/Arbeitnehmer.[15]

Zur Zeit gelten in diesem Bereich zwei verschiedene Normensysteme: Einerseits das BDSG und andererseits spezifisch arbeitsrechtliche Normen inklusive der jeweiligen Rechtsprechung.[16] Dass sich dadurch Überschneidungen, aber auch Regelungslücken ergeben, liegt nahe.[17] Für die Zukunft wird eine Vereinheitlichung, etwa in einem speziellen Arbeitnehmerdatenschutzgesetz bzw. die Aufnahme entsprechender Regelungen in ein allgemeines Arbeitsgesetz, gefordert.[18]

---

[11] Vgl. ausführlich *Gola*, BB 1980, 585 f. (insb. zur automatischen Entscheidungsfindung). Auch *Zöllner*, Informationsordnung, S. 21, 23 sieht im „Widerspiegeln der Persönlichkeit" das eigentliche Kernproblem der elektronischen Datenverarbeitung.

[12] Das sind nur einige der in der Datenschutzdiskussion genannten Auswirkungen und Gefahren. Zu Einzelheiten vgl. etwa *Schwarz*, Arbeitnehmerüberwachung, S. 38 m.w.N. Vgl. ferner *Däubler*, Arbeitnehmerdatenschutz, S. 112; *Gola*, BB 1980, 586; *Simitis*, Gutachten, S. 10; *Wohlgemuth*, BB 1996, 690.

[13] Ebenso *Schwarz*, Arbeitnehmerüberwachung, S. 40.

[14] Vgl. *Wohlgemuth*, Datenschutzrecht, S. 98; *ders.*, BB 1980, 1532 m.w.N. Zur Frage nach der (ergänzenden) Bedeutung der betrieblichen Interessenvertretung als Akteure des Datenschutzes vgl. *Däubler*, Arbeitnehmerdatenschutz, S. 113, 118; *Schierbaum*, AiB 1993, 518. Kritisch gegenüber einem Informationskonzept, das seinen Schwerpunkt im Individualrecht sucht, *Wohlgemuth*, Arbeitnehmerdatenschutz, S. 176.

[15] Vgl. *Wohlgemuth*, Datenschutzrecht, S. 32; *Däubler*, CR 1991, 475 ff.; *Schierbaum*, AiB 1993, 518 (der zu Recht auf ein Zusammenwirken des betroffenen Arbeitnehmers, des Datenschutzbeauftragten und des Betriebsrats gemäß § 80 Abs. 1 Ziffer 1 BetrVG hinweist).

[16] Vgl. *Zöllner*, Daten- und Informationsschutz, S. 30, 32 f.; ferner *Wohlgemuth*, Datenschutzrecht, S. 99, der die §§ 75 Abs. 2 BetrVG und 67 Abs. 1 BPersVG in ihrer Auslegung durch die Rechtsprechung und juristische Literatur als persönlichkeitsrechtliche Schutzbestimmungen für ausreichend hält; vgl. hierzu etwa BAG, EzA § 123 BGB Nr. 22. Zudem bleiben allgemeine (zivilrechtliche) Vorschriften anwendbar, falls sich im BDSG Schutzlücken offenbaren; vgl. *Schwarz*, Arbeitnehmerüberwachung, S. 31.

[17] Vgl. *Wohlgemuth*, Datenschutzrecht, S. 98.

[18] Vgl. u.a. *Tinnefeld/Ehmann*, Datenschutzrecht, S. 178 („... den Datenschutz für differenzierte Handlungssituationen in konkreten Lebenssituationen bereichsspezifisch regeln").

1.1. Das Volkszählungsurteil aus arbeitsrechtlicher Sicht

1.1.1. Das informationelle Selbstbestimmungsrecht

In einer arbeitsrechtlichen Datenschutz- und Informationsordnung sind die vom Bundesverfassungsgericht in seiner Entscheidung zur Volkszählung[19] entwikkelten Grundsätze zum sogenannten „informationellen Selbstbestimmungsrecht" der „Träger" der Daten nicht mehr wegzudenken.[20]

Zwar waren die Feststellungen des Bundesverfassungsgerichts im Rahmen einer öffentlich-rechtlichen Überprüfung des Volkszählungsgesetzes getroffen worden; dennoch ist anerkannt, dass die Entscheidung alle gesellschaftlichen Bereiche erfassen sollte, in denen mit personenbezogenen Daten in irgendeiner Weise umgegangen wird.[21] Dass das informationelle Selbstbestimmungsrecht insbesondere auch im Arbeitsverhältnis zu beachten ist, hat das Bundesarbeitsgericht danach mehrfach betont.[22]

In seinem Volkszählungsurteil hatte das Bundesverfassungsgericht aus Artikel 2 Abs. 1 in Verbindung mit Artikel 1 Abs. 1 GG entwickelt, dass dem einzelnen die Befugnis zusteht, „grundsätzlich selbst zu entscheiden, wann und innerhalb welcher Grenzen persönliche Lebenssachverhalte offenbart werden .... und wie mit den preisgegebenen Daten umzugehen ist........".[23] Andererseits setzte das Gericht dem gerade zuerkannten informationellen Selbstbestimmungsrecht aus dem Gesichtspunkt der Gemeinschaftsbezogen- und –gebundenheit jeder Einzelperson eine Grenze nach dem Verhältnismäßigkeitsprinzip, wenn es ausführte, dass „im überwiegenden allgemeinen Interesse" Einschränkungen dieser Rechtsposition hingenommen werden müssten.[24]

---

[19] Vgl. BVerfG NJW 1984, 419 ff.

[20] Vgl. *Tinnefeld*, CR 1989, 44; *Zöllner*, Informationsordnung, S. 22 m.w.N. Siehe zu diesem Thema ferner ausführlich *Krause*, JuS 1984, 268 ff.

[21] Ebenso etwa *Simitis*, NJW 1984, 400; *Wohlgemuth*, BB 1996, 690; vgl. BVerfGE 84, 192, 194.

[22] Vgl. insbesondere BAG AP Nr. 9 zu § 87 BetrVG 1972 – Überwachung; BAG DB 1987, 1048; BAG NJW 1990, 2272. Vgl. ferner *Däubler*, Arbeitnehmerdatenschutz, S. 116 (mit Hinweis auf BAG NZA 1984, 321 und NZA 1988, 55); *Wohlgemuth*, BB 96, 690 (mit Hinweis auf BAG RDV 1994, 249, 250). Gegen eine unmittelbare Wirkung unter Privatrechtssubjekten sprechen sich *Ehmann/Sutschet*, RDV 1997, 5 m.w.N. aus.

[23] BVerfG NJW 1984, 419, 421 (Leitsatz 1); hierzu etwa *Schwarz*, Arbeitnehmerüberwachung, S. 31 m.w.N.; kritisch *Zöllner*, Informationsordnung, S. 11 und S. 26; ferner *Krause*, JuS 1984, 269 f., der dem BVerfG eine Übersteigerung vorwirft und für den Datenschutz auf die allgemeine Handlungsfreiheit abstellen will.

[24] Ständige Rechtsprechung seit BVerfGE 4, 7, 15 f. („Das Menschenbild des Grundgesetzes ist nicht das eines souveränen Individuums; das Grundgesetz hat vielmehr die Spannung

Für das informationelle Selbstbestimmungsrecht des Bewerbers/Arbeitnehmers bedeutet das im Ergebnis eine merkliche Beschränkung durch die Funktionsfähigkeit des Unternehmens.[25] Das hat zur Folge, dass bei Bestehen einer verfassungsgemäßen Rechtsgrundlage,[26] die dem Arbeitgeber den Datenumgang erlaubt, die Befugnis der Betroffenen über ihre eigenen Daten eigenverantwortlich zu verfügen, de facto entfällt.[27] Deutlich wird hier die Verzahnung der beiden betroffenen Rechtspositionen. Datenschutz (hier zu Gunsten des Arbeitnehmers) und Informationsfreiheit (hier zu Gunsten des Arbeitgebers) sind die beiden unabdingbaren Pole einer arbeitsrechtlichen Informationsordnung.[28]

1.1.2. Das Transparenzgebot

Um dem Schutz der Persönlichkeit (wenigstens) durch flankierende Maßnahmen zu dienen, gab das Bundesverfassungsgericht dem Gesetzgeber neben der Sicherstellung des Gesetzesvorbehalts und des Verhältnismäßigkeitsgrundsatzes auf, durch den Erlass von Datenschutznormen auch organisatorische und verfahrensrechtliche Vorkehrungen gegen den missbräuchlichen Umgang mit

---

Individuum – Gemeinschaft im Sinne der Gemeinschaftsbezogenheit und Gemeinschaftsgebundenheit der Person entschieden, ohne dabei deren Eigenwert anzutasten ..."); ebenso ferner BVerfG, NJW 1984, 419, 422. Vgl. zudem *Buchner*, ZfA 1988, 457 f.; *Tinnefeld/ Ehmann*, Datenschutzrecht, S. 81 ff.; *Wohlgemuth*, BB 1996, 690, *Zöllner*, Informationsordnung, S. 22.

[25] Eine Gesamtkonzeption des Gerichts vermisst *Zöllner*, Informationsordnung, S. 11. Vgl. ferner *Däubler*, CR 1991, 475, 476 jeweils m.w.N.

[26] Sogenanntes Verbot mit Erlaubnisvorbehalt, siehe § 28 Abs. 1 Nr. 1 BDSG. Beispielsweise erlauben § 4 Abs. 1 BDSG in Verbindung mit den Bestimmungen des dritten Abschnitts des BDSG die Datenverarbeitung nichtöffentlicher Stellen, vgl. *Schierbaum*, AiB 1993, 518; *Tinnefeld/Ehmann*, Datenschutzrecht, S. 12, 153 jeweils m.w.N. Zu den öffentlichen Arbeitsverhältnissen vgl. insoweit *Wohlgemuth*, Datenschutzrecht, S. 103.

[27] Vgl. u.a. *Wohlgemuth*, BB 1980, 1532; ähnlich *Gola*, BB 1980, 586 (mit Hinweis auf BVerfGE 27, 1 ff. -Mikrozensusbeschluss), die im Grundrecht auf Persönlichkeitsschutz in Verbindung mit § 75 Abs. 2 BetrVG aber eine Zulässigkeitsgrenze beim Umgang mit den Arbeitnehmerdaten erkennen. Einschlägig ist etwa die Rechtsprechung über die Zulässigkeit von persönlichen Fragen und Erforschungsformen im Rahmen von Vorstellungsgesprächen bzw. –verfahren und in Personal(frage)bögen mit der Begrenzung auf notwendige und legitime Informationserhebung; vgl. insoweit hier nur *Gola*, BB 1980, 587; *Simitis*, Gutachten, S. 11; *Wohlgemuth*, BB 1980, 1531 ff.; a.A. in der Tendenz *Krause*, JuS 1984, 270 ff.

[28] Vgl. *Bull*, NJW 1979, 1177; *Gallwas*, NJW 1992, 2785 ff.; *Tinnefeld/Ehmann*, Datenschutzrecht, S. 50; ferner *Wohlgemuth*, BB 1980, 1532, der zu Recht von einer Interessenabwägung spricht.

personenbezogenen Daten zu treffen.[29] Für die Phase der Datenerhebung etwa sollten Aufklärungs- und Belehrungspflichten gesetzlich vorgesehen werden.[30]

Das Gericht hatte erkannt, dass ein erhöhtes Maß an Datendichte nur wirkungsvoll auszugleichen ist, indem die Transparenz und Kontrolle der datenverarbeitenden Stellen erhöht werden.[31] Dem von einer Datenverarbeitung Betroffenen wird also das Recht zuerkannt, die Rechtmäßigkeitskontrolle der Datenverarbeitung und der damit zusammenhängenden Maßnahmen in die eigenen Hände zu nehmen; dazu dient letztendlich das statuierte Transparenzgebot.[32]

1.2. Das „europäische“ Transparenzgebot

Auch auf europäischer Ebene wird dem speziellen Thema Transparenz beim Umgang mit personenbezogenen Daten viel Aufmerksamkeit geschenkt. Die Globalisierung der Arbeitswelt, verbunden mit einer verstärkten zwischenbetrieblichen Arbeitsteilung, charakterisieren mittlerweile auch die datenschutzrechtlichen Aspekte des Arbeitsverhältnisses. Das liegt auf der Hand, wenn etwa die datensammelnde Stelle, beispielsweise die (auch für die Einstellung von Bewerbern zuständige) Personalverwaltung, ihren Sitz in einem anderen Mitgliedstaat hat als die (entscheidungsbefugte) Zentrale und damit das Problem des Datentransfers über die Landesgrenzen auftaucht.[33] Damit ließe sich eine allzu große Differenz in den für das Arbeitsrecht relevanten Daten-

---

[29] Vgl. BVerfG NJW 1984, 419 ff. (Leitsatz 2); ferner *Simitis*, NJW 1981, 1700.

[30] Vgl. BVerfG NJW 1984, 419 ff. (Leitsatz 4), 425.

[31] Das Bundesverfassungsgericht (NJW 1984, 419, 422) führte insoweit aus, dass „....wer nicht mit hinreichender Sicherheit überschauen kann, welche ihn betreffenden Informationen in bestimmten Bereichen seiner sozialen Umwelt bekannt sind, und wer das Wissen möglicher Kommunikationspartner nicht einigermaßen abzuschätzen vermag, ... in seiner Freiheit wesentlich gehemmt sein (kann), aus eigener Selbstbestimmung zu planen oder zu entscheiden.“ Außerdem wäre „.......mit dem Recht auf informationelle Selbstbestimmung eine Gesellschaftsordnung und eine diese ermöglichende Rechtsordnung nicht vereinbar, in der Bürger nicht mehr wissen, wer was bei welcher Gelegenheit über sie weiß...“, und der einzelne könne „..... ohne dieses Wissen nicht angstfrei am öffentlichen Leben teilnehmen.“. Vgl. in diesem Zusammenhang *Gassmann*, Datenschutz in Europa, S. 14; *Schierbaum*, AiB 1993, 518; *Schwarz*, Arbeitnehmerüberwachung, S. 37 jeweils m.w.N.

[32] Vgl. *Däubler*, CR 1991, 476; *Gassmann*, Datenschutz in Europa, S. 14; *Schierbaum*, AiB 1993, 519.

[33] So ist erklärtes Ziel der Datenschutzrichtlinie der ungehinderte Datenverkehr zwischen den Mitgliedstaaten; siehe Art. 25, 26 Datenschutz-RL sowie Erwägungsgründe 1-8. Vgl. *Bachmeier*, RDV 1995, 52; *Ehmann/Sutschet*, RDV 1997, 4 m.w.N. *Däubler*, Arbeitnehmerdatenschutz, S. 111 f., 115, 118, 121 spricht von „Transnationalisierung der Arbeitsprozesse“, lässt aber auch nicht grenzüberschreitende Vorgänge genügen.

schutzregeln der Mitgliedstaaten kaum vereinbaren.[34] Zwar war im ursprünglichen Binnenmarktkonzept kaum Platz für den Gedanken des Persönlichkeitsschutzes[35], aber spätestens[36] mit Abschluss des Unionsvertrages vom 1.11.1993 ist in Artikel F Abs. 2 EUV der Bezug zu den Grundrechten der Unionsbürger hergestellt.

Quasi als Resultat mag hier die sogenannte Datenschutzrichtlinie vom 24.10.1995[37] angeführt werden. Durch deren Umsetzung in nationales Recht wurde das unter dem noch starken Einfluss des Volkszählungsurteils stehende Bundesdatenschutzgesetz vom 20. Dezember 1990 letztendlich auf den heutigen Stand gebracht.[38] Heute gilt das Bundesdatenschutzgesetz in der geänderten Fassung vom 26. Juni 2001. Mit Blick auf das Transparenzgebot kann zusammenfassend davon gesprochen werden, dass das deutsche Recht schon zuvor die europäischen Bestrebungen und Forderungen verwirklicht hatte; dennoch verstärkt die Richtlinie in einzelnen Punkten den Bedeutungsgehalt des Datenschutzes.[39]

So hat die Richtlinie beispielsweise dem Ausnahmekatalog des Benachrichtigungs- bzw. Auskunftsrechts gemäß §§ 33 Abs. 2 bzw. 34 Abs. 4 BDSG

---

[34] Ähnlich *Däubler*, Arbeitnehmerdatenschutz, S. 115. Vgl. ferner *Bachmeier*, RDV 1995, 49 ff., auch zur Frage der Anwendbarkeit des einzelstaatlichen Rechts (Art. 4 Datenschutz-RL: Mischmodell aus Sitz- und Territorialprinzip). Gemäß Art. 5 Datenschutz-RL können die Mitgliedstaaten ein höheres nationales Schutzniveau bewahren; Erwägungsgrund 9 der Richtlinie weist den Betriebs- und Sozialpartnern Kompetenzen zu.

[35] Das zeigt sich u.a. in der Wahl des Artikel 100a EGV als Ermächtigungsgrundlage für den Erlass der Datenschutzrichtlinie (und nicht Artikel 220 EGV: Schutz der Person). Vgl. hierzu *Däubler*, Arbeitnehmerdatenschutz, S. 123 f.; *Kilian*, Europäisches DatenschutzR, S. 100 ff.

[36] Vgl. die Datenschutzkonvention von 1981; ferner EuGH v. 5.10.1994, Rs. C-404/92 – P-X/Kommission (Informationelle Selbstbestimmung ist gemeinsame Verfassungstradition der Mitgliedstaaten). Abweichend *Kilian*, Europäisches Datenschutzrecht, S. 100 („...eine gemeinsame Verfassungsüberlieferung in der EU lässt sich insofern nicht ableiten").

[37] Richtlinie 95/46/EG des Europäischen Parlaments und des Rates vom 24.10.1995 zum Schutz natürlicher Personen bei der Verarbeitung personenbezogener Daten und zum freien Datenverkehr; (ABlEG Nr. L 281/31). Grundlage bildet der Gemeinsame Standpunkt vom 20.2.1995 (ABlEG vom 13.4.1995, Nr. C 93/1 ff. = RDV 1995, 83 ff.). Vgl. zu den einzelnen Neuerungen der Datenschutzrichtlinie, die sich keineswegs auf den Gesichtspunkt der Datentransparenz beschränken, ausführlich *Bachmeier*, RDV 1995, 49 ff.; *Däubler*, Arbeitnehmerdatenschutz, S. 118 ff; *Gassmann*, Datenschutz in Europa, S. 11 ff.; *Kilian*, Europäisches Datenschutzrecht, S. 98 ff.; *Krimphove*, NZA 1996,1121 ff.; *Simitis*, Datenschutzrichtlinie, S. 51 ff.; *Wohlgemuth*, BB 1996, 690 ff. Insgesamt kritisch zur Richtlinie wegen der „weiteren Erschwerung des Informationsverkehrs" äußern sich *Ehmann/Sutschet*, RDV 1997, 4 m.w.N.

[38] Siehe ausführlich *Gola/Jaspers*, Das neue Bundesdatenschutzgesetz im Überblick: Information zum BDSG 2001 bei Anwendung in der Privatwirtschaft, Frechen 2001.

[39] Vgl. *Däubler*, Arbeitnehmerdatenschutz, S. 121.

engere Grenzen gesetzt als das BDSG in seiner ursprünglichen Fassung.[40] Auch durch die Erweiterung des Verarbeitungsbegriffs um die Erhebungsphase,[41] die Neuformulierung des Dateibegriffs[42] und die genauere Definition der Einwilligung als Rechtfertigungsgrund für Datenverarbeitungsvorgänge[43] hat die Richtlinie den deutschen Gesetzgeber veranlasst, das Transparenzgebot verstärkt zu berücksichtigen.

1.3. Die Umsetzung des arbeitsrechtlichen Transparenzgebotes im Bundesdatenschutzgesetz

Den Umstand, dass ab der Bewerbungsphase und im Laufe eines Beschäftigungsverhältnisses[44] eine Vielzahl von persönlichen Daten[45] jedes einzelnen Mitarbeiters erhoben, gespeichert, verändert, gelöscht, übermittelt und anderweitig genutzt werden, berücksichtigt das Bundesdatenschutzgesetz, indem es gemäß § 1 Abs. 2 Nr. 3 bzw. § 27 Abs. 1 Nr. 1 BDSG seinen Anwendungsbereich auf das Arbeitsrecht erstreckt.[46]

Der Unternehmer bzw. das privatrechtlich organisierte Unternehmen ist eine nicht öffentliche Stelle im Sinne des § 2 Abs. 4 BDSG.[47] Personaladministration- und –planung sowie Unternehmensführung sind die kommerzi-

---

[40] Siehe Art. 10, 11 der Datenschutz-RL zur „Benachrichtigung" sowie die Art. 12, 13 der Richtlinie zur „Auskunft". Vgl. ferner *Däubler*, Arbeitnehmerdatenschutz, S. 121; *Kopp*, DuD 1995, 210; *Ehmann/Sutschet*, RDV 1997, 11 f. Zum Diskussionsstand nach deutschem Recht vgl. *Däubler*, Gläserne Belegschaft, Rz. 264, 280.

[41] Siehe Art. 2 lit. b. Datenschutz-RL; Erwägungsgrund 28. Vgl. ferner *Bachmeier*, RDV 1995, 50; kritisch *Ehmann/Sutschet*, RDV 1997, 6, 10 m.w.N.

[42] Siehe Art. 1 Abs. 1; Art. 2 lit. c Datenschutz-RL. Vgl. ferner *Däubler*, Arbeitnehmerdatenschutz, S. 119 f.; *Ehmann/Sutschet*, RDV 1997, 6 f. jeweils m.w.N. Akten fallen grundsätzlich nicht unter diesen Begriff. Allerdings können die Mitgliedstaaten präzisieren, welche Gesichtspunkte bei manuellen Dateien zu einer strukturierenden Sammlung gehören; vgl. *Bachmeier*, RDV 1995, 50.

[43] Vgl. *Däubler*, Arbeitnehmerdatenschutz, S. 122 f.

[44] Kritisch gegenüber dem unspezifischen Rahmen des Gesetzes ist etwa *Däubler*, CR 91, 475 (mit Hinweis auf RegE, BT-Drs. 11/4306, S. 44); ferner *Tinnefeld/Ehmann*, Datenschutzrecht, S. 155; *Schwarz*, Arbeitnehmerüberwachung, S. 21 („Querschnittsgesetz"). Zum Verhältnis zwischen Arbeitsrecht und Datenschutzrecht vgl. ferner *F/K/H/E*, § 83 BetrVG Rz. 16 ff.

[45] Näher zur Begriffsbestimmung der §§ 2, 3 BDSG, insbesondere zum Begriff „Daten" vgl. etwa *Schwarz*, Arbeitnehmerüberwachung, S. 20 m.w.N.

[46] „Umgang mit personenbezogenen Daten in oder aus Dateien für berufliche oder gewerbliche Zwecke nicht-öffentlicher Stellen".; vgl. hierzu LAG Baden-Württemberg DB 1985, 2567 f. (Datenumgang nur zulässig bei für den Arbeitgeber unverzichtbaren Daten).

[47] Zur Begriffsbestimmung v. § 2 IV BDSG vgl. *Tinnefeld/Ehmann*, DatenschutzR, S. 169 ff.

ellen, geschäftlichen Vertragszwecke, für die der Datenumgang durch den Arbeitgeber[48] gemäß § 4 Abs. 1 i.V.m. § 28 Abs. 1 Nr. 1 BDSG ausnahmsweise erlaubt ist.[49]

Auch die weitere in § 1 Abs. 2 Nr. 3 BDSG genannte Anwendungsvoraussetzung, dass nämlich der Umgang mit Daten unter Einsatz von Datenverarbeitungsanlagen erfolgt bzw. die Daten in oder aus nicht automatisierten Dateien verarbeitet, genutzt oder dafür erhoben werden, ist nach dem heutigen Stand der Technik und den Gegebenheiten in der betrieblichen Praxis in aller Regel gegeben.[50]

Gemäß § 1 Abs. 1 BDSG ist Zweck des Gesetzes, den einzelnen davor zu schützen, dass er „durch den Umgang mit seinen personenbezogenen Daten in seinem Persönlichkeitsrecht beeinträchtigt wird". Auch das Transparenzgebot der Datenverarbeitung ist anerkanntermaßen Teil des verfassungsrechtlich verbürgten Persönlichkeitsrechts.[51] Die allgemeine Forderung des Volkszählungsurteils und der europäischen Datenschutzrichtlinie, dem Bürger selbst die Kontrolle über die Datenverarbeitungsprozesse zu ermöglichen, indem die Transparenz beim Umgang (staatlicher und) privater Stellen mit seinen Daten sichergestellt wird, wird im Arbeitsrecht mit den Informationsrechten des betroffenen Arbeitnehmers, wie sie im ersten Abschnitt (§§ 4, 4a BDSG n.F.) und im zweiten Unterabschnitt des dritten Abschnitts des Bundesdatenschutzgesetzes (§§ 33 bis 34 BDSG n.F.) vorgesehen sind, realisiert.[52]

---

[48] Bei Datenverarbeitung im Auftrag des Arbeitgebers, z.B. durch ein (externes) Rechenzentrum, ist verantwortliche Stelle gemäß § 3 Abs. 7 BDSG der Arbeitgeber.

[49] Vgl. zum Verbot mit Erlaubnisvorbehalt bereits nach der alten Rechtslage *Tinnefeld/ Ehmann*, Datenschutzrecht, S. 210, 222; *Wohlgemuth*, BB 1980, 1535 jeweils m.w.N.; ferner BAG BB 1986, 1087; BAG NZA 1987, 515. Siehe ferner Art. 7 Datenschutzrichtlinie; vgl. hierzu etwa *Buchner*, ZfA 1988, 474 ff.; *Ehmann/Sutschet*, RDV 1997, 3, 5; *Gola*, Datenschutz, S. 122; *Gola/Schomerus/Ordemann*, § 27 Anm. 3 sowie § 28 Rz. 1; *Schwarz*, Arbeitnehmerüberwachung, S. 20 f. Siehe zu den Besonderheiten für die Erhebung, Verarbeitung und Nutzung von besonderen Arten von personenbezogenen Daten (§ 3 Abs. 9 BDSG) die Einschränkungen des § 28 Abs. 6 BDSG.

[50] Vgl. *F/K/H/E*, § 83 BetrVG Rz. 16 ff.; *Schaffland/Wiltfang*, § 33 BDSG Rz. 8; *Simitis*, NJW 1984, 400; *Wohlgemuth*, BB 1996, 690. Vgl. ferner *Tinnefeld*, CR 1989, 46 zur Einbeziehung von (Personal-) Akten unter dieses Tatbestandsmerkmal.

[51] Vgl. *Gola/Schomerus/Ordemann*, § 33 BDSG Anm. 1; *Schierbaum*, a.a.O., S. 519. Dieser Aspekt wird in § 6 BDSG als unabdingbares Recht festgeschrieben. Siehe auch die These Nr. 6 von *Däubler*, Arbeitnehmerdatenschutz, S. 7 (Der Grundsatz der Datentransparenz muss auch im Arbeitsverhältnis konsequent realisiert werden).

[52] Vgl. *Däubler*, CR 1991, 477 m.w.N.

2. Die Informationstatbestände

2.1. Unterrichtung gemäß § 4 Abs. 3 BDSG (bei Erhebung von personenbezogenen Daten)

2.1.1. Allgemeines

Erstmals[53] sieht das BDSG 2001 in seinem § 4 Abs. 3 für diese erste Phase des Umgangs mit Daten, die der *Datenerhebung*, bereits ein Unterrichtungsrecht zu Gunsten des Bewerbers/Arbeitnehmers vor,[54] sofern die personenbezogenen Daten, was im Gesetz als Regelfall vorgesehen ist (§ 4 Abs. 2 BDSG), bei ihm erhoben werden.[55]

Das Erheben im Sinne des BDSG ist gemäß § 3 Abs. 3 BDSG n.F. gleichzusetzen mit dem Beschaffen von Daten über den Bewerber/Arbeitnehmer.[56] Dies kann grundsätzlich erfolgen, indem der Arbeitgeber den Bewerber/Arbeitnehmer in beliebiger Art und Weise befragt (Erhebung beim Betroffenen mit dessen Mitwirkung) oder das Verhalten des Bewerbers/ Arbeitnehmers beobachtet bzw. kontrolliert (Erhebung beim Betroffenen ohne dessen Mitwirkung) oder einen Dritten als Informationsquelle einschaltet.[57]

---

[53] Das alte BDSG (vor Juni 2001) sah gemäß § 3 Abs. 2 Nr. 4, 5 BDSG die Datenerhebungsphase nicht als Teil der Datenverarbeitung an; ebenso etwa *Ehmann/Sutschet*, RDV 1997, 6; *Wohlgemuth*, BB 1980, 1533. Vgl. näher zur alten Rechtslage BAG AP Nr. 2 zu § 23 BDSG; BGHZ 80, 25; BVerfGE 66, 116, 143 ff.; ferner *Auernhammer*, § 28 BDSG Rz. 32; *Gola/Schomerus/Ordemann*, § 28 BDSG Anm. 4; *Wohlgemuth*, Datenschutzrecht, S. 90; *Zöllner*, Informationsordnung, S. 19.

[54] Schon früh wurde eine Änderung des BDSG dahingehend gefordert, dass sich der Datenschutz auf die Phase der Datenerhebung erstrecken sollte, sofern die Erhebung zum Zweck ihrer Speicherung in Dateien erfolgt; ebenso *Zöllner*, Daten- und Informationsschutz, S. 32; vgl. ferner *Ehmann*, RdA 1983, 95 jeweils m.w.N. Das wird auch in der EU-Datenschutzrichtlinie berücksichtigt und deshalb wird der Begriff der Datenverarbeitung in Art. 3 lit. b RL wesentlich umfassender definiert; vgl. näher *Tinnefeld/Ehmann*, Datenschutzrecht, S. 194 ff.; a.A. jedoch noch *Ehmann/Sutschet*, RDV 1997, 7.

[55] Falls die Daten nicht beim Arbeitnehmer, sondern anderweitig erhoben werden, braucht eine Unterrichtung nicht zu erfolgen. Dann verbleiben dem Arbeitgeber nur die Rechte der §§ 4a, 33, 34 BDSG.

[56] Vgl. *Zöllner*, Daten- und Informationsschutz, S. 32 m.w.N.

[57] Zum Beispiel den Hauswirt, Lehrer oder Auskunfteien; vgl. näher *Tinnefeld*, NJW 1993, 1117; *Gola*, Personalinformationssysteme, S. 54 ff. (mit Hinweis auf LAG Berlin, DB 1979, 2187), der das Einschalten Dritter nur mit Einwilligung des Bewerbers/Arbeitnehmers bzw. in den Grenzen des zulässigen Fragerechts des Arbeitgebers für zulässig hält. *Zöllner*, Daten- und Informationsschutz, S. 42, 45 sieht darin wegen der Informations- und Abschlussfreiheit des Arbeitgebers keinen Eingriff in die Persönlichkeitsrechte des Arbeitnehmers; a.A. *Wohlgemuth*, Datenschutzrecht, S. 101 f. Laut *Tinnefeld/Ehmann*, Datenschutzrecht, S. 225

Die Unterrichtungsinhalte sind, neben der Identität der für den Umgang mit den Daten verantwortlichen Stelle, und der Zweckbestimmung der Erhebung (sowie Verarbeitung oder Nutzung) auch die Angabe der Kategorien der Empfänger, sofern der Bewerber/Arbeitnehmer mit einer Übermittlung an diese nicht zu rechnen braucht. Darüber hinaus hat gemäß § 4 Abs. 3 Satz 2 BDSG ein Hinweis an den Bewerber/Arbeitnehmer zu erfolgen, ob er auf die Befragung hin freiwillige Angaben machen kann oder ob er dazu verpflichtet ist bzw. ein Rechtsvorteil zu seinen Gunsten mit der Beantwortung einhergeht. Über die einschlägigen Rechtsvorschriften und die Folgen einer etwaigen Verweigerung von Angaben ist der Bewerber/Arbeitnehmer bei Bedarf aufzuklären.

2.1.2. Ausnahmen

Ein Bedürfnis des Bewerbers/Arbeitnehmers nach Schutz seiner informationellen Selbstbestimmung im Sinne des Transparenzgebotes besteht gemäß § 4 Abs. 3 BDSG jedoch nicht, sofern der Bewerber/Arbeitnehmer bereits im Zeitpunkt der Erhebung von dieser Tatsache auch ohne gesonderte Unterrichtung durch den Arbeitgeber Kenntnis erlangt hat.

2.2. Benachrichtigung gemäß § 33 Abs. 1 BDSG (bei Datenspeicherung)

2.2.1. Allgemeines

Bei der erstmaligen *Speicherung* seiner Daten im Rahmen der Verfolgung arbeitgeberseitiger Geschäftszwecke im Sinne von § 28 Abs. 1 Nr. 1 BDSG[58] ist der Bewerber/Arbeitnehmer gemäß § 33 Abs. 1 BDSG über diese Tatsache, die Art der Daten, die Zweckbestimmung der Erhebung, Verarbeitung oder Nutzung, die Identität der verantwortlichen Stelle sowie die Kategorien von Empfängern (sofern mit einer Übermittlung an diese nicht zu rechnen ist) zu benachrichtigen.[59]

---

ist ein Nachfragen bei Dritten nur zulässig, wenn Anhaltspunkte für unrichtige Angaben des Arbeitnehmers bestehen.

[58] Laut BAG, DB 1987, 1048 dürfen unzulässig erfragte Daten nicht gespeichert werden.

[59] Vgl. hierzu etwa *Wohlgemuth*, Datenschutzrecht, S. 115; ferner LAG Baden-Württemberg DB 1985, 2567. Dieses Recht gilt, obwohl § 1 Abs. 3 BDSG anderen anwendbaren Vorschriften des Bundes (insbesondere § 83 BetrVG) den Vorrang gegenüber dem BDSG einräumt; ebenso *Zöllner*, Daten- und Informationsschutz, S. 68; näher *F/K/H/E*, § 83 BetrVG Rz. 32; ferner *Gola/Schomerus/Ordemann*, § 33 BDSG Anm. 2; *Schierbaum*, AiB 1993, 517, 519 jeweils m.w.Nachw.

Dadurch soll der Arbeitnehmer (zur Verwirklichung seines informationellen Selbstbestimmungsrechts) aufmerksam gemacht werden auf die Möglichkeiten weitere Rechte, die sich insbesondere aus dem Bundesdatenschutzgesetz ergeben – wie etwa das Recht auf Auskunft, Berichtigung, Löschung, Sperrung der Daten bzw. Schadensersatz bei eingetretenen Schäden -, geltend zu machen.[60] Auch wenn das Benachrichtigungsrecht nicht zu den unabdingbaren Rechten im Sinne von § 6 BDSG zu zählen ist, kommt ihm dennoch als Hinweis- und Vorbereitungsnorm für andere Ansprüche erhebliche Bedeutung zu. Das wird insbesondere dadurch bestätigt, dass eine Nichtbeachtung der Vorschrift seitens des speichernden Arbeitgebers gemäß § 43 Abs. 1 Nr. 8 BDSG als Ordnungswidrigkeit geahndet werden kann.[61]

2.2.2. Ausnahmen

Das Benachrichtigungsrecht besteht aber nicht ausnahmslos, sondern ist in vielfacher Hinsicht in § 33 Abs. 2 Nrn. 1 bis 8 BDSG gesetzlich beschränkt.[62] In den meisten Fällen besteht entweder kein Schutzbedürfnis auf Seiten des Bewerbers/Arbeitnehmers (Nrn. 1, 2, 7a) oder sein Informationsinteresse bleibt hinter dem Recht eines anderen[63] auf Zurückbehaltung der Information zurück (Nrn. 3, 6, 7b).[64] Weitere speziellen Zwecken dienende Ausnahmetatbestände sind in den Nrn. 4, 5 und 8 vorgesehen.[65]

Eine Benachrichtigung kann gemäß *Nr. 1* als überflüssig unterbleiben, wenn der Arbeitnehmer durch eine der Benachrichtigungspflicht des § 33 BDSG vorgelagerte Information bereits auf andere Weise Kenntnis von der Speicherung

---

[60] Vgl. BGH JZ 1981, 787; ferner *Auernhammer*, § 33 BDSG Rz. 1; *Schaffland/Wiltfang*, § 33 BDSG Rz. 1; *Tinnefeld/Ehmann*, Datenschutzrecht, S. 254 f.; *Wohlgemuth*, Arbeitnehmerdatenschutz, S. 177 jeweils m.w.N. Die Benachrichtigungspflicht hängt aber nicht davon ab, dass sich aus der Speicherung schon Folgen für den Betroffenen ergeben; ebenso *Gola/Schomerus/Ordemann*, § 33 BDSG Anm. 2.

[61] Vgl. *Gola/Schomerus/Ordemann*, § 33 BDSG Anm. 7; *Schierbaum*, AiB 1993, 521 jeweils m.w.N.

[62] Vgl. u.a. *F/K/H/E*, § 83 BetrVG Rz. 30.

[63] Siehe bzgl. des Arbeitgebers Nummer 7 b; bzgl. Dritter Nummer 3 (vgl. hierzu nur *Schaffland/Wiltfang*, § 33 BDSG Rz. 62 f.); bzgl. der Allgemeinheit Nummer 6 (vgl. hierzu nur *Gola/Schomerus/Ordemann*, § 33 BDSG Anm. 6.5.).

[64] Vgl. *Auernhammer*, § 33 BDSG Rz. 9; *Gola/Schomerus/Ordemann*, § 33 BDSG Anm. 6.4.; *Schaffland/Wiltfang*, § 33 BDSG Rz. 2, 62 ff.

[65] Die Nummern 4 (Gesetzesanordnung), 5 (Forschungszwecke) und 8 (Speicherung zum Zweck der Übermittlung) spielen im Arbeitsrecht regelmäßig keine Rolle.

erlangt hat.[66] Das ist insbesondere nach neuer Rechtslage in einer größeren Anzahl von Fällen gegeben, wenn bereits in der Datenerhebungsphase gemäß § 4 Abs. 3 BDSG eine Mitteilung an den Arbeitnehmer ergangen ist.[67]

Die Ausnahmetatbestände der *Nrn. 2, 7a* normieren ebenfalls Fälle, in denen der Bewerber/Arbeitnehmer nach den Vorstellungen des Gesetzgebers kein Interesse (mehr) an der Benachrichtigung hat. Entweder weil es nach Nr. 2 nur um die Aufbewahrung, Sicherung oder Kontrolle von Daten geht, die bereits zuvor als „aktives" Datum der Benachrichtigungspflicht unterworfen waren und eine erneute Benachrichtigung unverhältnismäßigen Aufwand verursachen würde.[68]

Oder weil der in Nr. 7a niedergelegte Grundsatz der Informationsfreiheit eine Ausnahme von der Benachrichtigungspflicht rechtfertigt. Sind die Informationen veröffentlicht oder sonst allgemein zugänglich, so kann allein die Tatsache ihrer (anschließenden) Speicherung kein Informationsinteresse beim Bewerber/Arbeitnehmer begründen, zumal der betroffene Arbeitgeber davon ausgehen muss, dass allgemein zugängliche Daten auch von jedermann gespeichert werden können.[69]

Gemäß *Nr. 7b* der Vorschrift kann zudem von einer Benachrichtigung abgesehen werden, wenn durch sie eine erhebliche Gefährdung der Geschäftszwecke des Arbeitgebers hervorgerufen werden würde und das berechtigte Interesse des Bewerbers/Arbeitnehmers an der Benachrichtigung diese Gefährdung nicht überwiegt.

Will sich der Arbeitgeber auf eine dieser Ausnahmen berufen, so hat er gemäß § 33 Abs. 2 Satz 2 BDSG seine Informationsverweigerung grundsätzlich ausdrücklich zu begründen.[70]

---

66 Vgl. *Gola/Schomerus/Ordemann*, § 33 BDSG Anm. 1.6. sowie Anm. 6.2. *Wohlgemuth*, Datenschutzrecht, S. 109: Die Kenntnis muss auch die Art der Daten erfassen; vgl. *Schaffland/Wildfang*, §33 BDSG Rz. 37; a.A. *Dörr/Schmidt* § 33 BDSG Rz. 19.

67 Siehe § 4 Abs. 3 BDSG n.F. Zum BDSG vor Juni 2001 vgl. nur *Gola/Schomerus/Ordemann*, § 33 BDSG Anm. 1.6.

68 Vgl. näher *Gola/Schomerus/Ordemann*, § 33 BDSG Anm. 6.3.; *Schaffland/Wiltfang*, § 33 BDSG Rz. 56, 58, 60.

69 Zu Ziffer 6a vgl. *Gola/Schomerus/Ordemann*, § 33 BDSG Anm. 6.7. *Schaffland/Wiltfang*, § 33 BDSG Rz. 73, 76; kritisch jedoch *Schierbaum*, AiB 1993, 521 m.w.N.

70 Vgl. hierzu *Schaffland/Wiltfang*, § 34 Rz. 41 ff.; *Gola/Schomerus*, § 34 BDSG Anm. 4.2.; *Auernhammer*, § 34 BDSG Rz. 18.

2.3. Auskunft gemäß § 34 Abs. 1 BDSG

2.3.1. Allgemeines

Aus dem Transparenzgebot ergibt sich zudem das Recht des Bewerbers/ Arbeitnehmers auf Auskunft gemäß § 34 BDSG.[71] Das Gesetz bezweckt, dem Arbeitnehmer die Möglichkeit zu geben, genauere Kenntnis zu erlangen über die Einzelheiten der ihn betreffenden Datenverarbeitungsvorgänge bezüglich seiner persönlichen Daten.[72] Die Auskunft erstreckt sich auf den Inhalt und die Herkunft der zu seiner Person gespeicherten Daten, etwaige Empfänger (oder deren Kategorien) der Daten[73] sowie den Zweck der Speicherung.

Dem Bewerber/Arbeitnehmer steht damit das wichtigste Kontrollinstrument zur Verfügung, durch das er insbesondere in die Lage versetzt wird, seine weiteren datenschutzrechtlichen Folgerechte (Berichtigung, Löschung und Sperrung von Daten gemäß § 35 BDSG) geltend zu machen, um schließlich einen rechtmäßigen Umgang mit zutreffenden Datenbeständen zu gewährleisten.[74]

Anders als § 33 BDSG ist § 34 BDSG in konkreter Ausgestaltung von § 6 Abs. 1 BDSG als unabdingbares Recht des Arbeitnehmers normiert.[75] Dadurch soll verhindert werden, dass die in aller Regel schwächere Vertragsposition des Bewerbers/Arbeitnehmers vom Arbeitgeber für einen Rechtsverzicht ausgenutzt wird. Daran lässt sich ablesen, für wie wichtig der Gesetzgeber es hält, dass

---

[71] Vgl. näher *Auernhammer*, § 34 BDSG Rz. 1 und § 19 BDSG Rz. 1 f.; *Wohlgemuth*, Arbeitnehmerdatenschutz, S. 178. Zum Sonderproblem der offensichtlich aus Dateien stammenden Daten, die in Akten gespeichert werden vgl. *Gola/Schomerus/Ordemann*, § 34 BDSG Anm. 2. Weitere Ansprüche aus anderen Rechtsvorschriften sind denkbar; vgl. hierzu *Gola/ Schomerus/Ordemann*, § 34 BDSG Anm. 1.4. Das Auskunftsrecht steht auch dem ausgeschiedenen Arbeitnehmer und dem Bewerber zu; ebenso *Wohlgemuth*, Arbeitnehmerdatenschutz, S. 183 m.w.N.

[72] Vgl. zur Sonderregelung für den Fall der Übermittlung und Nutzung listenmäßig zusammengefasster Daten aus Dateien im Arbeitsverhältnis die §§ 28 Abs. 2 Satz 2, 29 Abs. 2 Satz 2 BDSG.

[73] Vgl. hierzu näher *Zöllner*, Daten- und Informationsschutz, S. 72; a.A. (noch zum BDSG vor Juni 2001) BGH, NJW 1981, 1738, 1739 mit Anm. *Simitis*, NJW 1981, 1697 ff.

[74] Vgl. *Auernhammer*, § 19 BDSG Rz. 1 f.; *Gola/Schomerus/Ordemann*, § 34 BDSG Anm. 1.1; *Zöllner*, Daten- und Informationsschutz, S. 64, 67 sowie BGH JZ 1981, 787.

[75] Vgl. *Däubler*, CR 1991, 482; *Schierbaum*, AiB 1993, 517 f. Zur Wirkung von § 6 BDSG vgl. ferner *Gola/Schomerus/Ordemann*, § 34 BDSG Anm. 1.1.; *Schaffland/Wiltfang*, § 34 BDSG Rz. 1; *Tinnefeld/Ehmann*, Datenschutzrecht, S. 254 f.; *Wohlgemuth*, Datenschutzrecht, S. 110. Dagegen ist ein Verstoß gegen die Auskunftspflicht keine Ordnungswidrigkeit. Dem Arbeitnehmer verbleibt dann nur die Möglichkeit, die Aufsichtsbehörde gemäß § 38 Abs. 1 BDSG anzurufen; vgl. hierzu *Schierbaum*, AiB 1993, 522.

beim Umgang mit Arbeitnehmerdaten die Daten einerseits zulässig gespeichert werden und andererseits aktuell und zutreffend sind.[76]

2.3.2. Ausnahmen

Auch das Auskunftsrecht kennt – neben der Grenze der Rechtsmissbräuchlichkeit[77] - gemäß § 34 Abs. 4 in Verbindung mit § 33 Abs. 2 Nrn. 2, 3 und 5 bis 7 die oben näher beschriebenen Ausnahmetatbestände, die ebenfalls in aller Regel mit dem fehlenden oder gegenüber anderen Interessen zurücktretenden Informationsinteresse des Arbeitnehmers begründet werden.[78] In der arbeitsrechtlichen Praxis kommen diesen Ausnahmetatbeständen allerdings keine allzu große Bedeutung zu, denn in den meisten Fällen wird sich der Arbeitnehmer auf sein Einsichtsrecht in die Personalakte nach § 83 BetrVG berufen. Dieses speziellere Recht kennt keine dem Datenschutzrecht entsprechenden Ausnahmetatbestände.[79]

2.4. Hinweis gemäß § 4a Abs. 1 Satz 2 BDSG (im Rahmen einer Einwilligung)

In der arbeitsrechtlichen Praxis werden nicht selten im Zusammenhang mit der Durchführung von psychologischen Tests, graphologischen Gutachten und der Erhebung von Daten durch Dritte Einwilligungen in diese Vorgehensweise vom Bewerber/Arbeitnehmer erwünscht. Diese Möglichkeit findet ihre gesetzliche Basis in §§ 4 Abs. 1, 4a BDSG, denn dort wird der grundsätzlich geltende Gesetzesvorbehalt für den Umgang mit Arbeitnehmerdaten erweitert durch die Möglichkeit, dass der Arbeitnehmer in die datenrechtlichen Vorgänge einwilligt.[80] Eine wirksame Einwilligung setzt aber eine freie Entscheidung eines zuvor informierten, die Bedeutung und Tragweite der Einwilligung erkennen-

---

[76] Vgl. *Tinnefeld/Ehmann*, Datenschutzrecht, S. 254 (Auch Folgerechte sind unabdingbar).
[77] Vgl. hierzu näher *Auernhammer*, § 34 BDSG Rz. 16; *Schaffland/Wiltfang*, § 34 BDSG Rz. 21 jeweils m.w.N.
[78] Vgl. *Auernhammer*, § 34 BDSG Rz. 15 ff.; *Schaffland/Wiltfang*, § 33 BDSG Rz. 2; *Zöllner*, Daten- und Informationsschutz, S. 71. Laut *Simitis*, Gutachten, S. 125 stellen die vorgesehenen Ausnahmen des Auskunftsrechts dieses in Frage.
[79] Vgl. *Schierbaum*, AiB 1993, 522.
[80] Vgl. *Däubler*, Arbeitnehmerdatenschutz, S. 123 f.; *Gola/Schomerus/Ordemann*, § 4 BDSG Anm. 5; *Gola*, Datenschutz, S. 122; *Tinnefeld/Ehmann*, Datenschutzrecht, S. 210 ff.; *Wohlgemuth*, BB 1980, 1534.

den Arbeitnehmers voraus.[81] Dem wird nunmehr § 4a Abs. 1 Satz 2 BDSG - jedenfalls bezüglich der Zwecke des Datenumgangs und der Folgen einer etwaigen Einwilligungsverweigerung - gerecht.[82]

3. Modalitäten der Informationserteilung

3.1. Unterrichtung gemäß § 4 Abs. 3 BDSG und Benachrichtigung gemäß § 33 Abs. 1 BDSG

Hinsichtlich der Form und Frist der Unterrichtung und Benachrichtigung sieht das Gesetz keine ausdrücklichen Erfordernisse vor.[83] Allerdings wird man von einer gezielt an den betroffenen Arbeitnehmer gerichteten Nachricht (z.B. mittels Brief) ausgehen können.[84] Um den Zusammenhang zu den Vorgängen zu wahren und der Verwirklichung der Folgerechte des Arbeitnehmers effektiv dienen zu können, hat die Erteilung der Information innerhalb von zwei bis drei Wochen zu erfolgen.[85]

3.2. Auskunft gemäß § 34 Abs. 1 BDSG

Anders als bei der Unterrichtung und Benachrichtigung muss hier die Initiative vom Arbeitnehmer selbst ausgehen.[86] Er hat sein Auskunftsverlangen in einem formfreien Antrag, der keiner Begründung bedarf, an den Arbeitgeber zu richten.[87] Die Präzisierung, auf welche Daten sich das Auskunftsbegehren be-

---

[81] Vgl. *Tinnefeld/Ehmann*, Datenschutzrecht, S. 89, 211; *Däubler*, Arbeitnehmerdatenschutz, S. 123 jeweils m.w.N.; ferner OLG Celle NJW 1980, 347 ff. Zur Einwilligung in Eingriffe in das allgemeine Persönlichkeitsrecht vgl. zudem *Wiese*, ZfA 1971, 282.

[82] Die Vorschrift regelt das Verfahren einer wirksamen Einwilligung. Siehe zu den funktionellen Veranlassungen das 4. Kapitel B. II. 3.2.2.

[83] Vgl. *Auernhammer*, § 33 BDSG Rz. 8; *Schaffland/Wiltfang*, § 33 BDSG Rz. 13; *Schierbaum*, AiB 1993, 520 jeweils m.w.N.

[84] Ähnlich *Auernhammer*, § 33 BDSG Rz. 8; *Gola/Schomerus/Ordemann*, § 33 BDSG Anm. 3; *Wohlgemuth*, Datenschutzrecht, S. 108 („...nicht in kodierter Form"). *Schaffland/Wiltfang*, § 33 BDSG Rz. 13, 19 empfehlen das aus Beweisgründen.

[85] Ebenso für den Sachverhalt einer Datenspeicherung *Schierbaum*, AiB 1993, 529 m.w.N. Teilweise wird hier Unverzüglichkeit im Sinne von § 121 BGB verlangt; vgl. *Auernhammer*, § 33 BDSG Rz. 8; *Wohlgemuth*, Datenschutzrecht, S. 109; teilweise soll eine Benachrichtigung in angemessener Frist ausreichen; vgl. *Schaffland/Wiltfang*, § 33 BDSG Rz. 22.

[86] Vgl. *Auernhammer*, § 34 BDSG Rz. 11.

[87] Vgl. *Auernhammer*, § 34 BDSG Rz. 11 ff.; *Gola/Schomerus/Ordemann*, § 34 BDSG Anm. 1.1.; *Schaffland/Wiltfang*, § 32 BDSG Rz. 2; *Schierbaum*, a.a.O., S. 522 jeweils m.w.N.

zieht (§ 34 Abs. 1 Satz 2 BDSG), ist zwar nicht unbedingt erforderlich, erleichtert es dem Arbeitgeber aber, die gewünschte Auskunft zu übermitteln.[88]

Die Auskunft ist gemäß § 34 Abs. 3 BDSG in der Regel schriftlich zu erteilen.[89] Sie muss vom Arbeitnehmer ohne Spezialkenntnisse – etwa einer bestimmten Computersprache – verstanden werden können.[90] Nach § 34 Abs. 5 BDSG ist die Auskunft unentgeltlich.[91] Zwar gibt das Gesetz keine Vorgaben, in welchem Zeitraum die Auskunft zu erteilen ist, soll das Auskunftsrecht aber effektiv bleiben, dann ist die Anfrage in angemessener Frist, also etwa 2 bis 3 Wochen nach ihrem Erhalt, zu erfüllen.[92]

4. Durchsetzung der Informationsrechte und Sanktionierung von Rechtsverstößen

Die rechtliche Durchsetzbarkeit der Informationsrechte und die Sanktionierung von Verstößen gegen die sie gewährenden Normen sind im Bundesdatenschutzgesetz nur sehr lückenhaft geregelt. Zu nennen sind aber die §§ 43 und 44 BDSG, die Straf- und Bußgeldandrohungen festlegen. Im vorliegenden Zusammenhang gilt insbesondere § 43 Abs. 1 Nr. 8 BDSG im Falle einer (auch fahrlässig[93]) unterlassenen, nicht richtigen oder nicht vollständigen Benachrichtigung im Sinne von § 33 Abs. 1 BDSG. Außerdem kann der Arbeitnehmer bei Verstößen gegen das BDSG gemäß § 38 Abs. 1 BDSG die zuständige Aufsichtsbehörde anrufen.[94] Der Behörde stehen dann die in § 38 Abs. 5 BDSG

---

[88] Laut *Schaffland/Wiltfang*, § 34 BDSG Rz.11 reicht eine pauschale Anfrage nicht. *Gola/ Schomerus/Ordemann*, § 34 BDSG Anm. 1.3. wünschen eine Präzisierung der Anfrage (Sollvorschrift); *Schierbaum*, AiB 1993, 522 sprechen von einer Verpflichtung zur Konkretisierung.

[89] Vgl. u.a. *Schaffland/Wiltfang*, § 34 BDSG Rz. 28. Die Ausnahme nennt § 34 Abs. 3 BDSG.

[90] Vgl. *Gola/Schomerus/Ordemann*, § 34 Anm. 3; *Schaffland/Wiltfang*, § 34 BDSG Rz. 28; *Schierbaum*, AiB 1993, 522; *Zöllner*, Daten- und Informationsschutz, S. 70 jeweils m.w.N. Im Einzelfall auch ausreichend ist die direkte Einsichtnahme über Bildschirm oder die mündliche Auskunft des zuständigen Sachbearbeiters; ebenso etwa *Auernhammer*, § 34 BDSG Rz. 13.

[91] Vgl. *Gola/Schomerus/Ordemann*, § 34 BDSG Anm. 5.; *Schaffland/Wiltfang*, § 34 BDSG Rz. 45 ff.; *Schierbaum*, AiB 1993, 522. Siehe zu diesem Thema ausführlich *Herb*, CR 1992, 705 ff.

[92] Ebenso *Auernhammer*, § 34 BDSG Rz. 14; ähnlich *Schaffland/Wiltfang*, § 34 Rz. 33 („..im zeitlichen Zusammenhang"); a.A. *Gola/Schomerus/Ordemann*, § 34 BDSG Anm. 3.3. („... unverzüglich").

[93] Undeutlich insoweit *Schaffland/Wiltfang*, § 34 BDSG Rz. 64.

[94] Das gilt schon für Verstöße in der Phase der Datenerhebung; vgl. insoweit *Gola/ Schomerus/Ordemann*, § 38 BDSG Anm. 1.3.

genannten Durchsetzungsmittel (u.a. Anordnung der Beseitigung technischer oder organisatorischer Mängel, Verhängung eines Zwangsgeldes, Untersagung einzelner Verfahren) zur Verfügung.[95] Die soeben genannten Sanktionsnormen sind öffentlich-rechtlicher Natur, sie begründen keine Individualansprüche.[96]

Allerdings sind die Informationsrechte des Arbeitnehmers subjektive Rechtsansprüche, sie können im zivilrechtlichen Klageweg geltend gemacht werden.[97] Darüber hinaus kommt dem Betriebsrat gemäß § 80 Abs. 1 BetrVG eine große Bedeutung bei der Überwachung der Einhaltung der Informationsrechte des Arbeitnehmers zu.[98] Auch der Arbeitnehmer selbst kann im Wege der Beschwerde (§§ 84 ff. BetrVG) den Betriebsrat einschalten.

Schadensersatzansprüche zu Gunsten des Arbeitnehmers sieht das BDSG dagegen nicht vor.[99] Ein Rückgriff auf sonstige zivilrechtliche Abwehr- und Haftungsnormen ist für Arbeitnehmer in der Privatwirtschaft also angezeigt.[100]

Zunächst ist an Schadensersatz wegen Nebenpflichtverletzung, §§ 280 Abs. 1 i.V.m. 241 Abs. 2, 311 Abs. 2 BGB (früher culpa in contrahendo bzw. positive Forderungsverletzung) zu denken.[101] Zudem können auch die Vorschriften über unerlaubte Handlungen in echter Anspruchskonkurrenz in Anspruch genommen werden, weil der Verstoß gegen das Transparenzgebot einen unzulässigen Um-

---

[95] Laut *Gola/Schomerus/Ordemann*, § 38 BDSG Anm. 7; *Schierbaum*, AiB 1993, 522; *Simitis*, NJW 1981, 1700 fehlen jedoch Eingriffsrecht der Aufsichtsbehörde. Aber der in § 38 Abs. 5 BDSG in Bezug genommene § 9 BDSG zählt die in seiner Anlage genannten, nach außen gerichteten Kontrollen nur als Beispiele für die technische und organisatorische Funktionsfähigkeit des Datenschutzes auf. Gerade der Hinweis in § 38 Abs. 5 Satz 2 BDSG macht deutlich, dass die Aufsichtsbehörde insbesondere dann zuständig ist, wenn der Betroffene selbst verletzt ist. Der Weg zu den ordentlichen Gerichten steht dem Arbeitnehmer in jedem Fall daneben zu; abweichend *Gola/Schomerus/Ordemann*, § 34 BDSG Anm. 6.

[96] Ebenso für den Anspruch auf Löschung bei unterlassener Benachrichtigung *Gola/Schomerus/Ordemann*, § 33 BDSG Anm. 7 m.w.N.

[97] Vgl. *Schaffland/Wiltfang*, § 34 BDSG Rz. 64; *Tinnefeld/Ehmann*, Datenschutzrecht, S. 270. Das gilt jedoch nicht für § 4a Abs. 1 Satz 2 BDSG, der ausschließlich im Zusammenhang mit einer wirksamen Einwilligung steht.

[98] Vgl. *Brox/Rüthers*, Arbeitsrecht Rz. 399; *Ehmann/Sutschet*, RDV 1997, 4; *Wohlgemuth*, BB 1980, 1534, 1536 jeweils m.w.N.; ferner BAG 54, 28.

[99] Die ergänzenden Landesdatenschutzgesetze greifen nur zu Gunsten von Beschäftigten bei öffentlichen Stellen dieser Länder ein, dann aber sogar nach den Grundsätzen einer Gefährdungshaftung; vgl. *Wohlgemuth*, Arbeitnehmerdatenschutz, S. 195; vgl. ferner *Tinnefeld/Ehmann*, Datenschutzrecht, S. 260.

[100] Ebenso *Tinnefeld/Ehmann*, Datenschutzrecht, S. 260. Laut BAG EzA Art. 2 GG Nr. 4 werden Schadensersatzansprüche durch die Schutzvorschriften des BDSG nicht verdrängt. Vgl. zu den Einzelheiten u.a. *Wohlgemuth*, Arbeitnehmerdatenschutz, S. 196 ff.

[101] Vgl. *Wohlgemuth*, Arbeitnehmerdatenschutz, S. 196; ders. BB 1980, 1533 m.w.N.

gang mit personenbezogenen Daten darstellt und dieser eine Persönlichkeitsverletzung im Sinne des § 823 Abs. 1 BGB begründen kann.[102] Darüber hinaus sind die besprochenen Vorschriften des BDSG Schutznormen im Sinne von § 823 Abs. 2 BGB.[103] Schmerzensgeld kann nur zugesprochen werden, wenn in das Persönlichkeitsrecht besonders stark eingegriffen wurde.[104] Als Besonderheit sieht § 7 Satz 2 BDSG für die Frage des Verschuldens eine Beweislastumkehr zu Gunsten des Arbeitnehmers vor.

5. Stellungnahme zur bestehenden Rechtslage

Zunächst ist festzuhalten, dass es angesichts der großen Bedeutung der elektronischen Datenverarbeitung in der betrieblichen/unternehmerischen Praxis[105] nicht darum gehen kann, sich gegen die technisierte Erhebung und Verarbeitung von personenbezogenen Daten auszusprechen.[106] Aber eine Beteiligung des Arbeitnehmers am Umgang mit seinen persönlichen Daten zum Schutz seiner Persönlichkeitsrechte muss sichergestellt sein.[107] Informationsfreiheit des Arbeitgebers und Schutz der Persönlichkeit des Arbeitnehmers sind nicht voneinander zu trennen.[108] Dieser Forderung wird das BDSG in der Fassung des Jahres 2001 bereits in weiten Teilen gerecht. Der Arbeitnehmer hat ein Recht auf umfassende Offenlegung der vorhandenen Daten zu seiner Person und ihrer Verwendung im Betrieb/Unternehmen. Insbesondere die Erweiterung des Anwendungsbereichs auf die Datenerhebungsphase ist positiv zu bewerten.[109]

---

[102] Vgl. BAG EzA § 611 BGB Nr. 2 – Persönlichkeitsrecht; *Schaffland/Wiltfang*, § 3 BDSG Rz. 28; *Simitis*, NJW 1981, 1700; *Wohlgemuth*, Arbeitnehmerdatenschutz, S. 196; *ders*., BB 1980, 1534 jeweils m.w.N.

[103] Vgl. zum Schutzgesetzcharakter der Normen des BDSG *Wohlgemuth*, BB 1980, 1536.

[104] Vgl. etwa BAG ArbuR 1980, 92 ff.

[105] Das LAG Niedersachsen (EzA § 37 BetrVG 1972 Nr. 64) hat schon 1979 ausgeführt, dass größere Betriebe auf die Erfassung und Verarbeitung von Arbeitnehmerdaten unter den heutigen Verhältnissen nicht mehr verzichten können; ebenso *Gola*, Personalinformationssysteme, S. 51.

[106] Ebenso *Buchner*, ZfA 1988, 452. Vgl. aber *Gola*, BB 1980, 584 m.w.N. zum Gedanken eines grundsätzlichen Verbots der Speicherung bestimmter Daten.

[107] Das steht seit dem Volkszählungsurteil außer Frage. Vgl. ferner *Däubler*, Arbeitnehmerdatenschutz, S. 117 (These 6); *Wohlgemuth*, BB 1980, 1531.

[108] Ähnlich *Tinnefeld/Ehmann*, Datenschutzrecht, S. 50.

[109] Vgl. *Linnekohl*, AuR 1984, 129; *Wohlgemuth*, BB 1980, 1533 jeweils m.w.N. Kritisch gegenüber jeglicher Anknüpfung des BDSG an die Datenverarbeitungsphasen *Werckmeister*, DVR 7 (1978), 101.

Der Verwirklichung des Transparenzgebotes dient es ferner, dass der Informationsgehalt der einzelnen Informationsrechte seit der Gesetzesänderung insgesamt ausgedehnt worden ist.[110] Leider ist die Nennung der Rechtsgrundlage für die Erhebung und den Umgang mit personenbezogenen Daten aber nach wie vor so gut wie nicht vorgesehen.[111] Allerdings scheint diese Angabe entbehrlich zu sein, weil sich bei genauer Angabe der Zwecke der Datenverarbeitung nach den §§ 28 ff. BDSG die einschlägige Rechtsgrundlage erschließen lässt. Andererseits ist das nur dann problemlos möglich, wenn der Arbeitgeber die im Gesetz gebrauchten Begriffe auch in seiner Information an den Arbeitnehmer verwendet. Ausgerechnet im höchst problematischen Fall, dass Daten beim Arbeitnehmer ohne seine Mitwirkung erhoben werden, ist gesetzlich nicht vorgesehen, dass die hierfür erforderliche Rechtsgrundlage (§ 4 Abs. 2 Nr. 1 BDSG) mitgeteilt werden muss. Darüber hinaus sollte sich die Information neben den beabsichtigten Zwecken auch auf die konkret vorgesehenen Verarbeitungsmöglichkeiten der persönlichen Daten erstrecken, damit sich der Arbeitnehmer ein Bild darüber machen kann, was mit seinen Daten geschieht bzw. geschehen kann.[112]

Zudem ist der Wegfall der Ausnahmeregelung des § 33 Abs. 2 Nr. 5 BDSG a.F. zu begrüßen, weil die ehemals vorgesehene Grauzone von drei Monaten nicht sachgerecht war. Bereits in diesem Zeitraum kann es nämlich beim (heimlichen) Umgang mit den gespeicherten Daten zu massiven Eingriffen in das Persönlichkeitsrecht der Betroffenen kommen.

Auch in der Frage möglicher Schadensersatzansprüche bei Verletzung des Transparenzgebotes ist diesem insoweit zu mehr Geltung verholfen worden, als in § 7 Satz 2 BDSG - der neuerdings bereits in der Erhebungsphase Anwendung findet[113] - eine Beweislastumkehr hinsichtlich der Frage des Verschuldens des Schadens vorgesehen ist. Gleichzeitig ist aber bedauerlicherweise die ursprüngliche Regelung der Beweislastverteilung im Zusammenhang mit Kausalitätsfragen im neuen BDSG gestrichen worden.[114] Im einzelnen sind die folgenden Gesichtspunkte des Transparenzgebots kritisch zu erörtern.

---

[110] Das betrifft insbesondere die Identität der verantwortlichen Stelle, die Zweckbestimmung und den Kreis der Empfänger. Vgl. zum alten BDSG (vor Juni 2001) *Tinnefeld/Ehmann*, Datenschutzrecht, S. 250. Dadurch wird die Initiativlast mehr auf den Arbeitgeber verlagert; vgl. *Däubler*, CR 1991, 477.

[111] Siehe zur Ausnahme § 4 Abs. 3 Satz 3 BDSG. Vgl. bereits *Tinnefeld/Ehmann*, Datenschutzrecht, S. 210.

[112] Ebenso LAG Baden-Würtemberg DB 1995, 2567.

[113] Siehe § 8 i.V.m. § 3 Abs. 5 BDSG a.F.

[114] Vgl. zum BDSG vor Juni 2001 *Tinnefeld/Ehmann*, Datenschutzrecht, S. 250, 269 f.; *Schierbaum*, AiB 1993, 525.

5.1. Unterrichtung gemäß § 4 Abs. 3 BDSG

5.1.1. Allgemeines

Nach dem neuen § 4 Abs. 3 BDSG ist das Gebot der Direkterhebung zu beachten.[115] Damit wird die Wahrscheinlichkeit, dass der Arbeitnehmer bereits im Zeitpunkt der Erhebung der personenbezogenen Daten Kenntnis über die Tatsache der Erhebung und der näheren Umstände des Umgangs mit seinen Daten erhält, vergrößert.[116] Das ist vorgesehen, weil bereits im Rahmen des gesetzlich Zulässigen Daten erhoben werden können, die unter Umständen Eingriffe in die Privatsphäre darstellen oder andere direkte einschneidende Konsequenzen nach sich ziehen.[117] Positive Folge einer frühzeitigen Unterrichtung ist, dass der Arbeitnehmer anschließend mit Hilfe seines Auskunftsrechts früher als sonst (sogar schon vor der Datenspeicherung), die Richtigkeit der Daten überprüfen kann.[118]

Zutreffend knüpft das Gesetz das Transparenzgebot nicht länger an das Erfordernis einer tatsächlich erfolgenden anschließenden Datenverarbeitung bzw. –nutzung.[119] Tatsächlich wird in der Praxis oftmals erst in einem zweiten Schritt abschließend darüber entschieden, ob die gewonnenen Daten weiter verarbeitet/ genutzt werden. Eine Unterrichtung ist jetzt obligatorisch vor Beginn der Er-

---

[115] Vgl. bereits BVerfG NJW 1984, 419, 422, 425; ferner *Podlech*, Datenschutz, S. 321. Siehe nunmehr § 4 Abs. 2 BDSG. Ausnahmen von diesem Grundsatz lässt *Wohlgemuth*, Arbeitnehmerdatenschutz, Rz. 153 f. (zum BDSG a.F.) zu, wenn Anhaltspunkte dafür bestehen, dass die Angaben, die der Arbeitnehmer gemacht hat, unrichtig sind.

[116] Vgl. BVerfG NJW 1984, 419, 421 (Der Betroffene muss grundsätzlich bereits in der Phase der Informationserhebung einbezogen werden); ebenso *Gola/Schomerus/Ordemann*, § 33 BDSG Anm. 1.6.; *Tinnefeld/Ehmann*, Datenschutzrecht, S. 89, 223, 225, 250, 254; LAG Bremen, RDV 1995, 38 (zum BDSG a.F.). Bereits früher war darauf hingewiesen worden, dass wegen der Eile des Gesetzgebungsverfahrens die Erhebungsphase nicht ausreichend in die Systematik des alten BDSG eingearbeitet worden war; vgl. *Wohlgemuth*, Datenschutz, S. 36.

[117] Ebenso *Egloff*, DVR 7 (1978), 126; *Linnekohl*, ArbuR 1984, 130 f.; *Zöllner*, Daten- und Informationsschutz, S. 42.

[118] Vgl. bereits *Auernhammer*, BDSG, S. 425; *Wohlgemuth*, Arbeitnehmerdatenschutz, S. 177; *Wohlgemuth*, Datenschutzrecht, S. 101 f.

[119] Siehe § 1 Abs. 2 Nr. 3 BDSG. Vgl. in diesem Zusammenhang *Auernhammer*, § 28 BDSG Rz. 33; *Wohlgemuth*, Datenschutzrecht, S. 32 m.w.N. *Däubler*, BB 1989, 286 bemerkt zutreffend, dass sich die Aussagen des Volkszählungsurteils auch auf traditionelle Formen der Datenerhebung und –speicherung beziehen.

hebung von Daten,[120] die dazu geeignet sind, dass mit ihnen sofort oder im Anschluss im Sinne des § 3 Abs. 4, 5 BDSG umgegangen wird.[121]

Ein entscheidender Grund für die Vorverlagerung der Informationsrechte des Arbeitnehmers auf die Erhebungsphase liegt in der Technisierung des Umgangs mit Daten.[122] Datenerhebung und –verarbeitung treten in der betrieblichen Praxis kaum noch als getrennte Phasen auf, die moderne Technik verbindet beides (Beispiele: Stechkarte, Zugangsberechtigung in bestimmte Arbeitsbereiche).[123]

Von großer Bedeutung ist auch die Art und Weise der Erhebung.[124] Das neue BDSG spricht sich nicht gegen den Einsatz von technischen Hilfsmitteln zur Erhebung von Daten beim Bewerber/Arbeitnehmer aus.[125] Allerdings stellt es für diesen Fall die Datenerhebung ohne Mitwirkung des Arbeitnehmers gemäß § 4 Abs. 2 BDSG unter einen Gesetzesvorbehalt und verlangt darüber hinaus die Beachtung des Verhältnismäßigkeitsgrundsatzes. Außerdem ist der Betroffene gemäß § 4 Abs. 3 BDSG über die Vorgänge in Kenntnis zu setzen;[126] es ist aber nicht erforderlich, dass er zu ihnen seine Zustimmung erteilt.[127]

---

[120] Hier ist § 4 Abs. 3 allerdings nicht eindeutig. Nach dem Wortlaut kommt auch eine Unterrichtung zeitlich nach der Datenerhebung in Betracht.

[121] Das entspricht den Vorgaben des Artikel 11 der EU-Datenschutzrichtlinie; vgl. hierzu näher *Tinnefeld/Ehmann*, Datenschutzrecht, S. 158, 189.

[122] Auch *Schwarz*, Arbeitnehmerüberwachung, S. 36 erkennt in den Möglichkeiten einer technischen Überwachung einen Grund für die Gewährung von Informationsrechten.

[123] Ebenso u.a. *Linnekohl*, AuR 1984, 129; *Wohlgemuth*, BB 1980, 1531 jeweils m.w.N. Vgl. zu ähnlichen Überlegungen, warum zunächst die Erhebungsphase im BDSG nicht berücksichtigt worden war *Gola/Schomerus/Ordemann*, § 28 BDSG Anm. 4; *Ehmann/Sutschet*, RDV 1997, 3, 6, die das gesetzeshistorisch damit erklären, dass bei der Neueinführung der elektronischen Datenverarbeitung das Hauptgewicht der Neuerungen auf der Möglichkeit lag, nunmehr die bereits vorhandenen Daten elektronisch zu *speichern*.

[124] Eine Aufzählung verwendeter Erfassungseinrichtungen gibt *Schwarz*, Arbeitnehmerüberwachung, S. 15.

[125] Ebenso bereits BAG NJW 1986, 2724.

[126] Vgl. BAG RDV 1988, 30; ausführlich ferner *Buchner*, ZfA 1988, 468; *Schwarz*, Arbeitnehmerüberwachung, S. 52 ff., 73 ff.; *Zöllner*, Daten- und Informationsschutz, S. 44 (bei Eingriff in das allgemeine Persönlichkeitsrecht). Laut *Buchner*, ZfA 1988, 468 liegt die Bedenklichkeit weniger in der Anonymität/Heimlichkeit als vielmehr in der Totalität der Überwachung. Erwägungsgrund 38 der EU-Datenschutzrichtlinie lautet: „Datenverarbeitung nach Treu und Glauben setzt voraus, dass die betroffenen Personen in der Lage sind, das Vorhandensein einer Bearbeitung zu erfahren und ordnungsgemäß und umfassend über die Bedingungen der *Erhebung* informiert zu werden, wenn Daten bei ihnen erhoben werden".

[127] Vgl. aber zum BDSG vor Juni 2001: BAG, CR 1988, 140; BVerfG, CR 1992, 489. Zu Unrecht bindet *Zöllner*, Daten- und Informationsschutz, S. 44 den Einsatz von technischen Apparaten auch an die *Zustimmung* des informierten Arbeitnehmers. Zur Frage, ob die Mitbestimmung des Betriebsrats nach § 87 Abs. 1 Nummer 6 BetrVG erforderlich ist vgl. BAG

Wird die Technik also dazu benutzt, Daten ohne Mitwirkung des Arbeitnehmers bei ihm[128] zu erheben,[129] darf das wegen der Achtung seiner Persönlichkeitsrechte nicht heimlich geschehen.[130] Davon darf, gerade weil das BDSG außer der bereits genannten Ausnahme - dass nämlich der Arbeitnehmer bereits anderweitig Kenntnis von den Vorgängen erhalten hat – ausdrücklich keine weiteren Ausnahmetatbestände bereit hält, nur in eng begrenzten Ausnahmefällen abgewichen werden.

5.1.2. Ausnahmen

Die in § 4 Abs. 3 BDSG vorgesehene Ausnahme hat ihre Berechtigung in der zutreffenden Annahme, doppeltes „Informiert - sein“ sei überflüssig.[131] Aber

---

AP Nrn. 1, 2, 7, 12, 13, 15 zu § 87 BetrVG 1972 – Überwachung; BAG v. 22.10.1986, EzA § 23 BDSG Nr.4 (wird eine Maßnahme im Zusammenhang mit der Datenverarbeitung durch den Arbeitgeber unter Missachtung der Rechte des Betriebsrats durchgeführt, so ist dies rechtswidrig); BAG, DB 1988, 1552. Vgl. zudem *Breisig*, Personalbeurteilung, S. 214 („... bereits die Erhebung von Beurteilungsdaten ist mitbestimmungspflichtig ...“); *Buchner*, ZfA 1988, 470 f., 477; *F/K/H/E*, § 87 BetrVG Rz. 67; *Schaffland/Wiltfang*, § 28 BDSG Rz. 45, 140 jeweils m.w.N.

[128] Konsequent, da hier der technische Fortschritt nicht von Bedeutung ist, sieht § 4 Abs. 3 BDSG eine Unterrichtung des Arbeitnehmers nicht vor, falls die Datenerhebung bei Dritten erfolgt. Hier erfolgt eine Benachrichtigung gemäß § 33 BDSG erst bei der erstmaligen Speicherung der Daten. Vgl. zum zulässigen geheimen Einsatz von Privatdetektiven BAG CR 1992, 476. Auch die EG-Datenschutzrichtlinie sieht eine Information des Betroffenen in der Erhebungsphase nur im Fall der Direkterhebung vor (Art. 10 RL). Werden die Daten anderweitig erhoben, setzt das grundsätzliche Informationsrecht der betroffenen Person erst in der Phase der Datenspeicherung ein. Abweichend für das Erschleichen der Daten hinter dem Rücken des Berechtigten BGH NJW 1993, 2419 („...eine unzulässige Erhebung liegt vor, wenn die Daten unter einem unzutreffenden Vorwand erschlichen worden sind. Das gilt auch für die Zuhilfenahme dritter Personen, sofern sich die Erhebung hinter dem Rücken des Arbeitnehmers abspielt“).

[129] Beispiele für versteckte Datenerhebung sind u.a. die geheime Videoüberwachung des Verkaufspersonals (vgl. BAG CR 1988, 140), das heimliche Abhören von Telefonaten (durch den Arbeitgeber; vgl. BVerfG NJW 1992, 815); (durch Mitarbeiter; vgl. LG Dortmund RDV 1994, 256). *Schwarz*, Arbeitnehmerüberwachung, S. 47 und *Gola*, BB 1980, 584 weisen zutreffend darauf hin, dass bei technischer Modernisierung des Arbeitsplatzes oftmals das Einhergehen von erweiterten Datenerhebungsmöglichkeiten nicht offen zu Tage tritt.

[130] Vgl. BVerfG JZ 1973, 505; BAG CR 1988, 140; BVerfG NJW 1992, 815; LG Dortmund RDV 1994, 256; LAG Bremen RDV 1995, 38; a.A. jedoch *Bucher*, ZfA 1988, 468 (mit Hinweis auf BAG RDV 1988, 30) sowie *Ehmann/Sutschet*, RDV 1997, 3, 6 f., die es mit Blick auf die Datenschutzrichtlinie für zulässig halten, wenn Ton- und Bilddaten heimlich erhoben werden. Zum ganzen vgl. ferner *Schaffland/Wiltfang*, § 28 BDSG Rz. 140; *Tinnefeld/ Ehmann*, Datenschutzrecht, S. 224.

[131] Vgl. bereits *Gola/Schomerus/Ordemann*, § 33 BDSG Anm. 6.2.

allein der Umstand, dass ein Arbeitsvertrag geschlossen werden soll bzw. besteht, führt weder dazu, dass der Bewerber/Arbeitnehmer generell von einer Datenerhebung (zu Datenverarbeitungszwecken) positive Kenntnis hat, noch ist davon auszugehen, dass er wegen deren Üblichkeit hiervon zumindest Kenntnis haben müsste.[132] Diese Alternative würde bereits nach dem eindeutigen Wortlaut der Vorschrift nicht ausreichen: Die Kenntnis muss tatsächlich erlangt worden sein, die hypothetische Möglichkeit der Kenntniserlangung reicht nicht aus.[133] Dem ist beispielsweise erst mit einem ausdrücklichen Hinweis auf einem computerlesbaren Erfassungsbogen Genüge getan. Die Differenzierung in große Betriebe mit und kleine Betriebe ohne elektronische Datenverarbeitung erscheint verfehlt, wenig praktikabel und kaum für den Arbeitnehmer zu durchschauen.[134]

Eine weitere Ausnahme von der Pflicht zur Unterrichtung rechtfertigt der in § 33 Abs. 2 Nr. 7b BDSG normierte Gedanke einer Interessenabwägung. Würde die Unterrichtung die Geschäftszwecke des Arbeitgebers erheblich gefährden und bestehen auf Seiten des Arbeitnehmers keine überwiegenden schutzwürdigen Interessen an der Unterrichtung, so kann auf sie ausnahmsweise verzichtet werden.[135] Diese Voraussetzungen sind beispielsweise im Fall einer heimlichen Videoüberwachung der Verkaufsflächen zur Beobachtung der Mitarbeiter und Überführung eines Diebs, näher zu prüfen.[136]

Die am Verhältnismäßigkeitsgrundsatz orientierte Interessenabwägung hat in einer Einzelfallprüfung zu erfolgen. In die Abwägung einzubeziehen sind unter anderem der Stellenwert der Offenlegung der Datenerhebung für beide Vertragspartner sowie Art, Inhalt und Aussagekraft der gewonnenen Daten.[137] So macht es im Beispielsfall durchaus einen Unterschied, in welchem Umfang Diebstähle vorgekommen sind, ob eine generelle Überwachung aller Mitarbeiter erfolgt oder nur ein einzelner Mitarbeiter beobachtet wird, in welchem Zeitrahmen sich die Überwachung bewegt und welche Räume überwacht werden.

---

[132] So aber für § 33 Ziffer 1 BDSG *Gola/Schomerus/Ordemann*, § 33 BDSG Anm. 6.2. (zum alten BDSG).
[133] Ebenso im Zusammenhang mit der Ausnahme zur Benachrichtigungspflicht *Schierbaum*, AiB 1993, 520; *Wohlgemuth*, Datenschutzrecht, S. 109; *ders.*, Arbeitnehmerdatenschutz, S. 177 jeweils m.w.N.
[134] So aber *Gola/Schomerus/Ordemann*, § 33 BDSG Anm. 6.2. (zum alten BDSG).
[135] Vgl. zur Wahrung berechtigter Interessen *Gola/Schomerus/Ordemann*, § 28 Anm. 7.
[136] Vgl. hierzu *Tinnefeld/Ehmann*, Datenschutzrecht, S. 225; ferner *Simitis*, Datenschutzrichtlinie, S. 58.
[137] Vgl. BGH NJW 1986, 2505; ferner *Gola/Schomerus/Ordemann*, § 28 BDSG Anm. 7.4.

Von großer Bedeutung im Rahmen der Verhältnismäßigkeit ist auch das Merkmal der Erforderlichkeit. Danach ist zu fragen, ob es kein milderes Mittel als die Heimlichkeit der Datenerhebung gibt, um die Gefährdung der Geschäftszwecke gleichermaßen zu vermeiden.[138]

Auf den Fall der Videoüberwachung bezogen, ließe sich erörtern, ob nur die Verwendung von heimlichen Kameras die Gefährdung der Geschäftszwecke abwenden kann. Das ist deshalb fraglich, weil auch offene Kameras abschreckende Wirkung für die Zukunft entfalten können. Zudem ist denkbar, dass sich der Dieb nach persönlichen Gesprächen mit (Teilen) der Belegschaft zur anonymen Rückgabe der gestohlenen Sache veranlassen lässt. Das wird wohl im Zusammenwirken mit der Installation „offener“ Kameras dem Interesse des Arbeitgebers ebenfalls gerecht.

Als weiterer Ausnahmefall lässt sich der in § 33 Abs. 2 Nr. 7a BDSG zum Ausdruck kommende Gedanke der grundgesetzlich gewährleisteten Informationsfreiheit (Artikel 5 Abs. 1 Satz 1 GG) auch auf die Phase der Datenerhebung ausweiten. Eine Unterrichtung kann also unterbleiben, wenn sich die Datenerhebung des Arbeitgebers beim Arbeitnehmer auf Daten beschränkt, die auch aus allgemein zugänglichen Quellen entnommen werden können.[139] Wenn mit diesen Daten gemäß § 28 Abs. 1 Nr. 3 BDSG sogar weitgehend frei umgegangen werden darf und weder eine Benachrichtigung (§ 33 Abs. 2 Nr. 7a BDSG) noch eine Auskunft (§ 34 Abs. 4 in Verbindung mit § 33 Abs. 2 Nr. 7a BDSG) über die Speicherung zu erfolgen hat, dann hat das auch für die Erhebungsphase zu gelten. Dem liegt nicht zuletzt der Gedanke zugrunde, dass der Arbeitnehmer mit der öffentlichen Preisgabe seiner Daten sich selbst aus seiner Privatsphäre herausbegeben hat.

Schließlich kann sich der Arbeitgeber analog § 33 Abs. 2 Nrn. 3 und 6 BDSG auf Ausnahmetatbestände berufen, wenn die Datenerhebung nach einer Rechtsvorschrift oder ihrem Wesen nach, namentlich wegen des überwiegenden rechtlichen Interesses eines Dritten, geheimgehalten werden muss oder die zuständige öffentliche Stelle gegenüber der erhebenden Stelle festgestellt hat, dass das Bekanntwerden der Datenerhebung die öffentliche Sicherheit oder Ordnung gefährden oder sonst dem Wohle des Bundes oder eines Landes Nachteile be-

---

138 Vgl. zum alten BDSG das Merkmal der Erforderlichkeit der Datenerhebung *Gola/Schomerus/Ordemann*, § 28 BDSG Anm. 7.2.

139 BVerfG 27, 73 („...Informationsquellen, die sich sowohl ihrer technischen Ausgestaltung als auch ihrer Zielsetzung nach dazu eignen, einem individuell nicht bestimmbaren Personenkreis Informationen zu vermitteln“); vgl. ferner *Gola/Schomerus/Ordemann*, § 28 BDSG Anm. 9.2 (zum alten BDSG) m.w.N. Beispiele: Zeitschriften, Zeitungen, Rundfunk und Fernsehen, weitere öffentliche Publikationen.

reiten würde. Diese Ausnahmeregelungen sind besonders eng anzuwenden, sie dürften jedoch kaum von praktischer Relevanz sein.

Neu in das BDSG aufgenommen ist in § 33 Abs. 2 Satz 2, dass die verantwortliche Stelle die Voraussetzungen für ein Unterlassen der Benachrichtigung i.S.v. § 33 BDSG schriftlich festzulegen hat. Will sich der Arbeitgeber in der Erhebungsphase auf eine Ausnahmevorschrift berufen, hat das ebenfalls zu gelten.[140]

5.2. Benachrichtigung gemäß § 33 Abs. 1 BDSG

5.2.1. Allgemeines

Auch die Ausweitung der Benachrichtigungspflicht auf die Art der Daten mit Erlass des reformierten Bundesdatenschutzgesetzes 1990 hat nach dem Wortlaut des § 33 BDSG nichts daran geändert, dass der Arbeitnehmer nur einmal, und zwar im Zeitpunkt der erstmaligen Datenspeicherung, über diese Tatsache und die weiteren damit zusammenhängenden Sachverhalte zu benachrichtigen ist. Jede später erfolgende Speicherung neuer oder abweichender Daten löst danach keine neuerliche Benachrichtigung aus.[141]

Dem ist bereits früher entgegengehalten worden, dass mit einer Erweiterung des Gesetzes auf die Nennung der „Art der Daten" klargestellt worden sei, dass mit der Speicherung einer neuen Art von Daten eine neuerliche Benachrichtigung erforderlich wird.[142] Dieser Fall sei bereits gegeben, wenn zusätzliche Daten gespeichert werden. Zur Begründung wird zutreffend darauf hingewiesen, dass andernfalls keine wirkliche Datentransparenz vorliege, denn eine ehemals zutreffende Benachrichtigung (etwa: „wenige sensible Daten werden gespeichert") könne im Laufe der Zeit (viele weitere sensible Daten sind hinzugetreten) ihren Wahrheitsgehalt verlieren, ja sogar in ihr Gegenteil umschlagen.

Dem ist um so mehr zuzustimmen, wenn man sich vergegenwärtigt, dass im Arbeitsrecht fast ausschließlich Daten der Art „Personaldaten" gespeichert werden,[143] eine neuerliche Benachrichtigung also regelmäßig daran scheitern würde, dass keine neue Art von Daten gespeichert wird.

---

[140] Damit ist noch nicht gesagt, dass der Arbeitnehmer von diesen Voraussetzungen Kenntnis erlangt.

[141] Ebenso *Schaffland/Wiltfang*, § 33 BDSG Rz. 7.

[142] So u.a. *Schierbaum*, AiB 1993, 520 m.w.N.; *Gola/Schomerus/Ordemann*, § 33 BDSG Anm. 2; ferner *Dörr/Schmidt*, § 33 BDSG, Rz. 8; *Schaffland/Wiltfang*, § 33 BDSG, Rz. 7.

[143] Vgl. *Schaffland/Wiltfang*, § 33 BDSG Rz. 6; *Wohlgemuth*, Datenschutzrecht, S. 109.

5.2.2. Ausnahmen

Mit der Einführung eines Unterrichtungsrechts in der Datenerhebungsphase gemäß § 4 Abs. 3 BDSG scheint der Streit,[144] ob eine Kenntniserlangung (von der Datenverarbeitung) auf „andere Weise" im Sinne von § 33 Abs. 2 Nr. 1 BDSG auch vorliegt, wenn der betroffene Bewerber/Arbeitnehmer selbst – was der Regelfall ist – die gespeicherten Informationen über seine Person dem Arbeitnehmer gegeben hat (etwa durch Ausfüllen eines computerlesbaren Personalfragebogens), obsolet geworden zu sein. Denn dann hat die fragliche Benachrichtigung jedenfalls im Rahmen der Unterrichtung gemäß § 4 Abs. 3 BDSG zu erfolgen.[145] Allerdings ist die Problematik in abgewandelter Form auf die Datenerhebungsphase verlagert, weil sich auch in § 4 Abs. 3 BDSG n.F. die Formulierung des § 33 Abs. 2 Nr. 1 BDSG wiederfindet.

Einen anderen Kritikpunkt hat der Gesetzgeber in der Fassung des BDSG 2001 zu Recht berücksichtigt und den Tatbestand insoweit gestrichen. In diesem Regelungsbereich wurden gegen die Nr. 5 des Ausnahmekatalogs des § 33 Abs. 2 BDSG a.F., der die Benachrichtigung für entbehrlich erklärte, wenn die Datei nur vorübergehend bestand, nachvollziehbare Bedenken erhoben. Zu beachten galt nämlich, dass bereits die kurze Zeitspanne des Dateibestands (bis zu 3 Monate) in der Welt der Datenverarbeitung eine Ewigkeit bedeutet. Denn alle mit dem hohen Gefährlichkeitsgrad der Datenverarbeitung verbundenen Tätigkeiten, von der Datenübermittlung bis zur Anfertigung von Persönlichkeitsprofilen, waren in dieser vom Gesetz früher als Grauzone behandelten Zeitphase problemlos durchzuführen.[146]

Dagegen besteht der Ausnahmetatbestand des § 33 Abs. 2 Nr. 7a BDSG in etwas veränderter Formulierung auch im neuen BDSG fort. Bedenklich erscheint in diesem Zusammenhang, dass bei fehlender Information eine Überprüfung auf die inhaltliche Richtigkeit der Daten und ihres tatsächlichen Ursprungs aus allgemein zugänglichen Quellen nicht erfolgen kann.[147] Diese Bedenken werden aber abgeschwächt, da es dem Arbeitnehmer möglich ist, sich selbst aus diesen Quellen zu informieren und demzufolge deren Inhalt und Umfang nachzuprüfen.

---

[144] Vgl. einerseits *Auernhammer*, § 33 BDSG Rz. 11 f.; *Gola/Schomerus/Ordemann*, § 33 BDSG Anm. 6.2.; *Schaffland/Wiltfang*, § 33 BDSG Rz. 40. Andererseits *Schierbaum*, AiB 1993, 520; *Wohlgemuth*, Arbeitnehmerdatenschutz, S. 177; ders. BB 1980, 1536.
[145] Obwohl sich die Kenntnis teilweise auf andere Informationsgegenstände bezieht.
[146] Vgl. *Schierbaum*, AiB 1993, 521 m.w.N.; ferner *Wohlgemuth*, Datenschutzrecht, S. 112.
[147] So *Gola/Schomerus/Ordemann*, § 33 BDSG Anm. 6.7.; *Zöllner*, Daten- und Informationsschutz, S. 72.

Beim Ausnahmetatbestand des § 33 Abs. 2 Nr. 7b BDSG bleibt es eine Einzelfallentscheidung, wann eine solche Gefährdung vorliegt und wann sie wegen berechtigter Interessen des Bewerbers/Arbeitnehmers zurücktreten muss. Abzustellen ist auf Arbeitgeberseite unter anderem auf den Grad der Wahrscheinlichkeit einer Vereitelung von Geschäftsabschlüssen und –abwicklungen, auf die Bedeutung des einzelnen gefährdeten Geschäfts und der Geschäfte dieser Art im allgemeinen sowie auf weitere Folgen einer erfolgten Benachrichtigung, etwa die Vereitelung der effektiven Bekämpfung der Wirtschaftskriminalität.[148] Auf Bewerber- bzw. Arbeitnehmerseite ist insbesondere das hinter der Benachrichtigung stehende allgemeine Persönlichkeitsrecht zu beachten.

5.3. Auskunft gemäß § 34 Abs. 1 BDSG und deren Ausnahmen

Der Zweck des Gesetzes, nämlich die Kontrolle des Datenumgangs zu ermöglichen, rechtfertigt ein umfangreiches Auskunftsrechts.

Bei dem im Vergleich zur Vorgängervorschrift kaum veränderten § 34 BDSG 2001 sind die in Abs. 4 in Verbindung mit § 33 Abs. 2 BDSG genannten Ausnahmen des Auskunftsanspruchs von gesteigertem Interesse. Die Ausnahmetatbestände sind im großen und ganzen durchaus berechtigt. Allerdings sind an das Vorliegen eines Ausnahmefalls hier noch strengere Maßstäbe anzulegen als bei denen des Benachrichtigungsrechts. Denn anders als die Benachrichtigung, bei deren Unterlassen dem Arbeitgeber ein Bußgeld droht, ist das Auskunftsverlangen als individuelles, unabdingbares Recht des Arbeitnehmers ausgestaltet, dass darüber hinaus von seinem Informationszweck und -umfang weiterer geht als die Benachrichtigung.

Das sei an einem Beispiel verdeutlicht: Erhebt der Arbeitgeber Informationen aus einer öffentlich zugänglichen Quelle (etwa aus einem Telefonverzeichnis auf CD-ROM), dann erfolgt keine Unterrichtung gemäß § 4 Abs. 3 BDSG. Bei der anschließenden Speicherung in einem Personaldatensystem kann auch eine Benachrichtigung gemäß § 33 Abs. 2 Nr. 7a BDSG deshalb ausnahmsweise unterbleiben, weil der Arbeitnehmer mit einer Nutzung seiner Daten zur Datenverarbeitung rechnen kann.

Diesen Aspekt lässt das Gesetz auch im Falle eines Auskunftsverlangens genügen. Das erscheint bedenklich, weil es in diesem Bereich um sehr viel mehr geht als die Sensibilisierung des Betroffenen. Vielmehr soll der Arbeitnehmer

---

[148] Zu Einzelheiten vgl. *Gola/Schomerus/Ordemann*, § 33 BDSG Anm. 6.8.; *Schaffland/Wiltfang*, § 33 BDSG Rz. 78 ff.

darüber aufgeklärt werden, über welche personenbezogenen Daten der Arbeitgeber tatsächlich verfügt und in welcher Art und Weise er mit diesen Daten umgeht. Am oben genannten Beispiel verdeutlicht, bedeutet das, dass der Arbeitnehmer durchaus ein erhebliches Interesse daran hat, dass die Angaben aus dem Telefonverzeichnis der Wahrheit entsprechend beim Arbeitgeber vorliegen und dass mit ihnen rechtmäßig umgegangen wird.[149] Eine Streichung der Nr. 7a des Ausnahmekatalogs wäre für das Auskunftsrecht angezeigt gewesen.

Darüber hinaus ist nicht nachzuvollziehen, warum das Gesetz nicht bestimmt, dass der Arbeitgeber, will er sich auf ein Auskunftsverweigerungsrecht nach § 34 Abs. 4 in Verbindung mit § 33 Abs. 2 BDSG gegenüber dem Arbeitnehmer berufen, der Verweigerung eine Begründung unter Nennung des einschlägigen Ausnahmegrundes hinzuzufügen hat.[150]

5.4. Hinweis gemäß § 4a Abs. 1 Satz 2 BDSG

Bereits vor dem Inkrafttreten des § 4a BDSG war darauf hingewiesen worden, dass bei der Anerkennung von Einwilligungen, insbesondere im Arbeitsrecht, Zurückhaltung geboten ist.[151] Denn nicht selten befindet sich der Bewerber/Arbeitnehmer in einer (sozialen) Zwangslage, in der er die von ihm erwünschte Einwilligung nicht ohne Nachteile verweigern kann. Eine solche Einwilligung kann unzulässige Eingriffe in das Persönlichkeitsrecht des Arbeitnehmers deshalb nicht legitimieren.[152] Daran ändert auch die Sicherstellung der Transparenz im Sinne von § 4a Abs. 1 Satz 2 BDSG nichts.

5.5. Durchsetzung der Informationsrechte und Sanktionierung von Rechtsverstößen

Positiv zu beurteilen ist die Neuregelung in § 7 BDSG, wonach nunmehr (auch für die Datenerhebungsphase) eine Beweislastumkehr zu Lasten des Arbeitgebers vorgesehen ist.[153] Allerdings bezieht sich die Beweislastumkehr nach

---

[149] Vgl. *Zöllner*, Daten- und Informationsschutz, S. 72; ebenso skeptisch zu den Ausnahmetatbeständen ist *Simitis*, Gutachten, S. 125; vgl. auch *Schaffland / Wiltfang*, § 33 BDSG Rz. 35 ff.

[150] Vgl. bereits zum BDSG vor Juni 2001 *Tinnefeld/Ehmann*, Datenschutzrecht, S. 250; *Auernhammer*, BDSG, S. 442; *Gola/Schomerus/Ordemann*, § 34 Anm. 4.4.; *Schaffland/ Wiltfang*, § 34 BDSG Rz. 41.

[151] Vgl. *Wohlgemuth*, BB 1980, 1534 m.w.N.

[152] Ebenso *Wohlgemuth*, BB 1980, 1534 f. m.w.N.

[153] Zur Kritik am alten BDSG vgl. *Gola/Schomerus/Ordemann*, § 3 BDSG Anm. 6.1.

neuer Rechtslage nur auf das Verschulden des Arbeitgebers, nicht mehr auf den Kausalzusammenhang zwischen dem unzulässigen bzw. unrichtigen Umgang mit den Daten und dem Schaden des Arbeitnehmers.[154] Dies erscheint jedoch als gut vertretbare Verteilung der Risikosphären.

B. Informationsrechte im Zusammenhang mit dem erfolgten Vertragsabschluss

Auch für die Phase des Arbeitsverhältnisses, die mit dem (formfrei möglichen) Vertragsschluss beschrieben werden kann, hat der Gesetzgeber Informationsrechte des Arbeitnehmers ausdrücklich vorgesehen. Das hierfür einschlägige Nachweisgesetz sieht im Kern die Aushändigung einer Niederschrift der wesentlichen Vertragsbedingungen an den Mitarbeiter gemäß § 2 NachwG vor.

I. Informationsrechte nach dem Nachweisgesetz

1. Vorbemerkungen

Als Umsetzung einer vom Rat der Europäischen Gemeinschaft erlassenen Richtlinie[155] aus dem Jahre 1991 in das deutsche Arbeitsrecht wurde in einem Artikelgesetz „zur Anpassung arbeitsrechtlicher Bestimmungen an das EG-Recht“[156] im Jahre 1995 das deutsche Nachweisgesetz[157] erlassen.[158]

---

[154] Insoweit zustimmend zur neuen Rechtslage *Simitis*, NJW 1981, 1700 f.. Im Hinblick auf das Verschulden geht *Simitis*, a.a.O. sogar noch weiter. Er fordert eine verschuldensunabhängige Haftung der verantwortlichen Stelle. Darüber hinaus befürwortet er eine Haftung auch für immaterielle Schäden.

[155] Richtlinie des Rates 91/533/EWG „über die Pflicht des Arbeitgebers zur Unterrichtung des Arbeitnehmers über die für seinen Arbeitsvertrag oder sein Arbeitsverhältnis geltenden Bedingungen“ (sogenannte Nachweisrichtlinie) vom 14.10.1991, (ABl. EG 1991 Nr. L 288/32). Ausführlich erläutert wird die Nachweisrichtlinie u.a. von *Lörcher*, ArbuR 1994, 450 ff.; *M. Schmidt*, EG-Arbeitsrecht, Kap. III Rz. 297 ff.

[156] In diesem Artikelgesetz findet sich als Parallelvorschrift auch eine Änderung des Berufsbildungsgesetzes, wonach gemäß § 4 Abs. 1 BBiG unverzüglich nach Abschluss eines Berufsausbildungsvertrages eine unterschriebene Niederschrift des wesentlichen Vertragsinhalts mit den Mindestbestandteilen des geänderten Katalogs in Abs. 1 S. 2 zu erfolgen hat. Diese ist dem Auszubildenden bis spätestens vor Beginn der Ausbildung auszuhändigen. Bereits vor Erlass des Artikelgesetzes sah das Arbeitnehmerüberlassungsgesetz in § 11 Abs. 1 AÜG die Pflicht des Verleihers vor, den wesentlichen Inhalt des Leiharbeitsverhältnisses in eine von ihm unterschriebene Urkunde aufzunehmen. Neu eingeführt wurde nur die weitere Pflicht, die Urkunde dem Leiharbeitnehmer vor Beginn der Beschäftigung auszuhändigen (§

Die grundlegende Richtlinie steht im engen sachlichen Zusammenhang mit einem Aktionsprogramm auf EU-Ebene, das in der sogenannten „Gemeinschaftscharta der sozialen Grundrechte der Arbeitnehmer“ eine vertragliche Grundlage gefunden hat.[159] In ihr wurde das Ziel formuliert, dass jeder Arbeitnehmer aus sozialen Gesichtspunkten einen Anspruch auf einen Beschäftigungsvertrag haben sollte, der die anwendbaren Arbeitsbedingungen enthält.[160]

Neben der Beachtung auch sozialer Aspekte bei der Schaffung eines gemeinsamen Binnenmarktes steht die Rechtsangleichung in den Mitgliedstaaten im Vordergrund der Zielsetzungen der Richtlinie.[161] Einzelne Staaten hatten erkannt, dass gerade die Entwicklung neuer Arbeitsformen auf dem Arbeitsmarkt zu der Notwendigkeit führt, deren Inhalte transparent zu machen und die Arbeitnehmer vor Unkenntnis zu schützen. Folglich bestanden in diesen Rechtsordnungen verschärfte Formanforderungen an die Arbeitsvertragstexte, ohne dass jedoch von einer Einheitlichkeit der nationalen Vorschriften die Rede sein konnte.[162] Demzufolge bestimmt die Richtlinie nun europaweit, dass der Arbeitnehmer über die wesentlichen Arbeitsvertragsbedingungen schriftlich zu informieren ist.

Zur Verwirklichung der genannten Ziele stärkt nunmehr das Nachweisgesetz auf nationaler Ebene die rechtliche Position der Arbeitnehmer.[163] Verstärkung der Rechtssicherheit und Verbesserung der Beweisbarkeit arbeitsvertraglicher Vereinbarungen sowie Transparenz der Arbeitnehmerrechte und –pflichten sind anerkannte Normzwecke des Gesetzes.[164]

---

11 Abs. 1 S. 3 AÜG); vgl. Begr. BReg., BT-Drucks. 13/668, S. 12; ferner *Grünberger*, NJW 1995, 2812.

[157] Vom 20.7.1995 (BGBl. I, S. 946), zul. geändert durch G. v. 20.7.2001 (BGBl. I, S. 1542).

[158] Zum umfassenden Überblick vgl. *Birk*, NZA 1996, 281 ff.; *Däubler*, NZA 1992, 577 ff.

[159] Dort Nummer 9: Die Regelung der Arbeitsbedingungen erfolgt durch Gesetz, Tarifvertrag oder Einzelvertrag; Kom (89), 248, 471 endg.

[160] Zum Inhalt des Nachweises gemäß der Nachweisrichtlinie siehe Art. 2 Abs. 2 der Richtlinie 91/533/EWG. Siehe ferner ArbG Bremen, BB 1999, 2404 ff. zur Nachweispflicht nach der Nachweisrichtlinie für Überstunden (Vorlage an den EuGH zur Konkretisierung von Umfang und Bestimmtheitsgrad des Nachweises).

[161] Vgl. hierzu *Birk*, NZA 1996, 282 ff.

[162] Vgl. näher die Eingangserläuterungen der Richtlinie 91/533/EWG.

[163] Nach Art. 7 Richtlinie 91/533/EWG ist es den Mitgliedstaaten unbenommen, für die Arbeitnehmer günstigere Vorschriften zu erlassen, als sie die Nachweisrichtlinie vorsieht.

[164] Vgl. BT-Drucks. 13/668, S. 8 ff. Darüber hinaus ging es dem Gesetzgeber auch um die Bekämpfung der Schwarzarbeit, ebenso *Grünberger*, NJW 1995, 2809.

2. Der Informationstatbestand

2.1. Nachweis gemäß § 2 NachwG (über die wesentlichen Vertragsbedingungen)

Das im Nachweisgesetz geregelte Informationsrecht des Arbeitnehmers ist gemäß § 2 NachwG so ausgestaltet, dass der Arbeitgeber verpflichtet ist, seinem Arbeitnehmer innerhalb des ersten Monats nach dem Vertragsbeginn[165] in schriftlicher Form[166] eine unterschriebene Niederschrift mit den wesentlichen Vertragsbedingungen auszuhändigen.[167] Das gilt gemäß § 2 Abs. 4 NachwG für alle Arbeitnehmer, denen kein schriftlicher Arbeitsvertrag, aus dem sich alle im Sinne des Nachweisgesetzes wesentlichen Vertragsbedingungen schon entnehmen ließen, ausgehändigt worden ist.[168] Vom Anwendungsbereich erfasst sind ebenso leitende Angestellte[169] sowie Arbeitnehmer, die im Zuge des Arbeitsvertrages länger als einen Monat im Ausland tätig werden.[170] Nicht auf ein Nachweisrecht berufen können sich seit der Gesetzesänderung vom 24.3. 1999[171] gemäß § 1 NachwG nur noch diejenigen Arbeitnehmer, die nur als Aushilfe für höchstens einen Monat beschäftigt sind.[172]

---

[165] Entscheidend ist der vereinbarte Vertragsbeginn, nicht die tatsächliche Arbeitsaufnahme; vgl. *Grünberger*, NJW 1995, 2810.

[166] Die geforderte Schriftform entspricht § 126 Abs. 1 BGB.

[167] Vgl. *Feldgen*, Nachweisgesetz, Rz. 138 („Das gilt nur für neu abgeschlossenen Verträge"). Gemäß § 4 NachwG gilt für Altverträge eine zweimonatige Frist beginnend mit der Anforderung des Nachweises durch den Arbeitnehmer. Die Fristen sind allerdings zugunsten der Arbeitnehmer (tarif-) dispositiv (siehe § 5 NachwG).

[168] Fehlende Bestandteile i.S.v. § 2 Abs. 2 und 3 NachwG sind in einer zusätzlichen Niederschrift zu ergänzen; vgl. Begr. BReg. 13/668, S. 11.

[169] Kritisch hierzu die Stellungnahme des Bundesrates, BT-Drucks. 13/668, S. 22. Vgl. aber auch die Gegenäußerung der Bundesregierung, BT-Drucks. 13/668, Anlage 3, die darauf verweist, dass die Angabe der durchschnittlichen wöchentlichen Arbeitszeit ausreiche, dem Nachweis also auch bei leitenden Angestellten Genüge getan werden könne.

[170] Dann ist gemäß § 2 Abs. 2 NachwG der Nachweis bereits vor der Abreise auszuhändigen, zudem hat er nach § 2 Abs. 2 Nummern 1 bis 4 NachwG weitere Angaben zu enthalten: Dauer der Auslandstätigkeit bzw. durchzuführende Aufgabe, Währung des ausgezahlten Arbeitsentgelts, Sondersach- und –geldleistungen, Bedingungen der Rückkehr des Arbeitnehmers in den Heimatstaat. Vgl. hierzu näher die Begründung der Bundesregierung, BT-Drucks. 13/668, S. 11 f.; ferner *Feldgen*, Nachweisgesetz, Rz. 193.

[171] BGBl. I, S. 388, 393. Vgl. noch zum alten Recht die Begründung der Bundesregierung, BT-Drucks. 13/668, S. 9; vgl. zur Problematik der früheren Ausnahme von Arbeitnehmern mit weniger als 8 Stunden Wochenarbeitszeit *Wank*, RdA 1996, 21; ferner die Stellungnahme des Bundesrates zum früheren Gesetzesentwurf, BT-Drucks. 13/668, S. 22; zur sinnvollen früheren Ausnahme bei der Beschäftigung in Familienhaushalten (insbesondere die Betreuung Pflegebedürftiger und alter Menschen) vgl. *Feldgen*, Nachweisgesetz, Rz. 176.

[172] Vgl. hierzu *Feldgen*, Nachweisgesetz, Rz. 110. Zu der früheren Rechtslage noch *Höland*, ArbuR 1996, 88.

Wesentlich im Sinne des Gesetzes sind zunächst einmal die in dem Zehn-Punkte Katalog des § 2 Abs. 1 NachwG genannten Vertragsbestimmungen, die zum Beispiel die konkrete Tätigkeit und den Arbeitsort beschreiben, das vereinbarte Arbeitsentgelt, die Arbeitszeit, den Jahresurlaub sowie die Länge der Kündigungsfristen wiedergeben.[173] Der Katalog ist als Mindestkatalog vorgesehen, weitere Vertragsbestandteile müssen in den Nachweis mit aufgenommen werden, sofern sie wesentlich für den Vertragsabschluß waren. Gemäß § 3 NachwG ist ein Nachweis - ebenfalls binnen eines Monats – auch nach einer Vertragsänderung in einem wesentlichen Vertragsbestandteil zu erteilen.[174] Das gilt gemäß § 3 Satz 2 NachwG jedoch nicht für Änderungen gesetzlicher Vorschriften und kollektiver Vereinbarungen, die für das Arbeitsverhältnis gelten, auch wenn auf sie im Nachweis nach § 2 Abs. 1 Nr. 10 NachwG nur hingewiesen worden ist.[175]

3. Modalitäten der Informationserteilung

In aller Regel ist der Nachweis in deutscher Sprache in einem Schriftstück abzufassen und auszuhändigen.[176] Ausnahmsweise wird der Arbeitnehmer auch eine Übersetzung verlangen können.[177] Der Hinweis auf anwendbare kollektive Bestimmungen gemäß § 2 Abs. 1 S. 2 Nr. 10 NachwG braucht keine detaillierte Auflistung zu enthalten.[178] In der arbeitsrechtlichen Praxis hat sich aus Vereinfachungsgründen des weiteren eingebürgert, in den Nachweisen auf die einschlägigen Kollektivbestimmungen zu verweisen. Das ist nach § 2 Abs. 3 NachwG für die Angaben über das Arbeitsentgelt, die Arbeitszeit, die Urlaubsdauer sowie die Kündigungsfristen auch zulässig.[179] Weitergehende Verweise bzw. ein vollständiger Verweis sind auf Grund der ausdrücklichen Aufzählung

---

[173] Vgl. hierzu ausführlich *Grünberger*, NJW 1995, 2810 f.; *Wank*, RdA 1996, 22 f.; ferner AG Bremen BB 1999, 2404 zum Nachweis über Überstunden (Vorlage an den EuGH zur Vorabentscheidung).

[174] Vgl. *Grünberger*, NJW 1995, 2811; ferner die Beschlussempfehlung des Ausschusses für Arbeit und Sozialordnung, BT-Drucks. 13/1753, S. 5.

[175] Die Nachweisrichtlinie sieht eine dem § 3 S. 2 NachwG entsprechende Regelung in Art. 5 Abs. 2 vor.

[176] Vgl. zu Einzelheiten *M. Schmidt*, EG-Arbeitsrecht, Kap. III Rz. 319 f.

[177] Vgl. hierzu näher *Birk*, NZA 1996, 285; *Feldgen*, Nachweisgesetz, Rz. 121.

[178] Ebenso *Wank*, RdA 1996, 23 (mit Hinweis auf die Nachweisrichtlinie); a.A. *Lörcher*, AuR 1994, 454. Die Nachweisrichtlinie 91/533/EWG sieht eine dem § 2 Abs. 1 Ziffer 10 NachwG entsprechende Regelung in ihrem Art. 2 Abs. 2 Nr. j vor.

[179] Das gilt im übrigen gemäß § 2 Abs. 2 Nrn. 2 und 3 NachwG auch für die Angaben der Entgelt-Währung und der zusätzlichen Sach- und Geldleistungen bei Auslandstätigkeit. Vgl. zum vereinfachten Nachweis durch die Bezugnahme auf Kollektivnormen BT-Drucks. 13/668, S. 12; ferner *Höland*, ArbuR 1996, 89.

der zulässigen Verweisungsfälle unzulässig.[180] Wird auf einen bestimmten Tarifvertrag in zulässiger Weise Bezug genommen, werden auch dessen spätere Änderungen grundsätzlich mit umfasst, wenn nicht die Parteien anderes vereinbart haben.[181]

4. Durchsetzung der Informationsrechte und Sanktionierung von Rechtsverstößen

Eine Sanktion gegen den Arbeitgeber, der die Nachweispflicht verletzt, indem er keinen oder einen unzureichenden bzw. fehlerhaften Nachweis erteilt, ist im Nachweisgesetz nicht vorgesehen.[182]

Aus dem Gesichtspunkt des Arbeitnehmerschutzes folgt zwanglos, dass ein solcher Gesetzesverstoß keine Auswirkungen auf den Bestand des Arbeitsvertrages hat.[183] Das Nachweisgesetz hat nämlich an der Formfreiheit des Arbeitsvertrags nichts geändert.[184] Der Nachweis hat insoweit nur deklaratorische Funktion und Wirkung, als er die wesentlichen Vertragsinhalte schriftlich aufzeichnet und wiederholt.[185] Allerdings handelt es sich bei einem Nachweis um eine Urkunde, auf deren Inhalt und Richtigkeit sich der Arbeitnehmer berufen kann.[186] Fallen etwa die vertraglichen Vereinbarungen und der Nachweis inhaltlich auseinander, dann entfaltet der Nachweis zu Gunsten des Arbeitnehmers eine Beweiskraft nach den Regeln des ersten Anscheins.[187]

Begehrt der Arbeitnehmer die Erteilung eines den gesetzlichen Vorschriften entsprechenden Nachweis, kann er mit einer Leistungsklage auf Erteilung des Nachweises vor dem Arbeitsgericht (gemäß § 2 Abs. 1 Nummer 3a oder 3c

---

[180] Undeutlich insoweit *Grünberger*, NJW 1995, 2811 (mit Hinweis auf § 8 TVG, § 77 Abs. 3 S. 3 BetrVG, § 73 Abs. 1 S. 2 BPersVG).
[181] Ebenso LAG Frankfurt am Main, BB 1988, 1390.
[182] Ebenso *Wank*, RdA 1996, 24. Insbesondere ist keine Bußgeldvorschrift vorgesehen; vgl. *Grünberger*, NJW 1995, 2810.
[183] Ebenso *Grünberger*, NJW 1995, 2810 (mit Hinweis auf BT-Drs. 13/668, S. 10); *Höland*, ArbuR 1996, 92.
[184] Vgl. Palandt (*-Putzo*), § 611 BGB Rz. 2 f.; MüArbR (*-Richardi*), § 41 Rz. 18 m.w.N. Siehe ebenso Art. 6 Richtlinie 91/533/EWG.
[185] Ebenso die Begründung der Bundesregierung in BT-Drucks. 13/688, S. 10; vgl. ferner *Höland*, ArbuR 1996, 92.
[186] Vgl. *Höland*, ArbuR 1996, 93.
[187] Ebenso *Höland*, ArbuR 1996, 93. Abweichend *Wank*, RdA 1996, 24 (mit Hinweis auf den Vorschlag des Bundesrats (BT-Drs. 13/668, Anlage 2 Ziffer 6); *Däubler*, NZA 1992, 578, die von einer Beweislastumkehr zu Lasten des Arbeitgebers ausgehen.

ArbGG) klagen.[188] Das Gericht kann in seinem Urteil zu dessen Durchsetzung auch ein Zwangsgeld gemäß § 888 ZPO androhen.[189] Ein zusätzlicher Antrag des Arbeitnehmers auf Entschädigung nach § 61 Abs. 2 ArbGG ist zulässig. Ein Schadensersatzanspruch wegen Verzug oder aus §§ 241 Abs. 2, 280 BGB (früher: positive Forderungsverletzung)[190] kommt in Betracht, falls dem Arbeitnehmer dadurch ein Schaden entstanden ist, dass ihm der Nachweis schuldhaft nicht, zu spät oder unzutreffend erteilt wurde.[191] In diesen Fällen trifft grundsätzlich den Arbeitnehmer die Darlegungs- und Beweislast für die Anspruchsvoraussetzungen,[192] allerdings ist die Vermutung aufklärungsgemäßen Verhaltens des Arbeitnehmers einzubeziehen.[193]

5. Stellungnahme zur bestehenden Rechtslage

Kritik hat das Nachweisgesetz – das Transparenz zum Zeitpunkt des Vertragsschlusses nicht zu schaffen vermag[194] - wegen des befürchteten höheren Verwaltungsaufwands für die Erstellung der Nachweise erfahren. Die von der Bundesregierung eingeführten Zahlenmaterialien sprechen jedoch eine andere Sprache.[195] Danach wurden bereits Anfang der 90er Jahre über 80 % der Arbeitsverträge schriftlich abgeschlossen, 87 % aller Tarifverträge sahen dieses Formerfordernis vor.[196] Dem höheren Aufwand steht aber ein deutlicher Gewinn an Rechtssicherheit und Transparenz gegenüber, was sich letztendlich auch zu Gunsten der Personalverwaltung des Arbeitgebers auswirkt.

Im übrigen würde es der Rechtsicherheit und –klarheit besser dienen, wenn die Niederschrift der wesentlichen Vertragsbestandteile bzw. deren Änderungen in

---

[188] Ebenso *Grünberger*, NJW 1995, 2810; *Höland*, ArbuR 1996, 92; *Wank*, RdA 1996, 24. Dieser Rechtsanspruch findet seine rechtliche Basis in Art. 8 Richtlinie 91/533/EWG.
[189] Ebenso *Höland*, ArbuR 1996, 92.
[190] § 2 NachwG ist jedoch kein Schutzgesetz im Sinne von § 823 Abs. 2 BGB; vgl. BAG AuR 2002, 467, 469.
[191] Zum Verstoß gegen § 2 Abs. 1 Nr. 10 NachwG vgl. ArbG Frankfurt/M. DB 1999, 2316 (fehlender Hinweis auf maßgebende Betriebsvereinbarung) sowie BAG AuR 2002, 467, 468 (fehlender Nachweis über anzuwendenden Tarifvertrag); ferner *Dütz*, Arbeitsrecht, Rz. 222; *Höland*, ArbuR 1996, 92 f.; *Kliemt*, Formerfordernisse, S. 545; *Wank*, RdA 1996, 24.
[192] Kritisch insoweit die Stellungnahme des Bundesrates, BT-Drucks. 13/668, S. 23.
[193] Ebenso BAG AuR 2002, 469; siehe ferner 4. Kapitel C. V.
[194] Ebenso *Thüsing*, BB 2002, 2670 m.w.Nachw.
[195] Siehe Begr. BReg., BT-Drucks. 13/668, S. 8.
[196] Allerdings weist *Höland*, ArbuR 1996, 94 zutreffend darauf hin, dass ein Schriftformerfordernis und der Nachweis nicht das gleiche bedeuten.

doppelter Ausfertigung und beidseitig unterschrieben erfolgen würde.[197] Natürlich würde sich dann der Nachweis sehr stark dem Erfordernis annähern, Arbeitsverträge generell schriftlich abschließen zu müssen.[198] Käme es aber zu einer beiderseitigen Angleichung, könnte ein zusätzlicher Verwaltungsaufwand vermieden werden. Im öffentlichen Dienst gilt im übrigen gemäß § 4 Abs. 1 BAT bereits heute das Schriftformerfordernis für Arbeitsverträge.[199]

Der erforderliche Verwaltungsaufwand ließe sich zudem erheblich vermindern, wenn klargestellt wäre, dass sich die Pflicht des Arbeitgebers darin erschöpft, den schriftlichen Nachweis innerhalb der vorgesehenen Monatsfrist zur Abholung durch den Arbeitnehmer bereitzustellen. Damit wäre eine Parallele zu anderen Arbeitspapieren, wie etwa der Zeugniserteilung, hergestellt.[200]

Bei einem Vergleich des Nachweisgesetzes mit der zugrundeliegenden EU-Nachweis-Richtlinie fällt auf, dass sich das Gesetz eng am Wortlaut der Richtlinie hält.[201] Die verfolgten Normziele dürften aufgrund der Engmaschigkeit der Bestimmungen im großen und ganzen erreicht werden.[202]

Es ist allerdings fraglich, ob die gesetzlich vorgesehene Ausnahme von der Nachweispflicht gemäß § 1 Halbsatz 2 NachwG zu weitreichend ist. Zwar bestehen in Aushilfs- (und Saisonarbeitsverhältnissen), die unterhalb der Einmonatsgrenze bleiben, oftmals Besonderheiten, die mit der notwendigen Flexibilität bei den Einstellungen von Mitarbeitern einhergehen und die es erforderlich machen, den bürokratischen Aufwand möglichst niedrig zu halten. Man denke nur an die zeitlichen und wirtschaftlichen Engpässe bei der landwirtschaftlichen Ernte, bei der oftmals auch der Grundbesitzer kräftig mit Hand anlegen muss, um rentabel wirtschaften zu können. Andererseits ergibt sich daraus nicht gleichzeitig eine Rechtfertigung, den Schutz der hiervon betroffenen Arbeitnehmer (meist ungelernte Saisonarbeiter, Erntehelfer, Schüler und Studenten) zu verkürzen. Auch in diesen Arbeitsverhältnissen kann es zu rechtlichen Problemen aus der fehlenden Transparenz der Arbeitsbedingungen und

---

197 Siehe § 126 Absätze 1 und 2 BGB. Die vom Bundesrat vorgeschlagene Beweislastverteilung zu Lasten des Arbeitgebers (BT-Drucks. 13/668, S. 23) ist wenig hilfreich, weil sie nun den Arbeitgeber einseitig belastet.

198 Zur grundsätzlichen Formfreiheit im Privatrecht vgl. *Höland*, ArbuR 1996, 87 m.w.N

199 Zudem gilt es u.a. für Berufsbildungsverhältnisse (§ 43 BBiG), seemännische Heuerverhältnisse (§24 SeemannsG), Leiharbeitsverhältnisse (§ 11 Abs. 1 AÜG).

200 Vgl. hierzu BAG NZA 1995, 671.

201 *Höland*, ArbuR 1996, 89, 91 kritisiert dennoch die gelegentlichen Abweichungen des Nachweisgesetzes von der Nachweisrichtlinie, etwa die Abweichung des § 2 Abs. 1 Nr. 5 NachwG von Art. 2 Abs. 2 Nr. c Nachweisrichtlinie und § 2 Abs. 1 Nr. 10 NachwG von Art. 2 Abs. 2 Nr. j Nachweisrichtlinie.

202 Kritisch jedoch *Höland*, ArbuR 1996, 94.

zu Beweisschwierigkeiten kommen.[203] Folglich kann die Ausnahmeregelung nicht überzeugen.

Erwähnenswert ist zudem, dass für befristete Arbeitsverhältnisse nach § 2 Abs. 1 Nr. 3 NachwG nur die vorhersehbare Dauer der Tätigkeit,[204] nicht jedoch die Art der Befristung (mit oder ohne sachlichen Grund gemäß § 14 TzBfG) bzw. der Zweck der Befristung anzugeben sind. Aus der Angabe einer Zeitspanne oder eines Zeitpunktes lässt sich nicht automatisch auf den dahinter stehenden konkreten Befristungsgrund schließen.[205] Um die Rechtsklarheit für alle Beteiligten wirksam zu erhöhen, wäre eine Ausweitung der Nachweispflicht auf die Befristungsart bzw. den sachlichen Grund der Befristung wünschenswert.[206] Diese Angabe wäre auch in den vielen Entfristungsprozessen hilfreich, in denen immer wieder über die Vereinbarung von Befristungsgründen gestritten wird.[207] Ein besonders hoher Verwaltungsaufwand für den Arbeitgeber wäre mit dieser zusätzlichen Angabe nicht verbunden.[208]

Aus dem Katalog der wesentlichen Vertragsbestandteile kommt dem nach § 2 Abs. 1 Ziffer 10 in die Niederschrift aufzunehmenden allgemeinen Hinweis auf die für das Arbeitsverhältnis relevanten Tarifverträge, Betriebs- und Dienstvereinbarungen besondere Bedeutung zu. Zwar kann eine detaillierte Angabe und Auflistung der aktuellen und konkret anwendbaren kollektiven Bestimmungen nicht verlangt werden[209], aber der für Verweisungen anzuwendende Bestimmtheitsgrundsatz[210] gebietet eine genaue Bezeichnung der anwendbaren Regelung.[211] Immerhin wird so dem Arbeitnehmer der oft komplizierte Weg zu den sekundären Normen gewiesen.[212] Es bleibt aber Sache des einzelnen Mitarbeiters, sich (zum Beispiel mit Hilfe des Betriebsrats) die aktuellen einschlägigen Regelungen zu beschaffen. Eine weiterreichende Verpflichtung des Arbeitgebers, etwa auch über Änderungen dieser Bestimmungen einen Nachweis zu führen und auszuhändigen, ist als unzumutbarer Verwaltungsaufwand gesetzlich ausgeschlossen worden (§ 3 Satz 2 NachwG).[213] Dem ist zuzu-

---

[203] *Höland*, ArbuR 1996, 94 (großer Transparenzbedarf bei atypischen Arbeitsverhältnissen).
[204] Kritisch hierzu *Höland*, ArbuR 1996, 89 f.
[205] Vgl. *Höland*, ArbuR 1996, 89.
[206] Vgl. *Höland*, ArbuR 1996, 90.
[207] Vgl. in diesem Sinne auch die Stellungnahme des BR, BT-Drs. 13/668 Anlage 2, S. 23.
[208] A.A. jedoch die Bundesregierung, BT-Drucks. 13/668, Anlage 3.
[209] Ebenso *Höland*, ArbuR 1996, 91 (Verweisungen in den Arbeitsverträgen sind in der Rechtspraxis gängig); *Wank*, RdA 1996, 21, 23; a.A. *Lörcher*, ArbuR 1994, 450, 454.
[210] Vgl. näher hierzu *Preis*, Vertragsgestaltung, S. 392.
[211] Vgl. BAG, ArbuR 1980, 380; *Höland*, ArbuR 1996, 91; *Lörcher*, ArbuR 1994, 454.
[212] Ebenso *Feldgen*, Nachweisgesetz, Rz. 184.
[213] Vgl. die Begr. BReg., BT-Drucks. 13/668, S. 12; ferner *Höland*, ArbuR 1996, 91.

stimmen, denn bereits nach § 8 TVG sind die geltenden Tarifverträge an geeigneter Stelle im Betrieb öffentlich zu machen.

Wegen der Nähe des Nachweisgesetzes zu der grundlegenden EU-Nachweisrichtlinie (Art. 8 Abs. 1) ist zu folgern, dass der Arbeitnehmer einen subjektiven Anspruch auf einen Nachweis im Sinne des Gesetzes hat. Dass dies tatsächlich der Fall ist, sagt das Nachweisgesetz seinem Wortlaut nach in § 2 Abs. 1 allerdings nicht zweifelsfrei. Natürlich spricht die Formulierung: „Der Arbeitgeber hat ....niederzulegen ...“ für einen Rechtsanspruch des Arbeitnehmers, aber über die Folgen einer Normverletzung schweigt das Gesetz.

Gegen die Annahme eines Rechtsanspruchs spricht jedoch, dass dem Arbeitnehmer dann auch ein Zurückbehaltungsrecht nach § 273 BGB zustehen müsste, was jedoch wegen dessen Unverhältnismäßigkeit sehr zweifelhaft ist.

Allerdings sind die Vorgaben der europäischen Nachweisrichtlinie zu beachten, hinter denen der nationale Gesetzgeber nicht zurückbleiben darf. In diesem Zusammenhang sieht Art. 8 Abs. 1 der Nachweisrichtlinie vor, dass es dem Arbeitnehmer möglich sein muss, sein Recht auf Aushändigung eines Nachweises gerichtlich geltend zu machen.[214] Demnach handelt es sich bei richtlinienkonformer Auslegung im Ergebnis in der geltenden Fassung des § 2 Abs. 1 NachwG um einen subjektiven Erfüllungsanspruch des Arbeitnehmers.[215]

Nach Art. 7 NachweisRL ist es den nationalen Gesetzgebern frei gestellt, schärfere Sanktionen als die Klagbarkeit als Erfüllungsanspruch vorzusehen.[216] Es ist beispielsweise daran zu denken, als Rechtsfolge eines fehlenden bzw. fehlerhaften Nachweises grundsätzlich den Arbeitgeber mit der Beweislast für die Vertragsbedingungen zu belasten, auf die er sich beruft.[217] Darüber hinaus kommt eine Qualifizierung der Unterlassung der Nachweiserteilung als Ordnungswidrigkeit in Betracht.[218] Das hätte den Vorteil, die Rechtsverfolgung zu erleichtern bzw. von den Schultern der Arbeitnehmer zu nehmen, die im praktischen Arbeitsleben kaum die Stellung haben dürften, den Arbeitgeber wegen des Fehlens des Nachweises vor die Arbeitsgerichte zu zerren.[219]

---

[214] Vgl. *M. Schmidt*, EG-Arbeitsrecht, Kap. III Rz. 324.
[215] Davon geht u.a. auch *Höland*, ArbuR 1996, 92 aus.
[216] Ebenso *Däubler*, NZA 1992, 578.
[217] Vgl. *Kliemt*, Formerfordernisse, S. 584; *Höland*, ArbuR 1996, 93; Wank, RdA 1996, 24; a.A. *M. Schmidt*, EG-Arbeitsrecht, Kap. III Rz. 325 jeweils m.w.N.
[218] Ebenso *Däubler*, NZA 1992, 578 (mit Hinweis auf § 99 Abs. 1 Ziffer 1 und 2 BBiG).
[219] Ebenso *Däubler*, NZA 1992, 578.

C. Unterrichtung und Belehrung sowie Unterweisung des Arbeitnehmers vor Aufnahme seiner Tätigkeit

Für die Phase nach dem Abschluss eines Arbeitsvertrages, aber noch vor Beginn der tatsächlichen Beschäftigung des Arbeitnehmers hat der Gesetzgeber in zwei verschiedenen Gesetzen ausdrückliche Informationsrechte des Arbeitnehmers vorgesehen. Zum einen sieht das Gesetz über die Durchführung von Maßnahmen des Arbeitsschutzes zur Verbesserung der Sicherheit und des Gesundheitsschutzes der Beschäftigten bei der Arbeit vom 7. August 1996[220] (im folgenden: Arbeitsschutzgesetz, ArbSchG) als Sonderregelung zu § 618 BGB[221] Maßnahmen des Arbeitsschutzes mit Informationscharakter vor. Zum anderen ist der Arbeitgeber nach dem Betriebsverfassungsgesetz[222] (im folgenden: BetrVG) verpflichtet, den Arbeitnehmer ohne besondere Aufforderung in seinen Arbeitsplatz einzuweisen und ihm dabei auch seine Stellung im Betrieb zu verdeutlichen (§ 81 Abs. 1 Satz 1 BetrVG).[223] Außerdem hat eine Belehrung über etwaige Unfall- und Gesundheitsgefahren, die mit der Tätigkeit einhergehen, zu erfolgen (§ 81 Abs. 1 Satz 2 BetrVG).[224]

I. Informationsrechte nach dem Arbeitsschutzgesetz im Überblick

1. Allgemeines

In seiner Kernaussage gibt das ArbSchG[225] dem Arbeitgeber auf, Maßnahmen zu treffen, die der Verhütung von Unfällen bei der Arbeit und von arbeits-

---

[220] BGBl. I, S. 1246. Dieses nationale Gesetz setzt die europäische Rahmenrichtlinie Arbeitsschutz (Richtlinie 89/391/EWG vom 12.6.1989, ABl. EG 1989, Nr. L 183/1) und weitere Einzelrichtlinien (etwa die Richtlinie 91/383/EWG vom 25.6.1991 „zur Ergänzung der Maßnahmen zur Verbesserung der Sicherheit und des Gesundheitsschutzes von Arbeitnehmern mit befristetem Arbeitsverhältnis oder Leiharbeitsverhältnis“, ABl. EG 1991, Nr. L 206/19) um; vgl. hierzu *Däubler*, NZA 1992, 577 ff.; *M. Schmidt*, EG-Arbeitsrecht, Kap. II Rz. 6 ff.; *Wlotzke*, NZA 1990, 418 ff.

[221] Vgl. hierzu näher Palandt (-*Putzo*), § 618 BGB Rz. 1 f.

[222] Eine dem § 81 Abs. 1 S. 2 BetrVG entsprechende Regelung für den Öffentlichen Dienst ist § 14 ArbSchG. Das SprAuG enthält keine entsprechende Regelung für leitende Angestellte; vgl. *Breisig/König/Wengelowski*, Mitarbeitergespräch, S. 61; *F/K/H/E* § 81 BetrVG Rz. 2a. Vergleichbar sind ferner die §§ 28, 29 Jugendarbeitsschutzgesetzes vom 12.4.1976 (BGBl. I, S. 965, zuletzt geändert am 31.5.1994 (BGBl. I, S. 1169).

[223] Vgl. etwa *Zander*, Mitarbeiterinformation, S. 59 f.

[224] Vgl. D/K/K (-*Buschmann*), § 81 BetrVG Rz. 1, 5; *F/K/H/E*, § 81 BetrVG Rz. 3; *Haug*, Informationelle Strategien, S. 184. Für Heimarbeitnehmer siehe §§ 7a, 8, 9 Abs. 1, 29 HAG.

[225] Siehe §§ 1 Abs. 1, 3 Abs. 1 i.V.m. § 2 Abs. 1 ArbSchG.

bedingten Gesundheitsgefahren dienen.[226] Der Ergreifung der erforderlichen Arbeitsschutzmaßnahmen ist gemäß § 5 ArbSchG eine Gefährdungsanalyse vorgeschaltet.[227] Das Gesetz geht dabei in § 5 Abs. 3 Ziffer 5 ArbSchG ausdrücklich davon aus, dass sich eine Gefährdung des Arbeitnehmers unter anderem aus dessen unzureichender (Qualifikation und) Unterweisung ergeben kann. Auf welche Umstände sich die (unzureichende) Unterweisung bezieht, sagt das Gesetz allerdings nicht ausdrücklich. Nimmt man aber den Normzweck zur Gesetzesauslegung zur Hilfe, dann lässt sich dieser Informationsmangel auf Gegebenheiten im Arbeits- und Tätigkeitsbereich des Beschäftigten beziehen.[228] Es ist Sache des Arbeitgebers, diesem Mangel entsprechend den speziellen Informationsnormen entgegen zu wirken.[229]

Als Grundsatz schreibt § 4 Nummer 7 ArbSchG vor, dass den Arbeitgeber die Pflicht trifft, den Beschäftigten[230] die geeigneten Anweisungen bezüglich der getroffenen Maßnahmen des Arbeitsschutzes zu erteilen. Konkretisierend sieht § 12 ArbSchG eine Pflicht des Arbeitgebers vor, den Arbeitnehmer vor Tätigkeitsbeginn darüber zu unterweisen, wie die Sicherheit und der Arbeitsschutz bei der Arbeit zu gewährleisten sind.[231] Dem Arbeitnehmer sind hierbei An-

---

226 Vgl. zur Übersicht *Hentze/Kammel*, Personalwirtschaftslehre, S. 144 ff.; Palandt (*-Putzo*), Einf. vor § 611 BGB Rz. 63 ff.; *Vogl*, NJW 1996, 2753. Siehe ferner ausführlich *Kollmer/Vogel* Das Arbeitsschutzgesetz, 2. Aufl., München 1999. Wegen der fehlenden Spezifizierung des ArbSchG wurden in den letzten Jahren auf Grundlage von §§ 18, 19 ArbSchG zahlreiche Arbeitsschutzgesetze und -verordnungen erlassen, die sich den typischen Gefahren besonderer Tätigkeiten widmen. Beispiele nennt *Pieper*, ArbuR 1996, 471; *ders.*, ArbuR 1997, 21 ff. jeweils m.w.N.; vgl. ferner *F/K/H/E*, § 81 BetrVG Rz. 2, 7 ff., 12 ff., § 87 BetrVG Rz. 286 ff.; Siehe zu diesem Thema zudem *Kollmer*, NZA 1997, 138 ff.; *Wlotzke*, NJW 1997, 1469 ff.

227 Vgl. *Pieper*, ArbuR 1996, 469; *Vogl*, NJW 1996, 2755.

228 Entsprechend formuliert auch § 12 Abs. 1 S. 2 ArbSchG den Unterweisungsgehalt.

229 Die Informationserteilung an die Arbeitnehmer hat gemäß §§ 4 Nr. 7, 9 und 12 ArbSchG so ausreichend und angemessen zu erfolgen, wie es mit Blick auf die Gefahren für die Sicherheit und Gesundheit der Beschäftigten erforderlich ist. Die in § 120 a Gewerbeordnung früher gemachte Beschränkung des Arbeitsschutzes auf Schutzmaßnahmen „wie es die Natur des Betriebes gestattet", gilt nach der Aufhebung dieser Bestimmung heute nicht mehr; ebenso *Angermaier*, AiB 1996, 523. Die Weitergabe der Informationen hat kostenlos während der Arbeitszeit (siehe Art. 12 Abs. 4 Richtlinie Arbeitsschutz 89/391/EWG), aber noch vor Aufnahme der (gefährlichen) Tätigkeit zu erfolgen. Sie ist je nach der Gefährdungsentwicklung, erforderlichenfalls regelmäßig zu wiederholen (siehe § 12 Abs. 1 ArbSchG).

230 Das Gesetz gilt grundsätzlich für alle Arbeitnehmer; siehe im einzelnen § 2 Abs. 2 ArbSchG. Zu den Ausnahmen siehe § 1 Abs. 2 ArbSchG. Vgl. hierzu *Angermaier*, AiB 1996, 523.

231 Speziell zu § 12 ArbSchG vgl. *Kollmer*, NZA 1997, 138; *Pieper*, ArbuR 1997, 21; *Wlotzke*, NJW 1997, 1469; *Haug*, Informationelle Strategien, S. 184. Siehe zur Arbeitnehmerüberlassung § 12 Abs. 2 ArbSchG; zur Zusammenarbeit mehrerer Arbeitgeber § 8 ArbSchG. Auf europäischer Ebene gelten Art. 10 und Art. 12 Rahmenrichtlinie Arbeitsschutz

weisungen und Erläuterungen zu geben, die auf seinen konkreten Arbeitsplatz und Aufgabenbereich abgestimmt sind und Veränderungen berücksichtigen.

Für besondere Gefahrenlagen sieht das Gesetz nach § 9 ArbSchG weitere Informationstatbestände vor.[232] Es ist vom Arbeitgeber sicherzustellen, dass besonders gefährliche Arbeitsbereiche nur von Beschäftigten betreten werden, die zuvor die geeigneten Anweisungen erhalten haben (Abs. 1). Sind Beschäftigte tatsächlich oder potentiell einer unmittelbaren und erheblichen Gefahr ausgesetzt, sind sie möglichst frühzeitig über diese Gefahr und die betreffenden Schutzmaßnahmen zu unterrichten (Abs. 2 Satz 1).[233]

2. Stellungnahme

Kritisch gegenüber dem sich nahe an der Rahmenrichtlinie Arbeitsschutz (89/391/EWG) haltenden ArbSchG[234] ist anzumerken, dass sich das Gesetz weiterhin ausschließlich als öffentlich-rechtliche Regelung versteht. Der individualrechtliche Bezug, der angesichts der geschützten Rechtgüter Leben und Gesundheit nahe liegt, wird vernachlässigt. Das soll hier nur an zwei Beispielen verdeutlicht werden.

Laut § 6 ArbSchG ist der Arbeitgeber verpflichtet, die Ergebnisse seiner Gefährdungsanalyse nach § 5 ArbSchG sowie die festgelegten und realisierten Schutzmaßnahmen und schließlich auch ihre praktische Wirksamkeit schriftlich zu dokumentieren.[235] Da insbesondere auch die Arbeitnehmer wegen ihrer unmittelbaren Gefährdung am betrieblichen Arbeits- und Gesundheitsschutz zu beteiligen sind, wäre es von erheblicher Bedeutung, ihnen ein Recht einzuräumen, Kenntnis vom Inhalt dieser Dokumente zu erhalten. Erst dadurch erlangen sie die Möglichkeit, die Durchführung der Schutzmaßnahmen zu kontrollieren, gegebenenfalls Verbesserungsvorschläge vorzubringen (§ 17 Abs. 1 ArbSchG) sowie ein Beschwerdeverfahren nach § 17 Abs. 2 ArbSchG erfolgsversprechend durchzuführen.

Zweitens räumt das ArbSchG dem einzelnen Arbeitnehmer keinen durchsetzbaren subjektiven Anspruch auf Unterrichtung bzw. Unterweisung ein. Ist ein Beschäftigter der Auffassung, die vom Arbeitgeber erteilten Informationen

---

(89/391/EWG) sowie Art. 3 und Art. 4 der Richtlinie Arbeitsschutz für befristete Beschäftigung und Leiharbeit (91/383/EWG); vgl. *Däubler*, NZA 1992, 579.

[232] Vgl. näher *Pieper*, ArbuR 1996, 470.

[233] Vgl. ebenso *Angermaier*, AiB 1996, 527.

[234] Vgl. im einzelnen *M. Schmidt*, EG-Arbeitsrecht, Kap. II Rz. 10 ff.

[235] Vgl. hierzu näher u.a. *Vogl*, NJW 1996, 2755.

seien angesichts der Gefahrenlage nicht ausreichend, hat er das Beschwerdeverfahren gemäß § 17 Abs. 2 ArbSchG einzuleiten. Anschließend besteht die Möglichkeit, sich an die gemäß § 21 ArbSchG zuständige Aufsichtsbehörde (staatliche Behörden in Zusammenarbeit mit den Trägern der gesetzlichen Unfallversicherung)[236] zu wenden.

II. Informationsrechte nach dem Betriebsverfassungsgesetz

1. Vorbemerkungen

Sämtliche Informationsrechte, die das Betriebsverfassungsgesetz dem Arbeitnehmer gewährt (§§ 81 bis 86 BetrVG), haben im Jahr 1972 eine erste gesetzliche Fixierung als Individualrechte erfahren.[237] Damals war bezweckt worden, dem einzelnen Arbeitnehmer auch im Rahmen der Betriebsverfassung eigene subjektive Rechte einzuräumen. Dadurch sollte verdeutlicht werden, dass vorrangige Schutzsubjekte des Gesetzes die Arbeitnehmer und deren Rechtspositionen sind.[238] Das Individuum sollte gestärkt werden in einer immer mehr technisierten und als „seelenlos" empfundenen, unübersichtlichen Arbeitswelt der Großbetriebe.[239] Aus diesem Grund wurden dem Arbeitnehmer eigene Rechte auf Information, Anhörung und Erörterung in Angelegenheiten eingeräumt, die seine Person und seinen Arbeitsplatz unmittelbar berühren.[240]

Dennoch hat die Stellung dieser Vorschriften im Betriebsverfassungsgesetz[241] dazu geführt, dass über deren persönlichen Anwendungsbereich Uneinigkeit

---

[236] Kritisch im Hinblick auf die Effektivität der Arbeitsweise der Aufsichtsbehörden *Angermaier*, AiB 1996, 528. Siehe zu den öffentlich-rechtlichen Informationsvorschriften und der zivilrechtliche Haftung bei ihrer Nichtbeachtung *Breidenbach*, Informationspflich-ten, S. 7.

[237] Vgl. ausführlich *Bächle*, DB 1973, 1400; D/K/K (-*Buschmann*), § 83 BetrVG Rz. 1; *F/K/H/E*, § 81 BetrVG Rz. 2 und § 83 BetrVG Rz. 1; *Gerhardt*, Personalakte, S. 50; *Hanau*, BB 1971, 488; H/S/G (-*Hess*), vor §§ 81-86 BetrVG Rz. 1 f. („Individualrecht mit kollektivem Bezugspunkt"); *Weiss*, vor §§ 81 ff. BetrVG Rz. 1; GK (-*Wiese*), vor § 81 BetrVG Rz. 1, 4, 11; *Wiese*, RdA 1973, 1 ff.; *Zander*, Mitarbeiterinformation, S. 152 jeweils m.w.N.

[238] Vgl. BT-Drucks. VI/1786, S. 47 zu § 81 BetrVG. Ähnlich *Breisig/König/Wengelowski*, Mitarbeitergspräch, S. 55; *Vogt*, DB 1978, 1481; *Wiese*, ZfA 1996, 474 („vom schutzbedürftigen Objekt zum mitwirkenden Subjekt").

[239] Ähnlich BRat-Drs. 715/70 zu § 81 BetrVG; vgl. ferner *Bächle*, DB 1973, 1400.

[240] Ebenso *Bregenhorn*, Personalbeurteilung, S. 36. Allerdings sind die Informationsrechte des Arbeitnehmers nach dem BetrVG an zwei Stellen unternehmensbezogen: § 45 Abs. 2 Satz 3 und § 110 BetrVG; vgl. *Braun*, Unterrichtung, S. 1 ff. Eine Gestaltungsbefugnis im Unternehmen/Betrieb ist mit den Rechten nicht verbunden; vgl. *Wiese*, RdA 1973, 9.

[241] Von einem Systembruch spricht *Hanau*, BB 1971, 488 m.w.N., der sich für eine Eingliederung in das BGB ausspricht.

herrscht.[242] In der rechtswissenschaftlichen Forschung wird die Meinung vertreten, dass ein betriebsratsfähiger Betrieb genügt, um die Individualrechte entstehen zu lassen.[243] Nach einer anderen Ansicht werden diese Rechte absolut losgelöst von der Frage einer Betriebsratseinrichtung bzw. –fähigkeit eingeräumt.[244] Dem ist zuzustimmen, wenn man sich den arbeits*vertraglichen* Charakter der angesprochenen Vorschriften bewusst macht und zusätzlich beachtet, dass deren Grundlagen sich im individualrechtlich bestimmten Gebot von Treu und Glauben wiederfinden lassen.[245] Denn in § 242 BGB, der dem Schuldrecht zuzuordnen ist, wird nach gefestigter Auffassung die Grundlage der Fürsorgepflicht des Arbeitgebers erblickt, der in den §§ 81 ff. BetrVG für den Bereich der Mitarbeiterbeteiligung am Betriebsgeschehen ein gesetzlicher Ausdruck verliehen wurde.[246]

2. Die Informationstatbestände

2.1. Unterrichtung gemäß § 81 Abs. 1 Satz 1 BetrVG (zur Einweisung in den Betrieb)

Die Einweisung des Arbeitnehmers[247] nach § 81 Abs. 1 Satz 1 BetrVG beinhaltet zunächst eine fachliche Unterrichtung, die sich auf seine konkrete Tä-

---

[242] Vgl. näher D/K/K (*-Buschmann*), § 81 BetrVG Rz. 1, 3; H/S/G (*-Hess*), vor §§ 81-86 BetrVG Rz. 3; *Weiss*, vor §§ 81 ff. BetrVG Rz. 2 f. jeweils m.w.N. Besonders fraglich ist in diesem Zusammenhang, ob die Regelungen auch auf leitende Angestellte im Sinne von § 5 Absätze 3, 4 BetrVG anzuwenden sind, die in den §§ 81 ff. nicht ausdrücklich erwähnt werden. (Gegen die Anwendung auf Personen, die nicht unter das BetrVG fallen, sprechen sich etwa *Becker-Schaffner*, BlStSozArbR 1980, 178; *Brettschneider/Sondermann*, AuR 1980, 158, 161; D/K/K (*-Buschmann*), § 81 BetrVG Rz. 3, § 83 BetrVG Rz. 1; GK (*-Wiese*), vor § 81 BetrVG Rz. 21; *Zander*, Mitarbeiterinformation, S. 152 jeweils m.w.N. aus. Ebenso *Bächle*, DB 1973, 1401, der das Ergebnis aber bedauert. Vgl. ferner BAG DB 1975, 1320. Die Grundlage der Individualrechte der leitenden Angestellten wird aber aus der Fürsorgepflicht des Arbeitgebers hergeleitet; vgl. etwa *Becker-Schaffner*, BlStSozArbR 1980, 178; GK (*-Wiese*), vor § 81 BetrVG Rz. 22.

[243] Vgl. hier nur GK (*-Wiese*), vor § 81 BetrVG Rz. 21 m.w.N.

[244] Ebenso etwa *Becker-Schaffner*, BlStSozArbR 1980, 177; *B/B/J/L*, BetrVR, Rz. 397; *Brettschneider/Sondermann*, AuR 1980, 161. Vgl. ferner *Bächle*, DB 1973, 1400; D/K/K (*-Buschmann*), § 83 BetrVG Rz. 1; *F/K/H/E*, § 81 BetrVG Rz. 2 („Auch in nicht betriebsratsfähigen und in betriebsratslosen Betrieben ... - ... wegen der individualrechtlichen Natur der Vorschriften"); H/S/G (*-Hess*), vor §§ 81-86 BetrVG Rz. 3; *Gerhardt*, Personalakte, S. 51; *Wiese*, RdA 1973, 7 jeweils m.w.N.

[245] Zum gleichen Ergebnis kommt jetzt auch *Wiese*, ZfA 1996, 475.

[246] Vgl. hier nur *F/K/H/E*, § 81 BetrVG Rz. 2.

[247] Das Recht auf Einweisung steht allen Mitarbeitern zu, auch Auszubildenden und Leiharbeitnehmern. Zu den Leiharbeitnehmern vgl. D/K/K (*-Buschmann*), § 81 BetrVG Rz. 3.

tigkeit bezieht.[248] Ihm soll etwa mitgeteilt werden, welche Arbeitsaufgaben er hat, welche Maschinen oder Geräte er dazu auf welche Art und Weise zu bedienen und zu warten hat.[249] Das heißt, er soll einen Kenntnisstand erhalten, der es ihm ermöglicht, die ihm obliegenden Arbeitsleistungen vertragsgemäß zu erfüllen.[250]

Darüber hinaus hat sich in der Literatur unter Berufung auf die Fürsorgepflicht des Arbeitgebers bzw. das Persönlichkeitsrecht des Arbeitnehmers und mit Blick auf den Zusammenhang mit dem Schutz- und Förderungsgrundsatz des § 75 Abs. 2 BetrVG die Meinung durchgesetzt, dass die Tatbestandsmerkmale der Norm „Verantwortung" und „Einordnung in den Arbeitsablauf" auf einen darüber hinaus gehenden Inhalt der Unterrichtung hinweisen.[251] Dem Arbeitnehmer sei über seine zu verrichtende Einzeltätigkeit hinaus ein Bewusstsein für seine Stellung im Gesamtbetrieb und seine Einbezogenheit in die Betriebsabläufe zu vermitteln, um ihm zu ermöglichen, sich mit der Bedeutung seiner Arbeit auseinander zu setzen, zu identifizieren und sie nicht allein als fremdbestimmt zu empfinden.[252] Die Mitteilungen des Arbeitgebers müssten sich auf alle Gegebenheiten und Entwicklungen „rund um den Arbeitsplatz" erstrekken.[253] Beispielweise auf die Bedeutung der Arbeitsergebnisse für die betrieblichen Gesamtzwecke, die betrieblichen Organisationsmuster einschließlich der

---

[248] Vgl. mit Beispielen *Zander*, Mitarbeiterinformation, S. 80. Zur Abgrenzung zu Berufsbildungsmaßnahmen vgl. etwa D/K/K (-*Buschmann*), § 81 BetrVG Rz. 2 m.w.N.

[249] Ebenso *F/K/H/E*, § 81 BetrVG Rz. 4; H/S/G (-*Hess*), § 81 BetrVG Rz. 1 jeweils m.w.N. Zur Kritik an den bürokratisch-hierarchischen Zügen der Stellenbeschreibung vgl. *Breisig*, Personalbeurteilung, S. 119 ff.

[250] Ebenso D/K/K (-*Buschmann*), § 81 BetrVG Rz. 8; *F/K/H/E*, § 81 BetrVG Rz. 4; H/S/G (-*Hess*), § 81 BetrVG Rz. 1.

[251] Vgl. *Bächle*, DB 1973, 1400 f.; D/K/K (-*Buschmann*), § 81 BetrVG Rz. 1, 8; *B/B/J/L*, BetrVR, Rz. 397 f.; *Bregenhorn*, Personalbeurteilung, S. 38; D/K/K (-*Buschmann*), § 81 BetrVG Rz. 1, 8; *F/K/H/E*, § 81 BetrVG Rz. 1, 5; GK (-*Wiese*), § 81 BetrVG Rz. 5 f.

[252] Vgl. D/K/K (-*Buschmann*), § 81 BetrVG Rz. 8; *Egloff*, DVR 7 (1978), 138; *F/K/H/E*, § 81 BetrVG Rz. 3 (mit Hinweis auf § 90 BetrVG Rz. 30, 32 ff.); H/S/G (-*Hess*), § 81 BetrVG Rz. 1; *Weiss*, § 81 BetrVG Rz. 1, 2; GK (-*Wiese*), vor § 81 BetrVG Rz. 1, 12; *Wiese*, ZfA 1996, 474 jeweils m.w.N. Vgl. ferner zum Stichwort „Informations-, Einführungs- bzw. Begrüssungsgespräch *Breisig/König/Wengelowski*, Mitarbeitergespräch, S. 125 ff.

[253] Laut Hess. LAG, ArbuR 1998, 459 hat der Arbeitgeber – sofern er nach einem Schadenseintritt Schadensersatzansprüche gegenüber seinem Arbeitnehmer geltend machen will – diesen nicht nur auf die Möglichkeit des Entstehens besonders hoher Schäden hinzuweisen, sondern ihm bewusst zu machen, dass überhaupt die Gefahr eines Schadens besteht, wenn der Arbeitnehmer das nicht selbst erkennen kann.

Weisungs- und Kontrollstrukturen[254] sowie auf außerhalb des Betriebes bestehende relevante Bezüge der Arbeitsleistung.[255]

Selbstverständlich mutet an, dass weitere allgemeine Informationen, wie der Hinweis auf „soziale“ Einrichtungen (Waschraum, Toiletten, Kleiderordnung, Personalabteilung, Parkplätze, Kantine, Betriebssport etc.) gegeben werden sollen.[256]

2.2. Belehrung gemäß § 81 Abs. 1 Satz 2 BetrVG (über Unfall- und Gesundheitsgefahren)

Nach Satz 2 der oben genannten Norm hat der Arbeitgeber den Arbeitnehmer vor dessen Arbeitsaufnahme über die mit der Tätigkeit einhergehenden Unfall- und Gesundheitsgefahren zu belehren. Schutzzwecke der Norm sind die körperliche Unversehrtheit und die Gesundheit jedes einzelnen Mitarbeiters. Eine wichtige Funktion haben in diesem Zusammenhang auch die Vorschriften des Arbeitsschutzrechts, die § 81 Abs. 1 Satz 2 BetrVG insoweit konkretisieren und ergänzen.

Das Tatbestandsmerkmal „Belehrung“ weist darauf hin, dass die Intensität der Information noch über die Unterrichtung hinaus zu gehen hat. Von der Informationspflicht umfasst ist demnach auch eine Erklärung der und Unterweisung in die vielfältigen Einrichtungen und Vorkehrungen zur Gefahrenabwehr, mit denen der Arbeitnehmer in Berührung kommen kann.[257]

In der Praxis ist beispielsweise der Umgang mit gefährlichen (Produktions-) Stoffen und Maschinen, die Verwendung und der Einsatz bestimmter Schutzausrüstungen (Helme, Brillen, Handschuhe und andere Schutzkleidung, Feuerlöscher, Notrufmelder etc.), das Vorhandensein von Notausgängen und Warnsignalen und die Beachtung betrieblicher Verhaltensverbote (Rauch- und Alko-

---

[254] Auch *Breisig*, Personalbeurteilung, S. 225 spricht dem Arbeitnehmer ein Recht zu, rechtzeitig und umfassend über Beurteilungskriterien und Bewertungsmaßstäbe und ihre Veränderung informiert zu werden.

[255] Vgl. *Wiese*, ZfA 1996, 474; *Bächle*, DB 1973, 1401; D/K/K (*-Buschmann*), § 81 BetrVG Rz. 8; ferner *Zander*, AuA 1992, 4 („größere Zusammenhänge“) jeweils m.w.N.

[256] Ebenso D/K/K (*-Buschmann*), § 81 BetrVG Rz. 8; *Wiese*, ZfA 1996, 473 („personaler Aspekt des Arbeitsverhältnisses“). *Zander*, Mitarbeiterinformation, S. 112 f. weist auf die zu selten genutzte Möglichkeit einer Betriebsbesichtigung hin.

[257] Vgl. *F/K/H/E*, § 81 BetrVG Rz. 9; *Schaub*, Handbuch, S. 1054 f.; *Zander*, Mitarbeiterinformation, S. 85. Zur Mitbestimmung des Betriebsrats bei der Festlegung der Belehrungsgrundsätze und -methoden vgl. *F/K/H/E*, § 81 BetrVG Rz. 16 m.w.N.

holverbot etc.) zu erklären. Die für die Erste Hilfe zuständigen Personen sind dem Arbeitnehmer zur Kenntnis zu bringen. Auch wenn mit bestimmten Arbeitssystemen (Schicht- und Nachtarbeit etc.) Gefahren einhergehen, hat insoweit eine Belehrung zu erfolgen.[258]

3. Modalitäten der Informationserteilung

Was die Art und Weise der Informationserteilung betrifft, so sind folgende Grundsätze zu beachten:

Die Unterrichtung und Belehrung haben so rechtzeitig zu erfolgen, dass der Arbeitnehmer sich (vor der Aufnahme der Tätigkeit) auf die Verhältnisse an seinem Arbeitsplatz und der Arbeitsumgebung einstellen kann.[259] Die Information muss umfassend, zutreffend, präzise und auf den einzelnen Arbeitnehmer und seinen Arbeitsplatz abgestimmt, sie muss für den konkret zu informierenden Arbeitnehmer verständlich sein.[260] Zudem ist auf Vollständigkeit zu achten. Die Informationsintensität variiert aber je nachdem, welche Art der Informationserteilung gesetzlich vorgesehen ist. So geht die Belehrung nach § 81 Abs. 1 Satz 2 BetrVG in ihrer Intensität über die Unterrichtung nach § 81 Abs. 1 Satz 1 BetrVG hinaus.

Ausreichend ist in beiden Fällen ein mündliches Informieren.[261] Das gilt bei richtlinienkonformer Auslegung der Nachweisrichtlinie 91/533/EWG und unter Beachtung des Nachweisgesetzes jedoch nicht für Angaben, die von den dortigen Vorschriften erfasst werden; in diesen Fällen ist schriftlich zu informieren.[262] Soll in den anderen Angelegenheiten (also quasi freiwillig)

---

[258] Vgl. insoweit D/K/K (*-Buschmann*), § 81 BetrVG Rz. 9 m.w.N.

[259] Vgl. *F/K/H/E*, § 81 BetrVG Rz. 9; H/S/G (*-Hess*), § 81 BetrVG Rz. 3 (für § 81 Abs. 2 BetrVG); *Weiss*, § 81 BetrVG Rz. 3; GK (*-Wiese*), § 81 BetrVG Rz. 7; *Zander*, Mitarbeiterinformation, S. 60. Das gilt trotz undeutlichem Wortlaut auch für die Unterrichtung nach § 81 BetrVG Abs. 1 Satz 1 BetrVG; ebenso D/K/K (*-Buschmann*), § 81 BetrVG Rz. 5, 11. Allerdings reicht nach h.M. eine allgemeine Beschreibung im Rahmen des Vorstellungsgespräches nicht aus, vgl. hierzu *F/K/H/E*, § 81 BetrVG Rz. 3; H/S/G (*-Hess*), § 81 BetrVG Rz. 1.

[260] Vgl. etwa *B/B/J/L*, BetrVR, Rz. 398 ff. Eine hohe Informationsintensität einer Belehrung verlangt D/K/K (*-Buschmann*), § 81 BetrVG Rz. 11. Zum Hinweis auf einen ausländischen Arbeitnehmer und die dann erforderliche Verwendung seiner Heimatsprache vgl. *B/B/J/L*, BetrVR, Rz. 399; *Bächle*, DB 1972, 1401; D/K/K (*-Buschmann*), § 81 BetrVG Rz. 6; *F/K/H/E*, § 81 BetrVG Rz. 3 jeweils m.w.N. Besondere Gefahrensituationen erfordern gesteigerte Informationen; ebenso *F/K/H/E*, § 81 BetrVG Rz. 12.

[261] Ebenso schon *Bächle*, DB 1973, 1401.

[262] Ebenso D/K/K (*-Buschmann*), § 81 BetrVG Rz. 1a; *Lörcher*, ArbuR 1994, 451.

schriftlich informiert werden, etwa mit Hilfe eines Merkblatts, ist dieses grundsätzlich bei Bedarf ergänzend mündlich zu erläutern.[263]

Die Erteilung der Informationen ist im Rahmen des Schuldverhältnisses vorzunehmen, das heißt, grundsätzlich kostenlos und während der Arbeitszeit bei gleichzeitigem Bestehen des Entlohnungsanspruchs.[264] Die Erteilung der Informationen braucht nicht durch den Arbeitgeber selbst zu erfolgen. Es ist ausreichend, wenn eine im Rahmen der Betriebsorganisation zuständige und sachkundige Person tätig wird, etwa ein Vorgesetzter bzw. Meister.[265] Es ist aber jedenfalls dafür Sorge zu tragen, dass über die Zuständigkeit keine Zweifel bestehen.[266] Im übrigen ist die Festlegung von Einzelheiten des Informationsverfahrens in betrieblichen Vereinbarungen gemäß § 87 Abs. 1 Nummer 1 BetrVG möglich.[267]

4. Durchsetzung der Informationsrechte und Sanktionierung von Rechtsverstößen

Kommt der Arbeitgeber von sich aus seiner Unterrichtungs- oder Belehrungspflicht nicht, wahrheitswidrig, unvollständig oder verspätet[268] nach, kann sich

---

[263] Vgl. *Bächle*, DB 1972, 1401; *B/B/J/L*, BetrVR, Rz. 399. Vgl. ferner D/K/K (*-Buschmann*), § 81 BetrVG Rz. 1a (mit dem Hinweis auf § 2 Nr. 5 NachweisG); *F/K/H/E*, § 81 BetrVG Rz. 8; H/S/G (*-Hess*), § 81 BetrVG Rz. 5; GK (*-Wiese*), § 81 BetrVG Rz. 9. Zur Aushändigung eines Merkblatts vgl. H/S/G (*-Hess*), § 81 BetrVG Rz. 5 m.w.N.

[264] Vgl. etwa D/K/K (*-Buschmann*), § 82 BetrVG Rz. 2; *F/K/H/E*, § 82 BetrVG Rz. 2, 12; *Galperin/Löwisch*, § 83 BetrVG Rz. 8; H/S/G (*-Hess*), § 83 BetrVG Rz. 17 (für § 83 BetrVG); *Weiss*, § 83 BetrVG Rz. 5; *Zander*, Mitarbeiterinformation, S. 153 jeweils m.w.N.; a.A. jedoch *Hunold*, AuA 1997, 364; *Stege/Weinspach*, § 83 BetrVG Rz. 16 (für die Einsicht in die Personalakte).
Zu Recht ist *Bächle*, DB 1973, 1401 m.w.N. der Meinung, dass die Erteilung der Information nicht im Verlauf eines Vorstellungsgespräches erfolgen darf.

[265] Ebenso *Bächle*, DB 1973, 1400, 1402; *B/B/J/L*, BetrVR, Rz. 399; D/K/K (*-Buschmann*), § 81 BetrVG Rz. 7; *F/K/H/E*, § 81 BetrVG Rz. 6; GK (*-Wiese*), § 81 BetrVG Rz. 11; H/S/G (*-Hess*), § 81 BetrVG Rz. 4.
Oder im Falle des § 81 Abs. 1 Satz 2 BetrVG der Betriebsarzt oder eine Fachkraft für Arbeitssicherheit. Zur Beiziehung eines Betriebsratsmitglieds vgl. D/K/K (-Buschmann), § 81 BetrVG Rz. 14; *F/K/H/E*, § 81 BetrVG Rz. 26.

[266] Ebenso *Zander*, Mitarbeiterinformation, S. 153.

[267] Ebenso *Becker-Schaffner*, BlStSozArbR 1980, 179; D/K/K (*-Buschmann*), § 82 BetrVG Rz. 2 sowie § 83 BetrVG Rz. 7; *F/K/H/E*, § 82 BetrVG Rz. 2 jeweils m.w.N. Die §§ 81 ff. BetrVG sind insofern zwingend, als keine Abweichung zu Lasten der Arbeitnehmer in Tarifverträgen oder Betriebsvereinbarungen vorgesehen werden dürfen; vgl. GK (*-Wiese*), vor § 81 BetrVG Rz. 31; F/K/H/E, § 81 BetrVG Rz. 1.

[268] Vgl. zu dieser Aufzählung § 121 Abs. 1 BetrVG sowie *F/K/H/E*, § 121 BetrVG Rz. 4.

der Arbeitnehmer in einem ersten Schritt dagegen bei der betrieblich zuständigen Stelle beschweren und den Betriebsrat einschalten (§§ 80 Abs. 1 Nr. 1, 84, 85 BetrVG).[269]

Selbstverständlich gilt ein Diskriminierungsverbot zu Gunsten von Mitarbeitern, die sich auf ihre Informationsrechte berufen.[270]

Bei grober Missachtung der Informationsrechte des Arbeitnehmers ist die Verhängung eines Ordnungsgeldes bzw. Zwangsgeldes nach § 23 Abs. 3 BetrVG gegenüber dem Arbeitgeber denkbar.[271] Der Arbeitnehmer hat aber keine Möglichkeit, die Einleitung eines Straf- oder Bußgeldverfahrens zu beantragen. Diese Informationsrechte haben nämlich keinen Eingang in die Strafvorschriften der §§ 119, 120 BetrVG und insbesondere der Bußgeldvorschrift des § 121 BetrVG gefunden.[272]

Für den Fall, dass der Arbeitgeber ein Informationsrecht verletzt und auch die Einschaltung des Betriebsrats zu keinem anderen Ergebnis führt[273], stellt sich die Frage der gerichtlichen Durchsetzung der Rechte. Hierzu trifft das BetrVG keine ausdrückliche Regelung. Folglich ist auf allgemeine Grundsätze zurück zu greifen.

Soll über Informationsrechte nach dem BetrVG gerichtlich gestritten werden, ist gemäß § 2 Abs. 1 Nr. 3a, § 46 ff. ArbGG das Urteilsverfahren zu wählen.[274] Unschädlich ist insoweit, dass die streitentscheidenden Normen dem Betriebs-

---

[269] Vgl. hierzu etwa H/S/G (*-Hess*), vor §§ 81-86 BetrVG Rz. 5; D/K/K (*-Buschmann*), § 81 BetrVG Rz. 16.

[270] Vgl. D/K/K (*-Buschmann*), § 82 BetrVG Rz. 2 sowie *ebenda* § 83 BetrVG Rz. 6; grundsätzlich auch *Gamillscheg*, Grundrechte, S. 31.

[271] Vgl. H/S/G (*-Hess*), vor §§ 81-86 BetrVG Rz. 5 f. m.w.N.; *F/K/H/E*, § 23 BetrVG Rz. 49 ff.; *Wiese*, RdA 1973, 8.

[272] So jedenfalls für die Verletzung des § 81 BetrVG *Bächle*, DB 1973, 1402; a.A. *Wiese*, RdA 1973, 1, 8. Zu den §§ 119 ff. BetrVG vgl. *Haug*, Informationelle Strategien, S. 190.

[273] Diesen (kumulativen) Verfahrensweg (Beschwerde gemäß § 85 Abs. 1 BetrVG) schlagen beispielsweise *F/K/H/E*, § 82 BetrVG Rz. 6 bei Ablehnung der Anhörung vor.

[274] Ebenso *Bächle*, DB 1972, 1401; *F/K/H/E*, § 81 BetrVG Rz. 28; H/S/G (*-Hess*), vor §§ 81-86 BetrVG Rz. 13; *Schaub*, Handbuch, S. 1907; a.A.: *Hanau*, BB 1971, 488 (Beschlussverfahren). Für das Personalakteneinsichtsrecht bejahen das Urteilsverfahren D/K/K (*-Buschmann*), § 83 BetrVG Rz. 23; *F/K/H/E*, § 83 BetrVG Rz. 40; *Gerhardt*, a.a.O., S. 71 jeweils m.w.N. Für das Anhörungsrecht gemäß § 82 Abs. 1 Satz 1 BetrVG ebenso *F/K/H/E*, § 82 BetrVG Rz. 13 m.w.N. Für das Bescheidungsrecht im Beschwerdeverfahren nach § 84 Abs. 2 BetrVG ebenso *F/K/H/E*, § 84 BetrVG Rz. 22.

verfassungsrecht zu entnehmen sind, denn sie sind - wie oben bereits dargelegt – entgegen ihrer systematischen Stellung dem Individualrecht zuzuordnen.[275] Für die Vollstreckung der Urteile gilt § 888 ZPO;[276] der Erlass einer einstweiligen Verfügung ist möglich.[277]

Ob der Arbeitnehmer einen Erfüllungsanspruch geltend machen kann, wird für die einzelnen Informationsregelungen des BetrVG unterschiedlich beantwortet.[278] Für die Informationsrechte aus § 81 Abs. 1 BetrVG ist nach wohl herrschender Meinung von einklagbaren subjektiven Ansprüchen auszugehen.[279] Der Leistungsklageantrag des Arbeitnehmers hat sich auf die Erfüllung der arbeitsvertraglichen Nebenpflicht zu beziehen.[280]

Auch die Fragen, ob und in welchen Fällen dem Arbeitnehmer ein Leistungsverweigerungsrecht bei einer fehlenden oder mangelhaften Informationserteilung zusteht, werden unterschiedlich beantwortet.[281]

Jedenfalls bis zur Unterrichtung und Belehrung gemäß § 81 Abs. 1 (Satz 1 und Satz 2) BetrVG hat der Arbeitnehmer unter den Voraussetzungen des § 273

---

[275] Vgl. D/K/K (-*Buschmann*), § 81 BetrVG Rz. 15; *F/K/H/E*, § 81 BetrVG Rz. 28; H/S/G (-*Hess*), vor §§ 81-86 BetrVG Rz. 1, 13 jeweils m.w.N.

[276] Ebenso *F/K/H/E*, § 81 BetrVG Rz. 28; D/K/K (-*Trittin*), § 111 BetrVG Rz. 142; ferner *F/K/H/E*, § 83 BetrVG Rz. 40 für alle Rechte des Arbeitnehmers im Zusammenhang mit dem Einsichtsrecht in die Personalakte.

[277] Ebenso *Fitting/Kaiser/Heither/Engels*, § 81 BetrVG Rz. 28; D/K/K (-*Trittin*), § 111 BetrVG Rz. 142. Für den kollektiven Bereich der §§ 111, 112 BetrVG vgl. ferner LAG Hamburg, DB 1986, 598 (zur Unterlassungsverfügung im Rahmen vorläufigen Rechtsschutzes).

[278] Für eine generelle Klagbarkeit der Rechts aus §§ 81 ff. BetrVG als Erfüllungsanspruch H/S/G, vor §§ 81-86 BetrVG Rz. 13; Gemeinschaftskommentar (-*Wiese*), vor § 81 BetrVG Rz. 32; *Wiese*, RdA 1973, 8. Differenzierend Richardi (-*Richardi/Thüsing*), § 81 BetrVG Rz. 26, § 82 Rz. 18; § 83 Rz. 43, § 84 Rz. 32; *Stege/Weinspach*, § 81 BetrVG Rz. 15, § 82 Rz. 8, § 83 Rz. 25.

[279] Siehe hierzu ausführlich 4. Kapitel B. II. 3.2. und C. II.

[280] Vgl. BAG DB 1975, 1322.

[281] Vgl. näher GK (-*Wiese*), vor § 81 BetrVG Rz. 19 m.w.N.; *Winkler von Mohrenfels*, Informationsleistungspflichten, S. 88 ff. Für ein grundsätzliches Leistungsverweigerungsrecht sprechen sich u.a. D/K/K (-Buschmann), § 81 BetrVG Rz. 8, 15; H/S/G (- *Hess*), vor §§ 81-86 BetrVG Rz. 9; GK (-*Wiese*), vor § 81 BetrVG Rz. 34 aus. Mit Ausnahmen (bei verweigerter Anhörung oder Erörterung nach § 82 BetrVG sowie im Beschwerdeverfahren gemäß §§ 84 ff.) ebenso *F/K/H/E*, vgl. dort § 82 BetrVG Rz. 13; § 84 BetrVG Rz. 15. Nur im Fall des § 81 Abs. 1 Satz 2 BetrVG für ein Leistungsverweigerungsrecht *Stege/Weinspach*, § 81 BetrVG Rz. 15.

Abs. 1 BGB[282] ein Zurückbehaltungsrecht bezüglich der Arbeitsleistung verbunden mit einem trotzdem bestehenden Lohnanspruch (§§ 298, 615 BGB).[283]

Auch weitere Rechtsfolgen eines Verstoßes gegen die individualrechtlichen Informationsvorschriften des BetrVG kommen in Betracht, ohne dass das BetrVG hier eine spezielle Aussage trifft.[284] Als wichtiger Grund für eine außerordentliche Kündigung seitens des Arbeitnehmers nach § 626 BGB kommt nur ein besonders gravierender Verstoß gegen die Unterrichtungs- bzw. Belehrungspflicht in Betracht,[285] allerdings sind solche Fälle gerade im Bereich des Arbeitsschutzes denkbar.

Solange der Arbeitgeber seine Informationspflicht schuldhaft nicht erfüllt, verwirklicht er den Tatbestand einer Pflichtverletzung gemäß §§ 280 Abs. 1 i.V.m. 241 Abs. 2 BGB (früher: positiven Vertragsverletzung) und haftet für die hieraus entstehenden Schäden des Arbeitnehmers.[286] Liegt eine kausale Rechtsgutsverletzung im Sinne des § 823 Abs. 1 vor, so ist zudem auch nach Deliktsrecht der entstandene Schaden zu ersetzen.[287] Ferner kommen Schadensersatzansprüche gem. § 823 Abs. 2 BGB in Betracht, da der § 81 Abs. 2 BetrVG als Schutzgesetz erkennbar dem Schutz des einzelnen dient.[288] Sind Körperschäden kausal entstanden sind die §§ 104 SGB VII zu beachten.

---

[282] Dagegen ist § 320 BGB nur ausnahmsweise einschlägig, falls nämlich die Informationsleistung im Synallagma zur Hauptleistung steht. Vgl. ausführlich *Winkler von Mohrenfels*, Informationsleistungspflichten, S. 89 f.

[283] Zu diesem Ergebnis kommt *Wiese*, RdA 1973, 8 für alle Rechte aus §§ 81 ff.; ebenso H/S/G (*-Hess*), vor §§ 81-86 BetrVG Rz. 9. Jedenfalls für ein Zurückbehaltungsrecht in den Fällen des § 81 BetrVG sprechen sich *Bächle*, DB 1973, 1402 („bei der Verletzung von Schutzgesetzen, also vor allem § 81 BetrVG"); *F/K/H/E*, § 81 BetrVG Rz. 28; *G/K/S/K*, § 81 BetrVG Rz. 2; Richardi (*-Richardi/Thüsing)*, § 81 BetrVG Rz. 25 („... soweit der Arbeitgeber nicht die ihm für die Erbringung der Arbeitsleistung obliegende Mitwirkungshandlung vornimmt") aus; einschränkend jedoch *Stege/Weinspach*, § 81 BetrVG Rz. 15 (der nur in Bezug auf § 81 Abs. 1 Satz 2 BetrVG ein Leistungsverweigerungsrecht bejaht).

[284] Laut *Bregenhorn*, Personalbeurteilung, S. 46 ist der Arbeitnehmer mangels ausdrücklicher Regelungen weitestgehend vom guten Willen des Arbeitgeber abhängig, wenn es um die Durchsetzung der Informationsrechte geht.

[285] Vgl. etwa H/S/G (*-Hess*), vor §§ 81-86 BetrVG Rz. 10 m.w.N.

[286] Vgl. H/S/G (*-Hess*), vor §§ 81-86 BetrVG Rz. 8 m.w.N.; D/K/K (*-Buschmann*), § 81 BetrVG Rz. 15; vgl. auch *Haug*, Informationelle Strategien, S. 83; *Wiese*, ZfA 1996, 471.

[287] Vgl. D/K/K (*-Buschmann*), § 81 BetrVG Rz. 15; H/S/G (*-Hess*), vor §§ 81-86 BetrVG Rz.11f.; *Zander*, Mitarbeiterinformation, S. 84 jeweils m.w.N.

[288] Ebenso *Bächle*, DB 1972, 1400, 1402 m.w.N. („Vor allem die Informationsrechte des § 81 BetrVG"); H/S/G (*-Hess*), vor §§ 81-86 BetrVG Rz. 12; *Wiese*, RdA 1973, 8; a.A. *Galperin/Löwisch* § 81 BetrVG Rz. 9. Vgl. näher *Haug*, Informationelle Strategien, S. 83.

D. Informationsrechte während der Tätigkeit

Den Schwerpunkt der (gesetzlich) vorgesehenen Informationsrechte des Arbeitnehmers bildet die Phase der Vertragserfüllung. Einschlägige Regelungen lassen sich vor allem im Bundesdatenschutzgesetz, Arbeitsschutzgesetz, Betriebsverfassungsgesetz[289], Tarifvertragsgesetz sowie in anderen Sondergesetzen finden.

I. Informationsrechte nach dem Bundesdatenschutzgesetz im Überblick

In der heutigen hoch technisierten, dienstleistungs- und informationsorientierten Arbeitswelt ist der Arbeitnehmerschutz - ehemals als körperbezogene Sicherheit am Arbeitsplatz verstanden - neu zu definieren. Dabei ist der Gesichtspunkt der persönlichen datenrechtlichen Integrität von erheblicher Bedeutung.[290]

Da die Aussage, dass „es ... wohl kaum eine andere Stelle im privaten Rechtsbereich (gibt), die ein engeres Informationsraster durch die Sammlung von personenbezogenen Daten anzulegen vermag als ein Arbeitgeber über seinen Arbeitnehmer "[291] zutrifft, scheint es gerechtfertigt zu sein, zum Schutz der Persönlichkeitsrechte des Arbeitnehmers die Datenverarbeitungsvorgänge transparent zu gestalten.[292] Das soll ein kurzer Blick auf den gegenwärtigen Umgang mit Daten im Unternehmen/Betrieb bestätigen.

Mit der Einführung technisch hoch entwickelter Beobachtungs-, Kontroll- und Überwachungsverfahren[293] ist zusätzlich zur klassischen „offenen" Informations*erhebung* – etwa durch die Verwendung von Personalfragebögen und Per-

---

[289] Im Öffentlichen Dienst sind Rechtsgrundlagen, die den §§ 81, 82 Abs. 1 und 2 BetrVG entsprechen, nicht vorgesehen; vgl. *Breisig/König/Wengelowski*, Mitarbeitergespräch, S. 61.

[290] Vgl. etwa *Simitis*, Gutachten, S. 11; *Wiese*, ZfA 1971, 282 ff. sowie 1996, 439 ff.; *Wohlgemuth*, BB 96, 690 m.w.N.

[291] *Däubler*, Arbeitnehmerdatenschutz, S. 110 m.w.N.; vgl. auch *Grillberger*, Festschrift Floretta, S. 373 ff.; *Schwarz*, Arbeitnehmerüberwachung, S. 38; *Ehmann/Sutschet*, RDV 1997, 4 m.w.N. Das gilt natürlich auch für Bewerber und ehemalige Arbeitnehmer; vgl. *Gola*, Datenschutz, S. 112 ff.

[292] Ebenso *Linnekohl*, ArbuR 1984, 130; *Gola*, Personalinformationssysteme, S. 52 m.w.N. Vgl. hierzu aber auch *Gola*, Datenschutz, S. 111, der im Ergebnis die Informationsrechte des Betriebsrats gestärkt sehen will. Hierzu ausführlich *Buchner*, ZfA 1988, 453 ff.

[293] Vgl. *Tinnefeld/Ehmann*, Datenschutzrecht, S. 22, 134 ff. zu Beispielen technischer Einrichtungen für diese Zwecke. Eine Definition der überwachenden Tätigkeit gibt *Schwarz*, Arbeitnehmerüberwachung, S. 34.

sonalinformationssystemen[294] – die verdeckte Gewinnung von umfassenden Daten hinzugetreten, bei der personenbezogene Daten oder zumindest auf den einzelnen Arbeitnehmer beziehbare Daten zu Tage treten.[295]

Das Bundesarbeitsgericht hat den Einsatz technischer Hilfsmittel zur Gewinnung und Auswertung solcher Erkenntnisse für zulässig gehalten, sofern der Arbeitgeber sie berechtigterweise benötigt[296] (und darüber hinaus die Mitbestimmungsrechte des Betriebsrats gemäß § 87 Abs. 1 Nr. 6 BetrVG[297] gewahrt

---

[294] Siehe zu diesem Thema mit Bezug zur Datenerfassung ausführlich *Gola*, Personalinformationssysteme, S. 49 ff.

[295] Beispiele für moderne Erhebungsmethoden sind (audivisuelle) Beobachtung und Computerisierung des gesamten Arbeitsprozesses, Zugangskontrollsysteme, automatische Telefonanlagen; vgl. hierzu näher *Däubler*, Arbeitnehmerdatenschutz, S. 110; *Gola*, BB 1980, 584; *Linnekohl/Gressierer*, AuA 1999, 410 ff.; *Schwarz*, Arbeitnehmerüberwachung, S. 13, 38, 63 f.; *Zöllner*, Daten- und Informationsschutz, S. 42 jeweils m.w.N. Damit lassen sich sehr wohl „sensitive Daten" gewinnen; a.A. *Ehmann/Sutschet*, RDV 1997, 7.

[296] Vgl. BAG NJW 1986, 2724 („Es entspricht einem berechtigten Interesse des Arbeitgebers festzustellen, inwieweit das Austauschverhältnis Arbeitsvertrag durch Krankheits- und Fehlzeiten gestört ist. Diesem Interesse kann und konnte zwar in der Vergangenheit auch dadurch genügt werden, dass solche Aussagen und Erkenntnisse auch ohne Einsatz technischer Hilfsmittel erarbeitet wurden, es ist aber auch ein berechtigtes Interesse des Arbeitgebers, sich diejenigen Kenntnisse, die er berechtigterweise benötigt, in wirtschaftlich sinnvoller Weise schnell und kostengünstig zu verschaffen"). Auch der BGH (NJW 1982, 1397) hat keine Verletzung des allgemeinen Persönlichkeitsrechts beim Mithören von Telefongesprächen mit geschäftlichem Inhalt erkannt; ähnlich auch die Auffassung von *Zöllner*, Daten- und Informationsschutz, S. 4, der die Grenze der zulässigen Datenerhebung in den allgemeinen arbeitsrechtlichen Regeln erblickt. Andererseits ist laut BVerfG, NZA 1992, 307 die betriebliche Telefondatenerfassung nicht von vorneherein aus dem Schutzbereich des allgemeinen Persönlichkeitsrechts herausgenommen („kommunikative Selbstbestimmung"); ähnlich *Ehmann/Sutschet*, RDV 1997, 6 m.w.N. Auch *Wohlgemuth*, Datenschutzrecht, S. 99 sieht die Entscheidungsgrundlage für die Gerichte in den persönlichkeitsrechtlichen Schutzbestimmungen der §§ 75 Abs. 2 BetrVG (bzw. 67 Abs. 1 BPersVG). Vgl. in diesem Zusammenhang zur Unzulässigkeit des Mithörens von Telefonaten bzw. des Anfertigens von Tonbandaufnahmen BGHZ 27, 284, 286; 73, 120, 123; BGH NJW 1982, 277; NJW 1988, 1016; BVerfGE 34, 238, 246; 54, 155; 65, 1. Das BAG (NZA 1998, 307) bezieht die Vertraulichkeit des Wortes nunmehr auch auf Dienstgespräche und spricht von einer Offenbarungspflicht desjenigen, der Dritte mithören lassen will. Ein heimlich aufgenommenes Tonband oder ein abgehörtes Gespräch dürfen grundsätzlich nicht im Kündigungsschutzverfahren zu Lasten des Arbeitnehmers verwendet werden; vgl. LAG Berlin DB 1988, 1024; BAG AP 3 zu § 284 ZPO. Zur Unzulässigkeit von verdeckten Kameras vgl. BAG RDV 1988, 30 unter dem Gesichtspunkt des „Überwachungsdrucks". Vgl. zum ganzen ferner *Gola*, BB 1995, 2322; *Egloff*, DVR 7 (1978), 129 ff.; *Wiese*, ZfA 1971, 284 ff.

[297] Vgl. BAG v. 22.10.1986, EzA § 23 BDSG Nr. 4; ferner *Ehmann*, SAE 1985, 181 ff, 273 ff.; *Nickel*, AuR 1976, 91, 95 f.; *Gola*, Personalinformationssysteme, S. 57; *Tinnefeld/Ehmann*, Datenschutzrecht, S. 124 ff, 133 ff.

sind). Hier kommt dem Arbeitgeber nach Ansicht des Gerichts das Recht der Informationsfreiheit zugute.[298]

Darüber hinaus ist nochmals auf die erweiterten Möglichkeiten der heutigen Techniken beim *Umgang* mit personenbezogenen Daten im Unternehmen/ Betrieb hinzuweisen.[299]

Die unmittelbaren Folgen sind naheliegend. Erstreckt sich ein schrankenloser Umgang mit personenbezogenen Daten auf alle nur erdenklichen Verhaltensweisen, Eigenschaften und Fähigkeiten der Beschäftigten - zu denken ist neben der fachlichen Qualifikation auch an Angaben über Leistungen, Fehlzeiten, Gewohnheiten, Verhalten (gegenüber Kollegen) etc. - dann ist zu Recht von einer „gläsernen Belegschaft“[300] die Rede; dann begleitet tatsächlich ein „Datenschatten“[301] die Arbeitnehmer rund um die Uhr. Als weitere Folgen werden zutreffend die Erleichterung der „Selektion von Schwachen“[302] und die starke Zunahme des Konkurrenz- und Konformitätsdrucks[303] genannt.

Anhand der genannten Konfliktpotentiale wird deutlich, dass auch und gerade während der Tätigkeit des Arbeitnehmers im Unternehmen/Betrieb Anwendungsbedarf für die Informationsrechte des BDSG besteht. Insoweit kann sinngemäß auf die Ausführungen verwiesen werden, die im vorvertraglichen

---

[298] Vgl. *Buchner*, ZfA 1988, 451; *Zöllner*, Daten- und Informationsschutz, S. 23 ff.; *ders.*, Informationsordnung, S. 22 („... auch personenbezogene Daten haben gleichzeitig Sozialbezug, ... insbesondere im privaten Rechtsverkehr“).

[299] Siehe oben 3. Kapitel A. I. 1. Siehe zu diesem Thema ferner u.a. *Galeos*, Das strategische Personalinformationssystem als Komponente von „Executive Information Systems“, Aachen 1995; *Gola*, BB 1980, 584 ff; *Holtmanns/Niebur*, Personalinformationssysteme – Mitbestimmung und personalpolitische Anforderungen an eine EDV-gestützte Personalverarbeitung, Köln 1993; *Jobs/Samland*, Personalinformationssysteme, S. 199 ff.; *Kilian*, Personalinformationssysteme in deutschen Großunternehmen, 2. Aufl., Berlin/Heidelberg/New York 1982; *Wronka*, Personalinformationssysteme und Datenschutz, Stuttgart 1984.

[300] Siehe ausführlich hierzu *Däubler*, Gläserne Belegschaft. Vgl. ferner *Däubler*, Arbeitnehmerdatenschutz, S. 110 m.w.N.; ferner *Breisig*, Personalbeurteilung, S. 138 ff.; *Schwarz*, Arbeitnehmerüberwachung, S. 38 ff. Laut *Buchner*, ZfA 1988, 467 kommt es erst durch die technische Überwachung zur persönlichkeitsgefährdenden Wirkung. *Simitis*, NJW 1971, 676 weist auf die Begehrlichkeit, immer neue Datenmengen zu erhalten, hin. Auch von außen wachsen die Informationsansprüche an das Unternehmen, ebenso *Kilian*, BB 1977, 1153.

[301] *Simitis*, Gutachten, S. 7 m.w.N.; *ders*, NJW 1971, 676; vgl. ferner *Schmidt*, JZ 1974, 241, 245.

[302] Denn die Daten geben auch Hinweise auf Leistung und Verhalten der Arbeitnehmer; vgl. *Schwarz*, Arbeitnehmerüberwachung, S. 42; *Tinnefeld/Ehmann*, Datenschutzrecht, S. 23.

[303] Ebenso *Schwarz*, Arbeitnehmerüberwachung, S. 43 m.w.N.; vgl. auch *Wohlgemuth*, BB 1996, 690.

Anbahnungsverhältnis im Hinblick auf die Transparenz der personenbezogenen Daten eines Bewerbers gemacht wurden.[304]

II. Informationsrechte nach dem Betriebsverfassungsgesetz

1. Vorbemerkungen

Das Betriebsverfassungsgesetz sieht auch während der Tätigkeit im Betrieb eine ganze Reihe von individualrechtlichen Informationsrechten des Arbeitnehmers[305] vor. Im betriebsverfassungsrechtlichen Zusammenhang sind diese Rechte eine schwache Form der Beteiligung des Mitarbeiters am Betriebs- und Unternehmensgeschehen.[306]

In einer höheren Beteiligungsstufe wird im BetrVG von Anhörungs-, sowie Erörterungs- und Stellungnahme- bzw. Vorschlagsrechten gesprochen;[307] allerdings verbleibt die Entscheidungskompetenz auch hier beim Arbeitgeber.[308] Diese Beteiligungsformen haben insoweit einen Bezug zu den Informationsrechten, als ihrer Wahrnehmung nicht selten die Erteilung von Information seitens des Arbeitgebers vorausgeht.[309] Nur ein informierter Arbeitnehmer kann weitere Einzel- und Kollektivrechte wahrnehmen (und umfassende gerichtliche Kontrolle erwirken).[310]

Insoweit dienen diese Rechte dazu, die Transparenz der arbeitsvertraglichen Beziehung zwischen den Vertragsparteien zu gewährleisten und zu fördern;

---

304 Siehe oben 3. Kapitel A. I. 2.

305 Siehe zum individualistischen Charakter sowie zum Anwendungsbereich der Vorschriften oben 3. Kapitel C. II. 1.

306 Vgl. etwa *F/K/H/E*, § 81 BetrVG Rz.1 sowie § 82 BetrVG Rz. 7; *Wiese*, ZfA 1996, 474; H/S/G (*-Hess*), § 82 BetrVG Rz. 1 jeweils m.w.N.

307 Siehe §§ 81 Abs. 3 (Anhörung vor Einführung von Maßnahmen mit arbeitsschutzrechtlicher Relevanz); 81 Abs. 4 Satz 2 (Erörterung der Anpasungsmöglichkeiten der beruflichen Kenntnisse und Fähigkeiten); 82 Abs. 1 Satz 1 (Anhörung in betrieblichen Angelegenheiten) sowie 82 Abs. 1 Satz 2 BetrVG (Recht zur Stellungnahme zu Maßnahmen des Arbeitgebers und Vorschlagsrecht zur Gestaltung des Arbeitsplatzes bzw. Arbeitsablaufs). Vgl. hierzu näher etwa F/K/H/E, § 81 BetrVG Rz. 20 ff.; Richardi (*-Richardi/Thüsing*), § 81 BetrVG Rz. 19 ff., § 82 Rz. 1; *Vogt*, DB 1978, 1481.

308 Ebenso H/S/G (*-Hess*), § 82 BetrVG Rz. 2 (für § 82 BetrVG); *Vogt*, DB 1978, 1481; GK (*-Wiese*), § 82 BetrVG Rz. 1 (für § 82 BetrVG). Ähnlich auch *Wiese*, ZfA 1996, 475 m.w.N., der in den §§ 81 ff. BetrVG keine Mitgestaltungsbefugnisse erkennt.

309 Allerdings ist nicht in allen Fällen erforderlich, dass die Information vom Arbeitgeber stammt. So können etwa Vorschläge im Sinne des § 82 Abs. 1 BetrVG auch unabhängig von der vorangegangenen Erteilung von Information gemacht werden.

310 Ebenso LAG Baden-Württemberg DB 1985, 2567; vgl. auch *Braun*, Unterrichtung, S. 27.

dadurch die Konfliktpotentiale, aber auch die Gemeinsamkeiten zu offenbaren, um in einem Interaktionsprozess zu konstruktiven Lösungen zu gelangen. Es ist allgemein anerkannt, dass dadurch gleichzeitig die Subjektstellung des Arbeitnehmers betont wird.[311] Sofern es um die freie Entfaltung der Persönlichkeit der im Betrieb Beschäftigten geht, sind diese Rechte Konkretisierungen der Generalklausel des § 75 Abs. 2 BetrVG.[312]

Darüber hinaus finden insbesondere der Schutz und die Förderung der körperlichen Integrität und Gesundheit sowie Bestands- und Vermögensinteressen Beachtung.[313]

2. Die Informationstatbestände

2.1. Unterrichtung und Belehrung gemäß § 81 Abs. 2 BetrVG (bei Veränderung im Arbeitsbereich)

Jede Veränderung im Arbeitsbereich[314] des Arbeitnehmers, mag sie auch nur vorübergehender Art sein, ruft nach § 81 Abs. 2 BetrVG eine neuerliche, an die veränderten Umstände angepasste Unterrichtungs- bzw. Belehrungspflicht des Arbeitgebers mit den oben[315] beschriebenen Inhalten des § 81 Abs. 1, Satz 1

---

[311] Es geht in letzter Konsequenz um die Persönlichkeitsentfaltung des Arbeitnehmers durch die Möglichkeit zur Mitgestaltung seiner Arbeit; vgl. *Egloff*, RDV 7 (1978), 138; ferner *Braun*, Unterrichtung, S. 147; *Bregenhorn*, Personalbeurteilung, S. 39 („Humanisierung"); *Brettschneider/Sondermann*, AuR 1980, 160; D/K/K (*-Buschmann*), § 81 BetrVG Rz. 1 und § 82 BetrVG Rz. 1; *F/K/H/E*, § 81 BetrVG Rz. 1 f.; *Wiese*, ZfA 1996, 474; GK (*-Wiese*), vor § 81 BetrVG Rz. 1, 15 ff. jeweils m.w.N.

[312] Vgl. hierzu *Bregenhorn*, Personalbeurteilung, S. 41; *Breisig/König/Wengelowski*, Mitarbeitergespräch, S. 54; *Brettschneider/Sondermann*, AuR 1980, 160. Im Öffentlichen Dienst gilt die Parallelvorschrift § 67 Abs. 1 S. 2 BPersVG.

[313] Information dient beispielsweise der Sicherung des Arbeitsplatzes (§ 82 Abs. 2); vgl. zum Thema Fördergespräche (Umschulung, Weiterbildung etc.) *Breisig/König/Wengelowski*, Mitarbeitergespräch, S. 57.

[314] Der Begriff des Arbeitsbereichs umfasst primär den konkreten Arbeitsplatz, aber darüber hinaus auch die räumlichen, organisatorischen und technischen Bedingungen der Arbeitsumgebung des Arbeitnehmers; vgl. D/K/K (*-Buschmann*), § 81 BetrVG Rz. 10; *F/K/H/E*, § 81 BetrVG Rz.18; H/S/G (*-Hess*), § 81 BetrVG Rz. 3. Beispiele für Veränderungen im Arbeitsbereich sind neben der Versetzung an einen anderen Arbeitsplatz (vgl. BAG AP Nr. 34 zu § 95 BetrVG) die Verwendung neuer Maschinen (auch Computer sowie Software) und Arbeitsstoffe, die Einführung anderer Arbeitsprozesse (Telearbeit, Gruppenarbeit etc.) und Managementmethoden; vgl. näher *Mikl-Horke*, Industrie- und Arbeitssoziologie, S. 141 ff. Weitere Beispiele nennen *Bächle*, DB 1973, 1401; *F/K/H/E*, § 81 BetrVG Rz. 18.

[315] Siehe oben 3. Kapitel C. II. 2.

(Unterrichtung) und Satz 2 (Belehrung) BetrVG hervor.[316] Vorausgesetzt wird allerdings, dass die Veränderung Auswirkungen auf den Arbeitnehmer oder dessen Arbeitsleistung haben.[317]

2.2. Unterrichtung gemäß § 81 Abs. 4 Satz 1 BetrVG (über vorgesehene Maßnahmen)

Über § 81 Abs. 2 BetrVG hinausgehend sieht § 81 Abs. 4 Satz 1 BetrVG[318] vor, dass der betroffene Arbeitnehmer bereits in der Planungsphase – also bevor eine konkrete Entscheidung über die geplante Maßnahme fällt[319] - vom Arbeitgeber über eine vorgesehene Maßnahme, die technische Anlagen, Arbeitsverfahren und Arbeitsabläufe oder Arbeitsplätze verändern wird[320] sowie alle ihre Auswirkungen auf den Arbeitsplatz, die Arbeitsumgebung und die Tätigkeit des Arbeitnehmers[321] zu unterrichten ist, sofern das eine Bedeutung für den einzelnen Arbeitnehmer hat.[322]

---

[316] Näher *Bächle*,DB 1973,1401; D/K/K(-*Buschmann*), § 81 BetrVG Rz. 10.

[317] Vgl. näher *Zander*, Mitarbeiterinformation, S. 150. Auch wenn der Arbeitnehmer an einen gleichartigen Arbeitsplatz mit der identischen Arbeit betraut wird, bestehen Informationsrechte, sofern und soweit sich die Arbeitsumstände ändern; ebenso u.a. *Weiss*, § 81 BetrVG Rz. 3 („... die Gesamtgefahrenlage kann sich durchaus verändern"); a.A *Bächle*, DB 1973, 1401; *F/K/H/E*, § 81 BetrVG Rz. 17; GK (-*Wiese*), § 81 BetrVG Rz. 8 jeweils m.w.N. Die abweichende Meinung übersieht jedoch, dass in diesem Fall der direkte Vorgesetzte wechseln mag, worüber der Arbeitnehmer sehr wohl zu informieren wäre; das erkennt trotz abweichender Ansicht auch *Bächle*, DB 1973, 1401.

[318] Zu den Parallelnormen auf kollektiv-rechtlicher Ebene §§ 90, 111 f. BetrVG vgl. etwa *Buchner*, ZfA 1988, 453 ff.; *Zander*, Mitarbeiterinformation, S. 132.

[319] Ebenso *Zander*, Mitarbeiterinformation, S. 128, 147. Sobald die Planung soweit fortgeschritten ist, dass sich konkrete Maßnahmen abzeichnen; vgl. *Wlotzke*, DB 1989, 116.

[320] Damit werden insbesondere die Einführung neuer Technologien, also Maschinen, Geräte, Computer, Hilfsmittel etc., aber auch der gesamte Bereich einer Neustrukturierung der Arbeit erfasst; vgl. näher zu den Begriffen „technische Anlagen, Arbeitsverfahren und –abläufe" sowie „Arbeitsplätze" *F/K/H/E*, § 90 Rz. 26 ff., 30 ff.; vgl. ferner BAG AP Nr. 15 zu § 106 BetrVG 1972. Bei allen anderen Veränderungen im Arbeitsbereich findet die allgemeine Regelung des § 81 Abs. 2 BetrVG Anwendung.

[321] Vgl. näher D/K/K (-*Buschmann*), § 81 BetrVG Rz. 12; *F/K/H/E*, § 81 BetrVG Rz. 24; H/S/G (-*Hess*), § 81 BetrVG Rz. 7 f.; *Weiss*, § 81 BetrVG Rz. 4; GK (-*Wiese*), § 81 BetrVG Rz. 19; *Wlotzke*, DB 1989, 116; *Zander*, Mitarbeiterinformation, S. 60.

[322] Vgl. *Wlotzke*, DB 1989, 116 („... Rechts- und Interessensphäre des einzelnen Arbeitnehmers ... berühren"). Sofern das für den Arbeitnehmer von Bedeutung ist, sind ihm zudem die Auswirkungen auf seine sozialen, wirtschaftlichen und persönlichen Verhältnisse mitzuteilen; ebenso D/K/K (-*Buschmann*), § 81 BetrVG Rz. 12. Sogar ökologische Auswirkungen sind zu nennen; vgl. *F/K/H/E*, § 81 BetrVG Rz. 24 m.w.N.

2.3. Erläuterung gemäß § 82 Abs. 2 Satz 1 Halbsatz 1 BetrVG (des Entgelts)

Ein spezielles Auskunftsrecht aus eigener Initiative gewährt der § 82 Abs. 2 Satz 1 Halbsatz 1 BetrVG.[323] Bestehen beim Arbeitnehmer Fragen oder Zweifel bezüglich der Berechnung oder Zusammensetzung seines Arbeitsentgelts,[324] so kann er detaillierte Erläuterung vom Arbeitgeber verlangen.[325]

2.4. Erörterung gemäß § 82 Abs. 2 Satz 1 Halbsatz 2 BetrVG (der Leistungsbeurteilung und der beruflichen Entwicklung)

Von großer Bedeutung – unter den Gesichtspunkten der Weichenstellung für das berufliche Fortkommen und der Humanisierung der Arbeit[326] - ist für den Arbeitnehmer die Erörterung der Beurteilung seiner Arbeitsleistung[327] und das Aufzeigen seiner beruflichen Perspektiven.[328] Diese Initiativrechte[329] gewährt

---

[323] Dieses Informationsrecht hat in der modernen Arbeitswelt, in der die Entgeltabrechnung in aller Regel mit Hilfe der elektronischen Datenverarbeitung erfolgt, große Bedeutung erlangt, da die Entschlüsselung der Lohn- und Gehaltsabrechnungen sehr viel schwieriger geworden ist; vgl. näher D/K/K (*-Buschmann*), § 82 BetrVG Rz. 7; *F/K/H/E*, § 82 Rz. 8 m.w.N.; *Weiss*, § 82 BetrVG Rz. 5.

[324] Der Begriff des Arbeitsentgelts umfasst alle Arten der Entlohnung, also neben dem Grundgehalt beispielsweise auch Zulagen, Prämien, vermögenswirksame Leistungen, Betriebsrenten, tarifliche und außertarifliche Bestandteile etc. und deren Berechnungsgrundsätze; vgl. *Besgen/Bleistein/Jüngst/Lorenz*, BetrVR, Rz. 402; D/K/K (*-Buschmann*), § 82 BetrVG Rz. 1 f., 6; *F/K/H/E*, § 82 BetrVG Rz. 1, 8; GK (*-Wiese*), § 82 BetrVG Rz. 12; *Weiss*, § 82 BetrVG Rz. 5.

[325] Vgl. etwa zu Fragen im Zusammenhang mit der Währungsumstellung von der D-Mark auf Euro *Bauer/Diller*, NZA 1997, 738 ff.

[326] Vgl. hierzu näher *Hentze/Kammel*, Personalwirtschaftslehre, S. 351 ff., 358; *Mikl-Horke*, Industrie- und Arbeitssoziologie, S. 274 ff. jeweils m.w.N.; siehe ferner Glaubrecht, Humanität und Rationalität in Personalpolitik und Personalführung, Freiburg i. Br. 1987. Bewertungskriterien spielen auch im Entlohnungssystem eine wichtige Rolle; siehe hierzu *Schmid*, BB 1970, 351 ff.

[327] Vgl. zu diesem Thema näher *Breisig/König/Wengelowski*, Mitarbeitergespräch, S. 178 ff. (sowie S. 60 f. zur Regelung des § 126 Abs. 1 BRRG für Beamte); *Fischer*, AiB 1998, 152 ff.; *Jedzig*, DB 1991, 860; *Zander*, AuA 1993, 202 jeweils m.w.N. *Acker*, Personal 1981, 332 ff. spricht sich für eine "Zweibahnbeurteilung", d.h. zusätzlich eine Vorgesetztenbeurteilung durch die Mitarbeiter, aus. Vgl. zu den Rechten des Betriebsrats bei Beurteilungsverfahren etwa *Breisig*, Personalbeurteilung, S. 205 ff.; *Jedzig*, DB 1991, 859 ff. jeweils m.w.N.

[328] Vgl. *Bregenhorn*, Personalbeurteilung, S. 41 m.w.N.; *Wiese*, ZfA 1971, 307.

[329] Die Initiative zur Einführung und Anwendung von Beurteilungsverfahren geht aber meist vom Unternehmer aus; ebenso *Breisig*, Personalbeurteilung, S. 27. Dabei werden systematisch Informationen über Mitarbeiterleistungen und –verhalten durch ausgewählte Bewerter gesammelt, bearbeitet und ausgewertet; vgl. etwa *Breisig*, Personalbeurteilung, S. 14 (ferner

ihm § 82 Abs. 2 Satz 1 Halbsatz 2 BetrVG. Sie werden in der arbeitsrechtlichen Praxis in aller Regel in einem Mitarbeitergespräch realisiert.[330]

Professionelle betriebliche Mitarbeiterbeurteilung[331] erfolgt heute in ziel- oder aufgabengerichteten Beurteilungsverfahren[332] auf allen Ebenen der Beschäftigungsgruppen. Mit der Verwirklichung einer modernen Personalführung geht einher, dass die Vereinbarung der Aufgaben- und Zielsetzungen sowie die Erörterung des Beurteilungsverfahrens und der Beurteilungsergebnisse mit dem Mitarbeiter fester Bestandteil der Personalbeurteilung wird.[333]

S. 41 ff. zu den verschiedenen Arten der Mitarbeiterbeurteilung und S. 46 ff. zu den Beurteilungsmethoden); *Fischer*, AiB 1998, 153 f.

330 Vgl. *Besgen/Bleistein/Jüngst/Lorenz*, BetrVR, Rz. 403; *Breisig/König/Wengelowski*, Mitarbeitergespräch, S. 54, 160 („Die Mitarbeiter haben Ansprüche auf das Führen solcher Gespräche"); *Bregenhorn*, Personalbeurteilung, S. 41; D/K/K (-*Buschmann*), § 82 BetrVG Rz. 1, 2; *F/K/H/E*, § 82 BetrVG Rz. 1 jeweils m.w.N.

331 In neuerer Zeit ist der Trend zu beobachten, Beurteilungsverfahren weniger formalistisch auszugestalten; vgl. zur Kritik an starren Beurteilungsverfahren *Becker*, AuA 1993, 298 ff.; *Breisig*, Personalbeurteilung, S. 113 ff.; *Fischer*, AiB 1998, 156 ff. jeweils m.w.N. Laut *Fischer*, a.a.O., S. 156 benutzen z.Zt. immer noch mehr als 50 % der Unternehmen mit mehr als 1000 Arbeitnehmern formalisierte Beurteilungsverfahren. *Gerhardt*, Personalakte, S. 153 m.w.N. betont andererseits, dass die Arbeitnehmer vor allzu subjektiven, nicht objektiv nachprüfbaren Wertungen zu schützen sind. In diesem Zusammenhang ist auf die Gestaltungsmöglichkeiten des Betriebsrats gemäß § 94 Abs. 2 BetrVG hinzuweisen, vgl. etwa *Breisig*, Personalbeurteilung, S. 208 ff.; *Fischer*, AiB 1998, 158 ff. jeweils m.w.N.

332 Beurteilungsverfahren werden verstärkt als direktes Instrument einer flexiblen und offenen Personalführung eingesetzt; vgl. *Breisig*, Personalbeurteilung, S. 14, 25, 59, 241; *Brinkmann*, Unternehmensführung, S. 84; *Fischer*, AiB 1998, 153, 156; *Hentze/Kammel*, Personalwirtschaftslehre, S. 126 f., 278 ff. Siehe ausführlich ferner *Bardens*, Führen und Entlohnen mit Zielvereinbarungen, Bergisch Gladbach 2000; *Liebel/Oechsler*, Personal: Neue Wege zur Bewertung von Leistung, Verhalten und Potential, Wiesbaden 1992.

333 Vgl. BAG DB 1979, 1703, das bei schlechten Bewertungen eine Pflicht des Arbeitgebers vorsieht, hierfür stichhaltige Gründe anzugeben. Ebenso *Bregenhorn*, Personalbeurteilung, S. 42 ff., 243; *Breisig/König/Wengelowski*, Mitarbeitergespräch, S. 42, 135 ff.; *Breisig*, Personalbeurteilung, S. 38, 85, 240 ff., 369; *Gola*, Personalinformationssysteme, S. 54; vgl. ferner *Fischer*, AiB 1998, 152, 156. *Schau*, Corporate Identity, S. 57 weist alledings darauf hin, dass mit der Einführung von Zielvereinbarungen nicht unbedingt auch der hierarchische Aufbau im Betrieb verändert wird. Der Arbeitnehmer kann in einem abschließenden Beurteilungsgespräch für gute Arbeitsleistungen ein belohnendes „feed back" erhalten und auf Mängel bzw. das etwaige Erfordernis einer Leistungsverbesserung hingewiesen werden; vgl. H/S/G (-*Hess*), § 82 BetrVG Rz. 5. *Zander*, Mitarbeiterinformation, S. 154, 172 („Anerkennung und Kritik"). Auf die Gefahr der Verwendung als Disziplinierungsinstrument weist *Breisig*, Personalbeurteilung, S. 136 ff. hin. Zudem wird dem Arbeitnehmer ermöglicht, Fehlbewertungen entgegenzutreten; vgl. *Weiss*, § 82 BetrVG Rz. 6

Damit ist die *Erörterung der beruflichen Entwicklung* im Betrieb bzw. Unternehmen eng verbunden.[334] Sie erfolgt in sogenannten Fördergesprächen oder in der Mitarbeiterberatung.[335] Bezweckt ist, dem Arbeitnehmer zu ermöglichen, realistische und nachhaltige berufliche Vorstellungen und Pläne zu entwickeln. Das ist ein nicht zu unterschätzender Faktor einer eigenverantwortlich handelnden Person und deren Persönlichkeitsverwirklichung. Das gilt um so mehr, als nicht allein die Aufstiegschancen aufgezeigt werden sollen, sondern auch die Möglichkeiten, sich auf veränderte Anforderungsprofile (beispielsweise durch das Ergreifen von Qualifizierungsmaßnahmen) einzustellen.[336] Das dient letztendlich auch der Sicherung des Arbeitsplatzes.

2.5. Recht zur Einsichtnahme in die Personalakte gemäß § 83 Abs. 1 BetrVG

Den Inhalt seiner Personalakte[337] kann der Arbeitnehmer[338] mit Hilfe seines Rechts auf Einsichtnahme gemäß § 83 Abs. 1 BetrVG[339] in Erfahrung brin-

[334] Vgl. zur Verknüpfung von Personalbeurteilung und Personalentwicklungsplanung *Breisig*, Personalbeurteilung, S. 124. Siehe ferner zum Thema Personalentwicklung *Kador*, Festschrift Fürstenberg, S. 135 ff.

[335] Vgl. ausführl. *Breisig/König/Wengelowski*, Mitarbeitergespräch, S. 190 ff.; *Hentze/Kammel*, Personalwirtschaftslehre, S. 354.

[336] Vgl. ausführlich zum Thema Weiterbildung *Hentze/Kammel*, Personalwirtschaftslehre, S. 361 ff.; *Mikl-Horke*, Industrie- und Arbeitssoziologie, S. 141 ff.; *Pawlowsky/Bäumer*, Festschrift Fürstenberg, S. 145 ff.

[337] Siehe zum Thema Personalaktenrecht ausführlich etwa *Geulen*, Die Personalakte in Recht und Praxis: Systematische kritische Darstellung des gesamten Rechts der Personalakte für Beamte, Angestellte, Arbeiter u.a. Berufsgruppen, Neuwied/Darmstadt 1984; *Hümmerich*, DB 1977, 541 ff.

[338] Ein Einsichtsrecht des nichteingestellten *Bewerbers* in seine Personalakte gemäß § 83 BetrVG verneinen GK (*-Wiese*), § 83 BetrVG Rz. 38; *Wiese*, ZfA 1971, 295 mangels Treuepflicht des Arbeitgebers. Zum selben Ergebnis gelangt *Gerhardt*, Personalakte, S. 59 m.w.N. mangels Vorliegen einer Personalakte im rechtlichen Sinne. Ein Einsichtsrecht des *ehemaligen* Mitarbeiters aus § 83 BetrVG verneinen *Gerhard*, Personalakte, S. 59 f; BGH NJW 1981, 1733 (für §§ 90 BBG, 56 BRRG); abweichend GK (*-Wiese*), § 83 BetrVG Rz. 38 (bejahend nur in Ausnahmen bei besonderem Anlass); weitergehend *Hunold*, AuA 1997, 364; Richardi (*-Richardi/Thüsing*), § 83 BetrVG Rz. 13 (bejahend bei konkretem Interesse des ehemaligen Arbeitnehmers). *Becker-Schaffner*, BlStSozArbR 1980, 178; *Gerhardt*, Personalakte, S. 60 wenden im nachvertraglichen Bereich § 83 BetrVG allerdings *analog* an. Zu denken ist zudem immer an die Informationsrechte nach dem BDSG !

[339] Eine entsprechende Vorschrift für leitende Angestellte ist § 26 Abs. 2 SprAuG; vgl. näher *Gerhardt*, Personalakte, S. 55 ff. m.w.N. Im BPersVG ist keine entsprechende Vorschrift vorgesehen, im Beamtenrecht gelten §§ 90 bis 90g BBG, für Arbeitnehmer im öffentlichen Dienst findet § 13 BAT Anwendung; vgl. *Breisig/König/Wengelowski*, Mitarbeitergespräch, S. 60; *F/K/H/E*, § 83 BetrVG Rz. 2; *Gerhardt*, a.a.O., S. 51 ff.

gen.[340] Die Norm bezweckt, dem Arbeitnehmer mittels seines[341] Einsichtsrechts ein Kontrollrecht[342] an die Hand zu geben, das ihm ermöglichen soll, Kenntnis zu erlangen über das Bild, das einem Dritten bei Durchsicht der Personalakte vermittelt wird.[343]

Der Zweck der Vorschrift rechtfertigt das Recht des Arbeitnehmers, in sämtliche[344] vom Arbeitgeber über ihn gesammelten Aufzeichnungen und Unterlagen[345] Einblick zu erhalten, seien sie in der (vom Arbeitgeber so genannten)

---

[340] Laut *Gerhardt*, Personalakte, S. 3 m.w.N. ist § 83 BetrVG nur als Teilregelung zum Problembereich der Personalakte anzusehen. Die Norm ist insofern nicht abschließend, als entsprechende oder weitergehende Rechte auch in Tarifverträgen vereinbart werden können; vgl. D/K/K (*-Buschmann*), § 83 BetrVG Rz. 1; H/S/G (*-Hess*), § 83 BetrVG Rz. 5 jeweils m.w.N.

[341] Es handelt sich um ein Individualrecht; ebenso etwa *F/K/H/E*, § 83 BetrVG Rz. 1.

[342] Etwaige Verstöße gegen das Persönlichkeitsrecht oder den Gleichbehandlungsgrundsatz, sei es durch unzulässige Eintragungen oder unangemessene Beurteilungen, können aufgedeckt werden; ebenso *Gerhardt*, a.a.O., S. 28; vgl. ferner *Winkler von Mohrenfels*, Informationsleistungspflichten, S. 65. Das kann in der Folge die in § 83 Abs. 2 BetrVG genannten Rechte hervorrufen (vgl. *Hanel*, Personal 1977, 168 (mit Hinweis auf LAG Hamm vom 30.10.1973, 3 Sa 563/73), zeitigt deshalb bereits präventive Wirkungen; vgl. BAG DB 1970, 886 (Abstrakte Gefährdung von Interessen des Arbeitnehmers); ebenso bereits *Söllner*, RdA 1968, 438. Außerdem kann dieses Recht die Geneigtheit des Arbeitnehmers, von seinen anderen (Informations- bzw. Beteiligungs-) Rechten Gebrauch zu machen, verstärken, indem es ihm ermöglicht, die Auswirkungen der Inanspruchnahme auf sein in der Personalakte vermitteltes Persönlichkeitsbild zu kontrollieren; vgl. *Weiss*, § 83 BetrVG Rz. 1. Dieser Gedanke findet sich auch im Volkszählungsurteil (BVerfG NJW 1984, 419, 422) wieder. Vgl. ferner zum Thema Inhaltskontrolle der Personalakte *Linnekohl/Töfflinger*, AuR 1986, 204 ff.

[343] Vgl. BAG DB 1970, 886; *Hanel*, Personal 1977, 168. Sehr weitreichend *Gerhardt*, Personalakte, S. 29, der der Ansicht ist, die Einsicht in die Personalakte trage als positive Komponente des § 83 Abs. 1 BetrVG zur Entwicklung der personalen Struktur des Arbeitsverhältnisses bei.

[344] Vgl. *Gerhardt*, Personalakte, S. 69 zur Möglichkeit der Vorlage eines Bestandsverzeichnisses über den Inhalt der Personalakte gemäß § 260 Abs. 1 BGB.

[345] Weder das BetrVG selbst noch die Gesetzesbegründung (BT-Drucks. VI/1786, S. 48 zu § 83 BetrVG) definieren den Begriff „Personalakte"; ebenso *Stengel*, BB 1976, 1083. Das BAG (AP Nr. 78 zu § 611 BGB – Fürsorgepflicht; ebenso LAG Hamm LAGE Nr. 28 zu § 630 BGB) vertritt in stRspr. einen materiellen Personalakten-Begriff, ebenso die h.M. (etwa *Besgen/Bleistein/Jüngst/Lorenz*, BetrVR, Rz. 405; D/K/K (*-Buschmann*), § 83 BetrVG Rz. 2 ff; *Däubler*, CR 1991, 478; *F/K/H/E*, § 83 BetrVG Rz. 4 f., 10; *Gola*, Datenschutz, S. 116; *Hunold*, AuA 1997, 364; *Schierbaum*, AiB 1993, 523; *Weiss*, § 83 BetrVG Rz. 2; GK (*-Wiese*), § 83 BetrVG Rz. 10 f.; *Wohlgemuth*, Arbeitnehmerdatenschutz, S. 179; *Zander*, Mitarbeiterinformation, S. 155 f. jeweils m.w.N.; a.A. *Stengel*, BB 1976, 1084). Dabei kann es sich unter anderem um Bewerbungsunterlagen, den Arbeitsvertrag, allgemeine Angaben zur Person des Arbeitnehmers, Abrechnungen, Zeugnisse und Leistungsprofile sowie andere schriftliche Mitarbeiterbeurteilungen (vgl. *Gerhardt*, a.a.O., S. 59, 151 m.w.N.), (ärztliche)

Personalakte selbst, in Neben- bzw. Sonderakten[346], außerhalb von Akten, in elektronischen Datenbanken[347] oder in jeglicher anderer Form oder an einem anderen Ort vermerkt bzw. bei einem Dritten verwahrt.[348]

Welche Informationen im Einzelfall zu der Personalakte genommen werden, ist eine Ermessensentscheidung des Arbeitgebers[349], die sich aber daran zu orientieren hat, ein umfassendes und zutreffendes Bild vom Arbeitnehmer und vom Verlauf des Arbeitsverhältnisses zu zeichnen.[350]

2.6. Recht auf Bescheidung im Beschwerdeverfahren gemäß § 84 Abs. 2 bzw. § 85 Abs. 3 BetrVG

Das Betriebsverfassungsgesetz[351] sieht seit 1972 ein individualrechtliches[352] Informationsrecht im Verfahren einer Beschwerde des Arbeitnehmers nach den §§ 84 ff. vor.[353]

Bescheinigungen, (graphologische) Gutachten und psychologische Eignungstestergebnisse (vgl. *Becker-Schaffner*, BlStSozArbR 1980, 177; *Bregenhorn*, Personalbeurteilung, S. 243 ff., 246 m.w.N.; einschränkend *Schlessmann*, BB 1972, 580 f.), Aufzeichnungen über Arbeits- und Krankheitsfälle, Abmahnungen, Unterlagen über Weiterbildungsmaßnahmen und weitere Angaben und Schriftwechsel, die in innerem Zusammenhang zu dem Arbeitsverhältnis stehen, handeln. *Nicht* zur Personalakte zählen dagegen u.a. ärztliche Befunde (vgl. *Schlessmann*, BB 1972, 580 f.; diese Unterlagen müssen laut BAG, CR 1988, 47 gesondert verschlossen aufbewahrt werden; zum Einsichtsrecht in ärztliche Krankenunterlagen vgl. BGH JZ 1985, 286 ff.), statistische Zusammenstellungen von Personaldaten zur unternehmerischen Globalplanung ohne bestimmten Bezug zum einzelnen Arbeitnehmer und zum Verlauf des Arbeitsverhältnisses (zum Beispiel Gehaltslisten des Arbeitgebers; vgl. in diesem Zusammenhang *F/K/H/E*, § 83 BetrVG Rz. 36 m.w.N.) sowie Prozessakten des Arbeitgebers (vgl. D/K/K (*-Buschmann*), § 83 BetrVG Rz. 3; *F/K/H/E*, § 83 BetrVG Rz. 6 jeweils m.w.N.) sowie andere rein betrieblichen Unterlagen (vgl. *Linnekohl/Töfflinger*, ArbuR 1988, 202).

[346] Geheimakten sind unzulässig; vgl. LAG Bremen, DB 1977, 1006, 1007; *F/K/H/E*, § 83 BetrVG Rz. 5; *Hanel*, Personal 1977, 168; H/S/G (*-Hess*), § 83 BetrVG Rz. 13 jeweils m.w.N. Deshalb ist in der Hauptpersonalakte ein Hinweis auf Nebenakten anzubringen; ebenso D/K/K (*-Buschmann*), § 83 BetrVG Rz. 2; H/S/G (*-Hess*), § 83 BetrVG Rz. 11.

[347] Ebenso *Breisig*, Personalbeurteilung, S. 227; *F/K/H/E*, § 83 BetrVG Rz. 3.

[348] Ebenso D/K/K (*-Buschmann*), § 83 BetrVG Rz. 2.

[349] Ebenso *Gola/Hümmerich*, BB 1974, 1167 f.; a.A. *Stengel*, BB 1976, 1083 f. Das grds. Recht des Arbeitgebers zur Personalaktenführung ist unumstritten; vgl. nur *Gerhardt*, Personalakte, S. 11 m.w.N. Eine Verpflichtung, eine Personalakte zu führen, besteht aber nicht; ebenso *Besgen/Bleistein/Jüngst/Lorenz*, BetrVR, Rz. 404; *Gerhardt*, a.a.O., S. 16.

[350] Vgl. *Bregenhorn*, Personalbeurteilung, S. 245; H/S/G (*-Hess*), § 83 BetrVG Rz. 12; *Hümmerich*, BB 1977, 996; GK (*-Wiese*), § 83 Rz. 10 ff.; vgl. auch LAG Bremen, BB 1977, 648.

[351] Eine entsprechende Vorschrift ist § 68 Abs. 1 Nr. 3 BPersVG; vgl. *Breisig/König/Wengelowski*, Mitarbeitergespräch, S. 60. Im SprAuG ist keine entsprechende Norm

Fühlt[354] sich der Arbeitnehmer im Zusammenhang mit dem Arbeitsverhältnis in irgendeiner Weise persönlich (rechtlich oder tatsächlich) beeinträchtigt, benachteiligt oder ungerechtfertigt behandelt, sei es durch ein Verhalten des Arbeitgebers oder das eines Betriebsangehörigen[355], so steht ihm das – an keine Form oder Frist[356] – gebundene Recht zur Beschwerde zu.[357]

Unabhängig davon, welche der beiden gesetzlich vorgesehenen und grundsätzlich gleichwertigen[358] Möglichkeiten einer Beschwerdeeinlegung der Arbeitnehmer wählt, – ob er sich also gemäß § 84 Abs. 1 BetrVG selbst an die zuständige Beschwerdestelle wendet[359] oder die Beschwerde nach § 85 Abs. 1 BetrVG beim Betriebsrat vorträgt, der sie gegebenenfalls an den Arbeitgeber

---

vorgesehen; vgl. *F/K/H/E*, § 84 BetrVG Rz. 3. Leitende Angestellte haben laut *Brettschneider/Sondermann*, AuR 1980, 161 m.w.N. dennoch ein Beschwerderecht; a.A. GK (-*Wiese*), vor § 81 BetrVG Rz. 21.

352 Als Ausfluß der arbeitsvertraglichen Beziehung ist das Beschwerderecht ein Individualrecht; ebenso D/K/K (-*Buschmann*), § 84 BetrVG Rz. 2; *F/K/H/E*, § 84 BetrVG Rz. 1.

353 Vgl. ausführlich zum Beschwerdeverfahren etwa *Brettschneider/Sondermann*, AuR 1980, 160 f.; siehe ferner *Löwisch*, DB 1972, 2304 ff.; *Moll/Klunker*, RdA 1973, 361 ff.

354 Es genügt schon das Gefühl; ebenso *Breisig/König/Wengelowski*, Mitarbeitergespräch, S. 59.

355 Vgl. *Besgen/Bleistein/Jüngst/Lorenz*, BetrVR, Rz. 411; näher *Brettschnieder/ Sondermann*, AuR 1980, 158 ff., insbesondere zu der Frage, ob im Rahmen der Bescheidung über gegen einen Kollegen verhängte Betriebsbußen informiert werden darf. *Brettschneider/ Sondermann*, AuR 1980, 161 f. bejahen das, solange dadurch keine Prangerwirkung erzeugt werde.

356 Laut h.M. ist keine Form und Frist einzuhalten; vgl. nur D/K/K (-*Buschmann*), § 84 BetrVG Rz. 13.

357 Vgl. *Breisig*, Personalbeurteilung, S. 227; *Brettschneider/Sondermann*, AuR 1980, 160 f.; H/S/G (-*Hess*), § 84 BetrVG Rz. 4; *Weiss*, § 84 BetrVG Rz. 2 m.w.N. In der Praxis kommt es hauptsächlich zu Beschwerden im Zusammenhang mit der Ausübung des Direktionsrechts und bezüglich der Arbeitsbedingungen; vgl. D/K/K (-*Buschmann*), § 84 BetrVG Rz. 5 ff. m.w.N. Weitere Beispiele für Beschwerdegründe nennt *F/K/H/E*, § 84 BetrVG Rz. 6 ff. Ein explizites Benachteiligungsverbot im Fall der Beschwerdeerhebung ergibt sich aus § 84 Abs. 3 BetrVG; vgl. hierzu *Besgen/Bleistein/Jüngst/Lorenz*, BetrVR, Rz. 414.

358 Zur Frage der Gleichwertigkeit der Verfahren vgl. *F/K/H/E*, § 84 BetrVG Rz. 1; H/S/G (-*Hess*), § 84 BetrVG Rz. 3; *Weiss*, § 84 BetrVG Rz. 1; GK (-*Wiese*) § 84 BetrVG Rz. 31; ferner *Hanau*, BB 1971, 488 f.; *Niederalt*, Individualrechte, S. 59 f., die auf Unterschiede in den Verfahren hinweisen. *Breisig/König/Wengelowski*, Mitarbeitergespräch, S. 59 bevorzugen das Verfahren des § 85 BetrVG, weil damit der Weg vor die Einigungsstelle eröffnet wird, wenn keine Einigung über die Behandlung der Beschwerde erzielt werden kann. Speziell zur Benachrichtigung des Arbeitnehmers nach § 85 Abs. 3 BetrVG im Einigungsstellenverfahren vgl. H/S/G (-*Hess*), § 85 BetrVG Rz. 12 m.w.N.

359 Deren Zuständigkeit ergibt sich aus dem organisatorischen Aufbau des Betriebes oder einer gesonderten Vereinbarung; vgl. D/K/K (-*Buschmann*), § 84 BetrVG Rz. 12; *F/K/H/E*, § 86 BetrVG Rz. 2; *Weiss*, § 84 BetrVG Rz. 4; GK (-*Wiese*), § 84 BetrVG Rz. 16. Siehe ferner ausführlich zu diesem Verfahrensweg *Löwisch*, DB 1972, 2304 f.

weiterleitet[360] – immer ist ihm gemäß § 84 Abs. 2 bzw. § 85 Abs. 3 BetrVG von Seiten des Arbeitgebers mitzuteilen, wie seine Beschwerde behandelt wird.[361] Das gilt auch für den Sonderfall, dass die Beschwerde im Fall des § 84 Abs. 1 BetrVG bei einer unzuständigen Stelle erhoben wurde. Dann ist der Arbeitnehmer darüber aufzuklären, wer die zuständige Stelle ist.[362]

3. Modalitäten der Informationserteilung, Durchsetzung der Informationsrechte und Sanktionierung von Verstößen

Für die Art und Weise der Informationserteilung kann auf die Ausführungen im Zusammenhang mit der Unterrichtung und Belehrung im Sinne von § 81 Abs. 1 BetrVG verwiesen werden.[363] Das gilt auch für die Durchsetzungs- und Rechtsfolgenproblematik bei Missachtung der Informationsrechte.[364]

Die herrschende Meinung nimmt an, dass der Arbeitnehmer einen Erfüllungsanspruch besitzt, wenn seine Rechte aus den §§ 81 ff. BetrVG missachtet werden. Hier ist dann auch an ein Zurückbehaltungsrecht im Rahmen des § 273 BGB (unter Beachtung des Verhältnismäßigkeitsprinzips) zu denken.

4. Stellungnahme zur bestehenden Rechtslage

Kritisch gegenüber den Informationsregelungen des BetrVG ist anzumerken, dass die verwendeten Begriffe zur Kennzeichnung der einzelnen Informationsarten nicht an allen Stellen stimmig sind. Als Beispiel sei hier genannt: Bei der Einführung in den Betrieb gemäß § 81 Abs. 1 Satz 1 BetrVG wird vom Gesetz von *Unterrichtung* gesprochen. Eigentlich geht es aber um eine *Unterweisung* des Arbeitnehmers, denn ihm wird erklärt, gezeigt, vorgemacht. Er kann zunächst unter Anleitung arbeiten und Fragen stellen.[365]

---

[360] Siehe ausführlich *Löwisch*, DB 1972, 2305 ff.

[361] Vgl. *Brettschneider/Sondermann*, AuR 1980, 160; *Haug*, Informationelle Strategien, S. 184. Vgl. ferner ausführlich zu sog. Konfliktgesprächen *Breisig/König/Wengelowski*, Mitarbeitergespräch, S. 193 ff.

[362] Ferner ist die Beschwerde an die zuständige Stelle weiterzuleiten; ebenso *Weiss*, § 84 BetrVG Rz. 4.

[363] Siehe 3. Kapitel 3 C. II. 3. Vgl. ferner etwa *Becker-Schaffner*, BlStSozArbR 1980, 177 ff. sowie *Schlessmann*, BB 1972, 579 ff. (für das Einsichtsrecht in die Personalakte).

[364] Siehe 3. Kapitel C. II. 4 sowie 4. Kapitel B. II. 3.2. und C. II.

[365] Vgl. hierzu *Zander*, Mitarbeiterinformation, S. 82f.

Darüber hinaus fällt auf, dass es in den Tatbeständen - wie bereits erwähnt - an Aussagen über die Möglichkeiten der Rechtsverfolgung und die Rechtsfolgen von Rechtsverstößen fehlt.[366] Das hängt damit zusammen, dass eine Festlegung der Qualität des jeweiligen Informationsrechts im BetrVG nur höchst undeutlich erfolgt. Als Beispiele seien § 81 Abs. 1 BetrVG („Der Arbeitgeber *hat* ....zu unterrichten"), § 82 Abs. 2 BetrVG („Der Arbeitnehmer *kann verlangen* ...") sowie § 83 Abs. 1 BetrVG („ Der Arbeitnehmer *hat das Recht* ...") aufgeführt. Ob es sich bei den Tatbeständen um subjektive Ansprüche des Arbeitnehmers handelt, ob er nur Begünstigter arbeitgeberseitiger Obliegenheiten ist oder ob die Tatbestände dem Arbeitnehmer noch weniger weitreichende Rechtspositionen einräumen, bleibt nach den Gesetzesformulierungen offen.

Beim Einsichtsrecht in die Personalakte ist die Forderung, aus dem Einsichtsrecht durch einen gesetzgeberischen Akt ein umfassendes Benachrichtigungsrecht zu machen, nicht unberechtigt.[367] Denn die Personalakte enthält ausschließlich personenbezogene Daten des Arbeitnehmers, die auf Nachfrage ohnehin offenzulegen sind. Das Kopieren (bzw. Ausdrucken einer Kopie) der Bestandteile der Personalakte und das Aushändigen an den Arbeitnehmer dürften keinen allzu großen Verwaltungsaufwand darstellen.

III. Informationsrechte nach anderen speziellen Normen im Überblick

Zahlreiche weitere spezielle Normen sehen für die Erfüllungsphase des Arbeitsvertrages Informationsrechte des Arbeitnehmers vor.[368] Von großer Bedeutung für den Arbeitnehmer sind die §§ 15 Abs. 1 des 5. VermBG[369] und 2 Abs. 6 BetrAVG[370], die im Zusammenhang mit der vermögensbildenden Leistung bzw. der betrieblichen Altersversorgung stehen.

Für den besonderen Personenkreis der befristet beschäftigten Arbeitnehmer oder derjenigen, die eine Veränderung ihrer Arbeitszeit wünschen und dem

---

366 Zu Recht wird allerdings eine Unwirksamkeit der Arbeitgebermaßnahmen gesetzlich nicht vorgesehen. Anders regeln das etwa die §§ 87, 102 Abs. 1 Satz 3 BetrVG; vgl. etwa *Haug*, Informationelle Strategien, S. 229 f.

367 Vgl. *Gola*, BB 1980, 587.

368 Zum Überblick vgl. *Haug*, Informationelle Strategien, S. 184 f. Siehe ferner *Hentschel*, Auskunfts-, Bescheinigungs- und Meldevorschriften im Personalwesen: Rechtssammlung gesetzlicher Informationspflichten, 5. Auflage, Frechen 2001.

369 Fünftes Gesetz zur Förderung der Vermögensbildung der Arbeitnehmer vom 7.9.1998 (BGBl. I S. 2647), zuletzt geändert durch Gesetz vom 26.6.2001 (BGBl. I S. 1310).

370 Gesetz zur Verbesserung der betrieblichen Altersversorgung vom 19.12.1974 (BGBl. I S. 3610), zuletzt geändert durch Gesetz vom 26.6.2001 (BGBl. I S. 1310).

Arbeitgeber angezeigt haben, ist auf das neue Gesetz über Teilzeitarbeit und befristete Arbeitsverträge hinzuweisen.[371] Gemäß §§ 7 Abs. 2 bzw. 18 TzBfG hat der Arbeitnehmer ein Recht darüber aufgeklärt[372] zu werden, wenn im Betrieb oder Unternehmen gleichwertige Arbeitsplätze mit geänderter Arbeitszeit bzw. unbefristete Arbeitsplätze besetzt werden sollen.[373]

IV. Exkurs: Informationsrechte der Belegschaft

Im folgenden soll ein kurzer Exkurs über die Informationsrechte der Belegschaft gemacht werden. Zwar ist bei diesen Informationsrechten nach den einschlägigen Gesetzen nicht der einzelne Arbeitnehmer Informationsadressat, aber die Mitarbeiter in ihrer Gesamtheit.[374] Eine Zwischenschaltung eines Vertretungsorgans, etwa des Betriebsrats, ist nicht oder nicht zwingend vorgesehen. Im Unterschied zu den §§ 81 ff. BetrVG sind die Informationsinhalte primär unternehmens- bzw. betriebsbezogen, sie können den einzelnen Arbeitnehmer, dessen Arbeitsplatz und Arbeitsvertrag aber durchaus (wenigstens mittelbar) betreffen.[375] Aus diesen Gründen haben diese Informationsrechte zumindest teilweise einen individualrechtlichen Charakter.[376]

1. Unterrichtung der Arbeitnehmer gemäß § 110 BetrVG (über die wirtschaftliche Lage und Entwicklung des Unternehmens) sowie Berichterstattung gemäß § 43 Abs. 2 Satz 3 BetrVG (in einer Betriebsversammlung)

1.1. Allgemeines

Gemäß *§ 110 Abs. 2 BetrVG* hat der Arbeitgeber ab einer Beschäftigtenzahl von mehr als 20 Arbeitnehmern die Belegschaft mindestens einmal im Kalendervierteljahr in Abstimmung mit dem Wirtschaftsausschuss und dem Betriebs-

---

[371] Rechtliche Basis dieses Gesetzes sind die beiden Richtlinien 97/81/EG und 1999/70/EG.

[372] Allerdings bedarf es im Rahmen der Information über Teilzeitarbeitsplätze einer vorhergehenden Anzeige des Änderungswunsches durch den Arbeitnehmer.

[373] Bei Verstößen gegen diese Vorschriften sind gesetzlich keine Sanktionen vorgesehen, ein Anspruch des Arbeitnehmers auf Schadensersatz besteht nicht. Der Betriebsrat kann allerdings gemäß § 99 Abs. 2 BetrVG seine Zustimmung zur personellen Einzelmaßnahme verweigern; vgl. näher *Kliemt*, NZA 2001, 68 sowie *ders.*, NZA 2001, 304.

[374] Vgl. *Haug*, Informationelle Strategien, S. 185. Auch *Vogt*, DB 1978, 1485 f. geht von der Nähe zwischen Belegschaft und einzelnem Arbeitnehmer aus.

[375] Ähnlich *Braun*, Unterrichtung, S. 1, 224.

[376] Auch *Haug*, Informationelle Strategien, S. 185 zählt diese Informationsrechte zu der Kategorie der Arbeitnehmer-Informationsrechte.

rat[377] über die wirtschaftliche Lage und Entwicklung des Unternehmens zu unterrichten.[378] Allerdings macht das Gesetz insoweit keine ausdrücklichen Aussagen, insbesondere bleibt im Dunkeln, was unter den Begriffen „wirtschaftliche Lage" und „Entwicklung" des Unternehmens zu verstehen ist.[379]

Unter Heranziehung der gängigen Auslegungsmethoden[380], insbesondere der Zugrundelegung „verwandter" Normen (§§ 2 Abs. 1,[381] 43 Abs. 2 Satz 3,[382] 53 Abs. 2 Nr. 2, 106 Abs. 2 und 3 (i.V.m. 108 Abs. 3 und 5),[383] 111 Satz 1 BetrVG,[384] sowie §§ 131, 160 Abs. 1 AktG[385] bzw. § 53 Abs. 1 GenG und § 29 Abs. 1 KWG[386]) und teleologischer Gesichtspunkte wird im Ergebnis ein relativ weit gehender Bereich von gegenwartsbezogenen (= wirtschaftliche Lage) und zukunftsorientierten (= Entwicklung) Informationsinhalten befürwortet.[387] So beinhaltet der Bericht unter anderem Angaben über die Produktion, die Markt- und Absatzlage (Umatz, Rentabilität, Auftragslage etc.), Fabrikations- und Arbeitsmethoden sowie zukünftige unternehmerische Vorhaben (= Investitionen, Rationalisierungsmaßnahmen, neue Fertigungs- und Arbeitsmethoden, Betriebsänderungen im Sinne des § 111 BetrVG,[388] Unternehmensumwandlungen

---

[377] Vgl. zu diesem Thema *Braun*, Unterrichtung, S. 22 ff., 27 ff. m.w.N.

[378] Vgl. *Vogt*, DB 1978, 1486.

[379] § 110 BetrVG spricht nur von der wirtschaftlichen Lage und Entwicklung des Unternehmens. Das Personal- und Sozialwesen sind hiervon nach Ansicht von *Zander*, Mitarbeiterinformation, S. 151 aber ebenfalls erfasst. Ebenso *Braun*, Unterrichtung, S. 17. Zu den Versuchen einer Konkretisierung vgl. ferner umfassend *Braun*, a.a.O., S. 10, 13 ff., 54, 98 ff. m.w.N.; insbesondere zur Parallele zum Lageberichts nach §§ 148, 160 Abs. 1 S. 1 AktG.

[380] Vgl. näher *Larenz*, Methodenlehre, S. 312 ff.

[381] Vgl. näher *Braun*, Unterrichtung, S. 109 ff.; *Vogt*, DB 1978, 1484.

[382] *Vogt*, DB 1978, 1486 spricht von einer praktischen Überschneidung der §§ 43 Abs. 2 Satz 3 und 110 BetrVG.

[383] Diese Normen zieht *Braun*, a.a.O., S. 15, 113 ff. zur analogen Heranziehung vor. Vgl. ferner *Vogt*, DB 1978, 1483 ff.

[384] Nur grundsätzlich ablehnend *Braun*, a.a.O., S. 111 ff. m.w.N.

[385] Hierbei geht es um die Darlegung des Geschäftsverlaufs und der wirtschaftlichen Lage der Gesellschaft sowie die Erläuterung des Jahresabschluss. Vgl. insoweit *Vogt*, DB 1978, 1483 ff., der aber zutreffend bei den Normen des Gesellschaftsrechts und denen des Betriebsverfassungsrechts unterschiedliche Informationszwecke erkennt: Einerseits die Darstellung der geschäftspolitischen unternehmerischen Entscheidungen, andererseits die Darstellung deren Auswirkungen auf die Belegschaft. *Braun*, Unterrichtung, S. 125 zieht allerdings eine Parallele zum Arbeitsrecht, wenn er davon ausgeht, dass es auch im Aktienrecht darum gehe, die (informationelle) Überlegenheit des Unternehmers zu vermindern.

[386] Während § 160 Abs. 1 AktG vom Geschäftsbericht spricht, befassen sich die §§ 53 Abs. 1 GenG sowie 29 Abs. 1 KWG mit den wirtschaftlichen Verhältnissen.

[387] Ebenso *Braun*, a.a.O., S. 114 f. zu § 106 BetrVG. Zum Gesamtkatalog der Informationsinhalt des § 110 BetrVG vgl. *dens*., a.a.O., S. 136 f.

[388] Sofern diese unternehmensweit von Bedeutung sind; ebenso *Braun*, Unterrichtung, S. 112.

im Sinne des UmwG); zudem Angaben über die finanzielle Lage des Unternehmens, weil andernfalls kein zutreffendes Gesamtbild über die wirtschaftliche Lage entstehen kann.[389] Auch spezifisch arbeitsrechtliche Inhalte müssen angesprochen werden, etwa Beschäftigungsmöglichkeiten, Belegschaftszahlen und Lohngefüge.[390] Alle Informationen sind in eine allgemeine Beurteilung der unternehmensrelevanten Marktsituation einzubetten.[391]

Nach *§ 43 Abs. 2 S. 3 BetrVG* ist der Arbeitgeber verpflichtet, einmal im Kalenderjahr im Rahmen einer Betriebsversammlung über die oben genannten Inhalte insoweit zu berichten, als betriebsinterne und –bezogene Themen (siehe § 45 BetrVG) behandelt werden.[392] Zudem ist über das betriebliche Personal- und Sozialwesen zu berichten.[393]

1.2. Modalitäten der Informationserteilung

Die Unterrichtung nach § 110 Abs. 1 BetrVG hat schriftlich zu erfolgen, wenn im Unternehmen in der Regel mehr als 1000 Arbeitnehmer ständig beschäftigt sind, andernfalls reicht gemäß Abs. 2 der Norm ein mündliches Informieren.[394] Aus der Sicht des Arbeitgebers ist die Schriftform der Unterrichtung wenig attraktiv. Zum einen weil die im Bericht enthaltenen Informationen „schwarz auf weiß" feststehen und folglich Bindungswirkung entfalten, zum anderen weil das gedruckte Wort sehr leicht in der Öffentlichkeit - zu der auch die Konkurrenz zählt - Verbreitung findet und Transparenz auf den Märkten eher nachteilige Wettbewerbswirkungen zu entfalten scheint.[395] Der Arbeitgeber wird sich deshalb weitgehend in Zurückhaltung üben und versuchen, den Lagebe-

---

[389] Ähnlich *Vogt*, DB 1978, 1486; a.A. insoweit *Braun*, Unterrichtung, S. 114, der jedoch auf S. 158 davon spricht, dass die Bilanz des Unternehmens zu übergeben ist.

[390] Weitere Einzelheiten über Informationen über das Personal- und Sozialwesen nennt *Braun*, a.a.O., S. 17, 128.

[391] Vgl. *Braun*, Unterrichtung, S. 136 zu dessen Auslegungsergebnis, das er in der Tendenz auch im Europarecht bestätigt sieht (S. 153 ff.) Deshalb kommt auch nicht die Unterrichtung mittels Aktionärsbrief in Frage; ebenso *Braun*, a.a.O., S. 141 f.; vgl. ferner *F/K/H/E*, § 110 BetrVG Rz. 6.

[392] Ebenso *Vogt*, DB 1978, 1486, der wirtschaftspolitische Fragen nicht erörtert sehen will. Eine Abgrenzung zu wirtschaftlichen Fragen hält er allerdings für schwierig.

[393] Vgl. *Vogt*, DB 1978, 1486. Weitere Berichterstattungen in Betriebsversammlungen sind bei Bedarf möglich. Selbstverständlich können immer auch zusätzliche Themen behandelt werden; ebenso *Zander*, Mitarbeiterinformation, S. 112.

[394] Vgl. *Vogt*, DB 1978, 1486. Zusätzlich ist weiterhin mindestens einmal jährlich auf der Betriebsversammlung mündlich zu berichten (§ 43 Abs. 2 BetrVG).

[395] Ebenso *Braun*, Unterrichtung, S. 9, 21. Vgl. auch *F/K/H/E*, § 110 BetrVG Rz. 6.

richt möglichst als globalen Überblick zu gestalten.[396] Dennoch sind die gesetzlichen Aussagen des § 110 BetrVG über den Gehalt und die Intensität des Informationsrechts der Belegschaft zu beachten.[397]

Der Unternehmensbericht gemäß §§ 110 BetrVG ist nach den Grundsätzen einer vertrauensvollen Zusammenarbeit mit dem Betriebsrat und – falls ein solcher besteht – mit dem Wirtschaftsausschuss[398] abzustimmen. Ein erzwingbares Einigungsstellenverfahren analog § 109 BetrVG für den Fall, dass bei dieser Abstimmung eine Einigung über die Informationsgewährung nicht zustande kommt, ist nicht vorgesehen.[399] Als Folge hat letztendlich der Unternehmer die Entscheidungsbefugnis darüber, was er mitteilen will und wie er die Unternehmenslage einschätzt.[400] Zum Ausgleich ist dem Betriebsrat das Recht einzuräumen, seine abweichende Position im Rahmen der Unterrichtung darzustellen.[401]

Fast selbstverständlich mutet an, dass die Unterrichtung wahrheitsgemäß zu erfolgen hat.[402] Darüber hinaus ist der Bericht so zu gestalten, dass er auch von wirtschaftlichen Laien – und das ist in der Regel sein Adressatenkreis – verstanden werden kann.[403] Der Bericht soll die Unternehmenszahlen und –fakten nicht nur nennen, sondern auch erläutern.[404] Er ist auch „zukunftsgerichtet".[405]

Besteht kein Schriftformerfordernis, kann die Unterrichtung gemäß § 110 Abs. 2 BetrVG auch in der Betriebsversammlung nach § 43 BetrVG – während der

---

[396] Dieses Recht billigen ihm u.a.; GK (*-Fabricius*), § 110 BetrVG Rz. 12; *Stege/Weinspach*, S. 542; *Vogt*, DB 1978, 1486 f. nach pflichtgemäßem Ermessen zu. Noch weitreichender *F/K/H/E*, § 110 BetrVG Rz. 6.

[397] Vgl. *Vogt*, DB 1978, 1486 f. Zur Verwendung von sog. Aktionärsbriefen ablehnend *Braun*, a.a.O., S. 19, 142 f.

[398] Oder den in § 107 Abs. 3 BetrVG genannten Stellen.

[399] Vgl. *Zander*, Mitarbeiterinformation, S. 146 zum Einigungsstellenverfahren des § 109 BetrVG.

[400] Ebenso *Braun*, Unterrichtung, S. 22; *F/K/H/E*, § 110 BetrVG Rz. 3; *Stege/Weinspach*, § 110 BetrVG, S. 542; *Vogt*, DB 1978, 1486; *Zander*, Mitarbeiterinformation, S. 150.

[401] Vgl. hierzu näher *Braun*, Unterrichtung, S. 23 f., 166 f.; *F/K/H/E*, § 110 BetrVG Rz. 3; *Weiss/Weyand*, § 110 Rz. 5 ff. jeweils m.w.N.

[402] Vgl. hierzu näher *Braun*, Unterrichtung, S. 21, der darauf hinweist, dass eine Überprüfung des Berichts durch sachverständige Gutachter - anders als im Recht der Aktiengesellschaft nach §§ 160, 162 ff. AktG – nicht vorgesehen ist. Eine gewisse Missbrauchskontrolle bietet allenfalls die erforderliche Abstimmung mit dem Betriebsrat bzw. Wirtschaftsausschuss.

[403] Ebenso *Vogt*, DB 1978, 1486. Vgl. näher *Braun*, Unterrichtung, S. 20, 33, 163, 188 f. und *ebenda*, S. 34, 189 f. zur Problematik ausländischer Mitarbeiter.

[404] Ebenso *Zander*, Mitarbeiterinformation, S. 150; ähnlich *Braun*, a.a.O., S. 157 f. („Die Übergabe von Bilanzen ist i.d.R. nicht ausreichend").

[405] Ebenso in Analogie zu § 106 BetrVG *Braun*, a.a.O., S. 31, 115.

Arbeitszeit[406] - erfolgen. Der Berichterstatter auf einer Betriebsversammlung sollte in der Lage sein, auftretende Fragen zutreffend beantworten zu können.[407]

Hinsichtlich der Modalitäten der Berichterstattung des Arbeitgebers nach § 43 Abs. 2 S. 3 BetrVG kann auf die oben genannten grundsätzlichen Ausführungen zum Unternehmensbericht verwiesen werden.[408] Allerdings gilt die Besonderheit, dass Bezugspunkt der Informationen hier nicht das Unternehmen, sondern der jeweilige Betrieb ist.

1.3. Durchsetzung der Informationsrechte und Sanktionierung von Rechtsverstößen

Eine fehlerhafte oder ganz unterbliebene Unterrichtung nach § 110 BetrVG erfüllt gemäß § 121 Abs. 1 BetrVG den Tatbestand einer Ordnungswidrigkeit.[409] Obwohl der Informationsgläubiger die Betriebsöffentlichkeit ist, kann das öffentlich-rechtliche Ordnungswidrigkeitsverfahren von jedermann, also auch von einem einzelnen Arbeitnehmer oder vom Betriebsrat,[410] durch die Anzeige der Ordnungswidrigkeit beim örtlich zuständigen Arbeitsministerium eingeleitet werden.[411]

Von Seiten des Betriebsrats kann zudem– auch auf Anregung oder Wunsch eines Arbeitnehmers - zur Durchsetzung der ordnungsgemäßen Unterrichtung der Weg vor die Einigungsstelle gemäß § 76 Abs. 6 BetrVG gesucht[412] bzw. vor die Arbeitsgerichte beschritten werden.[413] Nach h.M. hat der Betriebsrat aber kein Recht, die seiner Meinung nach unzureichende bzw. unzutreffende Unterrichtung durch den Arbeitgeber selbst korrigierend vorzunehmen, selbst wenn er die erforderlichen Informationen besitzt.[414] Eine Gegenmeinung, der zu fol-

---

[406] Vgl. ArbG Bochum, BB 1988, 1389; *Zander*, Mitarbeiterinformation, S. 111.

[407] Vgl. *Zander*, Mitarbeiterinformation, S. 150. *Braun*, a.a.O., S. 7 weist darauf hin, dass in der Praxis der Arbeitgeber nur in seltenen Fällen selbst auf der Betriebsversammlung erscheint.

[408] Vgl. näher *Braun*, Unterrichtung, S. 146, 222 ff.; *Vogt*, DB 1978, 1486.

[409] Vgl. näher *Braun*, Unterrichtung, S. 23, 165 f.

[410] Ebenso *Braun*, a.a.O., S. 166.

[411] Ebenso *Braun*, Unterrichtung, S. 166.

[412] Vgl. *Braun*, Unterrichtung, S. 164 f.

[413] Vgl. zu den Einzelheiten des Verfahrens *Braun*, Unterrichtung, S. 23 f., 165 f. m.w.N. Das BAG (AP Nr. 1 zu § 69 BetrVG 52) geht von einem Beschlussverfahren aus.

[414] Vgl. Richardi (*-Richardi/Annuß*), § 110 BetrVG Rz. 10 m.w.N. Das BAG (AP 1 zu § 69 BetrVG 1952) lehnt sogar die Möglichkeit ab, im Tätigkeitsbericht des Betriebsrats nach § 43 Abs. 1 Satz 1 BetrVG Stellung zu nehmen.

gen ist, spricht dem Betriebsrat jedoch das Recht zur Gegendarstellung zu.[415] Hätte der Betriebsrat dieses Recht nicht, könnte der falsche Eindruck entstehen, er schweige, weil er dem unter den Betriebsparteien abgestimmten Bericht (§ 110 BetrVG) zustimme.

1.4. Stellungnahme zur bestehenden Rechtslage

Der Zweck beider Informationsnormen besteht in der Vermittlung von unmittelbaren Kenntnissen, die es dem einzelnen Arbeitnehmer ermöglichen, den wirtschaftlichen Zustand seines Betriebes/Unternehmens beurteilen zu können, um seine zukünftigen beruflichen Dispositionen - insbesondere mit Blick auf den Erhalt seiner Arbeitsstelle - darauf einzustellen.[416] Der Zusammenhang mit § 82 Abs. 2 Satz 1 ist unverkennbar. Mit Hilfe der betriebswirtschaftlichen Kenntnisse lassen sich persönliche Entscheidungen (Umschulung, Fortbildung, Stellenwechsel, veränderte Gehaltsforderungen etc.) auf eine verlässliche Wissensgrundlage stellen.[417]

Dabei werden im Bereich der wirtschaftlichen Angelegenheiten des Unternehmens – wie oben gezeigt - auch vereinzelte Bereiche angesprochen, die im Kern bis in eigentumsrechtliche Grundpositionen und Befugnisse des Unternehmers hineinreichen, die nach der gegebenen Eigentumsordnung grundsätzlich frei von Einflüssen Dritter bleiben sollen.[418] Allerdings ist die unternehmerische Freiheit und die eigentumsrechtliche Garantie, Zielsetzungen und Entscheidungen auf Unternehmensebene unbeeinflusst von Außenstehenden festlegen zu können,[419] durch das nachgelagerte Informationsrecht nicht direkt eingeschränkt.[420] Denn nicht die einzelne unternehmerische Maßnahme steht im Vordergrund, sondern deren nachgelagerte Auswirkungen auf die Belegschaft. Außerdem sind die Ziel- und Zwecksetzungen der Informationsrechte im Gesellschafts- und im Betriebsverfassungsrecht zwar auf den ersten Blick unterschiedlich, aber alle am Unternehmen/Betrieb Beteiligten verbindet als gemeinsamer Wertemaßstab die Orientierung am Gesamtwohl.[421]

---

[415] Vgl. *Braun*, a.a.O., S. 25, S. 166 f.; *Gnade/Kehrmann/Schneider/Klebe*, § 110 BetrVG Rz. 2; *Weiss/Weyand*, § 110 BetrVG Rz. 5 ff.
[416] Ebenso *Braun*, Unterrichtung, S. 106 f.; *Vogt*, DB 1978, 1487.
[417] Vgl. *Braun*, Unterrichtung, S. 108, 129 f., 162.
[418] Vgl. *Zander*, Mitarbeiterinformation, S. 143 f.
[419] Vgl. *Zander*, Mitarbeiterinformation, S. 145.
[420] Allenfalls den betriebsverfassungsrechtlichen Organen ist nach geltendem Recht die Befugnis zur Beratung und (Mit-) Entscheidung auf Unternehmensebene eingeräumt, vgl. *Braun*, Unterrichtung, S. 106.
[421] Ähnlich *Vogt*, DB 1978, 1487 f.

Ein weitere Überlegung tritt hinzu: § 43 Abs. 2 Satz 3 BetrVG gibt dem Arbeitgeber ausdrücklich das Recht, Betriebs- und Geschäftsgeheimnisse schützen zu können.[422] Zwar wird diese Informationsgrenze in § 110 BetrVG nicht ausdrücklich genannt, aber ihre analoge Anwendbarkeit liegt nahe.[423] Eine uferlose Transparenz hat der Unternehmer folglich nicht zu befürchten.

An der Effektivität der Informationsrechte kann allerdings gezweifelt werden. Häufig ist der Arbeitnehmer gar nicht in der Lage, die gesamten und durchaus komplexen Informationen zu durchschauen. Dies allein entbindet den Arbeitgeber aber nicht von seiner Pflicht zur Information, sondern verstärkt den Bedarf nach durchschaubarer Information.

2. Weitere Informationsrechte der Belegschaft im Überblick

2.1. Einblick in das Handelsregister (bzgl. des handelsrechtlichen Jahresabschlusses)

Im Jahresabschluss gemäß §§ 242, 264 HGB wird die Vermögens- Finanz- und Ertragslage der betreffenden Kapitalgesellschaft dargestellt. Diese ist gemäß den gesetzlichen Gewinnerläuterungsprinzipien zu erläutern.[424] Informationsadressat des Jahresabschlusses sind auch die Arbeitnehmer in ihrer Gesamtheit,[425] denn auch sie werden durch die Entscheidungen der Geschäftsführung betroffen.[426] § 325 Abs. 1 HGB öffnet den Zugang der Öffentlichkeit zu den im Jahresabschluss enthaltenen Informationen, indem er dessen Einreichung zum Handelsregister vorsieht. Allerdings darf nicht unerwähnt bleiben, dass der Jahresabschluss recht grober Natur ist,[427] er gewährt nur ein den tatsächlichen Verhältnissen entsprechendes Globalbild[428] und allenfalls die Entwicklungsrichtung der wirtschaftlichen Lage. Zudem sind die Angaben oftmals geradezu

---

[422] Vgl. hierzu näher *Zander*, Mitarbeiterinformation, S. 128 m.w.N.; *Braun*, a.a.O., S. 17. Anders als alle Betriebsratsvertreter nach § 79 BetrVG verpflichtet sind, Stillschweigen über Betriebs- und Geschäftsgeheimnisse nach außen zu bewahren, können Arbeitnehmer nur im Rahmen ihrer Treuepflicht gegenüber dem Arbeitgeber zur Verschwiegenheit verpflichtet werden. Zum Geheimhaltungsvorbehalt der Mitglieder des Wirtschaftsausschusses vgl. *Zander*, Mitarbeiterinformation, S. 146.

[423] Vgl. *Braun*, Unterrichtung, S. 17, 139, 158.

[424] Vgl. zu diesem Thema ausführlich *Flury*, Gewinnerläuterungsprinzipien, Frankfurt am Main/Berlin/Bern/Brüssel/New York 1999.

[425] Ebenso *Flury*, Gewinnerläuterungsprinzipien, S. 33 ff.; *Volk*, BB 1987, 724 jeweils m.w.N.

[426] Zu den Informationsgrenzen vgl. *Flury*, Gewinnerläuterungsprinzipien, S. 2, 188 ff.

[427] Ebenso *Flury*, Gewinnerläuterungsprinzipien, S. 48 f., 54, 196.

[428] Siehe § 264 II S. 1 HGB.

als Zahlenakrobatik zu bezeichnen und dementsprechend mit Vorsicht zu genießen.[429]

Richtig verstanden ist der Jahresabschluss aber auch eine Chance des Unternehmers zur umfassenden Selbstdarstellung im Sinne einer Dokumentation der Unternehmenskultur und –identität, angereichert mit relevanten Fakten. Der Jahresabschluss prägt nicht allein die Grundeinstellung der Aktionäre und kreditgewährenden Banken, sondern auch die der (zukünftigen) Mitarbeiter.

2.2. Aushang und Auslegung von anzuwendenden Vorschriften

Gegenüber den Arbeitnehmern sind die jeweils maßgeblichen Fassungen der Tarifverträge (gemäß § 8 TVG), der geltenden Betriebsvereinbarungen (gemäß § 77 Abs. 2 S. 3 BetrVG), des Arbeitszeitgesetzes (gemäß § 16 Abs. 1 ArbZG), des Mutterschutzgesetzes (gemäß § 18 Abs. 1 MSchG), des Jugendarbeitsschutzgesetzes (gemäß § 47 JArbSchG) sowie des Wortlauts der §§ 611a, 611b, 612 Abs. 3, 612a BGB sowie § 61b ArbGG (gemäß Art. 2 des Gesetzes über die Gleichbehandlung von Männern und Frauen am Arbeitsplatz[430]) zur Bekanntgabe[431] durch Aushang oder Auslage an allgemein zugänglicher Stelle im Betrieb zur Kenntnis zu bringen.[432]

Bei diesen Vorschriften handelt es sich um Obliegenheiten[433] mit Aufklärungscharakter.[434] Ihre Verletzung führt grundsätzlich nicht zu Schadensersatz-

---

[429] So sind etwa stille Reserven und Lasten Schlupflöcher für Grauzonen.

[430] Vom 13.08.1980 (BGBl. I S. 1308) i.d.F. von Art. 9 des 2. GleiBG v. 24.6.1994 (BGBl. I S. 1406). Diese Vorschrift gilt ab in der Regel mehr als 5 beschäftigten Arbeitnehmern.

[431] Die Bekanntgabe hat im Hinblick auf den Abschluss von Betriebsvereinbarungen und Tarifverträgen keine konstitutive Wirkung; vgl. *F/K/H/E*, § 77 BetrVG Rz 24; Richardi (-*Richardi*), § 77 BetrVG Rz. 40 jeweils m.w.N. Allerdings könnte seit der Anwendbarkeit der §§ 305 ff. BGB (früher: AGBG) im Arbeitsrecht eine Einbeziehung in den Arbeitsvertrag problematisch sein, wenn im Arbeitsvertrag kein ausdrücklicher Hinweis auf die geltenden BV bzw. TV erfolgt (siehe § 305 Abs. 2 Nr. 1 BGB); jedoch gilt gemäß § 310 Abs. 4 Satz 2 BGB für Arbeitsverträge dieses Hinweiserfordernis gerade nicht; vgl. hierzu *Thüsing*, BB 2002, 2670; zur Rechtslage vor der Schuldrechtsmodernisierung vgl. BAG DB 2000, 96, 97.

[432] Möglich sind etwa die Auslegung von Abschriften, Veröffentlichung in der Werkszeitung, Aushänge am Schwarzen Brett etc.; vgl. *F/K/H/E*, § 77 BetrVG Rz. 24.

[433] Vgl. BAG NZA 1999, 605 f. (Der Arbeitgeber kann sich bei fehlerhafter Auslegung des Tarifvertrages nicht auf eine Ausschlussfrist berufen). Ebenso *Höland*, ArbuR 1996, 91; *Preis*, Vertragsgestaltung, S. 61 f.; a.A. D/K/K (-*Berg*), § 77 BetrVG Rz. 33; *F/K/H/E*, § 77 BetrVG Rz. 24; (für Betriebsvereinbarungen: Ordnungsvorschrift); *Galperin/Löwisch*, § 77 BetrVG Rz. 13; GK (-*Kreutz*), § 77 BetrVG Rz. 42; BAG AP Nr. 43 zu § 4 TVG – Ausschlussfristen (für Tarifverträge: Ordnungsvorschrift).

ansprüchen,[435] sie sind zudem keine Schutzgesetze im Sinne von § 823 Abs. 2 BGB.[436] Als Rechtsfolge der Missachtung kann sich der Arbeitgeber nicht auf für ihn günstige Bestimmungen innerhalb der nicht bekannt gegebenen Vorschriften bzw. Vereinbarungen berufen, wenn er Rechte geltend macht.[437]

E. Informationsrechte im Zusammenhang mit der Beendigung des Arbeitsvertrages

I. Informationsrechte nach dem Bürgerlichen Gesetzbuch, Kündigungsschutzgesetz und dem Betriebsverfassungsgesetz

1. Vorbemerkungen

Das BGB ist für arbeitsrechtliche Informationsregelungen nur ausnahmsweise das einschlägige Gesetz. Regelungen finden sich allerdings im Zusammenhang mit der Beendigung des Arbeitsvertrages. Neben dem Recht des Arbeitnehmers ein Zeugnis zu bekommen, erhält er unter bestimmten Voraussetzungen auch Informationen im Zusammenhang mit einer Kündigung. Hierzu finden sich zudem Regelungen im KSchG und im BetrVG.

Mit dem Gesetz zur Änderung des Seemannsgesetzes und anderer Gesetze,[438] das am 1.4.2002 in Kraft getreten ist, wurde § 613a BGB geändert und an die ständige Rechtsprechung der Arbeitsgerichte angepasst.[439]

---

[434] Die Information hat also nicht erst auf An- oder Nachfrage hin zu erfolgen; vgl. *F/K/H/E*, § 77 BetrVG Rz. 24; *Galperin/Löwisch*, § 77 Rz. 13; H/S/G (*-Hess*), § 77 BetrVG Rz. 123; a.A. GK (*-Kreutz*), § 77 BetrVG Rz. 43; MüArbR (*-Matthes*), § 319 Rz. 17; BAG AP Nr. 1 zu § 1 TVG – Bezugnahme auf Tarifvertrag; offen gelassen *BAG* NZA 1999, 605, 606.

[435] Laut *F/K/H/E*, § 77 BetrVG Rz. 25; D/K/K (*-Berg*), § 77 BetrVG Rz. 33 kommt aber wegen einer Verletzung der vertraglichen Fürsorgepflicht des Arbeitgebers eine Schadensersatzpflicht in Betracht.; a.A. GK (*-Kreutz*), § 77 BetrVG Rz. 44; Richardi (*-Richardi*), § 77 BetrVG Rz. 41.

[436] Ebenso *F/K/H/E*, § 77 BetrVG Rz. 25 (für Betriebsvereinbarungen).

[437] Vgl. *Höland*, ArbuR 1996, 91; *Preis*, Vertragsgestaltung, S. 394 ff.; ArbG Hamburg ArbuR 1987, 34.

[438] Dieses Gesetz dient mit der Änderung des § 613a BGB der Umsetzung der Richtlinie 2001/23/EG zur Angleichung der Vorschriften der Mitgliedstaaten über die Wahrung von Ansprüchen der Arbeitnehmer beim Übergang von Unternehmen, Betrieben oder Unternehmens- oder Betriebsteilen (ABl. EG 2001 Nr. L 82 S. 16); vgl. näher hierzu (kritisch) *Franzen*, RdA 2002, 258 ff.; *Gaul/Otto*, DB 2002, 634; *Meyer*, AuA 2002, 159 ff.

[439] Ein Rückgriff auf § 81 Abs. 2 oder § 81 Abs. 4 BetrVG ist damit nicht erforderlich. Zum Zusammenhang zw. Betriebsübergang und Betriebsänderung im Sinne des § 111 BetrVG und den einhergehenden Informationsrechten des Betriebsrats vgl. *Franzen*, RdA 2002, 260, 262.

§ 613a BGB beinhaltete auch schon vor seiner Ergänzung durch die neu eingeführten Absätze 5 (Informationsrecht) und 6 (Widerspruchsrecht) nach der ständigen Rechtsprechung des Bundesarbeitsgerichts einen Teilaspekt der hier behandelten Informationsproblematik. Aus Art. 1, 2 und 12 GG wurde dem Arbeitnehmer ein Recht auf Widerspruch gegen den Übergang seines Arbeitsvertrages nach § 613a BGB auf den Erwerber des Betriebs zugesprochen.[440] Denn der Betriebsinhaberwechsel kann für den Mitarbeiter mit wesentlichen Änderungen der Arbeitsbedingungen und der beruflichen Entwicklung verbunden sein.[441] Um das Widerspruchsrecht wirksam ausüben zu können, konnte davon ausgegangen werden, dass zuvor eine ausreichende Information über die Bedeutung und Tragweite dieser Entscheidung zu erfolgen hatte.[442]

Diesen Zusammenhang realisiert die Neuregelung, indem sie den Fristbeginn der einmonatigen Widerspruchsfrist des Arbeitnehmers gemäß § 613a Abs. 6 mit dem Zugang der Unterrichtung nach Abs. 5 der Norm verknüpft.[443]

2. Die Informationstatbestände

2.1. Informationsrechte bei einer Kündigung des Arbeitsvertrages durch den Arbeitgeber

Nach h.M. ist eine Information im Zusammenhang mit der Kündigungserklärung, insbesondere die Mitteilung einer Begründung für die Kündigung,[444] nicht

---

[440] Seit BAG AP Nr. 1 zu § 613a BGB; zuletzt BAG AP Nr. 215 zu § 613a BGB; ebenso EuGH ZIP 1993, 221 ff. (Grundrecht des Arbeitnehmers auf freie Arbeitsplatzwahl); EuGH NJW 2002, 811; vgl. ferner Erfurter Kommentar (*-Preis*), § 613a BGB Rz. 84 ff.; siehe zu diesem Thema ausführlich *Menze*, Das Widerspruchsrecht der Arbeitnehmer beim Betriebsübergang, Frankfurt am Main/Berlin/u.a. 2000; zur Kritik der arbeitsrechtlichen Literatur vgl. *Gaul/Otto*, DB 2002, 636 m.w.N. Zum Übergang des Arbeitsverhältnisses vgl. näher *Lutter*, § 324 UmwG Rz. 13. Damit sind unter anderem auch abgeschlossene Tarifverträge und Betriebsvereinbarungen mit umfasst; vgl. *Lutter*, § 324 UmwG Rz. 14 ff.

[441] Das scheint den größeren bürokratischen Aufwand der Informationserteilung zu rechtfertigen; a.A. *Bauer/v.Steinau-Steinrück*, ZIP 2002, 457.

[442] Vgl. BR-Drs. 831/01, S. 25 f.; ferner BAG BB 1998, 1421, 1422; ferner ausführlich *Dreher*, BB 2000, 2358 ff. m.w.N. Allerdings bestehen laut BAG AP Nr. 102 zu 613a BGB (unter B V 1b) nicht sehr hohe Anforderungen an den Umfang der Information. Es reiche, wenn der Arbeitnehmer über die für weitere Erkundigungen erforderlichen Grundlagen verfüge; vgl. hierzu ausführlich *Franzen*, RdA 2002, 263.

[443] Vgl. BT-Drs. 14/7760, S. 41, 43. Zu den Vor- und Nachteilen dieser Regelung vgl. *Franzen*, RdA 2002, 259, 262 f.; *Meyer*, AuA 2002, 160.

[444] Vgl. *Kittner/Trittin*, § 626 BGB Rz. 27 (für die außerordentliche Kündigung); ferner *Gamillscheg*, Grundrechte, S. 59; Palandt (*-Putzo*), vor § 620 BGB Rz. 35 f. (ordentliche

erforderlich. Allerdings sehen die §§ 623, 626 Abs. 2 Satz 3 BGB; § 1 Abs. 3 Satz 1 KSchG sowie § 102 Abs. 4 BetrVG Ausnahmen vor.

2.1.1. Schriftform der Kündigung gemäß § 623 BGB

Zur Beendigung eines Arbeitsvertrages ist die Schriftform erforderlich.[445] Mag damit zunächst eine Informations*art* gesetzlich näher umschrieben sein, so offenbart sich aus dieser Vorschrift gleichzeitig, dass die Kündigung als einseitige, empfangsbedürftige Willenserklärung mit dem Inhalt, das Arbeitsverhältnis zu einem bestimmten bzw. bestimmbaren Zeitpunkt (ordentliche Kündigung) oder ohne Bindung an die Frist der §§ 621, 622 BGB (außerordentliche Kündigung) beenden zu wollen, als formbedürftige Willenserklärung bereits eine Information darstellt.[446]

2.1.2. Mitteilung gemäß § 626 Abs. 2 Satz 3 BGB (bei einer außerordentlichen Kündigung)

Im Falle einer außerordentlichen Kündigung aus wichtigem Grund ist gemäß § 626 Abs. 2 Satz 3 BGB die arbeitgeberseitige Kündigungserklärung gegenüber dem Arbeitnehmer auf dessen Verlangen mit der Angabe des Kündigungsgrundes zu ergänzen.[447] Dadurch soll dem Arbeitnehmer ermöglicht werden, das Vorliegen des wichtigen Kündigungsgrundes und die Einhaltung der Kündigungsschutzbestimmungen durch den Arbeitgeber zu kontrollieren.[448]

2.1.3. Angabe der Gründe für die soziale Auswahl gemäß § 1 Abs. 3 Satz 1 letzter Halbsatz KSchG

Eine Parallelvorschrift[449] für ordentliche betriebsbedingte arbeitgeberseitige Kündigungen ist § 1 Abs. 3 Satz 1 letzter Halbsatz KSchG. Danach hat der Arbeitgeber den Arbeitnehmer auf Verlangen über die Gründe zu informieren, die

---

Kündigung); BAG AP Nr. 65 -außerordentliche Kündigung). Eine Ausnahme bildet insoweit § 15 Abs. 3 BerBG; vgl. BAG AP Nr. 1 zu § 15 BerBG.

[445] Vgl. näher zum Normzweck KR (-*Spilger*), § 623 BGB Rz. 16 f. Siehe ausführlich zu diesem Thema ferner *Kliemt*, Formerfordernisse im Arbeitsverhältnis, Köln 1994.

[446] Vgl. ausf. KR (-*Spilger*), § 623 BGB Rz. 116 ff. Beachte: Der Kündigungsgrund ist nicht dem Schriftformerfordernis des unterworfen; vgl. KR (-*Spilger*), § 623 BGB Rz. 139.

[447] Vgl. etwa *Kittner/Trittin*, § 626 BGB Rz. 294 ff.

[448] *Winkler von Mohrenfels*, Informationsleistungspflichten, S. 65: „relatorische" Pflicht.

[449] Allerdings geht es hierbei nicht um die Darlegung der Kündigungsgründe.

zu der getroffenen sozialen Auswahl geführt haben.[450] Auch diese Information dient der Überprüfbarkeit (vor allen Dingen zur Abwägung der Prozessrisiken im Hinblick auf die Darlegungs- und Beweislast gemäß § 1 Abs. 3 Satz 4 KSchG[451]) der Arbeitgeberentscheidung.[452] Sie hat folglich umfassend alle Auswahlkriterien für die soziale Auswahl und deren Gewichtungen zu enthalten. Auch die maßgeblichen betrieblichen Gründe, die bei der sozialen Auswahl Bedeutung erlangt haben, sind mitzuteilen.[453]

2.1.4. Zuleitung der Betriebsrat-Stellungnahme gemäß § 102 Abs. 4 BetrVG

Vor dem Ausspruch jeder Kündigung – auch einer außerordentlichen – ist der Betriebsrat gemäß § 102 Abs. 1 BetrVG zu hören. Dies hat unter Angabe der Kündigungsgründe sowie aller anderen relevanten Tatsachen zu erfolgen. Entschließt sich der Betriebsrat daraufhin innerhalb der Erklärungsfrist von einer Woche einen (schriftlichen) Widerspruch gegen eine ordentliche Kündigung einzulegen, dann ist dieser als Information dem ordentlich[454] zu kündigenden Arbeitnehmer nach § 102 Abs. 4 BetrVG durch den Arbeitgeber zuzuleiten.[455] Der Zweck dieser Vorschrift ist erneut, dem Arbeitnehmer die Abschätzung der Erfolgsaussichten einer etwaigen Kündigungsschutzklage zu erleichtern.

2.2. Zeugniserteilung gemäß § 630 BGB

Bei Beendigung des Arbeitsvertrages[456] hat der Arbeitnehmer[457] gemäß § 630 BGB einen Anspruch[458] gegenüber seinem Arbeitgeber auf Zeugniserteilung.[459]

---

[450] Vgl. näher *Dütz*, Arbeitsrecht Rz. 339 ff.; *Gamillscheg*, Grundrechte, S. 59; *Haug*, Informationelle Strategien, S. 184; *Winkler v. Mohrenfels*, Informationsleistungspflichten, S. 65.

[451] Vgl. hierzu näher etwa D/W/H/H/K/N (*-Dorndorf*), § 1 KSchG Rz. 1168 ff., 1174 ff.; *Hueck/Hoyningen-Huene/Linck*, § 1 KSchG Rz. 492 ff. jeweils m.w.N.

[452] Vgl. D/W/H/H/K/N(*-Dorndorf*), § 1 KSchG Rz. 1174 f.; KR (*-Etzel*), § 1 KSchG Rz. 679.

[453] Vgl. näher D/W/H/H/K/N (*-Dorndorf*), § 1 KSchG Rz. 1168 ff.; KR (*-Etzel*), § 1 KSchG Rz. 681; *Hueck/Hoyningen-Huene/Linck*, § 1 KSchG Rz. 490; BAG AP Nr. 10 und 17 zu § 1 KSchG – soziale Auswahl.

[454] Eine Anwendung auf außerordentliche Kündigungssachverhalte scheidet aus. Laut *Zander*, Mitarbeiterinformation, S. 141 erfassen zwar die Absätze 1 und 2 des § 102 BetrVG auch die außerordentliche Kündigung, die weiteren Absätze der Vorschrift beziehen sich aber ausdrücklich nur auf die ordentliche Kündigung. Das Informationsrecht besteht unabhängig von der Anwendbarkeit des KSchG; vgl. *Kittner/Trittin*, § 102 BetrVG Rz. 223 m.w.N.

[455] Vgl. näher etwa GK (*-Kraft*), § 102 BetrVG Rz. 132 f.

[456] Vgl. BAG NZA 1987, 628 (stRspr., der Zeugnisanspruch entsteht mit der tatsächlichen Beendigung des Arbeitsverhältnisses, spätestens jedoch mit Ablauf der Kündigungsfrist);

Das gilt auch, wenn das Zeugnis auf Verlangen des Arbeitnehmers (quasi als Selbstauskunft) an einen Dritten, insbesondere einen anderen Arbeitgeber, gerichtet ist.[460] Die Erteilung wahrheitsgemäßer Auskünfte ohne den Willen des Arbeitnehmers ist bei berechtigtem Interesse des Dritten zwar zulässig,[461] über deren Inhalt ist der Arbeitnehmer aber aufzuklären.[462]

2.3. Unterrichtung gemäß § 613a Abs. 5 BGB (vor einem Betriebsübergang)

Der Inhalt der Unterrichtung des vom Betriebsübergang betroffenen[463] Arbeitnehmers[464] wird in § 613 a Abs. 5 Nrn. 1 bis 4 BGB vorgegeben.[465] Mit der Angabe des (geplanten) Zeitpunkts des Betriebsübergangs (Nr. 1) wird auf den Augenblick abgestellt, in dem der neue Inhaber nach der rechtsgeschäftlichen

---

abweichend *Schaub*, Handbuch § 146 Anm. I.4. (ab der Kündigung). Ein sogenanntes Zwischenzeugnis kann auch ohne vorliegende Kündigungserklärung beansprucht werden, wenn es der Suche nach einem neuen Arbeitsplatz dienen soll (vgl. Palandt (*-Putzo*), § 630 BGB Rz. 3 m.w.N.) oder ein triftiger Grund vorliegt (vgl. BAG DB 1993, 2134). Ein Zeugnis kann auch noch in angemessener Zeit nach Beendigung des Arbeitsverhältnisses verlangt werden; vgl. BAG AP Nr. 9 zu § 630 BGB.

[457] Für kaufmännische Angestellte gilt § 73 HGB, für gewerbliche Arbeitnehmer § 113 GewO, für Auszubildende § 8 BerBG.

[458] Es handelt sich dabei insofern um ein Auskunftsrecht, als der Arbeitgeber grundsätzlich erst nach Aufforderung durch den Arbeitnehmer tätig werden muss; vgl. *Liedtke*, NZA 1988, 270.

[459] Vgl. *von Bar*, AcP (179) 1979, 457; *Dütz*, Arbeitsrecht, Rz. 415; *Mohnen*, RdA 1957, 361, 363; *Weuster*, AiB 1992, 328. Siehe zu diesem Thema ausführlich *Schlessmann*, Das Arbeitszeugnis, 16. Aufl., Heidelberg 2000.

[460] Vgl. BAG DB 1959, 979; LAGE Berlin Nr. 2 zu § 242 BGB – Auskunftspflicht; näher Erfurter Kommentar (*-Müller-Glöge*), § 630 BGB Rz. 116 f.; *Dütz*, Arbeitsrecht, Rz. 416 ordnet diese Nebenpflicht des Arbeitgebers den nachwirkenden Nebenpflichten zu; ebenso *Hoffmans*, Nachwirkende Nebenpflichten, S. 62.

[461] Vgl. BGH NJW 1959, 2011; BAG NZA 1985, 811. Differenzierend jedoch Vgl. näher Erfurter Kommentar (*-Müller-Glöge*), § 630 BGB Rz. 118 m.w.N.

[462] A.A. insoweit BGH NJW 1959, 2011, der ein Verlangen des Arbeitnehmers nach Offenlegung voraussetzt.

[463] Vgl. zu dieser Problematik BAG NZA 1986, 93; BAG NZA 1997, 94; BAG NZA 2000, 1115; *Loritz*, RdA 1987, 79 f.; *Worzalla*, NZA 2002, 354.

[464] § 613a BGB wird nach seinem Anwendungsbereich – anders als Art. 7 Abs. 1, 6 Richtlinie 2001/23/EG es nahe legen – nicht auf betriebsratslose Betriebe beschränkt.; kritisch insoweit *Bauer/v.Steinau-Steinrück*, ZIP 2002, 458, 460 f. Das ist aber insoweit konsequent, als das Widerspruchsrecht i.S.v. § 613a Abs. 6 BGB jedem einzelnen Arbeitnehmer zusteht und nicht der Arbeitnehmervertretung; kritisch insoweit *Gaul/Otto*, DB 2002, 634, 640.

[465] Vgl. ausführlich etwa *Bauer/v. Steinau-Steinrück*, ZIP 2002, 461 ff.; *Franzen*, RdA 2002, 265 m.w.N.; zur alter Rechtslage bereits *Menze*, Widerspruchsrecht, S. 58 ff.

Übereinkunft gemäß § 613 a Abs. 1 BGB die Leitungsmacht im Betrieb (bzw. Betriebsteil) vom bisherigen Betriebsinhaber übernehmen soll.[466] Der Grund für den Übergang (Nr. 2) bezieht sich auf die Angabe des Rechtsgeschäfts zwischen Betriebsveräußerer und –erwerber, auf dem der Betriebsübergang basiert (etwa Verkauf (= Einzelrechtsnachfolge) oder Umwandlung (= Gesamtrechtsnachfolge) des Unternehmens).[467] Die Unterrichtung erstreckt sich darüber hinaus nicht auf die wirtschaftlichen Beweggründe der Parteien.[468] Die rechtlichen, wirtschaftlichen und sozialen Folgen des Betriebsübergangs für den Arbeitnehmer (Nr. 3) sind diesem zu vermitteln, indem zunächst auf die rechtlichen Bestimmungen des § 613a Abs. 1 bis 4 BGB hingewiesen wird.[469] Zudem hat eine rechtliche Erörterung der Konsequenzen dieser Regelungen zu erfolgen.[470] Schließlich ist auf weitere für die Ausübung des Widerspruchsrechts wesentliche Faktoren hinzuweisen. Wegen der besonderen Relevanz ist auf ein laufendes Insolvenzverfahren beim Erwerber hinzuweisen; mit Blick auf gesetzliche Schwellenwerte[471] ist die Änderung der Beschäftigtenzahl zu nennen.[472] Die hinsichtlich der Arbeitnehmer in Aussicht genommenen Maßnahmen (Nr. 4) sind solche konkreten Planungen des Betriebserwerbers, die eine Veränderung der beruflichen Entwicklung des Arbeitnehmers betreffen. Zu denken ist beispielsweise an Maßnahmen der Produktionsumstellung, ferner an Weiterbildungsmaßnahmen, Personalumstrukturierungen sowie an den Abschluss eines Interessenausgleichs und Sozialplans.[473]

---

[466] Vgl. *Worzalla*, NZA 2002, 354; BAG NZA 1997, 94.

[467] Weitreichend *Meyer*, AuA 2002, 160: Erwerberkonzept und die geplante Unternehmensführung. Anders *Franzen*, RdA 2002, 265, der auf die tatsächlichen Implikationen des Betriebsübergangs abstellen will.

[468] Vgl. *Worzalla*, NZA 2002, 354 mit der zutreffenden Begründung, dass diese Angaben irrelevant seien für die Entscheidung des Arbeitnehmers über die Geltendmachung seines Widerspruchsrechts gem. § 613a Abs. 6 BGB. *Gaul/Otto*, DB 2002, 635 begründen das selbe Ergebnis mit der unternehmerischen Entscheidungsfreiheit.

[469] Vgl. ausführlich *Gaul/Otto*, DB 2002, 635; *Meyer*, AuA 2002, 160; *Worzalla*, NZA 2002, 355.

[470] Vgl. OLG Düsseldorf DB 1998, 1399. Allerdings ist es unzumutbar, ein auf den Einzelfall jedes einzelnen Arbeitnehmers abstellendes Rechtsgutachten zu verlangen; vgl. näher *Worzalla*, NZA 2002, 355. *Gaul/Otto*, DB 2002, 635 begründen diese Auffassung mit dem Wortlaut von § 613a Abs. 5 BGB, wonach die Arbeitnehmer in ihrer Gesamtheit Informationsgläubiger sind, folglich allgemeine Angaben ausreichten.

[471] Siehe §§ 1, 99 BetrVG; 23 KSchG.

[472] Vgl. *Worzalla*, NZA 2002, 355.

[473] Vgl. *Gaul/Otto*, DB 2002, 635; *Meyer*, AuA 2002, 161; *Worzalla*, NZA 2002, 355.

3. Modalitäten der Informationserteilung

3.1. Mitteilung gemäß § 626 Abs. 2 Satz 3 BGB und Angabe gem. § 1 Abs. 3 Satz 1 letzter Halbsatz KSchG

Die Mitteilung des Kündigungsgrundes gemäß § 626 Abs. 2 Satz 3 BGB hat unverzüglich und schriftlich in vollständiger und wahrheitsgemäßer Art und Weise zu erfolgen.[474] Für die zu erteilende Auskunft gemäß § 1 Abs. 3 Satz 1 letzter Halbsatz KSchG genügt dagegen eine ebensolche unverzügliche[475] mündliche Unterrichtung.[476]

3.2. Zeugniserteilung

Das Zeugnis hat gemäß § 630 BGB in schriftlicher Form vorzuliegen, eine elektronische Form ist unzulässig. Im Hinblick auf die Art des Zeugnisses hat der Arbeitnehmer analog § 315 BGB ein Wahlrecht zwischen dem Begehren eines einfachen oder qualifizierten Zeugnisses.[477] Das (einfache) Zeugnis muss zwingend die Art und Dauer der Tätigkeit enthalten.[478] Das qualifizierte Zeugnis beinhaltet ferner die Leistungen und die Führung bei der Vertragserfüllung.[479]

Hat der Arbeitnehmer sein Wahlrecht ausgeübt (oder bekommt er ohne Aufforderung ein wie auch immer geartetes Zeugnis erteilt) und verlangt er im nachhinein eine andere Art von Zeugnis, ist strittig, ob ein weiterer Erfüllungsanspruch besteht.[480] In den Fällen der Zeugniserteilung ohne Aufforderung ist dem Arbeitnehmer eine angemessene Zeit zur Prüfung der Formulierung des Zeugnisses einzuräumen, verbunden mit der Möglichkeit, anschließend ein

---

474 Vgl. KR (-*Spilger*), § 623 BGB Rz. 140; *Kittner/Trittin*, § 626 BGB Rz. 27,.

475 Für eine analoge Anwendung des § 626 Abs. 2 Satz 3 BGB sprechen sich auch D/W/H/H/K/N (-*Dorndorf*), § 1 KSchG Rz. 1171; KR (-*Etzel*), § 1 KSCHG Rz. 680; *Hueck/Hoyningen-Huene/Linck*, § 1 KSchG Rz. 490 jeweils m.w.N. aus.

476 Vgl. näher KR (-*Etzel*), § 1 KSchG Rz. 681.

477 Vgl. Erfurter Kommentar (-*Müller-Glöge*), § 630 BGB Rz. 20; *Liedtke*, NZA 1988, 271 f.; *Schaub*, Handbuch, § 146 Anm. III.

478 Vgl. BAG DB 1976, 2211. Eine Bekanntgabe des Austrittgrundes erfolgt grundsätzlich (Ausnahme: Klarstellungsinteresse; vgl. BGHZ 49, 30, 33) nicht; vgl. *Popp*, NZA 1997, 588.

479 Vgl. *Liedtke*, NZA 1988, 270. Auf inhaltliche Parallelen zu den §§ 81 ff. BetrVG weist *Hanau*, BB 1971, 488 hin. Der Austrittsgrund ist auf Wunsch des Arbeitnehmers anzugeben; vgl. *Popp*, NZA 1997, 589 f.

480 Vgl. zum Meinungsstand *Liedtke*, NZA 1988, 270 ff. m.w.N.

weiteres andersartiges Zeugnis zu verlangen.[481] Hat sich der Arbeitnehmer dagegen für eine Art von Zeugnis entschieden, so hat er sich unter dem Gesichtspunkt der Rechtssicherheit und –klarheit grundsätzlich an diesem Willensentschluss festhalten zu lassen.[482] Hiervon kann nur dann eine Ausnahme gewährt werden, wenn besondere Gründe vorliegen, die das nachträgliche Begehren gerechtfertigt erscheinen lassen[483] und sich der Arbeitnehmer hierauf in angemessener Zeit beruft. Allein der Gesichtspunkt des beruflichen Fortkommens kann einen Wechsel im Willen nicht rechtfertigen. Ist der Arbeitnehmer mit den Angaben im qualifizierten Zeugnis nicht einverstanden, kann er sich vielmehr auf eine Zeugnisnachbesserung berufen; reichen ihm die Angaben im einfachen Zeugnis im nachhinein nicht aus, muss er sich entgegen halten lassen, dass allseits bekannt ist, dass ein qualifiziertes Zeugnis bessere Chancen auf dem Arbeitsmarkt eröffnet.[484]

Das Zeugnis hat spätestens bis zur tatsächlichen Beendigung des Arbeitsvertrages[485] unterschrieben[486] beim Arbeitgeber zur Abholung bereit zu liegen.[487] Dabei hat der Arbeitgeber auf Vollständigkeit[488] und Wahrheit[489] der Aussagen zu achten.

---

[481] Das setzt allerdings voraus, dass im Zeitpunkt der unaufgeforderten Zeugniserteilung nicht bereits eine Untätigkeitsphase von mehr als ca. 6 Monaten bestand. Bei Bestehen einer tariflichen Ausschlussfrist gilt diese; vgl. *Liedtke*, NZA 1988, 272.

[482] Vgl. BAG VersR 1981, 942; ebenso *Liedtke*, NZA 1988, 272 m.w.N. für das spätere Verlangen eines qualifizierten Zeugnisses. Ebenso für das spätere Verlangen eines einfachen Zeugnisses *Schaub*, Handbuch § 146 III; Schlegelberger (-*Schröder*), § 73 HGB Rz. 9 (wohl h.M.); a.A. insoweit *Schleßmann*, Arbeitszeugnis, S. 68; Mü-Ko (-*Schwerdtner*), § 630 Rz. 29 jeweils m.w.N.

[483] Laut RAG ARS I, 118 muss das Festhalten an der Erklärung unbillig erscheinen und das Gesetz muss eine Lösungsmöglichkeit anbieten (Irrtums- und Täuschungsfälle). Zu weitgehend *Liedtke*, NZA 1988, 272, der wegen des Beurteilungsspielraums des Arbeitgebers bei der Zeugnisformulierung analog § 315 BGB auch dem Arbeitnehmer beim nachträglichen Begehren eines einfachen Zeugnisses eine Überlegungsfrist einräumen will; ähnlich auch RAG ARS I, 118 für das nachträgliche Begehren eines qualifizierten Zeugnisses.

[484] Vgl. *Liedtke*, NZA 1988, 270 (mit Hinweis auf RAG ARS I, 118).

[485] Vgl. BAG NZA 1987, 628.

[486] Vgl. LAG Bremen BB 1989, 1825.

[487] Es handelt sich um eine Holschuld gemäß § 269 Abs. 2 BGB; vgl. BAG NZA 1995, 671.

[488] Vgl. näher Erfurter Kommentar (-*Müller-Glöge*), § 630 BGB Rz. 45 ff. Krankheiten sind allerdings nicht zu erwähnen; vgl. LAG Chemnitz NZA-RR 1997, 47. Zur Erwähnung der Kündigungsgründe siehe ausführlich *Popp*, NZA 1997, 588.

[489] Vgl. näher Erfurter Kommentar (-*Müller-Glöge*), § 630 BGB Rz. 45 ff. Bei der Formulierung von Werturteilen ist der Arbeitgeber frei; vgl. BAG DB 1976, 2211; ferner ausführlich *Weuster*, AiB 1992, 330 ff. Ihn trifft aber die Beweislast für das Vorliegen der zugrundeliegenden Umstände; ebenso *Grunsky*, § 58 ArbGG Rz. 12 (mit Hinweis auf BAGE 9, 289; LAG Hamm BB 1989, 1486); *Liedtke*, NZA 1988, 272; Palandt (-*Putzo*), § 630 BGB Rz. 4.

3.3. Betriebsübergang

Die Unterrichtung ist vor dem Betriebsübergang entweder vom bisherigen Arbeitgeber (Betriebsveräußerer) oder vom zukünftigen Arbeitgeber (Betriebserwerber) vorzunehmen.[490] Es ist auf Vollständigkeit zu achten.[491] Angesichts der komplizierten Rechtsmaterie ist dabei zu berücksichtigen, dass die Verständlichkeit der Information angestrebt wird.[492] Das Gesetz schreibt zur Unterrichtung die Textform im Sinne des § 126b BGB vor.[493]

Weicht der tatsächliche Übergang des Betriebes unvorhergesehen von den bei der Unterrichtung gemachten Angaben ab, hat eine neue Unterrichtung zu erfolgen, wenn sich aus der zeitlichen Verschiebung Änderungen ergeben, die für die Ausübung des Widerspruchsrechts des Arbeitnehmers von Bedeutung sein können.[494]

4. Durchsetzung der Informationsrechte und Sanktionierung von Rechtsverstößen

4.1. Mitteilung gemäß § 626 Abs. 2 Satz 3 BGB und Angabe gem. § 1 Abs. 3 Satz 1 letzter Halbsatz KSchG

§ 626 Abs. 2 Satz 3 BGB gewährt einen klagbaren subjektiven Anspruch des Arbeitnehmers. Seine Verletzung kann zu Schadensersatzansprüchen führen,[495] nicht jedoch zur Unwirksamkeit der Kündigung.[496]

---

[490] Vgl. *Franzen*, RdA 2002, 264, der von einer Gesamtschuld i.S.v. § 421 BGB ausgeht.

[491] Siehe BT-Drs. 14/7760, S. 41. Allerdings ist damit nur gefordert, dass dem Arbeitnehmer sämtliche Grundlagen für weitere Erkundigungen gegeben werden; vgl. BAG, AP Nrn. 10 und 102 zu § 613a BGB; ferner *Meyer*; AuA 2002, 162.

[492] Vgl. *Gaul/Otto*, DB 2002, 635.

[493] Damit wird den modernen technischen Möglichkeiten der Informationsgesellschaft Rechnung getragen; vgl. näher *Bauer/v. Steinau-Steinrück*, ZIP 2002, 458; *Franzen*, RdA 2002, 261; *Gaul/Otto*, DB 2002, 635; *Meyer*, AuA 2002, 162; *Worzalla*, NZA 2002, 356. Auf die dauerhafte Verfügbarkeit und die damit einhergehenden Möglichkeiten der genaueren Überprüfung und Erschließung weitergehender Information weist die Gesetzesbegründung hin; vgl. BT-Drs. 14/7760, S. 42.

[494] Vgl. *Worzalla*, NZA 2002, 354.

[495] Vgl. *Kittner/Trittin*, § 626 BGB Rz. 27, 294; BAG AP Nr. 44 zu § 1 KSchG.

[496] Vgl. *Kittner/Trittin*, § 626 BGB Rz. 295; MüKo (-*Schwerdtner*), § 626 BGB Rz. 233; *Winkler von Mohrenfels*, Informationsleistungspflichten, S. 65; *Zöllner*, ArbR, § 22 I 5. Abweichende (auch kollektive) Vereinbarungen sind wie bei § 1 Abs. 3 Satz 1 KSchG zulässig; vgl. *Kittner/Trittin*, § 626 BGB Rz. 295.

Auch § 1 Abs. 3 Satz 1 letzter Halbsatz KSchG gewährt dem Arbeitnehmer einen materiellen Auskunftsanspruch.[497] Die Erteilung der Information stellt ebenso keine Wirksamkeitsvoraussetzung der Kündigung dar,[498] sondern ist eine mit Schadensersatzansprüchen bewehrte Nebenpflicht.[499] Das gilt nicht, wenn das Erfordernis, die ordentliche Kündigung zu begründen, im Tarifvertrag vorgeschrieben ist; dann folgt aus dem Formmangel die Nichtigkeit der Kündigung.[500]

Auch wenn die Weiterleitung des Betriebsratswiderspruchs (§ 102 Abs. 4 BetrVG) versäumt wird, folgt daraus nicht die Unwirksamkeit der Kündigung,[501] es können sich aber Schadensersatzansprüche des Arbeitnehmers ergeben.[502]

4.2. Zeugniserteilung

Der Anspruch auf Zeugniserteilung kann mit Hilfe einer Leistungsklage vor den Arbeitsgerichten geltend gemacht werden.[503] Will der Arbeitnehmer wegen Aussagelücken oder objektiver Unrichtigkeit einzelne Aussagen des Zeugnisses gegen den Willen des Arbeitgebers verändert sehen, muss er in seinem Klageantrag die konkreten Änderungswünsche bezeichnen.[504] Für die Vollstreckung des Titels gilt § 888 ZPO.[505] Bei schuldhafter falscher oder verspäteter Zeugniserteilung kann der Arbeitnehmer unter den Voraussetzungen der §§ 280 Abs. 1 i.V.m. 241 Abs. 2 BGB (früher: positive Vertragsverletzung der gesetzlichen Nebenpflicht des § 630 BGB) Schadensersatz verlangen.[506]

---

[497] Ebenso KR (*-Etzel*), § 1 KSchG Rz. 679.

[498] Ebenso D/W/H/H/K/N (*-Dorndorf*), § 1 KSchG Rz. 1172; KR (*-Etzel*), § 1 KSchG Rz. 681; *Hueck/Hoyningen-Huene/Linck*, § 1 KSchG Rz. 491 jeweils m.w.N.; LAG Hamm DB 1977, 1055.

[499] Vgl. KR (*-Etzel*), § 1 KSchG Rz. 681; *Hueck/Hoyningen-Huene/Linck*, § 1 KSchG Rz. 491; *Winkler von Mohrenfels*, Informationsleistungspflichten, S. 65; ArbG Kiel, BB 1978, 1167, 1168.

[500] Vgl. LAG Bremen AP Nr. 1 zu § 125 BGB.

[501] Ebenso *F/K/H/E*, § 102 BetrVG Rz. 53; GK (*-Kraft*), § 102 BetrVG Rz. 133 jeweils m.w. N.; a.A. MüArbR (*-Berkowsky*), § 144 Rz. 41.

[502] Vgl. KR (*-Etzel*), § 102 BetrVG Rz. 180; *Zander*, Mitarbeiterinformation, S. 140; ausführlich und die Praxisrelevanz verneinend GK (*-Kraft*), § 102 BetrVG Rz. 134 f.; gegen Schadensersatzansprüche spricht sich D/K/K (*-Kittner*), § 102 BetrVG Rz. 224 aus.

[503] Vgl. *Schaub*, Handbuch § 146 Anm. IV.2.

[504] Vgl. LAG Düsseldorf DB 1973, 1853; LAG Hamm, NZA-RR 1998, 151.

[505] Vgl. Vgl. näher Erfurter Kommentar (*-Müller-Glöge*), § 630 BGB Rz. 141; LAG Nürnberg BB 1993, 365 m.w.N.

[506] Vgl. hierzu näher Erfurter Kommentar (*-Müller-Glöge*), § 630 BGB Rz. 1, 121 ff. Die Beweislast für die Ursächlichkeit der falschen bzw. verspäteten Zeugniserteilung für den ein-

4.3. Betriebsübergang

Erfolgt die Unterrichtung unrichtig oder unterbleibt sie ganz, kann der Arbeitnehmer sein Informationsbegehren sowohl an seinen bisherigen als auch an den neuen Betriebsinhaber richten.[507] Allerdings sieht das Gesetz ausdrücklich keine Rechtsfolge der Missachtung des Informationsrechts des Arbeitnehmers vor. Zwar spricht der Wortlaut der Norm („Der bisherige Arbeitgeber oder der neue Inhaber *hat* ... zu unterrichten ...") für einen Erfüllungsanspruch des Arbeitnehmers,[508] aber aus dem untrennbaren Zusammenhang zwischen Informations- und Widerspruchsrecht (Absätze 5 und 6 des § 613 a BGB) kann in erster Linie gefolgert werden, dass die Widerspruchsfrist ohne die Erteilung ordnungsgemäßer Information nicht zu laufen beginnt.[509] Diese Rechtsfolge würde für ein Vorliegen einer funktionellen Veranlassung sprechen. Da die Norm aber eine klare gesetzgeberische Positionierung im Sinne einer Handlungsaufforderung an den (neuen) Arbeitgeber enthält, wäre sie zumindest den Obliegenheiten zuzurechnen.[510] Da es sich bei § 613 a BGB um ein Umsetzungsgesetz der Europäischen Richtlinie 2001/23/EG handelt, hat letztendlich eine richtliniekonforme Auslegung zu erfolgen.[511] Danach liegt entsprechend Art. 7 Abs. 6 und Art. 9 RL 2001/23/EG ein einklagbarer Informationsanspruch des Arbeitnehmers vor, weil nach diesen Normen das gewährte subjektive Recht auch nach nationalem Recht einklagbar sein muß.[512]

---

getretenen Schaden trägt der Arbeitnehmer; vgl. BAG NJW 1968, 1350; ferner *Grunsky*, § 58 ArbGG Rz. 12 m.w.N.

[507] Vgl. insoweit *Franzen*, RdA 2002, 264; *Gaul/Otto*, DB 2002, 635, 639; ferner *Worzalla*, NZA 2002, 353 f., der der Anwendung der §§ 421 ff. BGB nur im Innenverhältnis bei abweichender Vereinbarung zwischen Erwerber und Veräußerer entgegentritt.

[508] In dieser Richtung die Gesetzesbegründung BT-Drs. 14/7760, S. 19.

[509] Vgl. BT-Drs. 14/7760, S. 22; ferner (kritisch) *Bauer/v. Steinau-Steinrück*, ZIP 2002, 458, 464; *Dreher*, BB 2000, 2362; *Gaul/Otto*, DB 2002, 638 f.; *Menze*, Widerspruchsrecht, S. 55; *Meyer*, AuA 2002, 163; *Worzalla*, NZA 2002, 355.

[510] Siehe zur Unterscheidung 4. Kapitel B. II. 3.2.2. Auch das BAG AP 102, 103 zu § 613a BGB geht von einer Obliegenheit aus; ebenso *Bauer/v. Steinau-Steirück*, ZIP 2002, 458: Der Rechtsnachteil des Arbeitgebers liege im Verlust von Rechtssicherheit, da das Widerspruchsrecht des Arbeitnehmers gegen den Übergang seines Arbeitsvertrages auf den Erwerber zeitlich unbefristet fortbestehe.

[511] Vgl. EuGH, Rs.79/83, Slg. 1984, 1921 – Harz; ferner EuGH, Rs. C-106/89, Slg. 1990, I-4135 –Marleasing.

[512] Ebenso *Franzen*, RdA 2002, 262, 267. Sieht man in der Vorschrift eine echte Nebenpflicht des Arbeitgebers, sind unter den Voraussetzungen der §§ 280 ff. BGB Schadensersatzansprüche gegenüber dem Alt- bzw. Neuinhaber des Betriebs möglich; vgl. *Gaul/Otto*, DB 2002, 639.

II. Informationsrechte nach dem Umwandlungsgesetz

1. Vorbemerkungen

Zum 1. Januar 1995 trat das dem Unternehmensrecht zugehörige Umwandlungsgesetz in Kraft.[513] Gegenstand des Gesetzes ist die rechtliche Ausgestaltung der in § 1 Abs. 1 Nummern 1-4 UmwG aufgezählten verschiedenen Möglichkeiten einer Unternehmensumwandlung durch Verschmelzung, Spaltung, Vermögensübertragung oder Formwechsel. Das Gesetz soll den Unternehmen ermöglichen, sich durch Änderungen in der Rechtsträgerschaft[514] flexibel auf die Veränderungen und Gestaltungserfordernisse einzustellen, die sich aus der Führung eines Unternehmens im Laufe der Zeit ergeben können.

2. Die Informationstatbestände

Für eine Unternehmensumwandlung[515] ist neben den gesellschaftsrechtlichen Aspekten immer auch die Frage des Arbeitsrechts von großer Bedeutung, da gleichzeitig mit der Unternehmensumwandlung eine Veränderung im Bestand des Rechtsträgers eintreten kann, der zuvor Partner der arbeitsrechtlichen Verträge war.[516] Es kommt hinzu, dass mit der Umwandlung des Unternehmens nicht selten eine Neugestaltung auch der Betriebe bzw. Betriebsteile des umgewandelten Unternehmens einhergeht.[517] Das kann u.a. Auswirkungen[518] auf den

---

[513] Gesetz zur Bereinigung des Umwandlungsrechts vom 28.10.1994, (BGBl. I 1994, S. 3210 ff.). Vgl. zu den Einzelheiten etwa *Goutier/Knopf/Tulloch*, Kommentar zum Umwandlungsrecht, Heidelberg 1996.

[514] Bei der Verschmelzung durch Übernahme ändert sich die rechtliche Identität des übernehmenden Rechtsträgers jedoch nicht. Nach *Lutter*, § 324 UmwG Rz. 11 gilt das auch für den Formwechsel. Zu bedenken ist aber, dass sich dabei immerhin die Rechtsform ändert.

[515] Vgl. *Engelmeyer*, DB 1996, 2542 ff. zur Verschmelzung und Spaltung.

[516] Also zum Beispiel des Arbeitsvertrages, der Betriebsvereinbarungen, der Tarifverträge. *Engelmeyer*, DB 1996, 2543 weist als weitere unmittelbare Folge der Umwandlung zu recht auf die Möglichkeit eines Wegfalls oder Zuwachs bei der Unternehmensmitbestimmung aufgrund der veränderten Mitarbeiterzahlen im Unternehmen hin.

[517] Etwa im Zuge der Umwandlung geplanter Personalabbau, Rationalisierung, Betriebsstillegung, andere Betriebsänderungen i.S.v. § 111 BetrVG; vgl. *Engelmeyer*, DB 1996, 2543 m.w.N.; *Joost*, ZIP 1995, 976, 979, 981. Das ist jedenfalls beim Formwechsel des Unternehmens im Sinne von §§ 190 ff. UmwG an sich nicht der Fall, weil er als solches nicht die betriebliche Einheit betrifft; vgl. näher *Lutter*, § 321 UmwG Rz. 5, 6 ff. Auch an einen Betriebsübergang i.S.v. § 613a BGB ist zu denken; vgl. zum Zusammenhang zwischen Betriebsübergang und Umwandlung *Gaul/Otto*, DB 2002, 634 ff.

[518] *Engelmeyer*, DB 1996, 2542 f. m.w.N. spricht von tatsächlichen und mittelbaren Folgen der Umwandlung und nennt weitere Beispiele. Mittelbare Folgen verneinen *Priester*, DnotZ 1995, 427, 435; *Bermel/Hannappel*, § 5 UmwG Rz. 99 f.

Bestand und die Zuständigkeiten des Betriebsrats nach dem Betriebsverfassungsgesetz[519] sowie auf die Anwendbarkeit und Anwendung des Kündigungsschutzgesetzes[520] zeitigen.[521]

Alleine diese Aufzählung verdeutlicht, dass auch im Bereich der Unternehmensumwandlung ein Informationsbedürfnis für die Mitarbeiter besteht, da sie gegebenenfalls mit einer veränderten Rechtslage konfrontiert werden. Das Umwandlungsrecht berücksichtigt das in vielerlei Hinsicht.

Ein erstes Informationsrecht des Arbeitnehmers[522] ergibt sich mittelbar aus einer Formvorschrift des Handelsregisterrechts. Ist an der Umwandlung eine Aktiengesellschaft als Rechtsträger beteiligt, so ist der Umwandlungsvertrag oder sein Entwurf vor der Einberufung der Hauptversammlung, die über die Umwandlung beschließen soll, - also gemäß § 123 AktG *ein* Monat vor dem Termin der Hauptversammlung - zum Handelsregister einzureichen (§§ 61 Satz 1; 125 Satz 1 i.V.m. 61 Satz 1 UmwG).[523] Die beteiligten Verkehrskreise (Aktionäre, Gläubiger, interessierte Öffentlichkeit und eben auch Arbeitnehmer[524]) erhalten dadurch in Verbindung mit dem in § 9 Abs. 1 HGB statuierten Recht zur Einsichtnahme in die Handelsregisterunterlagen die Möglichkeit einer frühzeitigen Information über das Umwandlungsvorhaben sowie die damit einhergehenden arbeitsrechtlichen Folgen. Denn der Umwandlungsvertrag/Entwurf muss u.a. gemäß §§ 5 Abs. 1 Nr. 9, 126 Abs. 1 Nr. 11 UmwG Angaben über die „Folgen der Umwandlung für die Arbeitnehmer und die Arbeitnehmervertretungen“[525] sowie die „insoweit vorgesehenen Maßnahmen“[526] enthalten. Damit hat der Vertrag/Entwurf beispielsweise Angaben zu

[519] Vgl. näher *Engelmeyer*, DB 1996, 2543.
[520] Siehe § 23 Abs. 1 Satz 2 KSchG.
[521] Siehe für die kollektive Ebene die §§ 321, 322 Abs. 1, 324, 325 Abs. 2 UmwG. Für das Individualarbeitsrecht sind die §§ 322 Abs. 2, 323, 324 UmwG von unmittelbarer Bedeutung.
[522] Das Informationsrecht des Betriebsrats folgt in diesem Zusammenhang aus §§ 5 Abs. 3, 126 Abs. 3 UmwG.
[523] Für die KGaA und den VVaG gelten die §§ 78 Satz 1 i.V.m. 61 Satz 1; 125 Satz 1, 78 Satz 1 i.V.m. 61 Satz 1; 111 Satz 1; 125 Satz 1 i.V.m. 111 Satz 1 UmwG entsprechend. Bei den übrigen Rechtsträgern gilt: Einreichung des Umwandlungsvertrages erst mit der Anmeldung der Umwandlung zum Handelsregister (§§ 17 Abs. 1; 125 Satz 1 i.V.m. § 17 Abs. 1 UmwG. Vgl. *Engelmeyer*, DB 1996, 2542.
[524] Wegen des individuellen Schutzcharakters der §§ 5 Abs. 1 Nr. 9, 126 Abs. 1 Nr. 11 UmwG auch solche in Betrieben ohne Betriebsrat; vgl. ebenso *Engelmeyer*, DB 1996, 2543 f. m.w.N.; a.A. *Joost*, ZIP 1995, 985.
[525] Vgl. Begr. des Reg.Entw. zu § 5 UmwG, BR-Drs. 75/94, S. 82 f. („... die eintretenden individual- und kollektivarbeitsrechtlichen Änderungen“).
[526] Vgl. *Engelmeyer*, DB 1996, 2542 f. m.ausf.Nachw.; *Wlotzke*, DB 1995, 40 ff.; *Joost*, ZIP 1995, 979; a.A. *Bermel/Hannappel*, § 5 UmwG Rz. 99 f.

enthalten über etwaige Auswirkungen der Umwandlung hinsichtlich des Übergangs der Arbeitsverträge auf das neu entstandene Unternehmen (§§ 20 Abs. 1 Nr. 1; 131 Abs. 1 Nr. 1 Satz 1; 324 UmwG i.V.m. § 613 a Absätze 1 und 4 BGB), des Bestandsschutzes des Kündigungsschutzes (§ 323 Abs. 1 UmwG) und der bestehenden Betriebsvereinbarungen (§ 324 UmwG i.V.m. § 613 a Abs. 1 Satz 2 BGB) sowie der Nachwirkung von Tarifverträgen (§ 4 Abs. 5 TVG). Auch über die weiteren Folgen der Umwandlung, d.h. die Planungen der Unternehmensleitung, die mit der Umwandlung einhergehen sollen (Personalabbau, Rationalisierungen u.a. Betriebsänderungen im Sinne des § 111 BetrVG) sind erklärende Angaben im Vertrag/Entwurf zu machen.

Darüber hinaus ergibt sich aus der Anwendbarkeit des § 613 a Absätze 1 und 4 sowie 5 und 6 BGB im Falle einer Verschmelzung, Spaltung und Vermögensübertragung (§ 324 UmwG)[527] ein Widerspruchsrecht des Arbeitnehmers zum Übergang seines Arbeitsvertrages,[528] verbunden mit einem vorgelagerten, auf den Umwandlungssachverhalt modifizierten Informationsanspruch nach § 613a Abs. 5 BGB.[529]

Außerdem verweist der Sachverhalt einer Unternehmensumwandlung – wie oben bereits angesprochen - auf die Vorschriften des Betriebsverfassungsgesetzes, wenn die Umwandlung gleichzeitig den Tatbestand einer Betriebsänderung im Sinne des § 111 BetrVG verwirklicht.[530] Daraus ergibt sich zwangsläufig auch die Anwendung der individuellen Informationsnormen der §§ 81 Abs. 2, 81 Abs. 4, 82 BetrVG, sofern die Umwandlung/Betriebsänderung auch zu einer Veränderung im Arbeitsbereich des Mitarbeiters oder zur Planung der gesetzlich genannten Maßnahmen führt.[531]

---

[527] Vgl. hierzu BAG, AuA 2001, 332 sowie *Lutter*, § 324 UmwG Rz. 3.

[528] Das galt nach h.M. auch bereits vor der Änderung der §§ 613a BGB, 324 UmwG; vgl. *Gaul/Otto*, DB 2002, 636 (mit Hinweis auf BAG NZA 2000, 1117 f.) m.w.N.; a.A. u.a. *Heinze*, ZfA 1997, 6. Das Widerspruchsrecht kommt für alle Arten der Umwandlung in Betracht, vgl. näher *Lutter*, § 324 UmwG Rz. 11, 28. Allerdings kann es zu einem „Leer laufen" des Widerspruchsrechts kommen, wenn der übertragende Rechtsträger in Folge der Umwandlung erlischt; vgl. ausf. hierzu *Franzen*, RdA 2002, 259; *Gaul/Otto*, DB 2002, 636 jeweils m.w.N. Siehe ausführlich zum Widerspruchsrecht ferner *Karlsfeld*, Das Widerspruchsrecht der Arbeitnehmer beim Betriebsübergang nach dem Umwandlungsgesetz, Hamburg 2001.

[529] Vgl. *Gaul/Otto*, DB 2002, 635 m.w.N.

[530] Ebenso *Zander*, Mitarbeiterinformation, S. 147. Undeutlich zur Differenzierung zwischen Veränderungen im Unternehmen und Betrieb *Braun*, Unterrichtung, S. 112 f.

[531] An die Rechte aus § 81 BetrVG Abs. 4 BetrVG ist zu denken, wenn mit der Unternehmensumwandlung Planungen im Sinne dieser Norm einhergehen. Ist die Betriebsänderung darüber hinaus von unternehmensweiter Bedeutung, so ist die Belegschaft gemäß § 110 zu unterrichten.

Schließlich ist die Belegschaft auch ohne den Tatbestand einer gleichzeitigen Betriebsänderung gemäß § 110 BetrVG zu unterrichten.[532] Denn die Unternehmensumwandlung betrifft die Unternehmensentwicklung, also etwa die zukünftige wirtschaftliche Situation des Unternehmens.

3. Durchsetzung der Informationsrechte und Sanktionierung von Rechtsverstößen

Bei fehlenden oder offensichtlich unrichtigen Angaben im Sinne der § 5 Abs. 1 Nr. 9, 126 Abs. 1 Nr. 11 UmwG kommt es zu keiner Eintragung der Umwandlung in das Register.[533] Allerdings erfolgt keine weitergehende materielle Prüfung der Angaben im Umwandlungsvertrag durch den Registerrichter.[534] Auch eine Anfechtung des Umwandlungsbeschlusses durch Anteilseigner kommt in Betracht (§ 243 Abs. 1 AktG, auch analog); ebenso ist an die Strafvorschrift des § 313 Abs. 1 Nr. 2 UmwG zu denken.[535]

Als eigentliches Sanktionsmittel zu Gunsten der Arbeitnehmer kommt wegen der Verweisung in § 324 UmwG - analog der nicht ordnungsgemäßen Unterrichtung nach § 613 a Abs. 5 BGB - das Ausbleiben des Fristbeginns für das Recht auf Widerspruch im Sinne von § 613 Abs. 6 BGB in Betracht.[536] Auch im Hinblick auf das Klagerecht und etwaige Schadensersatzansprüche des Arbeitnehmers kann auf die Ausführungen zum Betriebsübergang verwiesen werden.[537]

---

[532] Vgl. *Gaul/Otto*, DB 2002, 634.
[533] Ebenso *Engelmeyer*, DB 1996, 2544; *Joost*, ZIP 1995, 986; *Bermel/Hannappel*, § 5 UmwG Rz. 109 jeweils m.w.N.
[534] Vgl. ebenso *Engelmeyer*, DB 1996, 2544; *Joost*, ZIP 1995, 986; *Bermel/Hannappel*, § 5 UmwG Rz. 109.
[535] Vgl. näher *Engelmeyer*, DB 1996, 2544 m.w.N.
[536] Vgl. *Gaul/Otto*, DB 2002, 638.
[537] Siehe oben 3. Kapitel E. I. 4.3. Vgl. ferner *Engelmeyer*, DB 1996, 2544.

4. KAPITEL:

DOGMATISCHE GRUNDLAGEN DER POSITIVIERTEN INFORMATIONSRECHTE

A. Vorbemerkung

Nach der im dritten Kapitel vorgenommenen Bestandsaufnahme soll in diesem Kapitel die rechtliche Basis erarbeitet werden, auf deren Grundlage eine funktionelle Konzeption[1] für die nicht positivierten Informationsrechte entwickelt werden kann. Zu diesem Zweck werden zunächst die einzelnen bestehenden Informationsrechte des Arbeitnehmers in das allgemeine System des Zivilrechts eingeordnet. Dann folgen dogmatische Überlegungen zu den Durchsetzungsmöglichkeiten der Informationsrechte und den Rechtsfolgen ihrer Verletzung.

B. Einordnung der Informationsrechte des Arbeitnehmers in das juristische System

I. Informationen im Sinne des Arbeitsrechts – kein Gegenstand eines absoluten Rechts

Informationen sind wegen der fehlenden Körperlichkeit keine Sachen im Sinne des § 90 BGB.[2] Wichtig daran ist, dass nur an Sachen Eigentum, Besitz oder ein sonstiges dingliches Recht begründet werden kann.[3] Informationen können also nicht Gegenstand eines Sachenrechts sein, sie sind grundsätzlich gemeinfrei.[4]

---

[1] Siehe 5. und 6. Kapitel.

[2] Ebenso wenig wie Luft, Wasser, Energie, Wissen etc. Auffälliger Unterschied zu materiellen Gütern ist, dass eine Information in unbegrenzter Zahl als das *selbe* Gut vervielfacht (= kopiert) werden kann; ebenso *Pethig*, Wirtschaftsgut, S. 3; *Stettner*, Information, S. 46. Aus der Unkörperlichkeit ergeben sich weitere Besonderheiten: U.a. endlose Existenz, potentielle Ubiquität, geistige Allgegenwart; ebenso *Wiebe*, Geistiges Eigentum, S. 100 f.

[3] Ebenso u.a. *Hauck*, Wirtschaftsgeheimnisse, S. 17; *Stettner*, Information, S. 46. Allerdings spricht man im gewerblichen Rechtsschutz in Parallele zum Sacheigentum von „geistigem Eigentum" an Immaterialgütern; vgl. *Bell*, Gesellschaft, S. 181, der im geistigen Eigentum das wesentliche Kriterium des Wissens erblickt. Von „Besitz" an Informationen spricht *Wiebe*, Geistiges Eigentum, S. 102.

[4] Ebenso *Hauck*, Wirtschaftsgeheimnisse, S. 104, 284 f.; *Sieber*, Jura 1993, 568 („öffentliches Gut").

Ein Ausschließlichkeitsrecht im Sinne eines subjektiven Vermögensrechts kann aber auch an immateriellen Gütern, das sind unkörperliche Erscheinungen, begründet werden.[5] Als subjektive Rechte gewähren sie ihrem Träger per Gesetz u.a. absolute, das heißt, gegen jedermann geltende Herrschaftsmacht und Schutz vor rechtswidrigen Verletzungen.[6] Zu den Immaterialgüterrechten gehören insbesondere die durch den gewerblichen Rechtsschutz geschützten Rechte, wie etwa das Urheber-, Patent- und Markenrecht.[7] Diesen Rechten ist gemeinsam, dass sie ihrem Inhaber wirtschaftliche Funktionalität[8] und Schutz quasi als Belohnung für eine eigene geistige oder schöpferische Leistung bieten.[9] So lässt sich beispielsweise ein entwickeltes Computerprogramm gemäß den seit 24.6. 1993 in Kraft getretenen §§ 69 a ff. UrhG mit Hilfe eines einzutragenden Urheberrechts wirtschaftlich verwerten und vor Missbrauch schützen.[10]

Anderes gilt für Informationen im allgemeinen. Zum einen enthalten sie nicht notwendigerweise eine geistige/schöpferische Leistung ihres (ersten) Besitzers.

---

[5] Vgl. in diesem Zusammenhang ausführlich etwa *Badura*, Geistiges Eigentum, S. 1 ff.; *Hubmann*, Gewerblicher Rechtsschutz, 2. Kapitel § 4 und § 6; *Troller*, Immaterialgüterrecht, Band 1, S. 49 ff. jeweils m.w.N. Für Wirtschaftsgeheimnisse vgl. *Hauck*, Wirtschaftsgeheimnisse, S. 17 m.w.N. Vgl. ferner BVerfG NJW 1971, 2163; 1980, 383; 1982, 745.
[6] Vgl. *Badura*, Geistiges Eigentum, S. 3; *Raiser*, JZ 1961, 467; *Hauck*, Wirtschaftsgeheimnisse, S. 189.
[7] Eine tabellarische Übersicht der immaterialgüterrechtlichen Schutzsysteme gibt *Wiebe*, Geistiges Eigentum, S. 151. Siehe zum Urheberrecht ausführlich etwa *Nordemann/Vinck/ Hertin*, Urheberrecht, Kommentar, 9. Aufl., Stuttgart/Berlin/Köln 1998. Vgl. ferner zum Urheber- und zum Patentrecht *Hauck*, Wirtschaftsgeheimnisse, S. 110 ff.; ferner *Sieber*, Jura 1993, 569. Vgl. kritisch zur Tendenz, diesen Bereich in Richtung auf einen umfassenden wettbewerblichen Leistungsschutz auszuweiten *Maass*, Information und Geheimnis im Zivilrecht, Stuttgart 1970, S. 93 ff.; ähnlich *Pethig*, Wirtschaftsgut, S. 17 zur Kritik an der Entwicklung neuer Verwertungsrechte.
[8] Vgl. etwa *Egloff*, DVR 7 (1978), 141 („gewerbliche Verwertbarkeit").
[9] Vgl. ausführlich *Badura*, Geistiges Eigentum, S. 4, 12 (mit Hinweis auf u.a. BVerfGE 30, 292, 334 f.); *Beyer*, GRUR 1990, 409 („Erfindung"); *Hauck*, Wirtschaftsgeheimnisse, S. 40, 42 f., 258 ff. („Informationsentwicklungsleistung"); Nordemann/Vinck/Hertien (*-Nordemann/Vinck*), § 2 UrhG Rz. 10; *Sieber*, Jura 1993, 569 jeweils m.w.N. Aus der Rechtsprechung vgl. hier nur BVerfGE 31, 229, 240 ff. Vgl. ferner u.a. *Egloff*, DVR 7 (1978), 140 f. der auf den zusätzlichen Aspekt der Befristung des geistigen Eigentums hinweist.
[10] Siehe hierzu das zweite Gesetz zur Änderung des Urheberrechtsgesetzes vom 09.06.1993, BGBl. I, S. 910 ff.; vgl. etwa BGH NJW 1986, 192 ff.; *Beyer*, GRUR 1990, 405 f., 409 f.; *Wiebe*, Geistiges Eigentum, S. 128 ff. Aus wirtschaftswissenschaftlicher Sicht *Pethig*, Wirtschaftsgut, S. 17. Siehe zum Rechtsschutz von Computerprogrammen nach europäischem Standard *Marly*, Urheberrechtsschutz für Computersoftware in der Europäischen Union, München 1995.

Die Eigenschaft, eine neue Entwicklungsleistung[11] in Inhalt[12] und/oder Formgestaltung[13] darzustellen, besitzt nur eine geringe Menge aus der Gesamtheit der Informationen, die sich dann, aber eben nur dann, als „geistiges Eigentum" rechtlich schützen lässt[14]. Bei der weitaus größeren Menge der Informationen mag die einzige (nicht kreative) Leistung des Informationsbesitzers darin bestehen, bereits vorhandene Informationen gesammelt[15] bzw. kopiert[16] zu haben. Für diese Sachverhalte gewährt der Numerus clausus der Immaterialgüterrechte aber kein eigenes Leistungsschutzrecht.

Zum anderen beanspruchen Informationen keine Exklusivität, sondern sind als wahrnehmbare Aussagen über einen Sachverhalt ihrem Wesen nach – anders als alle subjektiven Rechte – nicht ausschließlich einem Rechtssubjekt zugeordnet, sondern einer zunächst unbestimmten Anzahl potentieller Nutzer.[17] In der Transportfunktion liegt nämlich die wesentliche Bedeutung der Informationen.[18] Das unterscheidet Informationen auch vom Wissen, das sehr viel stärker individualistisch ausgestaltet ist.

Im Ergebnis ist Informationen somit nicht eigen, Gegenstand eines subjektiven Vermögensrechts zu sein.[19] Nur ausnahmsweise können sie zu einem (ökono-

---

[11] Vgl. *Hauck*, Wirtschaftsgeheimnisse, S. 111. Siehe zum Markenrecht § 8 Abs. 2 MarkenG: „Unterscheidungskraft", womit ebenfalls der Aspekt der Neuheit angesprochen ist.

[12] Vgl. etwa zum Patentschutz *Wiebe*, Geistiges Eigentum, S. 116 ff.; BGHZ 52, 74, 79 („Erfindung").

[13] Vgl. *Pethig*, Wirtschaftsgut, S. 4, 13 zum Urheberschutz eines Werkes; ferner *Funk*, Diskussionsberichte, S. 30; *Wiebe*, Geistiges Eigentum, S. 110 ff. („Darstellungsschutz") jeweils m.w.N.

[14] Vgl. *Fiedler/Ullrich*, Vorwort, S. VI; *Wiebe*, Geistiges Eigentum, S. 108.

[15] Das kann durchaus mit großen Investitionen verbunden sein und aus diesem Gesichtspunkt heraus ein Verfügungsrecht begründen; vgl. Artikel 7 der Richtlinie zum Rechtsschutz von Datenbanken, Nr. 96/9 vom 11.3.1996 (ABlEG 1996, L 77, 20). Näher hierzu etwa *Pethig*, Wirtschaftsgut, S. 11 f., 15 ff.; *Wiebe*, Geistiges Eigentum, S. 131 ff.

[16] Darin kann aber eventuell auch eine neue Formgestaltung liegen, für die dann u.U. Werkschutz gewährt werden kann.

[17] Vgl. *Egloff*, DVR 7 (1978), 117 („Information ist ... immer selbst allgemein"); ferner *Hauck*, Wirtschaftsgeheimnisse, S. 17, 26; *Pethig*, Wirtschaftsgut, S. 4, 7 f., 27. *Wiebe*, Geistiges Eigentum, S. 101 f. spricht hierbei von Nichtausschließbarkeit und Nichttrivialität der Nutzung.

[18] Vgl. *Beyer*, GRUR 1990, 401; *Hildebrand*, Informationsmanagement, S. 3. Für Wirtschaftsgeheimnisse spricht *Hauck*, Wirtschaftsgeheimnisse, S. 25 von einem „Relationsbegriff". Vgl. ferner *Pethig*, Wirtschaftsgut, S. 14 („... aus volkswirtschaftlicher Sicht führen deshalb exklusive Verwertungsrechte nicht nur zur suboptimalen Verbreitung vorhandener Informationsgüter, sondern auch dazu, dass der Strom neuer Informationsgüter im Zeitverlauf unter dem wohlfahrtsmaximalen Niveau bleibt").

[19] Ebenso *Egloff*, DVR 7 (1978), 140 ff.; *Hauck*, Wirtschaftsgeheimnisse, S. 17, 182; *Podlech*, DVR 5 (1976), 28; *Stettner*, Information, S. 46 jeweils m.w.N.; abweichend

mischen) Gut werden, wenn sie von den Vertragsparteien zum Verkehrsgegenstand gemacht werden.[20]

II. Das relative Recht auf Erlangung von Information

Wenn dennoch von Informations*rechten* des Arbeitnehmers gesprochen wird, dann sind damit relative Rechte gemeint, die ausschließlich innerhalb des Arbeitsverhältnisses bestehen.[21] Ihren Ursprung haben sie in dem Rechtsverhältnis der Arbeitsvertragsparteien (bzw. den einschlägigen, dieses Verhältnis regelnden Normen). Sie können insoweit auch nur vom Arbeitgeber beachtet bzw. verletzt werden. Das Informationsrecht dient als bloß instrumentales Recht dem Schutz und der Verwirklichung sonstiger primärer Rechte und Interessen des Arbeitnehmers.[22]

Innerhalb der relativen Informationsrechte ist zu unterscheiden, ob den Arbeitgeber die Beachtung des jeweiligen Rechts als autonome, das heißt *vertraglich* vereinbarte Haupt- oder Nebenleistungspflicht trifft[23], oder ob eine abgeleitete, *kraft Gesetzes* entstehende Nebenpflicht[24] die Beachtung einfordert, ohne dass

---

Fiedler, JuS 1970, 607 der „Informationen" als Rechtsgut ansieht. *Badura*, Geistiges Eigentum, S. 12 weist zudem zu Recht darauf hin, dass selbst das „geistige Eigentum" als Eigentumsposition in einem sozialen Bezug und in einer sozialen Funktion steht und sich die Aufgabe und Befugnis des Staates, dessen Inhalte und Schranken zu bestimmen, nach dessen konkreter Sozialbindung richten.

[20] Vgl. *Hauck*, a.a.O., S. 109 f., 189. *Wiebe*, Geistiges Eigentum, S. 102 f., spricht von (nachträglicher) Ausbildung von exklusiven Verfügungsrechten an dem ursprünglich öffentlichen Gut „Information"; ähnlich *Pethig*, a.a.O., S. 3 f., zu § 2 Abs. 2 UrhG.

[21] Vgl. bereits *Kress*, Lehrbuch des Allg. Schuldrechts, S. 5; *Raiser*, JZ 1961, 466 („sekundäres Recht"); ferner *Hauck*, Wirtschaftsgeheimnisse, S. 112 ff.

[22] Vgl. *Raiser*, JZ 1961, 466. *Loges*, Erklärungspflichten, S. 31 spricht von „Reflex".

[23] Vgl. näher *Abegglen*, Aufklärungspflichten, S. 122 ff., 126 f.; *Breidenbach*, Informationspflichten, S. 1 f.; *Gäntgen*, Pflicht zum Hinweis, S. 2; *Hauck*, Wirtschaftsgeheimnisse, S. 109 f.; *Haug*, Informationelle Strategien, S. 37; *Winkler von Mohrenfels*, Informationsleistungspflicht, S. 19 ff. Vgl. zur Parallele im Anlagegeschäft der Banken BGH, DZWir 1994, 197 f.; *Arendts*, DZWir 1994, 185; *Kunz*, DZWir 1994, 199.

[24] Diese Unterscheidung treffen u.a. auch *von Bar*, AcP 179 (1979), 459; *Canaris*, Festschrift Larenz II, S. 84 f.; *Gäntgen*, Pflicht zum Hinweis, S. 2; *Winkler von Mohrenfels*, Informationsleistungspflicht, S. 19; ebenso bereits *Stoll*, Leistungsstörungen, S. 26 ff.; ähnlich ferner Palandt (*-Heinrichs*), vor § 241 BGB Rz. 6 f. In der Rechtsprechung und Rechtslehre werden die Begriffe „Nebenleistungspflicht" und „Nebenpflicht" allerdings uneinheitlich verwendet; vgl. insoweit *Stürner*, JZ 1976, 384 ff., der zwischen Nebenpflichten (auf ein zusätzlich zur Hauptleistung zu befriedigendes Leistungsinteresse gerichtet) und Sorgfaltspflichten (auf die Herbeiführung des Leistungserfolges gerichtet) sowie Schutzpflichten (auf das Integritätsinteresse gerichtet) unterscheidet. Vgl. ferner *Dütz*, Arbeitsrecht, Rz. 205, der zunächst nur zwischen Haupt- und Nebenpflichten unterscheidet, die letzteren aber in unselbständige

es insoweit auf den Parteiwillen ankommt (siehe § 241 Abs. 2 BGB).[25] Diese Unterscheidung ist von erheblicher Bedeutung, denn diese Kategorien machen, neben dem unterschiedlichen Geltungsgrund, erkennbar, dass der Zweck, Inhalt und Umfang eines Informationsrechts je nachdem variiert, ob es auf dem Willen der Parteien basiert oder auf der gesetzlichen Aussage, die es zum Vertragsinhalt werden lässt.[26]

1. Abgrenzung zwischen Haupt- und Neben(leistungs)pflicht

Unter einer Hauptleistungspflicht versteht man eine vertragliche Pflicht, die das Schuldverhältnis in seiner Eigenart typisiert (siehe § 241 Abs. 1 BGB).[27] Im Austausch der Hauptleistungen sehen beide Vertragsseiten den Hauptzweck für den Vertragsschluss, deshalb erheben sie diese Pflichten im Zuge ihrer (meist ausdrücklichen oder auch konkludenten[28]) Vereinbarungen in ein synallagmatisches Austauschverhältnis.[29] An sich kann auch die Erbringung von Information Gegenstand einer autonomen Hauptleistungspflicht sein.[30] Im Arbeitsrecht spielen als Hauptleistungspflicht vereinbarte Informationsleistungspflich-

---

nichtklagbare und selbständige klagbare Nebenpflichten unterteilt, je nachdem, ob sie einen Eigenzweck haben oder nicht; Vgl. zum ganzen *Flume*, Allgemeiner Teil, Band 2, S. 52. Vgl. zur Parallele im Anlagengeschäft der Banken *Arendts*, DZWir 1994, 185; *Canaris*, Bankvertragsrecht, Rz. 78; *Kunz*, DZWir 1994, 199; BGH DZWir 1994, 197 f..

[25] Ebenso u.a. *Winkler von Mohrenfels*, Informationsleistungspflicht, S. 19; *Gäntgen*, Pflicht zum Hinweis, S. 5. Vgl. grundlegend *Larenz*, Schuldrecht AT, § 2 I (S. 12 ff. und 105 f.), der von Verhaltenspflichten spricht, die er aus einem gesetzlichen Schuldverhältnis ohne primäre Leistungspflicht *objektiv* konstruiert. Diesen Gedanken hat *Canaris*, JZ 1965, 475 ff. m.w.N.; *ders.*, Bankvertragsrecht, Anm. 12 zu einem einheitlichen Schutzverhältnis weiterentwickelt. Bereits *Stoll*, Leistungsstörungen, S. 26 ff. spricht von „Schutzpflichten gesetzlicher Natur". Vgl. zum Überblick *Wiegand*, Festschrift Gagnér, S. 550 jeweils m.w.N. Aus der Rechtsprechung vgl. exemplarisch BGHZ 6, 330, 333; 100, 117 ff. sowie BGH, WM 1985, 1535 (Aufklärungspflicht eines Architekten sogar entgegen eigenen Vermögensinteressen).

[26] Vgl. näher *Abegglen*, Aufklärungspflichten, S. 123 f.; 141 ff.

[27] Ähnlich *Larenz*, Schuldrecht AT, § 2 I (S. 8). Unzutreffend deshalb wohl BGH NJW 1985, 1165 zum Reisevertragsrecht (Hinweis auf Einreisebedingungen sei vertragliche Hauptleistungspflicht).

[28] Vgl. etwa OLG Frankfurt WM 1995, 245 ff.

[29] Vgl. für das Schuldrecht etwa *Fikentscher*, Schuldrecht, Rz. 31. Im Arbeitsvertrag sind das die den Arbeitnehmer treffende Arbeitspflicht und die den Arbeitgeber treffende Entlohnungspflicht (§ 611 BGB); vgl. hierzu nur *Dütz*, Arbeitsrecht, Rz. 138, 160.

[30] Vgl. *Gäntgen*, Pflicht zum Hinweis, S. 4 f.; *Loges*, Erklärungspflichten, S. 17; *Lorenz*, Festschrift Larenz I, S. 581 f.; *Winkler von Mohrenfels*, Informationsleistungspflichten, S. 19 f. Beispiele für solche Vertragsgestaltungen nennt *Abegglen*, Aufklärungspflichten, S. 76, 122 f. Beispiele aus der Rechtsprechung: BGHZ 88, 130, 135; BGH NJW 1983, 2697, 2698.

ten in aller Regel aber keine Rolle, da Informationsverträge in der Form von Werk- bzw. Dienstverträgen abgeschlossen werden.[31]

Demgegenüber dienen sowohl autonome Nebenleistungspflichten als auch abgeleitete Nebenpflichten unmittelbar oder mittelbar der Erfüllung der jeweiligen Hauptleistungspflicht.[32] Sie ergänzen die Hauptleistung, indem sie diese vorbereiten, ihre Erbringung ermöglichen, sichern oder auch nutzbar machen.[33] Dieses eher enge Verständnis, das sich stark an der Erfüllung der Hauptleistungspflichten orientiert, ist im Laufe der Zeit erweitert worden. Nunmehr beziehen sich sowohl Nebenleistungspflichten als auch Nebenpflichten verstärkt auch auf die Wahrung anderer Rechtspositionen der Vertragsparteien. Im einzelnen sind heute insoweit insbesondere Sorgfalts-, Schutz-, Fürsorge-, Obhut- sowie Informationspflichten anerkannt.[34]

2. Abgrenzung zwischen Nebenleistungs- und Nebenpflicht

2.1. Grundsatz

Trotz dieser Gemeinsamkeiten ist weiter zu differenzieren. Eine autonome Nebenleistungspflicht wird zwischen den Vertragsparteien vereinbart, das kann auch konkludent geschehen.[35] Ihr Inhalt bestimmt sich unmittelbar aus dem

---

[31] Beispiel: Der von einem Rechtsanwalt beauftragte Detektiv ist kein Arbeitnehmer. Siehe näher zu diesem Thema *Moufang*, Vertragsgegenstand, S. 213 ff.; vgl. ferner *Lüke*, JuS 1986, 4; *Winkler von Mohrenfels*, Informationsleistungspflichten, S. 19 ff. jeweils m.w.N.; insoweit missverständlich *Wiese*, ZfA 1996, 467.

[32] Vgl *von Bar*, AcP 179 (1979), 464 („Nebenpflichten und Nebenleistungspflichten unterscheiden sich nicht nach ihrem äußeren Erscheinungsbild"). Aus der Rechtsprechung vgl. BGH NJW 1975, 824. Aus diesem Gedanken heraus vertritt etwa *Fikentscher*, Schuldrecht, Rz. 31 m.w.N. einen weiten Leistungsbegriff, d.h. auch die Nebenpflichten werden dem Leistungsinhalt zugerechnet. Abweichend etwa Palandt (-*Heinrichs*), vor § 241 BGB Anm. 1 e; *Stürner*, JZ 1976, 385, 388 jeweils m.w.N.

[33] Ebenso etwa *Canaris*, JZ 1965, 475, 477; vgl. auch *Abegglen*, Aufklärungspflichten, S. 123 („.... von '.... das Schuldverhältnis mitbestimmender Bedeutung ..."); ähnlich *Lorenz*, Festschrift Larenz I, S. 587.

[34] Vgl. insoweit *Breidenbach*, Informationspflichten, S. 11; *Fikentscher*, Schuldrecht, Rz. 31; Palandt (-*Heinrichs*), § 242 BGB Rz. 6 f.; *Stürner*, JZ 1976, 385. Vgl. zu einzelnen Nebenpflichten im Arbeitsrecht *Dütz*, Arbeitsrecht, Rz. 152 ff, 174 ff.

[35] Vgl. *Abegglen*, Aufklärungspflichten, S. 78 („...so enger Zusammenhang mit der Hauptleistungspflicht, dass von einer konkludenten Vereinbarung ausgegangen werden kann"); *Lorenz*, Festschrift Larenz I, S. 582 f., 590; *Stürner*, JZ 1976, 385 jeweils m.w.N. Vgl. ferner BGHZ 100, 117, der im Anlagengeschäft einen konkludent geschlossenen Beratungsvertrag mit Informationsleistungspflichten zwischen Bank und Kunde annimmt; hierzu näher

Vertrag.[36] Anderes gilt für die abgeleitete Nebenpflicht: Einer gesonderten (auch konkludenten) Vereinbarung bedarf es hier nicht, denn die Nebenpflichten leiten sich ohne weiteres aus den bestehenden Sondernormen des Rechtsverhältnisses bzw. dem jedem Vertrag qua Gesetz innewohnenden Prinzip von Treu und Glauben (§ 242 BGB) ab.[37]

Um die Frage beantworten zu können, ob Arbeitsverträge von sich aus autonome Informationsverpflichtungen als Nebenleistungspflicht enthalten, ist darauf abzustellen, ob der Arbeitsvertrag seiner Natur nach neben der Verpflichtung zur Arbeitsleistung und zur Gewährung der vereinbarten Vergütung auch auf Informationserteilung als willentlich geschuldete Leistung gerichtet ist.[38] Die sich im Arbeitsverhältnis ergebenden Informationsbeziehungen sind aber grundsätzlich gerade nicht essentieller Bestandteil der von den Parteien gewollten und vereinbarten Arbeits- bzw. Vergütungspflicht; sie gehören nicht zu den für den Vertragsschluss wesentlichen Zwecken.[39]. Vielmehr entstehen vom Parteiwillen unabhängige Informationspflichten (= Verhaltenspflichten) erst mittelbar aufgrund gesetzlicher Wertungen.[40]

Den Schwerpunkt arbeitsrechtlicher Informationsbeziehungen bilden also - in der Terminologie von *Winkler von Mohrenfels* gesprochen - die „abgeleiteten"

Arendts, WM 1993, 229, 231; a.A. *Canaris*, Bankvertragsrecht, Anm. 88. Für das Kaufrecht vgl. *Gäntgen*, a.a.O., S. 5 sowie BGHZ 88, 130, 135.

[36] Ebenso *von Bar*, AcP (179) 1979, 464; *Breidenbach*, Informationspflichten, S. 1. Als Beispiel ist der Abschluss eines Verwahrvertrages zu nennen. Konkludent vereinbart ist hierbei die den Verwahrer treffende Nebenleistungspflicht der Obhut bezüglich der verwahrten Sache. Das ergibt sich bereits aus der Natur des Vertrages, Hauptleistungsprogramm und Nebenleistungspflicht hängen untrennbar zusammen und werden gleichzeitig vereinbart.

[37] Vgl. *Canaris*, Festschrift Larenz II, S. 102; *Wiegand*, Festschrift Gagnér, S. 551 jeweils m.w.N. Aus der Rechtsprechung vgl. etwa BGHZ 49, 13; LG Kassel, EwiR 1985, 579; a.A. *Wolf*, Schuldrecht AT, § 1 C. V. Das gilt für alle Phasen des Vertragsverhältnisses ohne entsprechenden Willen der Parteien, ebenso u.a. *Canaris*, JZ 1965, 476, 478 f. m.w.N.; vgl. ferner *Abegglen*, Aufklärungspflichten, S. 75 f.; *Wiese*, ZfA 1996, 466; *Gäntgen*, Pflicht zum Hinweis, S. 5. *Winkler von Mohrenfels*, Informationsleistungspflichten, S. 19 sowie *Breidenbach*, Informationspflichten, S. 2 sprechen missverständlich zusätzlich von *abgeleiteten* Informations*leistungs*pflichten, wenn die Informationserteilung selbständig klagbar sei.

[38] Vgl. *Abegglen*, Aufklärungspflichten, S. 123 („... sodass die Informationspflichten für das Arbeitsverhältnis von mitbestimmender Bedeutung sind"); vgl. ferner *Stürner*, JZ 1976, 390; *Winkler von Mohrenfels*, Informationsleistungspflichten, S. 20 f.

[39] Einen Überblick über die Abgrenzung zwischen Leistungsprogramm und Verhaltensprogramm gibt *Abegglen*, Aufklärungspflichten, S. 78, 123; vgl. ferner *Lorenz*, Festschrift Larenz I, S. 588 m.w.N.

[40] Das hat aus Sicht des Arbeitnehmers den großen Vorteil, dass er auch dann unter den gesetzlichen Arbeitnehmerschutz fällt, wenn beim Arbeitgeber kein diesbezüglicher Wille vorliegt.

Informationsrechte. Sie entstehen kraft Gesetzes und leiten sich aus mit dem Arbeitsverhältnis nur mittelbar verknüpften Zwecken ab.[41]

2.2. Ausnahmen

Eine Ausnahme bilden die sogenannten kompletorischen Informationsrechte. Sie haben ihren Ursprung darin, dass die erteilte Information dem Empfänger der Hauptleistung deren zweckentsprechende und uneingeschränkte Nutzung erst ermöglicht.[42] Diese Informationsrechte hängen untrennbar mit der vereinbarten Hauptleistung zusammen, sie können deshalb als Recht auf eine vertragliche Nebenleistung (=Informations*leistungs*pflicht) verstanden werden. Als Beispiel aus dem Arbeitsrecht sei aufgeführt, dass die eigentliche Arbeitsleistung (Herstellung einer neuen Maschine) erfolgt ist, aber ohne zusätzliche Information über deren korrekte Bedienung keinen effektiven Nutzen für den Arbeitgeber erbringen kann.[43] Aus der Sicht des Arbeitnehmers kann von einem kompletorischen Informationsrecht nur gesprochen werden, wenn die Information die Entgeltleistung des Arbeitgebers vervollständigt, also beispielsweise mitgeteilt wird, auf welches der möglichen Arbeitnehmerkonten das Arbeitsentgelt überwiesen wurde.[44] Auch die Rechte des § 82 Abs. 2 BetrVG (Entgelterläuterung) gehören in diesen Zusammenhang.

Fraglich ist, ob wegen der ebenfalls besonders engen Verknüpfung zwischen der Information und der Hauptleistung zudem ein „quasi kompletorisches Informationsrecht" gegeben ist, wenn die Informationserteilung durch den Vertragspartner die Erbringung der *eigenen* Hauptleistung erst *ermöglicht*.[45] Im Arbeitsrecht ist damit angesprochen, dass der Arbeitnehmer in der Unterrichtung zu Arbeitsbeginn bzw. im Rahmen des fortlaufenden Direktionsrechts (siehe § 81 Abs. 1 Satz 1, Abs. 2 und Abs. 4 BetrVG) Information erhält, die seine Arbeitsleistung bzw. die Arbeitsanforderungen spezifizieren, damit er den Arbeitsvertrag ordnungsgemäß erfüllen kann.

---

[41] Vgl. *Abegglen*, Aufklärungspflichten, S. 47, 76, 145; *Winkler von Mohrenfels*, Informationsleistungspflichten, S. 19.

[42] Ebenso *Winkler von Mohrenfels*, Informationsleistungspflichten, S. 67; abweichend *Abegglen*, Aufklärungspflichten, S. 121, der Hinweis, Warnung, Gebrauchsanleitung und dergleichen nicht zu den Aufklärungstatbeständen zählt, sondern zu den Anleitungsfällen.

[43] Informationsrecht des Arbeitgebers !

[44] Bei Barauszahlungen wird dieser Fall anschaulicher: Angaben über den Auszahlungsort bzw. Auszahlungszeitpunkt gehören zur Leistungserbringung.

[45] Vgl. zu den Mitwirkungspflichten des Gläubigers MüKo (-*Roth*), § 252 BGB Rz. 228 ff., MüKo (-*Emmerich*), vor § 275 BGB Rz. 271 ff.

Es kommt in Betracht, diese Mitwirkungshandlungen des Arbeitgebers als bloße Obliegenheit anzusehen, bei deren Verletzung der Arbeitgeber die (Mit-) Verantwortung für etwaige Leistungsstörungen übernimmt bzw. in Annahmeverzug gerät.[46] Allerdings hat der BGH in ähnlichen Fällen auch Ansprüche aus positiver Forderungsverletzung angenommen,[47] was gegen das Vorliegen einer bloßen Obliegenheit spricht. Hierüber hinausgehend könnten die genannten arbeitsrechtlichen Mitwirkungspflichten sogar zum Leistungsprogramm gezählt werden, wenn beiden Parteien von Anfang an klar ist, dass der Arbeitnehmer ohne intensive Mitwirkung des Arbeitgebers überhaupt nicht tätig werden kann.[48] Die Ausübung des unternehmerischen Direktionsrechts wäre in diesem Sinne zu einer arbeitsvertraglichen Leistungsverpflichtung des Arbeitgebers geworden.[49] Allerdings kann von einer echten Leistungspflicht nur gesprochen werden, wenn das der Parteiabrede gerecht wird. Das wird im Arbeitsrecht die Ausnahme sein. Denn die Arbeitsleistungen bleibt in der Regel auch ohne die Mitwirkung des Arbeitgebers möglich. Folglich liegt auch hier eine nur gesetzlich vermittelte Nebenpflicht des Arbeitgebers vor.[50]

3. Die durch die gesetzlichen Nebenpflichten gewährten Rechtspositionen

Hat sich bis hier gezeigt, dass die Informationsrechte des Arbeitnehmers aus der Sicht des Arbeitgebers in aller Regel gesetzlich vermittelte Nebenpflichten darstellen, ist damit für die Frage der rechtlichen Position des Arbeitnehmers nur Grundsätzliches ausgesagt.[51] Welche Rechtsqualität das einzelne Informationsrecht hat, ist erst anhand einer rechtlichen Wertung aller relevanten Aspekte der Informationsbeziehung der beteiligten Kreise zu beantworten.

3.1. Kein allgemeiner Informationsanspruch

Die denkbar stärkste Form eines gesetzlichen Arbeitnehmer-Informationsrechts, eine Art Generalklausel, läge vor, wenn dem Arbeitnehmer mit Begründung eines Arbeitsverhältnisses ein subjektiver *allgemeiner* Informationsanspruch

---

[46] Vgl. BGH WM 1973, 1270, 1272.
[47] Vgl. BGHZ 50, 175, 179; ferner Palandt (*-Heinrichs*), § 242 BGB Rz. 24, 32 ff.; MüKo (*-Roth*), § 252 BGB Rz. 230.
[48] Vgl. MüKo (*-Emmerich*), vor § 275 BGB Rz. 273.
[49] Vgl. *Breisig/König/Wengelowski*, Mitarbeitergespräch, S. 53 f., 121 ff., 128, 160, die allerdings auf S. 56 von Obliegenheiten sprechen.
[50] Im Ergebnis ebenso *Teichmann*, JA 1984, 546 f.; ähnlich MüKo (*-Emmerich*), vor § 275 BGB Rz. 273 f., der dann auf die §§ 642 ff. BGB hinweist.
[51] Es ist deshalb treffender bis hierhin von Informationslasten des Arbeitgebers zu sprechen.

zustehen würde.[52] Darunter wäre ein umfassendes und uneingeschränktes Recht des Arbeitnehmers auf Kenntniserlangung über alle Gegebenheiten und Veränderungen, die mit dem Arbeitsverhältnis, also auch mit dem Unternehmen bzw. Betrieb des Arbeitgebers in Zusammenhang stehen, zu verstehen. Der Arbeitnehmer könnte jegliches Informationsinteresse geltend machen, solange nur ein Bezug zum Arbeitsverhältnis gegeben wäre. Der Arbeitgeber hätte dann entweder unaufgefordert oder spätestens nach Anfrage jeden Mitarbeiter über die oben genannten Angelegenheiten authentisch zu informieren. Zurückbehaltungsinteressen könnte der Arbeitgeber seinerseits nicht geltend machen.

Nach ganz herrschender Meinung kennt unsere Rechtsordnung keinen entsprechenden allgemeinen Informationsanspruch[53], also auch keinen solchen des Arbeitnehmers.

3.2. Besondere Informationsrechte

3.2.1. Informationsanspruch

Es kommt also nur in Betracht, *besondere* Informationsrechte, die an spezielle Einzelnormen geknüpft sind, geltend zu machen.[54] Als Erfüllungsanspruch sind die oben erwähnten Informationsrechte im Zusammenhang mit der Unterrichtung gemäß § 81 Abs. 1 Satz 1, Abs. 2 und Abs. 4 BetrVG ausgestaltet. Das ergibt sich aus der Nähe dieser Rechte zum vereinbarten Leistungsprogramm.

---

[52] Vgl. näher *Winkler von Mohrenfels*, Informationsleistungspflichten, S. 39 ff. zum Verhältnis eines erweiterten Informationsanspruchs zu den gesetzlichen Einzelvorschriften.

[53] So schon *RGZ* 102, 235, 236 sowie *BGH* NJW 1957, 669 („... Der Umstand, dass eine Person Kenntnis über Tatsachen hat, die für eine andere von Bedeutung sein mögen, zwingt sie nicht zur Auskunftserteilung"). Vgl. ferner *BGH* NJW 1970, 653, 655 (keine Umsatzmitteilung beim Unternehmenskauf); NJW 1970, 751 (kein Auskunftsanspruch zur Gewinnung von Beweismitteln); NJW 1981, 1733 (bloße Neugierde vermag Einsichtsrecht in Akten gemäß § 810 BGB nicht zu rechtfertigen); NJW 1986, 1753 f. (keine grundsätzliche Pflicht zur Offenlegung der wirtschaftlichen Verhältnisse im Familienrecht, § 1605 BGB). Vgl. ferner *Abegglen*, Aufklärungspflichten, S. 49, der einen allgemeinen Anspruch selbst unter dem Gesichtspunkt eines allgemeinen Schutzbedürfnisses verneint; ferner *Gäntgen*, Pflicht zum Hinweis, S. 1; Palandt (*-Heinrichs*); § 261 BGB Rz. 3 ff. Für das Bankrecht mit dem gleichen Ergebnis *Canaris*, Bankvertragsrecht, Anm. 103. Für das Bilanzrecht ebenso *Flury*, Gewinnerläuterungsprinzipien, S. 2 f., 48, 188.

[54] Vgl. *Abegglen*, Aufklärungspflichten, S. 171; *Canaris*, Vertrauenshaftung, S. 302; *Hopt*, Kapitalanlegerschutz, S. 414; *BGH* WM 1983, 1006, 1007. Vgl. ferner *BVerfGE* 81, 242, 255 f.; grundlegend bereits *BVerfGE* 7, 198, 206.

Darüber hinaus sind diejenigen Informationsrechte subjektive Ansprüche, die dem Schutz des Arbeitnehmers dienen.[55] Das hinter diesen Rechten stehende Interesse ist nicht das Erfüllungsinteresse der Hauptleistung, sondern das Integritätsinteresse. Das ist das Interesse, das auf die Erhaltung der Integrität der Rechtsgüter und Rechte des Arbeitnehmers, die er zur Erfüllung des Vertrages mit in das Leistungsverhältnis eingebracht hat, abzielt. Dieser Schutzzweck der Informationsrechte rechtfertigt die Charakterisierung als Erfüllungsanspruch. Zu den Informationsansprüchen sind die §§ 81 Abs. 1 Satz 2, 83 BetrVG und §§ 4 Abs. 3, 33 Abs. 1, 34 Abs. 1 BDSG sowie die in Arbeitsschutzvorschriften gewährten Informationsrechte zu zählen.[56]

Auch die Informationsrechte im Zusammenhang mit einer erfolgten Kündigung des Arbeitsvertrages sind Erfüllungsansprüche, weil sie unmittelbar dem Bestand des Schuldverhältnisses dienen.[57] Das gilt ebenso für § 613 a Abs. 5 BGB.[58]

Im Ergebnis sind also die wesentlichen Informationsrechte des Arbeitnehmers subjektive Erfüllungsansprüche.

3.2.2. Begünstigung durch eine Obliegenheit bzw. durch eine funktionelle Veranlassung

Eine weniger weitreichende Rechtsposition gewähren Informationsrechte, die als Obliegenheiten[59] oder als funktionelle Veranlassung[60] ausgestaltet sind. Eine *Obliegenheit* ist eine gesetzliche Verhaltensaufforderung, die an den Arbeitgeber gerichtet ist und den Arbeitnehmer als Begünstigten ausweist, ohne dass der Arbeitnehmer ihre Beachtung einfordern kann. Die Nichtbeachtung

---

[55] Ebenso *Breidenbach*, Informationspflichten, S. 3, der bei Informationsrechten, die Gefahren für in § 823 Abs. 1 BGB geschützte Rechtsgüter betreffen, von „Warnpflichten" spricht. Vgl. ferner Palandt (-*Heinrichs*), § 242 BGB Rz. 35 f.

[56] Die Nachweispflicht gemäß § 2 Abs. 1 NachwG gewährt dem Arbeitnehmer ebenfalls einen Erfüllungsanspruch. Allerdings gelangt man zu diesem Ergebnis erst mit Blick auf die einschlägige europäische Nachweisrichtlinie 91/533/EWG.

[57] Siehe hierzu ausführlich 3. Kapitel E. I. 4.

[58] Siehe hierzu 3. Kapitel E. I. 4.3.

[59] Siehe grundlegend *R. Schmidt*, Obliegenheiten, Karlsruhe 1953; vgl. ferner *Fikentscher*, Schuldrecht, Rz. 32; *Esser/Schmidt*, Schuldrecht, AT Teilb. 1 § 6 VI; *Klingler*, Aufklärungspflichten, S. 4 jeweils m.w.N. Vgl. zu den Obliegenheiten im Versicherungsrecht BGHZ 47, 101 (Obliegenheit des Versicherungsnehmers „zur wahrheitsgemäßen und vollständigen Aufklärung über den Versicherungsfall").

[60] Vgl. *R. Schmidt*, Obliegenheiten, S. 67 ff.; *Winkler von Mohrenfels*, Informationsleistungspflichten, S. 28.

zieht als Rechtsfolge weder einen Erfüllungsanspruch noch einen Schadensersatzanspruch des Arbeitnehmers nach sich.[61] Allerdings geht mit der Verletzung der Obliegenheit ein Verlust an Arbeitgeberrechten einher, sodass der Arbeitgeber hierdurch zur Beachtung des von der Rechtsordnung gewünschten Verhaltens zu Gunsten des Arbeitnehmers angehalten wird.[62] Es handelt sich folglich nur um Sollvorschriften.[63]

Im Arbeitsrecht sind die Aushang- und Auslegungsvorschriften - wie beispielsweise die §§ 8 TVG, 77 Abs. 2 S. 3 BetrVG - den Obliegenheiten zuzuordnen, denn bei ihrer Nichtbeachtung schädigt sich der Arbeitgeber selbst, da er sich dann auf die Inhalte der betreffenden Regelung bei der Geltendmachung eigener Rechtspositionen nicht berufen kann.[64]

Sieht das Gesetz Informationsrechte zu Gunsten des Arbeitnehmers in der Form einer *funktionellen Veranlassung* vor, so wird das Verhalten des belasteten Arbeitgebers allein dadurch beeinflusst, dass im Falle der Normbefolgung (bzw. ihrer Missachtung) eine bestimmte Rechtsfolge (nicht) ausgelöst wird. Das Gesetz hat aber – anders als im Fall einer Obliegenheit - an sich keine Steuerungsfunktion im Hinblick auf das Verhalten der Normadressaten, sondern regelt wertungsneutral ein bestimmtes Verfahren.[65] Wie bei der Verletzung einer Obliegenheit zieht auch die Nichtbeachtung einer funktionellen Veranlassung weder einen Erfüllungsanspruch noch einen Schadensersatzanspruch des Arbeitnehmers nach sich.

Zu dieser Art von Informationsrechten zählt § 4a Abs. 1 Satz 2 BDSG, weil ohne ausreichende Information im Vorfeld einer Einwilligung (in die Datenverarbeitungsvorgänge) diese nicht wirksam wird. Auch das Bescheidungsrecht gemäß § 84 Abs. 2 BetrVG ist als bloße Verfahrensregel im Beschwerdeverfahren eine funktionelle Veranlassung.

---

[61] Vgl. *R. Schmidt*, Obliegenheiten, S. 37 ff., 264 ff. *Fikentscher*, Schuldrecht, Rz. 32 (mit Hinweis auf BGHZ 11, 83) weist darauf hin, dass Obliegenheiten ausnahmsweise bei entsprechendem Parteiwillen oder gemäß § 242 BGB zu Leistungsbestandteilen werden können.

[62] *R. Schmidt*, Obliegenheiten, S. 315 spricht in diesem Zusammenhang von einem teleologischen Nötigungstatbestand; vgl. auch *Winkler von Mohrenfels*, Informationsleistungspflichten, S. 26 f.; ferner *Abegglen*, Aufklärungspflichten, S. 53 („Bewusst gewollter Veranlassungstatbestand").

[63] Als Beispiel aus dem Zivilrecht lässt sich – neben einer ganzen Anzahl von Normen aus dem Versicherungsrecht (siehe hierzu *Winkler von Mohrenfels*, Informationsleistungspflichten, S. 27) § 254 Abs. 2 BGB aufführen; vgl. näher *Abegglen*, Aufklärungspflichten, S. 52 ff.

[64] Siehe ausführlich und zu weiteren Beispielen 3. Kapitel IV. 2.2.

[65] Vgl. *R. Schmidt*, Obliegenheiten, S. 67 ff.; *Winkler von Mohrenfels*, Informationsleistungspflichten, S. 28.

4. Interne Informationsleitlinien

Organisationsrechtliche Informationsvorschriften regeln im Rahmen des Informationsmanagements die Gestaltung, Erstellung und den Betrieb der Informationssysteme, der Kommunikations- und Informationstechnologien sowie die damit einhergehenden Führungsaufgaben.[66] Dieser Bereich ist vom Gesetzgeber unangetastet geblieben und in das Belieben des Arbeitgebers gestellt. Informationsleitlinien wirken nur unternehmens- bzw. betriebsintern und ihre Nichtbeachtung bleibt rechtsfolgenlos, solange keine andere Regelung getroffen wurde.[67]

III. Strukturierung der Informationsrechte nach den Informationszwecken

Als naheliegender Zweck der Erteilung von Information als Nebenpflichten der Sonderverbindung ist an die Vermittlung des Wissen- und Kenntnisstands zu denken, der für den Arbeitnehmer am konkreten Arbeitsplatz/Arbeitsbereich erforderlich ist, um mangelfrei arbeiten zu können.[68]

Eine früh vertretene Ansicht sah den Zweck der Nebenpflichten darüber hinaus in der Begründung eines relativen Schutzanspruchs des Gegenübers im Hinblick auf „diejenigen Güter, welche bei der Abwicklung der schuldrechtlichen Beziehung oder schon bei dem Abschlusse der Verträge berührt werden".[69]

Nochmals weiter geht das Verständnis der Nebenpflichten als Pflicht zum umfassenden Integritätsschutz.[70] So sind etwa berechtigte ideelle Interessen des Arbeitnehmers zu beachten, er ist als Persönlichkeit zu respektieren, er ist zu befähigen, interessengerechte Entscheidungen treffen zu können.[71]

---

[66] Siehe ausführlich etwa *Fank*, Einführung in das Informationsmanagement, München, Wien 1996; *Hildebrand*, Informationsmanagement – Wettbewerbsorientierte Informationsverarbeitung, München, Wien 1995; *Wöhe*, Betriebswirtschaftslehre, S. 171 ff, insb. S. 196 ff.

[67] Vgl. in diesem Sinne zum Stichwort „Mechanismen der Selbststeuerung" *Zöllner*, Informationsordnung, S. 32.

[68] Vgl. *Gäntgen*, Pflicht zum Hinweis, S. 3, 6, 10, 13 f.; *Niedenführ*, a.a.O., S. 145 f.; ferner *Abegglen*, a.a.O., S. 121 („Anleitungspflichten"); MüKo (*-Roth*), § 242 BGB Rz. 199; *Teichmann*, JA 1984, 546; Soergel (*-Wiedemann*), vor § 275 BGB Rz. 315.

[69] So wörtlich *Kress*, Lehrbuch des Allg. Schuldrechts, S. 5; ähnlich *Stoll*, AcP 1932, 288 f.

[70] Vgl. *Picker*, AcP 1983, 460 ff.; *Wohlgemuth*, BB 1980, 1533. Ein Beispiel aus dem Gesellschaftsrecht: Laut *Flury*, Gewinnerläuterungsprinzipien, S. 7 sollen mit Hilfe des Jahresberichts Gewinnverkürzungen im Interesse der Gewinnberechtigten verhindert werden.

[71] Vgl. zum Arbeitsrecht ausführlich *Wiese*, ZfA 1996, 439 ff. Bei der Vergabe von Verbraucherkrediten ist heute der Gedanke weit verbreitet, dass die Kreditinstitute auch insofern

Gedanklich vom Integritätsinteresse losgelöst ist schließlich die Unterscheidung, die *Winkler von Mohrenfels* für das allgemeine Zivilrecht vornimmt.[72] Er unterscheidet nach den verfolgten abstrakten Zwecken zwischen kompletorischen (ergänzenden), präparatorischen (vorbereitenden), relatorischen (berichtenden, Kontrollzwecken dienenden), testatorischen (Zeugnis- und Beweiszwecken dienenden) und kompensatorischen (ausgleichenden) Informationsleistungspflichten. Diese Unterscheidung soll im folgenden kurz anhand arbeitsrechtlicher Gegebenheiten verdeutlicht werden.

Kompletorische Informationsrechte ergänzen und vervollständigen die Hauptleistung, insofern sie dazu dienen, diese nutzbar oder genießbar zu machen.[73] Es handelt sich dabei um eine vertragliche Nebenleistungspflicht. Zu Gunsten des Arbeitnehmers begegnen sie uns kaum, allenfalls in den ergänzenden Informationen, die die Entgeltleistung für den Empfänger erst nutzbar machen.

Präparatorische Informationsrechte dienen dazu, bestehende Ansprüche und Einreden dem Grunde und/oder der Höhe nach vorzubereiten.[74] Diese Art der Informationsrechte spielt im Arbeitsrecht eine wichtige Rolle, wenn es darum geht, arbeitnehmerseitig ein Begehren auf Löschung einer Eintragung in der Personalakte (etwa einer Abmahnung) nach § 83 BetrVG vorzubereiten.

Informationspflichten treffen, als Fragen aus der Sphäre des Kreditnehmers angesprochen sind; vgl. näher *Westermann*, ZHR 153 (1989), 123 ff.; *Wiegand*, Festschrift Gagnér, S. 559 f. Vgl. für das Bilanzrecht/Jahresabschluß ebenso *Flury*, Gewinnerläuterungsprinzipien, S. 1, 42 f. Allerdings können allein aus den Informationsinteressen keine Informationsrechte hergeleitet werden; ebenso für das Bilanzrecht *Flury*, Gewinnerläuterungsprinzipien, S. 1 ff.

[72] Vgl. *Winkler von Mohrenfels*, Informationsleistungspflichten, S. 19; ähnlich auch *Abegglen*, Aufklärungspflichten, S. 85 f. Die Unterscheidung zwischen sach- und personenbezogenen Informationsprozessen, die *Schwarz*, Arbeitnehmerüberwachung, S. 30 f. vornimmt, ist vom Ansatz ähnlich und insofern hilfreich, als sie verdeutlicht, dass es bei den Informationsprozessen in erster Linie um die Verwendungsbestimmung der Informationen geht. Darauf weisen auch *Gäntgen*, Pflicht zum Hinweis, S. 7; Soergel *(-Wolf)*, § 260 BGB Rz. 9 hin. Vgl. auch die Einteilung bei *Hellmann*, Auskunftsanspruch, S. 50, 67, 83.

[73] Beispiel: Gebrauchsanleitung. Vgl. näher *Winkler von Mohrenfels*, Informationsleistungspflichten, S. 23, 67 m.w.N.; ferner MüKo *(-Roth)*, § 242 BGB Rz. 199; *Gäntgen*, Pflicht zum Hinweis, S. 14; *Abegglen*, Aufklärungspflichten, S. 121; *Teichmann*, JA 1984, 546. Sehr weitgehend *Stürner*, JZ 1976, 385, 388, der als Leistungsinteresse ausreichen lässt, dass die Information „weiteren Zwecken zuträglich" ist; vgl. ferner *Gäntgen*, Pflicht zum Hinweis, S. 14.

[74] Vgl. etwa *RGZ* 102, 235, 237 (Auskunftserteilung zur Vorbereitung der Herausgabe von Sachen); BGH NJW 1957, 669 (Aufgrund der erteilten Auskunft werden materielle Ansprüche hergeleitet, § 254 ZPO). Zur Grenze des Auskunftsanspruchs vgl. *BGH* NJW 1970, 751 (es besteht kein Auskunftsanspruch zur Gewinnung von Beweismitteln für die Durchsetzung materieller Ansprüche); vgl. ferner *Winkler von Mohrenfels*, a.a.O., S. 30 ff.; *Haug*, Informationelle Strategien, S. 39. Zum Beispiel dient der Jahresabschluss im Bilanzrecht der Konkretisierung von Gewinnansprüchen, vgl. *Moxter*, Vorwort, S. VIII.

Weitere Beispiele sind die Vorbereitung zur Geltendmachung fälligen Arbeitsentgelts (§ 82 Abs. 2 Satz 1 Halbsatz 1 BetrVG)[75] sowie nachvertraglicher Ansprüche. Zur Vorbereitung einer Einrede kann der Arbeitnehmer beispielsweise beanspruchen, über Tatsachen informiert zu werden, die gegen eine Schlechterfüllung seiner Arbeitsleistung sprechen. Die präparatorischen Informationsrechte werden in der Praxis sehr oft erst nach Ende des Arbeitsverhältnisses geltend gemacht.

Unter *relatorischen* Informationsrechten versteht man diejenigen Informationsrechte, die der Überwachung bzw. Kontrolle – hier des Arbeitgebers und seines unternehmerischen Verhaltens – dienen.[76] Das sind insbesondere die der Belegschaft geschuldeten Unternehmensberichte. Davon im weitesten Sinne umfasst sind auch die zur Teilhabebefugnis ausgestalteten Informationsrechte, die es dem einzelnen Arbeitnehmer ermöglichen sollen, an Planungsprozessen zur künftigen Gestaltung einzelner Maßnahmen im Betrieb (oder Unternehmen) teilzunehmen.[77] Zu nennen sind hier beispielsweise § 81 Abs. 3 (Arbeitsschutzmaßnahmen) sowie das Informationsrecht gemäß § 81 Abs. 4 Satz 1 (in Verbindung mit § 81 Abs. 4 Satz 2) BetrVG. Um Kontrolle des Arbeitgebers im engeren Sinne geht es schließlich bei den Informationspflichten des Arbeitgebers im Kündigungsschutzverfahren (§ 626 Abs. 2 Satz 2 BGB, § 1 Abs. 3 Satz 1 KSchG) sowie beim Einsichtsrecht des Arbeitnehmers in die über ihn geführten Personalakten (§ 83 BetrVG),[78] womit gleichzeitig die Überwachung der Datenverarbeitungsvorgänge bzgl. personenbezogener Arbeitnehmerdaten (§§ 4 Abs. 3, 33, 34 BDSG) angesprochen ist.

Testatorische Informationsrechte dienen dem Informationsgläubiger dazu, Beweis oder Zeugnis über bestimmte Angelegenheiten zu erlangen.[79] Im Arbeitsrecht dient besonders das Nachweisgesetz diesem Zweck. Außerdem gehört das Bescheidungsrecht nach § 84 Abs. 2 / § 85 Abs. 3 i.V.m. § 84 Abs. 2 BetrVG in diese Kategorie, ebenso § 82 Abs. 2 Satz 1 Halbsatz 2 BetrVG sowie § 83 BetrVG.[80]

Kompensatorische Informationsrechte dienen dem Ausgleich für entstandene Schäden oder der Beseitigung von bestehenden Störungen. Mit ihrer Hilfe soll

---

[75] Vgl. hierzu LAGE Köln Nr. 5 zu § 242 BGB -Auskunftspflicht.
[76] Vgl. *Winkler von Mohrenfels*, Informationsleistungspflichten, S. 61 ff., *Haug*, Informationelle Strategien, S. 38, 39.
[77] *Haug*, Informationelle Strategien, S. 38, 179 m.w.N.
[78] *Winkler von Mohrenfels*, a.a.O., S. 65.
[79] Im Zivilrecht ist in diesem Zusammenhang § 810 BGB zu nennen; vgl. näher *Winkler von Mohrenfels*, Informationsleistungspflichten, S. 69, 76.
[80] Vgl. BAG AP Nr. 18 zu § 249 BGB; *Stengel*, BB 1976, 1084.

der Ursprungszustand (mittel- oder unmittelbar) wiederhergestellt werden. Als Informationspflicht treffen sie den Schädiger bzw. Störer.[81] Ihre Rechtsgrundlage finden sie in den §§ 249, 1004 BGB; darüber hinaus lassen sie sich aus einzelnen Vorschriften des Bundesdatenschutzgesetzes herleiten.[82]

IV. Strukturierung nach Informationsarten und Informationsformen

Nimmt man die Art der Informationserteilung als Unterscheidungskriterium[83], so wird unterschieden zwischen Bekanntgabe, Mitteilung und Anzeige,[84] Offenbarung[85], Hinweis[86] und Warnung, Unterrichtung[87], Belehrung und Beratung[88] sowie Erläuterung,[89] Rechenschaft[90], Einsicht und Rechnungslegung, um die

---

[81] Näher *Winkler von Mohrenfels*, Informationsleistungspflichten, S. 79 ff.; *Haug*, Informationelle Strategien, S. 38, 40.

[82] Da eine Datenverarbeitung ohne Benachrichtigung das allgemeine Persönlichkeitsrecht verletzt und die Benachrichtigung dies ausgleicht. Nicht kompensatorischer Natur ist die Pflicht des Arbeitgebers, dem fälschlich des Arbeitnehmerdiebstahls beschuldigten Arbeitnehmer die Namen der Informanten anzugeben; sie dient zwar der Beseitigung der Ehrbeeinträchtigung des Arbeitnehmers, ist aber nicht Folge eines rechtswidrigen Verhaltens des Informationspflichtigen; ebenso *Winkler von Mohrenfels*, a.a.O., S. 80 m.w.N.

[83] Vgl. Staudinger *(-Weber)*, § 242 BGB Rz. 829 ff.; *Braun*, Unterrichtung, S. 19 zu § 110 BetrVG und *ebenda*, S. 143 ff. zu weiteren Informationsarten: Information, Bekanntgabe, Mitteilung, Auskunft, Bericht, Unterrichtung, Erläuterung, Aufklärung. Gegen eine solche Strukturierung sprechen sich *Abegglen*, Aufklärungspflichten, S. 3, 118; *Winkler von Mohrenfels*, Informationsleistungspflichten, S. 23 aus, weil die Begriffe uneinheitlich verwendet würden. Auch *Niedenführ*, Informationsgebote, S. 144 spricht davon, dass einzelne Begriffe synonym gebraucht werden. Eine zwingende, einheitliche und durchgängige Konzeption können auch *Braun*, Unterrichtung, S. 144 ff.; *Breidenbach*, Informationspflichten, S. 4 nicht erkennen. Dennoch haben die Begriffe einen typischen Inhalt, was *Abegglen*, a.a.O., S. 120 ff. erkennt, wenn er Hinweispflichten exakt von Aufklärungspflichten unterscheidet.

[84] Vgl. *Klingler*, Aufklärungspflichten, S. 21 m.w.N.

[85] Oft als Synonym für Aufklärung gebraucht, vgl. etwa Klingler, Aufklärungspflichten, S. 21 m.w.N.

[86] Laut *Abegglen*, Aufklärungspflichten, S. 120 sind Hinweise Anleitungen für ein faktisches Verhalten.

[87] Laut *Braun*, Unterrichtung, S. 147 dominiert im BetrVG die „Unterrichtung“ (= auf das Erreichen von Verständnis gerichtete, auf den Einzelfall abgestimmte Information).

[88] Vgl. MüKo (*-Roth*), § 242 BGB Rz. 202 sowie *Grunewald*, AcP (190) 1990, S. 610 mit einem Beispiel zur Belehrung über „Londoner Warenterminoptionen“. Vgl. ferner etwa BGH NJW 1962, 1196 f. (Kaufberatung).

[89] Als Beispiel die Gewinnerläuterung im Jahresabschluß, vgl. *Flury*, Gewinnerläuterungsprinzipien, S. 2 ff.

[90] Vgl. *Winkler von Mohrenfels*, Informationsleistungspflichten, S. 118 ff.; Staudinger (-*Weber*), § 242 BGB Rz. 829 ff.; *Flury*, Gewinnerläuterungsprinzipien, S. 30 f.

wichtigsten Informationsarten zu nennen.[91] Die Terminologie ist aber uneinheitlich[92] und deshalb allenfalls verwirrend.

Erst unter der Voraussetzung eines einheitlichen Sprachgebrauchs könnte die Wahl einer bestimmten Informationsart im Tatbestand ein Hinweis sein auf den Informationsumfang und die Modalitäten der Informationserteilung.[93]

Ist die Form der Informationserteilung von Bedeutung, kann eine ganze Reihe von Wegen gewählt werden, um die Information zu übermitteln.[94] Das reicht beispielsweise vom Mitarbeitergespräch[95] im Einzelgespräch über das Gruppengespräch zum Unternehmensbericht vor der Betriebsöffentlichkeit in Konferenzen oder Versammlungen. Es kann durch Aushang am schwarzen Brett, direkte Anschreiben oder Rundschreiben, Werkzeitungen[96] usw. informiert werden. Oder in Werksfilmen, durch Firmenbesichtigungen und auf vielen anderen Wegen mehr.

In welcher Art und Form die Information im Einzelfall zu gewähren ist, bestimmen in erster Linie die einschlägigen Spezialgesetze sowie Kollektivvereinbarungen. Nach dem subsidiären Grundsatz von Treu und Glauben sind die Informationen jedenfalls so zu übermitteln, wie das erforderlich ist, um dem jeweiligen Informationsinteresse gerecht zu werden.[97]

V. Strukturierung nach der Informationsinitiative

Unter diesem Gesichtspunkt kann danach unterschieden werden, welche Vertragspartei von sich aus den Informationsprozess einzuleiten hat. Es kann zwischen Aufklärung und Auskunft differenziert werden.[98]

---

[91] Vgl. *Winkler von Mohrenfels*, a.a.O., S. 114 ff., 119 ff., 132 ff.

[92] Ebenso *Klingler*, a.a.O., S. 21. Vgl. aus der Rechtsprechung etwa BGH NJW 1979, 2092; BGH NJW 1979, 2511; BGH WM 1980, 80.

[93] Vgl. hierzu *Klingler*, Aufklärungspflichten, S. 45.

[94] *Braun*, Unterrichtung, S. 35, 196 spricht in diesem Zusammenhang von Unterrichtungs*arten.*

[95] Vgl. hierzu ausführlich *Neuberger*, Mitarbeitergespräch zur Führung, S. 1 ff.

[96] Siehe hierzu ausführlich *Hilb*, Personalzeitschrift als Instrument der innerbetrieblichen Personalpolitik, Stuttgart/Bern 1975.

[97] Ebenso *Winkler von Mohrenfels*, Informationsleistungspflichten, S. 112, 114 ff.

[98] Vgl. einschränkend *Gäntgen*, Pflicht zum Hinweis, S. 4 m.w.N., der in der Vereinbarung von Informationspflichten eine Nachfrage nach Information erblickt und deshalb keine autonomen, spontanen Informationsrechte anerkennt. Zur Terminologie der Aufklärung vgl. *dens.*, a.a.O., S. 6 m.w.N. Vgl. zu dieser Differenzierung aus der Rechtsprechung BGH WM 1970, 1021, 1022.

Das Recht des Arbeitnehmers, von Seiten des Arbeitgebers aufgeklärt zu werden, bedeutet im Kern, dass die Informationserteilung unaufgefordert („spontan") zu erfolgen hat.[99] So zählt zu den Aufklärungsrechten beispielsweise § 81 Abs. 1 Satz 1 BetrVG, wonach der Arbeitgeber verpflichtet ist, von sich aus dem Arbeitnehmer eine Einführung in die Arbeit und Arbeitsbedingungen zu geben.

Im Unterschied zur Aufklärung ist eine Auskunft dadurch gekennzeichnet, dass sie erst auf Nachfrage hin zu erteilen ist.[100] Ein typisches Beispiel stellen die präparatorischen Informationsrechte einer Prozesspartei dar. In diesen Fällen wird wegen einer entschuldbaren Unkenntnis über das Bestehen und den Umfang eines (Gegen-) Rechts Auskunft beim Prozessgegner verlangt, der unschwer in der Lage ist, insoweit Auskunft zu geben.[101] Für das materielle Arbeitsrecht findet sich eine solche Regelung zum Beispiel in § 34 BDSG, wenn es darum geht, nähere Auskünfte über maschinell gespeicherte Personaldaten beim Arbeitgeber zu erfragen.

Stellt man sich die Frage, warum der Gesetzgeber entweder eine Aufklärung oder eine Auskunft für das zutreffende Informationsrecht hält, kommt zunächst eine Differenzierung nach der *Wertigkeit* des betroffenen Rechtsguts in Betracht. Dann wäre der Arbeitnehmer immer spontan *aufzuklären*, wenn er vor Schäden an besonders hochwertigen Rechtsgütern zu schützen ist. Stehen andere Interessen oder Rechtsgüter hinter dem Informationsrecht, könnte der Arbeitgeber warten, bis er zur *Auskunftserteilung* von Seiten des Arbeitnehmers aufgefordert wird.

---

[99] Vgl. *Abegglen*, Aufklärungspflichten, S. 3, 5, 15 f., 118 f.; *Böhme*, Aufklärungspflicht, S. 1 f.; *Breidenbach*, a.a.O., S. 1 f.; *Gäntgen*, Pflicht zum Hinweis, S. 1; Palandt (*-Heinrichs*), § 242 BGB Rz. 37; *Klingler*, Aufklärungspflichten, S. 20; *Niedenführ*, a.a.O., S. 145; Münchener Kommentar (*-Roth*), § 242 BGB Anm. 197; *Taupitz*, Fehlverhalten, S. 4; *Winkler von Mohrenfels*, Informationsleistungspflichten, S. 22 jeweils m.w.N. Vgl. ferner BGH NJW 1977, 1055, 1056. Kritisch insoweit Staudinger *(-Weber)*, § 242 BGB Anm. 814 und *Reich*, NJW 1978, 513, 519. Abweichend *Braun*, Unterrichtung, S. 149 (Aufklärung sei Unterrichtung plus Erläuterung).

[100] Ebenso etwa *Breidenbach*, a.a.O., S. 2; *Gäntgen*, a.a.O., S. 2; *Klingler*, Aufklärungspflichten, S. 20; *Lüke*, JuS 1986, 3; *Reutlinger*, Anzeigepflicht, S. 15; vgl. ferner *Abegglen*, a.a.O., S. 5, 126; *Böhme*, Aufklärungspflicht, S. 8 f.; *Niedenführ*, a.a.O., S. 145; MüKo (*-Roth*), § 242 Rz. 197 jeweils m.w.N. Abweichend *Braun*, Unterrichtung, S. 145 (Auskunft sei wertende Stellungnahme plus Beleg).

[101] Vgl. RGZ 108, 1, 7; BGHZ 10, 385, 387; BAG AP Nr. 12 zu § 242 BGB –Auskunftspflicht; *Niedenführ*, Informationsgebote, S. 145. Im beweglichen System von *Breidenbach*, Informationspflichten, S. 73 ff. fehlt in dieser Fallgestaltung das Element der Funktionsübernahme.

Diese Unterscheidung wird aber in den bestehenden Gesetzen nicht durchgehalten. So ist etwa das geschützte Rechtsgut der §§ 33 und 34 BDSG jeweils das allgemeine Persönlichkeitsrecht, unabhängig davon, ob eine Aufklärung oder Auskunft geschuldet wird. Auch das Recht auf Bescheidung im Beschwerdeverfahren nach den §§ 84 ff. BetrVG ist – um ein weiteres Beispiel zu nennen - als Aufklärung ausgestaltet, obwohl es im Sinne einer Verfahrensregel kaum wertvoller erscheinen kann als das zu den Auskünften zu zählende Recht auf Einsichtnahme in die Personalakte gemäß § 83 BetrVG, das immerhin das allgemeine Persönlichkeitsrecht als Schutzinhalt aufweist.

Als weiteres Unterscheidungsmerkmal kommt in Betracht darauf abzustellen, in wessen *Interesse* die Erteilung der Information liegt. Ist es im Interesse beider Vertragspartner, dass der Arbeitnehmer informiert wird, würde eine Aufklärung vorliegen. Räumte eine Norm ausschließlich im Interesse des Arbeitnehmers ein Informationsrecht ein, dann müsste der Arbeitnehmer durch Nachfrage beim Arbeitgeber signalisieren, dass er von diesem Auskunftsrecht profitieren möchte.

Mag diese Unterscheidung beispielsweise bei der Einweisung in die Arbeit und in den Betrieb gemäß § 81 Abs. 1 Satz 1 BetrVG (=Aufklärung) bzw. bei der Erläuterung des Arbeitsentgelts gemäß § 82 Abs. 2 Satz 1 Halbsatz 1 BetrVG (=Auskunft) noch zutreffen, so ist sie doch nicht streng durchgehalten worden. Denn obwohl die Benachrichtigung über eine erfolgte Datenspeicherung gemäß § 33 BDSG allein im Interesse des Arbeitnehmers liegt, ist sie nicht als Auskunfts- sondern als Aufklärungsrecht ausgestaltet.

Zusätzlich könnte nach dem *Informationszweck*[102] je nachdem differenziert werden, ob eine Information präventiven Charakter hat - dann läge eine Aufklärung vor - oder ob sie regelmäßig dazu dient, das Vorliegen einer etwaigen Rechtsgutsbeeinträchtigung zu erforschen und deren Rechtsfolgen abzuwickeln (Ausgleich und Wiedergutmachung) – dann Auskunft.[103] Zwar haben fast alle

---

[102] Vgl. hierzu grundlegend Soergel *(-Wolf)*, § 260 BGB Rz. 9.

[103] Ebenso Soergel (*-Wolf*), § 260 BGB Rz. 9; *Gäntgen*, a.a.O., S. 8; *Taupitz*, Fehlverhalten, S. 32. In diesem Sinne, aber noch weitergehend, verfährt *Breidenbach*, Informationspflichten, S. 1 f., wenn er für den vorvertraglichen Bereich von Informationsschutzpflichten spricht, die stets spontan zu erfüllen seien. Die Beschreibung, die *Gäntgen*, a.a.O., S. 7 m.w.N., für die Auskunft gibt, nämlich: „Informationen, nach denen der Vertragspartner sein zukünftiges Verhalten ausrichtet“, passt ebenso gut auf die Aufklärung und kann die gesetzgeberischen Präferenzen nicht erklären; vgl. *Breidenbach*, a.a.O., S. 2. Zutreffend ist allerdings, dass bei Schadensersatzansprüchen wegen fehlender Aufklärung regelmäßig die Informationen fehlen, an denen der Geschädigte sein früheres Verhalten ausgerichtet hätte; vgl. insoweit auch MüKo *(-Roth)*, § 242 BGB Rz. 197 ff.; *Klingler*, Aufklärungspflichten, S. 21.

Aufklärungsrechte präventive Zwecke,[104] aber am Beispiel der §§ 82 Abs. 2, 83 BetrVG zeigt sich, dass eine Auskunft auch verlangt werden kann, ohne dass eine Rechtsgutsverletzung erfolgt ist oder diesbezügliche Anhaltspunkte vorliegen.[105]

In der Literatur wird teilweise auch die Auffassung vertreten, die Auskunft sei auf künftiges Verhalten ausgerichtet, während das bei der Aufklärung nicht immer der Fall sei.[106] Auch diese Unterscheidung hält einer genaueren Überprüfung nicht stand. Zum einen, weil theoretisch sowohl bei der Aufklärung als auch bei der Auskunft im nachhinein überprüft wird, ob zu einem bestimmten Zeitpunkt ein wie immer geartetes Informationsrecht bestand oder nicht.[107] Außerdem ist gerade für die viel besprochenen Fälle der vorvertraglichen Aufklärung charakteristisch, dass sie das *zukünftige* tatsächliche oder rechtliche Verhalten zum Gegenstand haben. Die Auskunft dient dagegen nicht selten der Vergewisserung über Ereignisse aus der Vergangenheit.[108]

Alle diese geschilderten Unterscheidungsgesichtspunkte sind nicht geeignet, die Komplexität der Aufklärungs- und Auskunftssachverhalte zu erfassen.[109] Ein weiteres Unterscheidungskriterium kommt jedoch in Betracht. Eine Aufklärung könnte immer dann gesetzlich vorgesehen sein, wenn bei objektiver und abstrakter Betrachtung davon auszugehen ist, dass der Arbeitnehmer *typischerweise* keine oder keine zureichende Ausgangsinformation besitzt[110] und es nicht seine Sache sein soll, dies im Einzelfall anzuzeigen.[111] Demgegenüber läge eine

---

[104] Vgl. *Breidenbach*, Informationspflichten, S. 12 f. auch bzgl. der ex-post Betrachtung im Haftungsprozess hins. Des Bestehens von Informationspflichten im Zeitpunkt des Vertragsschlusses.
[105] Vgl. *Schwarz*, Arbeitnehmerüberwachung, S. 54.
[106] Vgl. Klingler, Aufklärungspflichten, S. 21 m.w.N.
[107] Eine Pflichtverletzung wird durch eine ex-post Betrachtung festgestellt, ebenso für Wertpapiergeschäfte *Arendts*, WM 1993, 229, 235 m.w.N. Anders im Ergebnis aber *Klingler*, a.a.O., S. 21; Münchener Kommentar (*-Roth*), § 242 BGB Rz. 202.
[108] Beispiele: Ist die Abmahnung zur Personalakte genommen worden? Sind personenbezogene Daten an Dritte übermittelt worden?
[109] Auch die weitere in der Literatur (vgl. *Winkler von Mohrenfels*, Informationsleistungspflichten, S. 22; *Klingler*, Aufklärungspflichten, S. 20; *Dütz*, Arbeitsrecht, Rz. 205) genannte Unterscheidung der selbständigen Klagbarkeit (dann Auskunft) bzw. Nichtklagbarkeit (dann Aufklärung) geht dogmatisch fehl; siehe näher unten 4. Kapitel C. II.; vgl. ferner *Abegglen*, Aufklärungspflichten, S. 126.
[110] Auf dieser Linie liegt auch *Gäntgen*, Pflicht zum Hinweis, S. 7; vgl. auch *Teichmann*, JA 1984, 547.
[111] Vgl. hierzu *Niedenführ*, a.a.O., S. 145 f., 146 m.w.N. auf Einzelfälle in der Rechtsprechung, ferner *ebenda*, S. 178 (Der zweite Gesichtspunkt richtet sich dann aber doch nach dem hinter dem Informationsinteresse liegenden Wert des Rechtsguts). Vgl. ferner *Klingler*, Aufklärungspflichten, S. 24.

Auskunft vor, wenn der Arbeitnehmer typischerweise bereits Teilkenntnisse hat und es an ihm liegen soll, anzuzeigen, dass er weitere Kenntnisse erlangen möchte (=Initiativlast).

Diese Unterscheidung lässt sich sehr leicht an den §§ 33 und 34 BDSG verifizieren. Der Umstand, dass überhaupt Personaldaten gespeichert werden, ist Gegenstand einer Aufklärung, weil objektiv abstrakt davon ausgegangen werden kann, dass der Arbeitnehmer mangels Einblick in die Personalverwaltung des Unternehmens hiervon ursprünglich nichts weiß. Hat er erkennbar diese erste Teilinformation erhalten, so ist es in der Folge an ihm, weitere Auskünfte zu erfragen. Geht er diesen zusätzlichen Schritt, führt das gleichzeitig zu einer Erweiterung der Maßstäbe, die an eine ausreichende Information gestellt werden können.[112]

C. Dogmatik der Durchsetzung der Informationsrechte und der Rechtsfolgen ihrer Verletzung

I. Zuständigkeit der Arbeitsgerichte

Zur gerichtlichen Durchsetzung von Ansprüchen, die im Zusammenhang mit den Informationsrechten im Arbeitsverhältnis stehen, sind die Arbeitsgerichte gemäß §§ 2 Abs. 1 Nr. 3a ArbGG (i.V.m. § 13 GVG) zuständig.[113] Für die vor- bzw. nachvertraglichen Informationsrechte gilt § 2 Abs. 1 Nr. 3c ArbGG; für Arbeitspapiere § 2 Abs. 1 Nr. 3e ArbGG.[114] Gemäß § 2 Abs. 5 i.V.m. §§ 46 ff. ArbGG findet das Urteilsverfahren statt.

II. Selbständige Klagbarkeit der Informationsrechte

Sind Informationsrechte als Bestandteil des Haupt- bzw. Nebenleistungsprogramms des Arbeitsvertrages zwischen den Parteien (konkludent) vereinbart, können sie als eigenständige Leistungsansprüche mit Hilfe einer Leistungsklage,[115] die auf die Erfüllung der Vertragspflichten gerichtet ist, geltend

[112] Dieselbe Ansicht vertritt *Arendts*, WM 1993, 229, 233 m.w.N. im Wertpapieranlagegeschäft.
[113] Vgl. etwa *Ostrowicz/Kinzl/Schäfer*, Arbeitsgerichtsprozess, Rz. 12.
[114] Vgl. *Ostrowicz/Kinzl/Schäfer*, Arbeitsgerichtsprozess, Rz. 14.
[115] Vgl. zur Leistungsklage im Arbeitsrecht *Grunsky*, § 46 ArbGG Rz. 14; *Ostrowicz/Kinzl/Schäfer*, Arbeitsgerichtsprozess, Rz. 35.

gemacht werden.[116] Als Beispiel sei an dieser Stelle nochmals an die kompletorischen Informationsrechte im Zusammenhang mit der Entgeltleistung (§ 82 Abs. 2 Satz 1 BetrVG) erinnert. Diese Informationsrechte gewähren einen mit einer Leistungsklage durchsetzbaren Erfüllungsanspruch.[117] Ihnen steht im Rahmen der Verhältnismäßigkeit ein Leistungsverweigerungsrecht nach 320 BGB zur Seite.[118]

Wie bereits gezeigt, sind Informationsrechte im Arbeitsverhältnis aber in der Regel als gesetzlich vermittelte Nebenpflicht zu charakterisieren. Auch sie sind – sofern es sich nicht ausnahmsweise um bloße Obliegenheiten[119] oder funktionelle Veranlassungen[120] handelt - als solche selbständig klagbar,[121] unabhängig davon, ob es sich um Aufklärungs- oder Auskunftsbegehren handelt.[122]

---

[116] Vgl. etwa *von Bar*, AcP 1979, 464; *Breidenbach*, Informationspflichten, S. 1 f.; differenzierend *Stürner*, JZ 1976, 390 f. (Sorgfaltspflichten).

[117] Näher *Abegglen*, Aufklärungspflichten, S. 126; *Stürner*, JZ 1976, 384, 386; *Winkler von Mohrenfels*, Informationsleistungspflichten, S. 22.

[118] Vgl. Palandt (*-Heinrichs*), vor § 320 BGB Rz. 4 m.w.N. (§ 320 BGB gilt ausschließlich für Hauptleistungspflichten im Synallagma).

[119] Vgl. *Stürner*, JZ 1976, 389.

[120] Siehe § 4a Abs. 1 BDSG, § 84 Abs. 2 BetrVG.

[121] Ebenso *Medicus*, Schuldrecht AT, Rz. 424; *Höland*, ArbuR 1996, 92; *Wank*, RdA 1996, 24 (für den Nachweis nach § 2 Abs. 1 NachwG); *Schaub*, NJW 1990, 877 (zur Entfernung einer Abmahnung aus der Personalakte als Nebenpflicht); *Stürner*, JZ 1976, 385 f. (der die Wertungsfrage näher erörtert, ob das Rechtssystem anderen Schutz (als die Klage) gegenüber Pflichtverletzungen vorsieht. Für das Arbeitsrecht gilt dann, dass die Beendigung oder Umgestaltung des Sozialkontaktes dem Arbeitnehmer regelmäßig nicht zumutbar ist (vgl. S. 387 f.) und die Verwirklichung des Rechts nicht mit Geld aufgewogen werden kann (vgl. S. 389)); ähnlich ferner *Fikentscher*, Schuldrecht, Rz. 31; abweichend *Balthasar*, Informationsanspruch, S. 16 (für positivrechtliche vorvertragliche Hinweis-, Anzeige- oder Offenbarungspflichten); *Esser/Schmidt*, Schuldrecht, AT Teilb. 1 § 6 IV; *Kress*, Schuldrecht, S. 578 ff. Klagbarkeit ist anzunehmen unabhängig von der teilweise im Schrifttum vorgenommenen Unterteilung in unselbständige, nichtklagbare und selbständige, klagbare Nebenpflichten (vgl. insoweit *Breidenbach*, Informationspflichten, S. 2). Das bestätigt *Dütz*, Arbeitsrecht, Rz. 205 und spricht von einer neueren Entwicklung; vgl. ferner *Abegglen*, Aufklärungspflichten, S. 126 f. m.w.N. A.A. *von Bar*, AcP (179) 1979, 464, 474; *Gäntgen*, Pflicht zum Hinweis, S. 5, 7.

[122] Ähnlich *Breidenbach*, Informationspflichten, S. 2; ferner etwa GK (*-Wiese*), vor § 81 BetrVG Rz. 38 für sämtliche Rechte aus den §§ 81 ff. BetrVG; a.A. *Gäntgen*, Pflicht zum Hinweis, S. 5, 7 jeweils m.w.N., der jegliche Aufklärungspflicht von der Klagbarkeit ausschließt, da sie dann nicht mehr spontan zu erfüllen sei; ebenso *Böhme*, Aufklärungspflicht, S. 183; *Klingler*, Aufklärungspflichten, S. 20; *Medicus*, Schuldrecht AT, Rz. 424; *Stürner*, JZ 1976, 386 (wegen fehlender Konkretisierbarkeit); *Winkler von Mohrenfels*, Informationsleistungspflichten, S. 22. Soergel (*-Wolf*), 12. Aufl. § 260 BGB Rz. 10 spricht zu Unrecht generell nur den Auskunftstatbeständen Anspruchsqualität zu.

Wird Auskunft verlangt, so bietet sich eine Leistungsklage auf Erteilung der Auskunft an.[123] Wird Aufklärung begehrt, kommt ebenfalls eine Leistungsklage gestützt auf den anspruchsbegründenden Aufklärungstatbestand als Rechtsgrundlage in Betracht.[124]

Die Gegenansicht, die eine selbständige Klagbarkeit mit dem Argument ablehnt, das Aufklärungsbegehren durch die Klageerhebung widerspreche der Spontaneität des Aufklärungstatbestands, übersieht, dass die Aufklärung trotz Klageerhebung insofern „spontan" bleibt, als vom Klageantrag nicht der selbe Konkretisierungsgrad verlangt wird, wie bei einem Auskunftsbegehren.[125] Es reicht der Antrag:[126] Der Beklagte wird verurteilt, dem Kläger im Rahmen des zwischen den Parteien bestehenden (bzw. in Anbahnung befindlichen / ehemals bestehenden) Arbeitsvertrages ... Aufklärung über ..... (es folgt eine abstrakte Beschreibung des Informationsgegenstandes) zu erteilen. Ein Beispiel hierfür bildet ein Begehren gemäß § 81 Abs. 1 Satz 1 BetrVG. Es ist nicht einzusehen, warum sich der Arbeitnehmer auf diese Norm nicht berufen können soll, nur weil sie als Auskunftsnorm formuliert ist.

Allerdings wird in der Praxis der Schwerpunkt der Klageziele bei schuldhaft unterlassener oder fehlerhafter Aufklärung der mit einer Leistungsklage verfolgte Ersatz des daraus resultierenden Schadens sein,[127] während die Auskunft in diesem Zusammenhang eher zukunftsorientiert ist und ihre Leistung auch ohne das Vorliegen eines Schadens begehrt wird.[128]

III. Zurückbehaltungsrecht

Die Frage, ob dem Arbeitnehmer ein Zurückbehaltungsrecht im Hinblick auf seine Arbeitsleistung[129] für den Fall zusteht, dass ihm keine oder unzureichende

---

[123] Vgl. z.B. *Jobs/Samland*, Personalinformationssysteme, S. 288 für das Recht aus § 83 BetrVG. Die Zwangsvollstreckung eines Titels auf Erteilung von Information richtet sich nach § 888 ZPO, da es sich dabei um eine unvertretbare Handlung handelt; vgl. *Ostrowicz/Kinzl/Schäfer*, Arbeitsgerichtsprozess, Rz. 416 ff.; KG NJW 1972, 2093.

[124] Dagegen fehlt der Feststellungsklage das Rechtsschutzinteresse, weil eine Leistungsklage möglich und effektiver ist; vgl. näher *Ostrowicz/Kinzl/Schäfer*, Arbeitsgerichtsprozess, Rz. 38 ff.

[125] Vgl. hierzu BGH DB 1970, 1533.

[126] Siehe § 253 Abs. 2 ZPO. Vgl. ferner zur Bestimmtheit des Klageantrags *Ostrowicz/Kinzl/Schäfer*, Arbeitsgerichtsprozess, Rz. 35 f., 53 m.w.N.

[127] Ähnlich *Stürner*, JZ 1976, 389 („Faktisch werden die Ereignisse ... die Möglichkeit präventiver Klagen überrollen").

[128] Ähnlich *Klingler*, Aufklärungspflichten, S. 21.

[129] Vgl. BAG DB 1996, 2377.

bzw. unzutreffende Informationen von Seiten des Arbeitgebers vermittelt werden, ist von großer Bedeutung, weil die unrechtmäßige Ausübung dieses Rechts erhebliche Konsequenzen für den Arbeitnehmer haben kann.[130] Diese reichen vom Verlust seines Entgeltanspruchs über Schadensersatzverpflichtungen bis zur Gefahr einer fristlosen Kündigung.[131] Andererseits ist die rechtmäßige Leistungszurückbehaltung gemäß § 326 Abs. 2, 275 Abs. 1 BGB oder § 615 i.V.m. §§ 295, 298 BGB mit der Aufrechterhaltung der Vergütungsansprüche verknüpft.[132]

Das Zurückbehaltungsrecht kann entweder auf § 320 BGB gestützt werden - und zwar für den Fall, dass das Informationsrecht zum vertraglichen Hauptleistungsprogramm zählt[133] - oder auf § 273 BGB, der im Fall der Verletzungen von Nebenpflichten die Zurückbehaltung rechtfertigen kann.[134]

Allerdings gilt für das Zurückbehaltungsrecht der Grundsatz der Verhältnismäßigkeit, der sich aus § 242 BGB ergibt.[135] Aus diesem Grund sind die Wertigkeit der Information für den Arbeitnehmer und die der Geheimhaltung für den Arbeitgeber im Einzelfall abzuwägen.[136]

---

[130] Spezielle Informationsnormen, die das Einstellen der Tätigkeit unter Beibehaltung des Lohnanspruchs vorsehen, bestehen nicht; zum Verhältnis von Spezialnormen zum allgemeinen Schuldrecht in diesem Rechtsbereich vgl. *Abegglen*, Aufklärungspflichten, S. 82 m.w.N.

[131] Vgl. hierzu näher *Dütz*, Arbeitsrecht, Rz. 187, 189, 194 (Verlust des Entgeltanspruchs nach §§ 326 Abs. 1 Satz 1, 275 Abs. 1 BGB; Schadensersatz gemäß §§ 283 Satz 1, 280 Abs. 1, 275 Abs. 1 BGB; Kündigung nach § 626 Abs. 1 BGB).

[132] Vgl. *Dütz*, Arbeitsrecht, Rz. 221; Palandt (-*Putzo*), § 618 BGB Rz. 6 f.

[133] Das stellt im Arbeitsrecht die Ausnahme dar, gilt aber für § 82 Abs. 2 Satz 1 BetrVG. Vgl. zum ganzen *Medicus*, Schuldrecht AT, Rz. 472 ff.

[134] Vgl. *Dütz*, Arbeitsrecht, Rz. 206, 221; *Medicus*, Schuldrecht AT, Rz. 209; *Molkentin*, NZA 1997, 852 (Gegenanspruch im Sinne von § 273 BGB ist die Fürsorgepflicht des Arbeitgebers im Hinblick auf hinreichende Information über Gefahren am Arbeitsplatz im Bereich des § 618 BGB); Staudinger (-*Richardi*), § 611 BGB Rz. 356; GK (-*Wiese*), vor § 81 BetrVG Rz. 34 (für sämtliche Rechte gemäß §§ 81 ff. BetrVG); *Zöllner/Loritz*, Arbeitsrecht, § 18 IX 2; BAG NZA 1997, 821; a.A. Soergel (-*Wiedemann*), § 320 BGB Rz. 35; ferner *von Bar*, AcP 179 (1979), 461, der nur Leistungspflichten mit dem Erfüllungsanspruch verknüpft, dagegen Verstöße gegen (vor- und nachvertragliche) Nebenpflichten ausschließlich mit Schadensersatzansprüchen verbindet.

[135] Ebenso *Dütz*, Arbeitsrecht, Rz. 206, 221; Palandt (-*Heinrichs*), § 273 BGB Rz. 18; BAG ZIP 1985, 303.

[136] Bei Ansprüchen auf Auskunft und Rechnungslegung verneint RGZ 102, 110; BGH NJW 1978, 1157 ein Zurückbehaltungsrecht; vgl. ferner RGZ 61, 128.

IV. Schadensersatz- und weitere Ansprüche wegen Nebenpflichtverletzung

Missachtet der Arbeitgeber Informationsansprüche des Arbeitnehmers, indem er ihn nicht oder unzureichend informiert,[137] wird er nach wohl herrschende Meinung unter den Voraussetzungen einer Pflichtverletzung i.S.v. §§ 280 Abs. 1, 241 Abs. 2 BGB (früher: positive Forderungsverletzung) schadensersatzpflichtig.[138] Für das vorvertragliche Vertragsverhältnis werden die §§ 280 Abs. 1, 311 Abs. 2, 241 Abs. 2 BGB (früher: Grundsätze der culpa in contrahendo[139]) und für das nachvertragliche Verhältnis die der culpa post contractum finitum als Haftungsgrundlagen für die Pflichtverletzung genannt.[140]

Bei der Verletzung der Rechtspflicht, die erforderlichen Informationen an den Arbeitnehmer zu geben, kommt es im Einzelfall zu einer Verschuldenshaftung[141] des Arbeitgebers im Hinblick auf adäquat-kausale[142] Schäden[143] des Ar-

---

[137] Dazu gehört das falsche (hierzu u.a. BGH MDR 1976, 748) und das unvollständige Informieren (hierzu u.a. BAG NJW 1975, 708).

[138] Vgl. zur Verletzung von Verhaltenspflichten *Wiegand*, Festschrift Gagnér, S. 551 m.w.N. Anderes gilt jedoch für dem Leistungsprogramm zuzurechnende Informationsrechte, hier ist als Anspruchsgrundlage auch an die Vorschriften über den Verzug (§§ 280 Abs. 2, 286 BGB) bzw. die Unmöglichkeit (§§ 280 Abs. 3, 283 BGB) zu denken. Abweichend *Abegglen*, Aufklärungspflichten, S. 87, 122 m.w.N., der hier nicht zwischen Verhaltenspflichten (= Nebenpflicht) und Leistungspflichten differenziert.

[139] Vgl. *Breidenbach*, Informationspflichten, S. 3 f.; Palandt *(-Heinrichs)*, § 276 BGB Rz. 78 (mit Hinweis auf BGH NJW-RR 1997, 144) sowie *ders.* § 242 BGB Anm. 4 B d; *Hümmerich*, NZA 2002, 1305, 1310; Palandt (*-Putzo*), § 611 BGB Rz. 97 f.; *Wohlgemuth*, BB 1980, 1534 jeweils m.w.N. Vgl. für die Haftungsgrundlagen fehlerhafter Anlageberatung der Banken *Arendts*, WM 1993, 231 m.w.N.; OLG Celle, WM 1993, 191. Kritisch zum (früheren) c.i.c.-Ansatz im allgemeinen Zivilrecht und mit alternativen Lösungsvorschlägen *Klingler*, Aufklärungspflichten, S. 53 ff. (= Anfechtung bei der Bürgschaft), S. 70 ff. (= vertragliche Haftung wegen Nichterfüllung aus anfänglicher Unmöglichkeit im allgemeinen Kaufrecht), S. 91 ff. (= kaufrechtliche Mängelhaftung beim Unternehmenskauf).

[140] Darüber hinaus kommt als weitere Schadensersatzgrundlage das Deliktsrecht, hier die §§ 823 Absätze 1 und 2 sowie § 826 BGB in Betracht; vgl. etwa *BGH* NJW 1957, 669; ferner *Klingler*, Aufklärungspflichten, S. 2; *Linnekohl/Töfflinger*, ArbuR 1988, 208. § 2 NachwG ist allerdings kein Schutzgesetz i.S.v. § 823 Abs. 2 BGB; vgl. BAG AuR 2002, 467, 469.

[141] Vgl. zum Verschulden bei Informationspflichten näher *Abegglen*, Aufklärungspflichten, S. 88 ff., 94 ff.; *Breidenbach*, Informationspflichten, S. 23 („Zurechnungsprinzip"); *Klingler*, Aufklärungspflichten, S. 24 f.; Palandt (*-Heinrichs*), § 276 BGB Rz. 78 ff. jeweils m.w.N. Von Organisationsverschulden bei nicht rechtzeitiger Information im Wertpapierhandel spricht *Arendts*, WM 1993, 234 m.w.N. Vgl. ferner grundsätzlich zum objektivierten Verschuldensbegriff (= Fahrlässigkeit i.S.d. § 276 BGB) *Larenz*, Schuldrecht, AT § 20 III.

[142] Vgl. *Abegglen*, Aufklärungspflichten, S. 88 ff.; *Niedenführ*, Informationsgebote, S. 145 f., 174 ff.; *Wohlgemuth*, BB 1980, 1533 jeweils m.w.N.; kritisch für den vorvertraglichen Bereich *Klingler*, Aufklärungspflichten, S. 23, 47 ff. („.. in Wahrheit eine auf Wertungen beruhende Zurechnungsfrage"). Aus der Rechtsprechung vgl. etwa BGH NJW 1957, 669; OLG München DB 1974, 1227; BGH NJW 1975, 824; BGH NJW 1978, 2145 (Abzahlungs-

beitnehmers, wenn er die Voraussetzungen für das Bestehen eines Informationsanspruchs erkannt hat oder zumindest erkennen konnte.[144]

Die Arbeitgeberhaftung wird allerdings begrenzt durch die Merkmale des Mitverschuldens im Sinne einer Eigenverantwortlichkeit für den eingetretenen Schaden.[145] So trifft den Arbeitgeber beispielsweise bei einer Fehlinformation nur eine verminderte Haftung, wenn der Arbeitnehmer den Informationen des Arbeitgebers trotz augenscheinlicher Zweifelhaftigkeit blindlings vertraut hat.[146]

Der Umfang des Schadensersatzanspruchs richtet sich nach § 249 BGB. Dem Arbeitnehmer ist der Vertrauensschaden zu ersetzen. Er ist so zu stellen, wie er

---

geschäft); BGHZ 47, 312. Für die Haftung der Banken bei fehlerhafter Anlageberatung vgl. ebenso LG Hannover, WM 1993, 201. Im Wertpapieranlagegeschäft wird die Kausalität zwischen fehlerhafter Aufklärung und Schadenseintritt grundsätzlich vermutet, ebenso *Arendts*, WM 1993, 229, 236; *Canaris*, Bankvertragsrecht, Anm. 83. Im Einzelfall kann auch zu prüfen sein, ob der Schaden vom Schutzbereich der Informationsnorm erfasst ist, sich also gerade das Risiko verwirklicht hat, weswegen informiert werden sollte; vgl. hierzu näher *Grunewald*, ZIP 1994, 1165 f. m.w.N. Aus der Rechtsprechung vgl. BGH, WM 1992, 133; BGH ZIP 1993, 1467.

143 Schaden i.d.S. kann neben den Schäden, die durch die Verletzung der in § 823 Abs. 1 BGB genannten Rechtsgüter entstehen, auch ein Vermögensschaden durch eine nachteilige Vermögensdisposition (vgl. *Lorenz*, Festschrift Larenz I, S. 576) bzw. Vertragsgestaltung (vgl. *Grunewald*, ZIP 1994, 1162; BGH NJW 1977, 1538) sein.

144 In diesem Sinne *Breidenbach*, Informationspflichten, S. 31 ff., 54, 62, 65; *Klingler*, Aufklärungspflichten, S. 24, 116, die zu Recht die Erkennbarkeit des Informationsbedarfs als Frage der Verschuldenszurechnung behandeln; ebenso BGH NJW 1979, 2092, 2093. Allerdings beziehen *Breidenbach*, Informationspflichten, S. 31; *Klingler*, Aufklärungspflichten, S. 24 jeweils m.w.N. (für die Anlagenberatung der Banken vgl. *Arendts*, DZWir 1994, 186, 188) das Merkmal der Erkennbarkeit zu Unrecht nur auf den Informationsbedarf (bzw. das Informationsbedürfnis) statt auf alle objektiven Voraussetzungen des Bestehens eines Informationsanspruchs. Allerdings ist nach stark vertretener Ansicht das Merkmal des *erkennbaren* Informationsbedarfs insgesamt dem objektiven Tatbestand zuzurechnen; vgl. BGH MDR 1976, 748; *Hopt*, Kapitalanlegerschutz, S. 419, 421; *Schumacher*, Vertragsaufhebung, S. 105. Ferner *Abegglen*, Aufklärungspflichten, S. 174 f., der darauf hinweist, dass bei erkennbarer Aufklärungsbedürftigkeit die persönliche Vorwerfbarkeit praktisch immer vorliegt.

145 Den Arbeitnehmer darf kein eigenes (Mit-) Schuld daran treffen, dass er schlecht informiert ist; vgl. *Abegglen*, Aufklärungspflichten, S. 72; *Böhme*, Aufklärungspflicht, S. 224; *Klingler*, Aufklärungspflichten, S. 24, 51; *Lorenz*, Festschrift Larenz I, S. 619; *Niedenführ*, Informationsgebote, S. 146, 177 ff. Vgl. ferner für die Anlageberatung der Banken *Arendts*, WM 1993, 236 m.w.N. Aus der Rechtsprechung vgl. RGZ 151, 357, 360; BGH VersR 1972, 530, 532.

146 Vgl. für die Anlageberatung der Banken *Arendts*, DZWir 1994, 188. Aus der Rechtsprechung vgl. BGH LM Nr. 4 zu § 276 (fc) BGB; BGH NJW 1973, 456, 458.

hypothetisch stehen würde, wenn er weder falsch noch gar nicht informiert (und deshalb ein Schadenseintritt vermieden) worden wäre.[147]

Im Falle der Verletzung von Informationsrechten, die den Schutz von Rechtsgütern intendieren (§§ 81 Abs. 1 Satz 2, Abs. 2, 83 BetrVG und §§ 4 Abs. 3, 33 Abs. 1, 34 Abs. 1 BDSG sowie die Arbeitsschutzvorschriften) ist wie im Deliktsrecht[148] Schadensersatz in Höhe des Integritätsinteresses geschuldet. Die Besonderheiten der Haftungsfreistellung des Arbeitgebers bei Körperschäden des Arbeitnehmers gemäß § 104 SGB VII sind zu beachten.[149]

Wird durch die Verletzung der Informationsansprüche der Vertragszweck beeinträchtigt oder gefährdet, hat der Arbeitnehmer in schwerwiegenden Fällen ein Rücktrittsrecht gemäß §§ 324, 241 Abs. 2 BGB.[150] Ist der Arbeitsvertrag bereits in Vollzug gesetzt, kommt zudem eine außerordentliche Kündigung in Betracht.[151] Zusätzlich ist ein Schadensersatzanspruch statt der Leistung gemäß §§ 325, 280 Abs. 1, 282, 241 Abs. 2 BGB denkbar.[152] Hält der Arbeitnehmer am Vertrag fest, sind ihm die entstandenen Nachteile gemäß §§ 280 Abs. 1, 284 BGB zu ersetzen.[153]

---

[147] Vgl. BGH NJW 1981, 1673; *Canaris*, JZ 1965, 478; *Gaul/Otto*, DB 2002, 639; *Grunewald*, ZIP 1994, 1162; *Klingler*, Aufklärungspflichten, S. 25; *Niedenführ*, Informationsgebote, S. 149 jeweils m.w.N. Vgl. zur Parallele der Anlageberatung der Banken *Arendts*, DZWir 1994, 188; *Canaris*, Bankvertragsrecht, Anm. 86; zur Beratung bei Verträgen über Direktunterricht vgl. *Dörner*, NJW 1979, 243. Diese Differenzberechnung ist gleichermaßen bei vorvertraglichen, vertraglichen und nachvertraglichen Ersatzansprüchen anzuwenden; ebenso *Abegglen*, Aufklärungspflichten, S. 86 f. Vgl. ferner Palandt (*-Heinrichs*), § 276 BGB Rz. 99 ff., 123 ff.

[148] Für die Aufklärungspflichten ebenso *Abegglen*, Aufklärungspflichten, S. 85 f., 137; *Fikentscher*, Schuldrecht, S. 234); a.A. *Canaris*, Festschrift Larenz II, S. 85 m.w.N., der bei der Verletzung von Leben und Gesundheit mit Blick auf § 618 Abs. 1 BGB einen engen Zusammenhang zum Vertragsrecht sieht. Für die übrigen Rechtsgüter (etwa reine Vermögensschäden) bejaht aber auch er den Ersatz des Integritätsinteresses.

[149] Vgl. hierzu nur *Dütz*, Arbeitsrecht, Rz. 255 ff.

[150] Vgl. Palandt (*-Heinrichs*), § 276 BGB Rz. 124 m.w.N.; ferner bereits BGH NJW-RR 1996, 949, 950; *Dörner*, NJW 1979, 243.

[151] Vgl. *Dörner*, NJW 1979, 241; Palandt (*-Heinrichs*), § 276 BGB Rz. 127 f.; BAG NJW 1967, 2030; BGH NJW 1986, 125.

[152] Vgl. Palandt (*-Heinrichs*), § 276 BGB Rz. 113 ff., 127 f. (mit Hinweis zum Handelsvertretervertrag auf BGH DB 1988, 2404; BGH NJW 1974, 795). Das Erfüllungsinteresse beinhaltet aber kein Recht auf Abschluss eines (zuvor nicht zustande gekommenen) Arbeitsvertrags; vgl. in diesem Sinne BGH DB 1988, 223.

[153] Vgl. Palandt (*-Heinrichs*), § 276 BGB Rz. 128; BGH NJW 1996, 1542.

V. Darlegungs- und Beweislastverteilung

Für die Darlegungs- und Beweislastverteilung[154] ist auch im Bereich der Informationsrechte vom Grundsatz auszugehen, dass derjenige, der sich auf einen Informationsanspruch bzw. einen Schadensersatzanspruch beruft, die Tatsachen darzulegen und nötigenfalls zu beweisen hat, aus denen sich das Recht bzw. der Anspruch ergeben.[155] Bezogen auf das Bestehen eines Informationsanspruchs heißt das, dass der Arbeitnehmer im Rechtsstreit alle Tatbestandsvoraussetzungen der Informationsnorm zu beweisen hat, um mit Erfolg die Erteilung der (zutreffenden) Information einklagen zu können.

Begehrt der Arbeitnehmer nicht die Erteilung einer Information, sondern macht er einen Schadensersatzanspruch gegenüber seinem Arbeitgeber wegen fehlender oder unzureichender Informationserteilung geltend, folgt daraus, dass der Arbeitnehmer neben der Pflichtverletzung des Arbeitgebers,[156] der Rechtsgutsverletzung und dem Schaden auch die jeweiligen Kausalzusammenhänge zu beweisen hat. Das gilt ferner für das Verschulden des Arbeitgebers.[157] Ein non liquet wirkt also grundsätzlich zu Lasten des Arbeitnehmers.[158]

Die geschilderte Verteilung der Beweislast im Schadensersatzprozess erscheint jedoch problematisch,[159] weil sie den Arbeitnehmer regelmäßig im Hinblick auf die Kausalität der (feststehenden) Pflichtverletzung für den eingetretenen Schaden in Beweisnot geraten lässt, insofern er nachweisen müsste, dass er sich bei ordentlicher Information anders (nämlich unschädlich) verhalten hätte.[160] Eine stark vertretene Auffassung ist der Meinung, dass sich aus dem besonderen

[154] Vgl. näher *Abegglen*, Aufklärungspflichten, S. 103 ff.; *Bruske*, Beweiswürdigung, S. 22; *Niedenführ*, Informationsgebote, S. 175; *Ostrowicz/Kinzl/Schäfer*, Arbeitsgerichtsprozess, Rz. 119 ff.

[155] Vgl. *Grunsky*, § 58 ArbGG Rz. 4, 11; zur vorherrschenden sog. Normentheorie ferner Zöller (*-Stephan*), vor § 284 ZPO Rz. 15; BGH NJW 1983, 2018; NJW 1986, 2426; NJW 1993, 2944.

[156] Es ist also nicht zutreffend, weitreichende Aufklärungstatbestände unter dem Gesichtspunkt abzulehnen, damit werde eine minutiöse Dokumentation der erfolgten Aufklärung erforderlich; so aber *Hromadka*, NJW 1992, 1987.

[157] Vgl. hier nur Palandt (*-Heinrichs*), vor § 249 BGB Rz. 162 ff.

[158] Vgl. zur Parallele der Pflichtverletzung bei der Beratung über Direktunterricht *Dörner*, NJW 1979, 243.

[159] Vgl. BVerfGE 97, 169, 179, wonach das Prozessrecht abgestufte Darlegungs- und Beweislasthandhaben anbietet; ferner BVerG NZA 1999, 110 ff., wonach dem Arbeitnehmer die Darlegung und der Nachweis solcher Umstände nicht in vollem Maße aufgebürdet werden dürfen, die nicht in seiner Sphäre liegen.

[160] Vgl. umfassend hierzu *Grunewald*, ZIP 1994, 1162 ff. m.w.N. Zur Parallele im Bankrecht vgl. ausführlich *Bruske*, Beweiswürdigung, S. 19 ff. (mit Hinweis auf OLG Saarbrücken NJW 1989, 2758 ff.).

Schutzzweck der Informationspflichten[161] oder auch aus Gründen der Prävention[162] eine Beweislastumkehr ergibt.[163] Danach wäre der Arbeitgeber beweispflichtig dafür, dass der Schaden deshalb nicht durch die Pflichtverletzung verursacht wurde, weil er auch bei ordentlicher Informationserteilung eingetreten wäre.

Einschränkend sieht eine andere Meinung vor, die Beweislast nur dann umzukehren, wenn es vernünftig erscheint, dass der Informationsempfänger bei adäquater Informationserteilung anders (nämlich schadensfrei) gehandelt hätte.[164]

Eine dritte Meinung - der wegen ihrer Ausgewogenheit zu folgen ist - belässt es schließlich bei der ursprünglichen Beweislastverteilung, erleichtert aber dem Geschädigten unter Beachtung der Grundsätze des ersten Anscheins die Beweisführung.[165] Anknüpfungspunkte für die Annahme von Anscheinsbeweisen sind die Sätze der allgemeinen Lebenserfahrung. Entspricht ein Kausalverlauf einer solchen anerkannten Lebenserfahrung, so hat derjenige, der ihn bestreitet, den Nachweis über besondere Umstände zu führen, die den Erfahrungssatz im konkreten Fall erschüttern.[166]

---

[161] So *von Bar*, JZ 1989, 252. Aus der Rechtsprechung vgl. BGH NJW 1983, 3259; BGH ZIP 1994, 116, 119. Sehr weitgehend auch *Hofmann*, NJW 1974, 1643.

[162] So *Grunewald*, ZIP 1994, 1164 m.w.N.

[163] Ebenso *Ostrowicz/Kinzl/Schäfer*, Arbeitsgerichtsprozess, Rz. 119 (mit Hinweis auf BAG NZA 1985, 459). Vgl. ferner *Abegglen*, Aufklärungspflichten, S. 176 f.; *Klingler*, Aufklärungspflichten, S. 24. Aus der Rechtsprechung vgl. zudem BGHZ 61, 118, 121; BGHZ 64, 46, 51; BGH ZIP 1994, 116, 119; BGH NJW 1994, 1865; speziell für den vorvertraglichen Bereich auch BGHZ 72, 92 ff. Kritisch für das allg. Zivilrecht *Grunewald*, AcP (190) 1990, 615 (mit Hinweis auf BGH NJW 1989, 2320 (VI. Senat) und BGH WM 1990, 1301 (IX. Senat)); *dies.*, ZIP 1994, 1163 f. Die Beweislast für die Kausalität zwischen fehlerhafter Beratung und schädlicher Disposition des Kunden wird bei der Anlageberatung der Banken grundsätzlich vermutet; vgl. *Canaris*, Bankvertragsrecht, Anm. 83a; *Arendts*, WM 1993, 236 jeweils m.w.N.; BGH WM 1994, 149; kritisch *Reinhardt*, NJW 1994, 93 ff. Zur Parallele der Beweislastumkehr bei Direktunterrichtsverträgen *Dörner*, NJW 1979, 243.

[164] Kritisch jedoch *Grunewald*, ZIP 1994, 1164 m.w.N. Kritisch auch BGH NJW 1993, 3259. Der BGH (ZIP 1994, 116, 119) hat vereinzelt auch darauf abgestellt, welche Vertragsart in Rede steht; ablehnend *Grunewald*, ZIP 1994, 1164 m.w.N.

[165] Vgl. ausführlich *Bruske*, Beweiswürdigung, S. 148 ff. (bei Aufklärungspflichten der Banken); *Grunewald*, ZIP 1994, 1165 f.; ferner *Grunsky*, § 58 ArbGG Rz. 27 ff.; BAG AP Nr. 1 zu § 282 ZPO; BGH ZIP 1992, 41 f.; BGH NJW 1993, 3259; BAG AuR 2002, 467, 469. Vgl. zum Überblick auch *Ostrowicz/Kinzl/Schäfer*, Arbeitsgerichtsprozess, Rz. 120.

[166] Vgl. zur h.M. etwa *Grunewald*, ZIP 1994, 1165 m.w.N.; LAG Köln LAGE Nr. 18 zu § 611 BGB-Arbeitnehmerhaftung; Thomas/Putzo, § 286 ZPO Rz. 13; a.A. *Grunsky*, § 58 ArbGG Rz. 28 (... die Wahrscheinlichkeit der Tatsachen, die gegen einen typischen Geschehensverlaufs sprechen, reichen aus, um den Anscheinsbeweis zu erschüttern).

Für die Frage des kausalen Zusammenhangs zwischen der fehlenden bzw. fehlerhaften Information und dem beim Bewerber/Arbeitnehmer/ehemaligen Arbeitnehmer eingetretenen Schaden bedeutet das, dass der Anscheinsbeweis gelingt, wenn sich der Arbeitnehmer bei ordnungsgemäßer Informationserteilung erfahrungsgemäß (d.h., mit weit überwiegender Wahrscheinlichkeit)[167] so verhalten hätte, dass der Schaden vermieden worden wäre.[168] Dann ist es im Folgenden Sache des Arbeitgebers, dieses Standardverhalten im konkreten Fall durch den Nachweis besonderer Umstände zu widerlegen.

Die Beweislage ist zudem oftmals ausgesprochen schwierig für den Arbeitnehmer, wenn es um den Nachweis des Verschuldens des Arbeitgebers (mindestens Fahrlässigkeit) geht. Auch insoweit helfen ihm die Grundsätze des Anscheinsbeweises.[169] Für die Beweislastverteilung hinsichtlich des Fahrlässigkeitsvorwurfs ergibt sich daraus folgendes:

Insbesondere bei Aufklärungstatbeständen ist der Anscheinsbeweis im Hinblick auf den meist streitigen Umstand der Erkennbarkeit des Nichtverfügens des Arbeitnehmers über die betreffenden Informationen geführt, wenn der Arbeitnehmer typischerweise[170] (= mit weit überwiegender Wahrscheinlichkeit) in dieser Sache uninformiert oder unzureichend informiert ist.[171] Ist die Frage der Erkennbarkeit der Informationsrelevanz[172] streitig, gelingt insoweit die Beweisführung, wenn die Informationen nach allgemeiner Lebenserfahrung einen erkennbaren Bezug zum Arbeitsverhältnis haben.[173] Bei Auskunftstatbeständen

---

[167] Der Anscheinsbeweis misslingt, wenn sich der Arbeitnehmer nur mit etwas erhöhter Wahrscheinlichkeit schadensfrei verhalten hätte (nur Indizwirkung) oder mehrere gleichwertige Verhaltensalternativen bestehen; vgl. näher *Grunewald*, ZIP 1994, 1165 m.w.N.

[168] Vgl. ähnlich *Grunewald*, ZIP 1994, 1165 m.w.N. Kritisch jedoch Palandt (*-Heinrichs*), vor § 249 BGB Rz. 162 ff. m.w.N., der den Anscheinsbeweis für unanwendbar hält, wenn individuell geprägte Verhaltensweisen zu beurteilen sind.

[169] Vgl. in diesem Zusammenhang *Grunsky*, § 58 ArbGG Rz. 11 (mit Hinweis auf u.a. BAG AP Nr. 1, 16 zu § 618 BGB), der sich im Bereich des § 618 BGB für eine Beweislastumkehr im Hinblick auf das Verschulden ausspricht.

[170] „Typischerweise erkennbarer Empfängerhorizont", so *Abegglen*, Die Aufklärungspflichten, S. 45, 173. Vgl. in diesem Sinne auch *Breidenbach*, Informationspflichten, S. 32 f.; 65, der sich zwar grundsätzlich gegen jede Typenbildung in der Frage der Aufklärungsbedürftigkeit ausspricht, sie in der Frage der Erkennbarkeit – anders als bei der Informationsrelevanz (S. 64) – aber für zulässig erachtet. Vgl. auch *Hopt*, Kapitalanlegerschutz, S. 417 ff.

[171] Abweichend *Abegglen*, Aufklärungspflichten, S. 179; *Breidenbach*, Informationspflichten, S. 71.

[172] Vgl. etwa *Lorenz*, Festschrift Larenz I, S. 619.

[173] Vgl. ähnlich für allgemeine Dienstleistungsbeziehungen *Abegglen*, a.a.O., S. 175; abweichend BGH NJW 1970, 655; *Breidenbach*, a.a.O., S. 63 f. m.w.N.: Es sei Sache des Vertragspartners (Arbeitnehmer) durch Erklärungen, Fragen etc. die Wesentlichkeit einer bestimmten Information erkennbar zu machen.

kann nach allgemeiner Erfahrung bei Vorliegen eines wirksamen Begehrens des Arbeitnehmers, Informationen zu erhalten, von der Erkennbarkeit der Relevanz und des Nichtverfügens über die betreffende Information ausgegangen werden.[174]

Der Arbeitgeber kann sich von der Haftung dann nur exkulpieren, wenn ihm der Nachweis gelingt, dass Umstände vorliegen, nach denen im konkreten Fall ernstlich in Betracht zu ziehen ist, dass er von der Uninformiertheit des Arbeitnehmers bzw. der Relevanz der Information nichts wissen konnte.[175] Ersteres erscheint nur dann möglich, wenn der Arbeitnehmer seinerseits fälschlicherweise Anhaltspunkte dafür geliefert hat, dass er keine (weiteren) Informationen benötigt.[176] Letzteres wird ihm bei Informationen, die einen objektiven Bezug zum Arbeitsverhältnis haben, kaum gelingen.

---

[174] Vgl. *Niedenführ*, a.a.O., S. 145f. m.w.N.

[175] Je größer die Intensität der arbeitsrechtlichen Beziehung, um so schwerer sollte das dem Arbeitgeber fallen; ähnlich *Breidenbach*, a.a.O., S. 52. Im Ergebnis sieht auch *Abegglen*, a.a.O., S. 95 wenig Platz für eine erfolgreiche Exkulpation; vgl. auch BGH VersR 1968, 148.

[176] Zum Beispiel gibt er sich als Spezialist aus, ohne ein solcher zu sein. Nur insoweit ist *Breidenbach*, Informationspflichten, S. 62 ff. zu folgen, der im übrigen der Auffassung ist, das Hinweisen auf einen bestehenden Informationsbedarf sei Sache des Informationsgläubigers. Vgl. abweichend *Abegglen*, a.a.O., S. 94 f., der missverständlich die gebotene Sorgfalt zunächst der Fahrlässigkeit zuordnet, um sie sogleich mit der (objektiven) Pflichtwidrigkeit zu verknüpfen. Das lässt sich wohl nur mit der Zuordnung der Erkennbarkeit zum objektiven Tatbestand rechtfertigen. Aus der zivilrechtlichen Rechtsprechung vgl. etwa BGH WM 1956, 888 (Vermuteter Wissensstand eines Rechtsanwalts).

5. KAPITEL:

NICHT AUSDRÜCKLICH GEREGELTE INFORMATIONSRECHTE

Fraglich ist, ob auch ohne eine ausdrückliche Normierung weitere Informationsrechte des Arbeitnehmers bestehen. Auf die Grundrechtspositionen kann sich der Arbeitnehmer - wie bereits gesagt - wegen ihrer nur mittelbaren Wirkung nicht direkt berufen.[1] Zur Begründung von Informationsrechten könnten aber auch bestehende gesetzliche Grundlagen analog herangezogen werden. Zudem kommen Rückgriffe auf Generalklauseln bzw. allgemeine Rechtsgrundsätze in Betracht.[2] Ein ganz allgemeines Unterrichtungs-, Belehrungs- oder gar Beratungsrecht besteht jedoch nicht.[3]

A. Informationsrechte im Vertragsanbahnungsverhältnis

In der Phase der Vertragsanbahnung[4] lassen sich neben den Tatbeständen, die das BDSG zu Gunsten des Bewerbers vorsieht, weitere Informationsrechte allenfalls aus gesetzlichen Generalklauseln bzw. allgemeinen Rechtsgrundsätzen herleiten.[5]

Für das Fehlen ausdrücklicher Regelungen spricht, dass bei Vertragsverhandlungen und –abschlüssen beide Seiten nach den Grundsätzen der Privatautonomie (Art. 2 Abs. 1 GG) grundsätzlich eigenverantwortlich ihre Interessen und Rechtsgüter zu wahren haben.[6] Gegen eine allgemeine Pflicht des Arbeitgebers,

---

[1] Siehe 2.Kapitel E. I. Vgl. ferner *Wilburg*, AcP 163 (1963), 347 m.w.N. zum Zusammenhang zwischen den Grundrechten und dem „beweglichen System".

[2] Vgl. hierzu *Teichmann*, JA 1984, 545 ff.

[3] Ebenso MüKo (*-Müller-Glöge*), 3. Aufl., § 611 BGB Rz. 414; *Haug*, Informationelle Strategien, S, 40 f.; *Wiese*, ZfA 1996, 464; *Winkler von Mohrenfels*, Informationsleistungspflichten, S. 51.

[4] Zum Begriff vgl. nur *Fikentscher*, Schuldrecht, Rz. 69 m.w.N.

[5] Der Bewerber kann sich auf spezielle arbeitsrechtliche Tatbestände, (etwa aus dem BetrVG), nicht (auch nicht analog) berufen, weil er (noch) kein Arbeitnehmer ist; ebenso u.a. GK (*-Wiese*), vor § 81 BetrVG Rz. 12, 15. Vgl. ferner *Breidenbach*; Informationspflichten, S. 5 f. m.w.N. Zur Gesamtthematik der vorvertraglichen Informationsrechte siehe *Loges*, Die Begründung neuer Erklärungspflichten und der Gedanke des Vertrauensschutzes, Berlin 1990.

[6] Vgl. *BVerfGE* 8, 274, 328; *BGHZ* 106, 269, 272; 107, 92 ff.; BGH WM 1983, 1006, 1007; OLG Frankfurt/M. OLGZ 70, 411; LAG Köln, Urt. v. 2.9.1998 – 8 Sa 532/98. Das *LAG*

alle Umstände, die für den Willensentschluss des Bewerbers von Bedeutung sein können, zu offenbaren bzw. auf Nachfrage verlässliche Auskunft hierüber zu geben, mag zudem sprechen, dass in dieser frühen Phase der rechtlichen Beziehungen noch kein (bzw. kein leicht erkennbares[7]) erhebliches Informationsgefälle vorliegt.[8] Nach dieser Anschauung treten beide Verhandlungspartner einander als Unbekannte gegenüber und haben beide die gleich starke Ausgangsposition, Informationen von sich aus preiszugeben oder zu verschweigen.[9]

Dennoch spielen Informationen bereits in der Phase der Vertragsanbahnung eine bedeutende Rolle,[10] insbesondere wenn man über das rein funktionale Verständnis des Arbeitsvertrages hinausgeht. Aus der Sicht des Bewerbers gilt es, sich ein zutreffendes und umfassendes Bild von seinem späteren Arbeitsvertragspartner[11] und dem Inhalt des Arbeitsvertrages zu machen.[12] Eine mängelfreie Willensbildung soll sichergestellt werden,[13] auch um Schäden am Vermö-

---

Mecklenburg-Vorpommern (LAGE Nr. 6 zu § 242 BGB -Auskunftspflicht) spricht sogar bei bestehendem Arbeitsvertrag von einem Prinzip der Selbstverantwortlichkeit, das nur in besonderen Ausnahmesituationen durchbrochen werde. Nach *BVerfG* (E 81, 242, 255 f.) kann Art. 12 Abs. 1 GG jedoch gebieten, dass trotz fehlendem zwingenden Vertragsrecht zum Schutz der schwächeren Partei die zivilrechtlichen Generalklauseln der §§ 242, 138, 315 BGB i.V.m. den Grundrechten die Privatautonomie beschränken. Ähnlich *BVerGE* 89, 214 ff. für einen Bürgschaftsvertrag. Vgl. zum Thema Privatautonomie ferner *Buchner*, NZA 1991, 578 ff.; Palandt (*-Heinrichs*), § 123 BGB Rz. 5 ff.; *Klingler*, Aufklärungspflichten, S. 23; 122 f.; MüKo (*-Roth*), § 242 BGB Rz. 205; *Teichmann*, JA 1984, 546; *Schumacher*, Vertragsaufhebung, S. 79, 96; *Vortmann*, WM 1989, 1557 jeweils m.w.N.

[7] Vgl. OLG Saarbrücken NJW-RR 1996, 690, 692; näher *Canaris*, Festschrift Larenz II, S. 37, der die Problematik der mangelnden Verkörperung (von Information) anspricht.

[8] Vgl. OLG Brdbg. NJW-RR 1996, 724. Ferner *Adomeit*, NJW 1994, 2467 zur Vertragsparität.

[9] Vgl. etwa *Canaris*, Festschrift Larenz II, S. 36 f.; so im Ergebnis auch *Reich*, NJW 1978, 514; abweichend *Gamillscheg*, Grundrechte, S. 28 f. jeweils m.w.N.

[10] Siehe hierzu ausführlich etwa *Abegglen*, Aufklärungspflichten; *Böhme*, Aufklärungspflicht; *Breidenbach*, Informationspflichten; *Klinger*, Aufklärungspflichten; *Lauer*, Informationspflichten; *Medicus*, Festschrift Keller, S. 205 ff.; Soergel (*-Teichmann*), § 242 BGB Rz. 134 ff.; *Wahrenberger*, Aufklärungspflichten. Das zeigt sich nicht zuletzt an der großen Bedeutung, die dem Fragerecht des Arbeitgebers gegenüber dem Bewerber beigemessen wird.

[11] Die (natürliche/juristische) Person des Vertragspartners ist in der Regel von entscheidender Bedeutung; ebenso *Niedenführ*, Informationsgebote, S. 151. Nicht zuletzt im Hinblick auf die finanzielle Potenz des Arbeitgebers; vgl. in diesem Sinne *Flury*, Gewinnerläuterungsprinzipien, S. 45 f. m.w.N.

[12] Das dient nicht zuletzt der Herstellung eines Gleichgewichts der Vertragspartner, um einen angemessenen Vertragsinhalt zu gewährleisten. Dies mag man als Vorstufe zur sog. Billigkeitskontrolle bezeichnen; vgl. hierzu Staudinger (*-Richardi*), § 611 BGB Rz. 301.

[13] Ebenso *Abegglen*, Aufklärungspflichten, S. 50 f., 135 m.w.N., der aus diesem Grund sogar in Erwägung zieht, die Aufklärungspflichten aus den Vorschriften über die Willensmängel herzuleiten. (Zu Recht lehnt er das jedoch im Ergebnis ab). Auch *Lorenz*, ZIP 1998, 1055

gen des Bewerbers zu vermeiden.[14] Diese Interessenverfolgung ist ohne ausreichende und wahrheitsgemäße vorvertragliche Informationen nicht möglich.[15] Zudem sollen Schäden an Rechtsgütern des Bewerbers vermieden werden, die dieser in die Vertragsverhandlungen mit eingebracht hat.[16]

Dafür, dass bereits in der Vertragsanbahnungsphase kein rechtsfreier Raum vorliegt, spricht die zu begrüßende Erkenntnis, dass jedes Schuldverhältnis einen in der Zeit verlaufenden Prozess darstellt.[17] Dadurch wird ersichtlich, dass bereits vertragsschlussbezogene Informationsrechte eng mit dem späteren Arbeits-

---

sieht im Rahmen der culpa in contrahendo nicht nur das Vermögen geschützt, sondern auch die rechtsgeschäftliche Entscheidungsfreiheit. Vgl. ferner *Gamillscheg*, Grundrechte, S. 29; *Grün*, NJW 1994, 1331; *Dauner/Lieb*, Verbraucherschutz, S. 63 ff., die zu Recht in der Willensfreiheit eine Voraussetzung für die Funktionstüchtigkeit der Privatautonomie erkennen. *Breidenbach*, Informationspflichten, S. 65 ff. und *Grunewald*, AcP 190 (1990), S. 609, 612 weisen aber zutreffend darauf hin, dass Informationserteilung nur ein ergänzendes Element der Privatautonomie ist; andere Beschränkungen aber unabhängig davon bestehen bleiben (Beispiele: Verstoß gegen Verbotsgesetze, Einwendungsdurchgriff des Käufers gegen die Bank beim Abzahlungskauf, Widerrufrecht bei Haustürgeschäften). Vgl. in diesem Zusammenhang auch die Rechtsprechung des BVerfG (E 89, 214 ff.), das eine Inhaltskontrolle von Verträgen gutheißt, für den Fall, dass der Vertrag einen der Partner ungewöhnlich stark belastet und das Ergebnis strukturell ungleicher Verhandlungsstärke ist. Zum Verhältnis zwischen Vertrauenshaftung und Privatautonomie vgl. zudem ausführlich *Canaris*, Vertrauenshaftung, S. 440 ff.; MüKo (*-Kramer*), § 241 BGB Anm. 79.

[14] Vgl. *Breidenbach*, Informationspflichten, S. 3, 11 f.; *Böhme*, Aufklärungspflicht, S. 4; *Canaris*, Festschrift Larenz II, S. 38, 90; Fikentscher, Schuldrecht, Rz. 69; *Teichmann*, JA 1984, 546 sowie 712; BGH NJW 1981, 1449, 1451. Sehr weitreichend *Köndgen*, Selbstbindung, S. 125; MüKo (*-Roth*), § 242 BGB Rz. 204. Für das Bilanzrecht/Jahresabschluß vgl. *Flury*, Gewinnerläuterungsprinzipien, S. 42, 45 f.; bzgl. risikoreicher Kredit- und Anlagegeschäfte vgl. *Grunewald*, AcP 190 (1990), 610 f.; zur Pflicht zur Anlageberatung der Banken im Vorfeld von Wertpapiergeschäften vgl. *Arendts*, WM 1993, 229 ff.; *ders*., DZWir 1994, 185 jeweils m.w.N.

[15] Ähnlich *Ehmann/Sutschet*, RDV 1997, 3, 5 ("Privatautonomes Handeln ohne Zugang zu Informationen ist nicht vorstellbar"). Insbesondere bezüglich Lohn- und Gehaltszahlung und der sozialen Leistungen; vgl. in diesem Zusammenhang *Witte*, Informationsverhalten, S. 10 m.w.N. *Canaris*, Vertrauenshaftung, S. 532 ff., 539 ff. weist diese Fälle im Rahmen der (negativen) Vertrauenshaftung der Erklärungshaftung zu.

[16] Vgl. grundlegend *RGZ* 78, 239, 240 (sog. Linoleumfall im Kaufrecht); ferner *Canaris*, Vertrauenshaftung, S. 532 ff., 539 ff., der in diesem Zusammenhang von An*vertrauens*haftung spricht; ferner *Fikentscher*, Schuldrecht, Rz. 69, 71. Als weiteres Beispiel sei aufgeführt, dass etwa graphologische Gutachten und psychologische Tests, die der Einstellungsentscheidung dienen, ohne Einwilligung des über die Tatsache der Begutachtung und der damit einhergehenden Umstände aufgeklärten Bewerbers, dessen Persönlichkeitsrechte verletzten; vgl. hierzu näher *Bregenhorn*, Personalbeurteilung, S. 66 ff., 243 f.

[17] Vgl. grundlegend *RGZ* 78, 239, 240; ferner *Canaris*, JZ 1965, 479, der von verschiedenen Stadien des einheitlichen Schutzverhältnisses spricht; Palandt (*-Heinrichs*), § 242 BGB Rz. 37; Palandt (*-Putzo*), § 611 BGB Rz. 96 f.; *Larenz*, Schuldrecht AT, § 2 V (S. 28).

vertrag zusammenhängen.[18] Zwar führt das bei beiden Vertragsparteien zu einer teilweisen Beschränkung ihrer Vertragsfreiheit,[19] aber „wer kontrahiert, tritt damit aus dem rein negativen Pflichtenkreis des außer-kontraktischen Verkehrs in den positiven der Kontraktssphäre".[20]

Aus diesen Gründen greifen die Rechtsprechung[21] und die rechtswissenschaftliche Forschung seit vielen Jahren auf die Grundlagen der seit der Schuldrechtsmodernisierung im Jahre 2002 in §§ 241 Abs. 2, 311 Abs. 2 BGB aufgegangenen Lehre von der culpa in contrahendo[22] (bzw. die Vertrauenshaftung[23]) zurück, wenn es darum geht, bereits im vorvertraglichen Anbahnungsverhältnis Informationspflichten der zukünftigen Vertragspartner herzuleiten. Die §§ 241 Abs. 2, 311 Abs. 2 BGB bestimmen nunmehr ausdrücklich, dass bereits vor Vertragsschluss auf die Rechte, Rechtsgüter und Interessen des Verhandlungspartners Rücksicht zu nehmen ist. Für den Bereich des Rechtsgüterschutzes kommen zudem Überlegungen zum Deliktsrecht, für den Bereich des Willensentschlusses solche zum Anfechtungsrecht von Willenserklärungen[24] in Betracht.

---

[18] Ähnlich für Aufklärungspflichten in Dienstleistungsbeziehungen *Abegglen*, Aufklärungspflichten, S. 80, 131 ff.; *Taupitz*, Fehlverhalten, S. 71; für die Schutzpflichten im allgemeinen ebenso *Canaris*, JZ 1965, 476 jeweils m.w.N.; abweichend jedoch *Böhme*, Aufklärungspflicht, S., der für die Neben- bzw. Aufklärungspflichten streng zwischen vorvertraglichen und vertraglichen Pflichten abgrenzt. Ähnlich auch *Fikentscher*, Schuldrecht, Rz. 70, 74 (mit Hinweis auf BGHZ 60, 319); *Medicus*, Bürgerliches Recht, Rz. 203.

[19] Vgl. BVerfGE 81, 242, 255; ferner *Fikentscher*, Schuldrecht, Rz. 83 f. m.w.N.

[20] *Von Jhering*, JhrJb 4 (1861), S. 41 f.

[21] Vgl. etwa BGHZ 6, 330 ff.; 79, 337, 341; BGH NJW 1970, 653, 655; BVerfG NJW 1994, 36, 38; BAG BB 1974, 1397; BAG BB 1977, 246; LAG Hessen NZA 1994, 884; ArbG Wiesbaden NZA-RR 2002, 349.

[22] Siehe grundlegend zur c.i.c *von Jhering*, JhrJb 4 (1861), S. 1 ff. (Erfasst waren zunächst Schadensfälle im Zusammenhang mit unwirksamen Vertragsschlüssen); ferner *Stoll*, Festschrift v. Caemmerer, S. 435 ff., insb. S. 460 ff. In neuerer Zeit von entscheidender Bedeutung sind noch immer die Ausführungen von *Ballerstedt*, AcP 151 (1950/51), 501, 506 ff. Vgl. auch *Canaris*, JZ 1965, 475, 476; *Fikentscher*, Schuldrecht, Rz. 70; *Larenz*, Schuldrecht AT, § 9 I (S. 106 ff.); *Lorenz*, Festschrift Larenz I, S. 618.

[23] Das Vertrauensprinzip steht schon seit einigen Jahren im Zentrum der Erörterungen. Siehe hierzu ausführlich *Canaris*, Vertrauenshaftung, *Loges*, Erklärungspflichten, S. 13 ff., 22; ferner *Lorenz*, Festschrift Larenz I, S. 618 ff.; *Stoll*, Festschrift Caemmerer, S. 435 ff. jeweils m.w.N.; *BGHZ* 60, 221, 224. Kritisch jedoch *Hopt*, AcP 183 (1983), 608, 640 („Theoretisch-dogmatische Allzweckwaffe").

[24] Vgl. BGH NJW 1989, 764; NJW-RR 1991, 440. Laut *Fikentscher*, Schuldrecht, Rz. 74 besteht zwischen Ansprüchen aus culpa in contrahendo und der Täuschungsanfechtung ein Wahlrecht.

I. Informationsrechte auf der Grundlage der §§ 241 Abs. 2, 311 Abs. 2 BGB (culpa in contrahendo bzw. Vertrauenshaftung)

Die Rechtsfigur der culpa in contrahendo ist ihrem Ursprung nach eine Haftungsgrundlage für Schäden, die aus dem Vertrauen in einen in Wahrheit nicht wirksamen Vertragsabschluß entstanden sind.[25] Erst im Laufe der Zeit kam es zu einer Ausdehnung der Anwendungsfälle auf weitere vorvertragliche Verhaltensmuster.[26] Den Regeln der culpa in contrahendo entsprechend ist heute anerkannt,[27] dass die Parteien bereits mit Aufnahme des vorvertraglichen Kontakts in ihr Verhalten Sorgfalts- und Schutzpflichten, also zum Beispiel Treue, Fürsorge, Schutz, Rücksichtnahme, *Beratung und Aufklärung*, aufzunehmen haben.[28] Nach dem heutigen Verständnis dieser Rechtsfigur sind die Parteien „wechselseitig verpflichtet,... um den Schutz der Rechtsgüter des anderen bemüht zu sein, ... die Gebote fairen Verhandelns zu achten und Treue zum eigenen Wort zu wahren",[29] d.h. im Sinne von §§ 241 Abs. 2, 311 Abs. 2 BGB „Rücksicht" zu nehmen auf die Rechte, Rechtsgüter und Interessen des Gegenüber.

Die genannten Verhaltenspflichten ergeben sich aus einem gesetzlichen Schuldverhältnis, das als objektives Recht (nunmehr §§ 241 Abs. 2, 311 Abs. 2 BGB), also unabhängig vom Willen der Vertragsparteien, neben das gewillkürte Leistungsprogramm des Arbeitsschuldverhältnisses tritt.[30] Anders begründet die

---

[25] Vgl. *Canaris*, Festschrift Larenz II, S. 90; *Larenz*, Schuldrecht AT, § 9 I (S. 106 ff.). Zur Rechtsprechung vgl. im Bereich der Informationsrechte BGH NJW 1965, 812 f.

[26] Ähnlich *Abegglen*, Aufklärungspflichten, S. 71 m.w.N.

[27] Früher war das als Gewohnheitsrecht anerkannt; vgl. zur alten Rechtslage *Niedenführ*, Informationsgebote, S. 147 m.w.N. Vgl. kritisch zu den Tendenzen, den Regelungsbereich der c.i.c. immer stärker auszuweiten, *Klingler*, Aufklärungspflichten, S. 8, *Loges*, Erklärungspflichten, S. 24 f.; *Lieb*, AcP 183 (1983), 333 jeweils m.w.N.; demgegenüber jedoch etwa *Lorenz*, Festschrift Larenz I, S. 618.

[28] Speziell zu den Aufklärungspflichten vgl. MüKo (*-Emmerich*), § 275 BGB Rz. 89 ff.; *Klingler*, Aufklärungspflichten, S. 20; ferner aktuell für das Arbeitsrecht *Hümmerich*, NZA 2002, 1305, 1308 mit dem Hinweis auf § 2 Abs. 1 SGB III.. Als rechtsübergreifendes Beispiel sei hier die Rechtsprechung des *OLG* Nürnberg, WM 1986, 124 angeführt: Im Wertpapieranlagengeschäft haftet die Bank ihrem Kunden nach dem Grundsatz von Treu und Glauben bei Verstoß gegen ihre Aufklärungs- und Beratungspflicht für kausale Schäden, wenn sie „einen im geschäftlichen Verkehr gesetzten Vertrauenstatbestand verletzt hat". Ein weiteres Beispiel aus der Rechtsprechung ist *BGH* NJW 1965, 812 ff. (Aufklärung über Formbedürftigkeit eines Grundstückskaufvertrags).

[29] *Gernhuber*, Schuldrecht, S. 173. Das ArbG Wiesbaden (NZA-RR 2002, 349) hebt hervor, dass die Angaben, die beim Vertragsschluß gemacht werden, richtig sein müssen.

[30] Vgl. etwa *von Bar*, AcP 179 (1979), 459 ff.; *Canaris*, JZ 1965, 475; *Fikentscher*, Schuldrecht, Rz. 70, 154 ff., 159 ff.; Soergel (*-Hefermehl*), § 123 BGB Rz.6; ähnlich für dienstleistungsrechtliche Aufklärungspflichten *Abegglen*, Aufklärungspflichten, S. 132 m.w.N.

Lehre von der (negativen[31]) Vertrauenshaftung, die zum Teil über die anerkannten Grenzen der culpa in contrahendo hinausweist, ihr ähnliches Ergebnis.[32] Sie leitet aus der Enttäuschung von gewährtem und in Anspruch genommenem Vertrauen Schadensersatzansprüche ab, die bei der Beachtung von objektiven[33] Verhaltenspflichten hätten vermieden werden können.[34]

Mag auch der grundsätzliche Bestand von Informationsrechten bereits im Anbahnungsverhältnis damit geklärt sein, so kann doch erst im Zusammenspiel mit den konkreten Verhaltensanforderungen im Einzelfall entschieden werden, ob und inwieweit Informationsrechte bestehen.[35] Immer wieder wurde deshalb im Zusammenhang mit der culpa in contrahendo auf die Verhaltensgrundsätze zurückgegriffen, die sich – mangels Spezialregelungen für den vorvertraglichen Bereich – aus den Grundsätzen von Treu und Glauben (§ 242 BGB) ergeben.[36] Diese Grundsätze sind auch geeignet, das Rücksichtnahmegebot des § 241 Abs. 2 BGB zu konkretisieren.

Breidenbach, Informationspflichten, S. 9 m.w.N. spricht kritisch von einer „Leerformel". Aus der Rechtsprechung vgl. beispielsweise RGZ 107, 357, 362 sowie *BGH* NJW 1970, 653, 655 und 1840, 1841; *BGH* WM 1972, 854, 856; *BGHZ* 60, 221, 224.

[31] Vgl. zur Unterscheidung zwischen positiver und negativer Vertrauenshaftung grundlegend *Canaris*, Vertrauenshaftung, S. 5.

[32] In Wahrheit operiert schon die Lehre von der culpa in contrahendo mit dem Vertrauensschutzgedanken; ebenso *Loges*, Erklärungspflichten, S. 16 (mit Hinweis auf u.a. RGZ 120, 249, 251); vgl. ferner *Ballerstedt*, AcP 151 (1950/51), 501, 506 ff.; *Canaris*, JZ 1965, 475, 479; MüKo (*-Kramer*), vor § 241 ff. BGB Rz. 80.

[33] Vgl. *Loges*, Erklärungspflichten, S. 14 f. (Einstandspflicht ohne vertragliche Grundlage). *Raiser*, JZ 1961, 471 spricht hier von „Verhaltens*normen*".

[34] Vgl. grundlegend *Canaris*, Vertrauenshaftung, S. 532 ff. Zur Kritik, aus einer Vertrauenshaftung (= Einstandspflicht) Verhaltenspflichten herzuleiten vgl. *E. Wolf*, Schuldrecht AT, S. 56 f. *Loges*, Erklärungspflichten, S. 15 bezeichnet das jedoch zu Recht als allgemein üblich.

[35] Vgl. *Abegglen*, Aufklärungspflichten, S. 164; *Breidenbach*, Informationspflichten, S. 5, 8; *Wiegand*, Festschrift Gagnér, S. 551 jeweils m.w.N. Auch *von Bar*, AcP (179) 1979, 474 spricht von einem eigenständigen Haftungskomplex.

[36] Vgl. *Abegglen*, Aufklärungspflichten, S. 71, 75, 132; *Böhme*, Aufklärungspflicht, S. 39 ff.; *Canaris*, Festschrift Larenz II, S. 34; *Hümmerich*, NZA 2002, 1305, 1308, 1310; *Stoll*, Festschrift Caemmerer, S. 467; *Vortmann*, Aufklärungs- und Beratungspflichten, S. 23; *Wiegand*, Festschrift Gagnér, S. 551, 557; kritisch *Klingler*, Aufklärungspflichten, S. 20, 106 f. Aus der Rechtsprechung vgl. BGH WM 1995, 344; BGH WM 1989, 665. Nichts anderes gilt für das Rechtsinstitut „Vertrauenshaftung", denn auch nach ihren Grundsätzen kommt es nur zur Einstandspflicht, wenn gegen Verhaltensnormen verstoßen wird; vgl. *Loges*, Erklärungspflichten, S. 15, 22; *Raiser*, JZ 1961, 471 m.w.N. Deren Inhalte bestimmen sich dann wieder aus dem Prinzip von Treu und Glauben.

II. Informationsrechte auf der Grundlage des Anfechtungsrechts wegen Irrtum bzw. Täuschung.

Dem Aspekte, eine mängelfreie Willensbildung sicherzustellen, dient auch das Anfechtungsrecht.[37] Es ist denkbar, dass der Arbeitnehmer den Arbeitsvertrag nach § 119 Abs. 2 oder § 123 Abs. 1 BGB durch Anfechtung zur Aufhebung[38] bringt.[39] Eine Irrtums- bzw. Täuschungsanfechtung kommt in Betracht, wenn die Entschließungsfreiheit durch die Nichtbeachtung von Informationspflichten beeinträchtigt wird.[40] Die Frage, ob den (zukünftigen) Arbeitgeber im konkreten Fall eine Pflicht zur Erteilung von Information trifft, kann nur unter Rückgriff auf das Prinzip von Treu und Glauben beantwortet werden.[41]

III. Deliktsrecht

Informationsrechte können auch im Zusammenhang mit dem Deliktsrecht relevant werden.[42] Allerdings sind die arbeitsrechtlichen Informationsbeziehungen gerade dadurch gekennzeichnet, dass zwischen dem Informationsschuldner

---

[37] Vgl. für die Täuschungsanfechtung BGH NJW 1989, 764; NJW-RR 1991, 440. Zur Frage der Konkurrenz zwischen dem Anspruch aus c.i.c. und den Anfechtungsmöglichkeiten vgl. *Fikentscher*, Schuldrecht, Rz. 74 (Wahlrecht); ferner *Klingler*, Aufklärungspflichten, S. 53 ff.; *Niedenführ*, Informationsgebote, S. 149 f. m.w.N. sowie BGH NJW 1962, 1196, 1198; NJW 1979, 1983 (ein Nebeneinander beider Rechte ist möglich). Zur Kritik wegen unterschiedlicher Verschuldensmaßstäbe vgl. *Grigoleit*, Informationshaftung, S. 14 f.

[38] Vgl. hier nur *Winkler von Mohrenfels*, Informationsleistungspflichten, S. 28. Für das Arbeitsrecht ist auch an die Rechtsfolge der Vertragsanpassung zu denken.

[39] Vgl. *Abbeglen*, Aufklärungspflichten, S. 50 f.; *Medicus*, Bürgerliches Recht, Rz. 150; *Breidenbach*, Informationspflichten, S. 5; Palandt (*-Heinrichs*), § 123 BGB Rz. 5; *Grigoleit*, Informationshaftung, S. 13, 87 ff. jeweils m.w.N. Das Anfechtungsrecht kommt auch bei Abschluss eines für den Arbeitnehmer nachteiligen Aufhebungsvertrags in Betracht; vgl. BAG AP Nr. 99 zu § 611 BGB – Fürsorgepflicht. Mit der entgegengesetzten Fallkonstellation mussten sich die Gerichte oft befassen, wenn es um die Frage nach einem Anfechtungsrecht des Arbeitgebers bei unzutreffender Informationserteilung durch den Arbeitnehmer im Vorfeld des Vertragsabschlusses ging.

[40] Vgl. Palandt (*-Heinrichs*), § 123 Rz. 2 f. (mit Hinweis auf u.a. BGHZ 74, 392; BGH NJW 77, 1915: Fragen müssen vollständig und richtig beantwortet werden; BGH NJW 1971, 1799: Umstände von offensichtlich ausschlaggebender Bedeutung sind zu offenbaren). Siehe in diesem Zusammenhang ferner ausführlich *Schumacher*, Vertragsaufhebung wegen fahrlässiger Irreführung unerfahrener Vertragspartner, Bonn 1979.

[41] Vgl. *Breidenbach*, Informationspflichten, S. 5 („Das Recht bzw. die Pflicht zur Aufklärung ergibt sich nicht aus § 123 BGB selbst, sondern wird dort nur vorausgesetzt.").

[42] Vgl. BGH NJW 1981, 1733; BGH WM 1988, 291; ferner *Abegglen*, Aufklärungspflichten, S. 57 ff.; *Klingler*, Aufklärungspflichten, S. 2. Zur Rechtsprechung vgl. BGH NJW 1962, 731 sowie BGH JZ 1981, 788 der diese Rechtsgrundlage ebenfalls prüft, allerdings im Zusammenhang mit § 242 BGB.

(=Arbeitgeber) und dem Informationsgläubiger (=Bewerber) bereits eine vorvertragliche Sonderverbindung besteht, wodurch sich die Anwendung des Deliktsrechts oft erübrigt.[43] Im übrigen basieren auch die deliktsrechtlichen Tatbestände auf Verhaltenspflichten, deren Grundlagen außerhalb des Deliktsrechts zu suchen sind,[44] etwa in § 242 BGB.

B. Informationsrechte während der Tätigkeit im Unternehmen/Betrieb

I. Informationsrechte im Zusammenhang mit einem Auftrag gemäß § 666 BGB

Die zivilrechtliche Rechtsprechung hat in der Vergangenheit aus der Grundnorm des § 666 BGB Auskunfts- und Rechenschaftspflichten zu Lasten desjenigen hergeleitet, der fremde (oder zugleich fremde und eigene) Rechtsangelegenheiten besorgt.[45] Überträgt man diesen Gedanken direkt auf einen bestehenden Arbeitsvertrag,[46] ließen sich aber nur Informations*pflichten* des Arbeit*nehmers* begründen, denn er ist derjenige, der für einen anderen in Verfolgung (auch) fremder Belange tätig wird und über den Verlauf des „Geschäfts" zu berichten hätte.[47] Dagegen besorgt der Arbeit*geber* typischerweise keine Geschäfte für den Arbeitnehmer. Deshalb lassen sich mit diesem rechtlichen Ansatz auch keine Informationsbeziehungen zu Gunsten des Arbeitnehmers herleiten.[48]

---

[43] Das gilt u.a. deswegen, weil sich im Anwendungsbereich des enumerativen § 823 Abs. 1 BGB die im Arbeitsverhältnis häufig relevanten Vermögensinteressen nicht schützen lassen; vgl. *Canaris*, Festschrift Larenz II, S. 30 ff. Darüber hinaus sind die sonstigen deliktischen Haftungstatbestände (insb. § 826 BGB) an einen gesteigerten Verschuldensmaßstab geknüpft, vgl. näher *Lorenz*, Festschrift Larenz I, S. 575 f. m.w.N.

[44] Vgl. *Hopt*, Aufklärungspflichten, S. 12. Als Beispiel aus dem Anlagegeschäft der Banken vgl. etwa BGH WM 1988, 291.

[45] So bereits RGZE 73, 286, 288 (Rechenschaftslegung); 98, 302, 308 (Auskunftspflicht des Konkursverwalters); RGZ 108, 1, 7; 148, 364, 373; 158, 377, 379; BGHZ 10, 385; BGH NJW 1970, 751, 752; 1971, 2021; 1986, 1244, 1245; vgl. ferner *Balthasar*, Informationsanspruch, S. 10 ff., 27 ff.; *Haug*, Informationelle Strategien, S. 38; *Winkler von Mohrenfels*, Informationsleistungspflichten, S. 31 ff.; *Lüke*, JuS 1986, 4. Von Gewohnheitsrecht spricht Palandt (-*Heinrichs*), § 261 BGB Rz. 8 ff. *Gäntgen*, Pflicht zum Hinweis, S. 3 m.w.N. weist zu Recht darauf hin, dass dadurch die Stellung des Auftraggebers gesichert wird.

[46] Siehe aber § 675 BGB, der § 666 BGB zumindest beim Dienstvertrag für anwendbar erklärt. Etwaige vorvertragliche oder nachvertragliche Informationsrechte lassen sich aus diesem Ansatz nicht herleiten.

[47] Vgl. insoweit BAG AP Nr. 12 zu § 242 BGB.

[48] Vgl. in diesem Zusammenhang *Haug*, Informationelle Strategien, S. 38 f.

Diese starre Unterscheidung zwischen Informationsschuldner und Informationsgläubiger könnte aber entfallen, wenn man das Arbeitsverhältnis als Gegenseitigkeitsverhältnis ansehen könnte, in dem dann im Zuge einer Interessengemeinschaft der Vertragspartner ein stetiger und authentischer gegenseitiger Informationsaustausch zu den Grundlagen der rechtlichen Verbindung gehören würde.[49] Immerhin beinhaltet auch § 666 BGB den Gedanken, die ordnungsgemäße Durchführung des Geschäfts im Interesse beider Vertragspartner sicherzustellen.[50]

Zutreffend ist daran, dass das Arbeitsverhältnis zunehmend verstanden wird als (rechtliche) Beziehung, in der ständig auch die Interessen des anderen zu beachten sind. Von einem Gleichlauf der Interessen ist das aber nach wie vor zu unterscheiden.[51] So ist etwa eine Gleichsetzung mit der rechtlichen Stellung eines Mitglieds einer Gesellschaft, dessen umfassende Informationsrechte sich aus der Befugnis zur (Mit-) Entscheidung und Kontrolle als institutionelle Garantie ergeben, abzulehnen.[52] Ansonsten käme es zu einer Verschiebung der jeweiligen Verantwortungsbereiche, dem Arbeitgeber würde auch für die Belange der arbeitnehmerseitigen Rechtpositionen und deren Verwirklichung eine generelle Verantwortlichkeit zugeschrieben werden, die dem Charakter des Arbeitsverhältnisses und der arbeitsrechtlichen Praxis nach wie vor widerspricht.

In Verbindung mit § 242 BGB wurde die Anwendung des § 666 BGB durch die Gerichte erweitert auf Fälle, in denen der Berechtigte aufgrund des Wesens des Rechtsverhältnisses „in entschuldbarer Weise über Bestehen und Umfang seines Rechts im Ungewissen, der Verpflichtete aber in der Lage ist, unschwer solche Auskünfte zu erteilen“.[53] Erfasst sind mit diesen Fallgestaltungen aber nur die sogenannten präparatorischen Informationsbegehren, bei denen der eigentliche Zweck der Information in der Verfolgung anderer Rechte besteht. Einen für das Arbeitsrecht allgemein gültigen Ansatz bietet diese Rechtsprechung nicht.

---

[49] Vgl. *Haug*, Informationelle Strategien, S. 38; *Winkler von Mohrenfels*, Informationsleistungspflichten, S. 35. Zur Unterscheidung zwischen Interessenwahrnehmungs- und –Interessengegensatzvertrag vgl. näher *Abegglen*, Aufklärungspflichten, S. 44, 143; *Lorenz*, Festschrift Larenz I, S. 578 (mit Hinweis auf das Römische Recht).
[50] Vgl. Soergel *(-Mühl)*, § 666 BGB Rz. 4.
[51] Ebenso etwa *Schwerdtner*, Fürsorgetheorie, S. 35.
[52] Vgl. hierzu *K. Schmidt*, Gesellschaftsrecht, S. 625 ff.
[53] Vgl. RG 108, 7; 158, 377, 379; BGHZ 10, 387; 81, 24; BGH NJW 1971, 2021; BGH NJW 1980, 2463; BGH NJW 1995, 387; Palandt (*-Heinrichs*), § 261 Rz. 8 f.; MüKo (*-Keller*), § 260 BGB Rz. 14-22; Soergel (*-Wolf*), § 260 BGB Rz. 9; abweichend *Gäntgen*, Pflicht zum Hinweis, S. 3.

II. Betriebsverfassungsrechtliche Schutz- und Förderpflichten gemäß § 75 Abs. 2 BetrVG

Die in § 75 Abs. 2 BetrVG statuierten Grundsätze dienen der Humanisierung der Arbeit. Zunächst gilt ganz grundsätzlich, dass Mitarbeiter soziale Wesen sind, die der Kommunikation bedürfen.[54] Aber Information geht darüber hinaus, da sie zweckgerichtet der Beseitigung von Unwissen dient. Nur der Wissende gewinnt Orientierung und kann sich seiner Subjektqualität bewusst werden. Der Aspekt der Persönlichkeitsentwicklung und –entfaltung hat nach der Sicherung der materiellen Existenzgrundlagen, die für Arbeitsplatzinhaber heute in aller Regel nicht mehr in Frage steht,[55] zunehmend an Bedeutung gewonnen.[56] Information kann in diesem Zusammenhang auch dazu dienen, die Zufriedenheit der Mitarbeiter zu erhöhen.

Information gewährt darüber hinaus als erste Stufe der Mitarbeiterbeteiligung im Unternehmen die Voraussetzung, die eigene Persönlichkeit durch Mitwirkung, Mitsprache und Mitgestaltung in unternehmerische Entwicklungen einzubringen.[57] Diese Aspekte kommen letztendlich auch dem Unternehmen zu gute, da insgesamt eine Motivationssteigerung der Belegschaft bewirkt wird.

In der Art und Weise, wie innerbetriebliche Informationswege ausgestaltet sind, offenbart sich der im Unternehmen vorherrschende Führungsstil. In diesem Zusammenhang haben in der neueren Zeit moderne Managementmethoden wie „Kooperatives Führen" und „Informative Führungsformen"[58] die Bedeutung des beiderseitigen Informationsaustausches vergegenwärtigt. Sie sind heute anerkannte Strategien der unternehmerischen Prosperitätssteigerung.

Stark ausgeprägte Wissensvermittlung bezweckt die Beteiligung des Arbeitnehmers an wichtigen Entscheidungen, die Übernahme von Verantwortung und die dadurch gesteigerte Arbeitsmotivation. Denn ein aufgeklärter Mitarbeiter wird sich mit dem Unternehmen leichter identifizieren können und eher bereit sein, sich für dieses einzusetzen. Leistungswillen, Verantwortungsbereitschaft,

---

[54] Vgl. *Zander*, a.a.O., S. 14, 18.

[55] Vgl. insoweit aber BAG NZA 2001, 203 ff. zur Hinweispflicht des Arbeitgebers auf die Möglichkeit zum Abschluß einer Altersversorgung.

[56] *Dütz*, ArbR, Rz. 137 spricht hier vom personalen Charakter des Arbeitsvertrages; ebenso *Wiese*, ZfA 1996, 439 ff.; vgl. in diesem Zusammenhang *Niederalt*, Individualrechte, S. 39, 43; *Zander*, Mitarbeiterinformation, S. 16.

[57] Vgl. *Zander*, Mitarbeiterinformation, S. 21.

[58] Siehe hierzu ausführlich etwa *Bardens*, Führen und Entlohnen mit Zielvereinbarungen, Bergisch Gladbach 2000; *Brinkmann*, Ganzheitliche Unternehmensführung und offensives Personalmanagement – Eine Synthese von Theorie und Praxis, Münster/New York 1996.

Loyalität, Betriebstreue, Toleranz und Vertrauen sind die Schlagworte, die in diesem Zusammenhang genannt werden.[59]

Unter dem Eindruck der umfangreichen Aufzählung der Vorteile eines kooperativen und informativen Führungsstils für das Unternehmen soll nicht übersehen werden, dass in der Praxis der Unternehmensführung die Verwirklichung dieser Konzepte noch nicht alltäglich geworden ist. Das mag an der Geringschätzung dieser Problematik liegen oder an den Bedenken eines möglicherweise zu weitreichenden Informationsaustauschs.

Nach diesen Überlegungen kann festgehalten werden, dass Informationsrechte im Bereich des § 75 Abs. 2 BetrVG zwar nicht ausdrücklich vorgesehen sind, dass sie sich aber auch hier aus dem Gebot der Rücksichtnahme in Verbindung mit Treu und Glauben (§§ 241 Abs. 2 i.V.m. 242 BGB) ergeben können.[60]

C. Informationsrechte im Zusammenhang mit der Beendigung des Arbeitsvertrages

I. Die Abmahnung

Die Abmahnung stellt insoweit eine Information an den Arbeitnehmer[61] dar, als sie einen der Erinnerung dienenden *Hinweis* auf die ordnungsgemäße Erfüllung der Vertragspflichten mit einer *Warnung* vor der Gefahr der Beendigung des Arbeitsvertrages bei fortgesetztem oder wiederholtem pflichtwidrigen Verhalten verbindet.[62]

Das Erfordernis einer Abmahnung ist bis heute ohne ausdrückliche gesetzliche Normierung im Dienst- bzw. Arbeitsvertragsrecht geblieben.[63] Allerdings sieht

---

[59] Vgl. u.a. *Zander*, .a.a.O., S. 14; *Burian*, AuA 1992, 1 ff..

[60] Zum Zusammenhang zwischen § 75 Abs. 2 BetrVG und der Fürsorgepflicht des Arbeitgebers vgl. etwa *Gerhardt*, Personalakte, S. 26 f., 97.

[61] Seine Kenntnisnahme ist notwendig; vgl. *Becker-Schaffner*, BB 1995, 2526; *Schaub*, NZA 1997, 1185; BAG NZA 19985, 124. Es handelt sich bei der Abmahnung um eine geschäftsähnliche Handlung; vgl. *Becker-Schaffner*, BB 1995, 2526 m.w.N.

[62] Vgl. *Becker-Schaffner*, BB 1995, 2527; *Gerhards*, BB 1996, 795; *Schaub*, NZA 1997, 1185; *Walker*, NZA 1995, 601 jeweils m.w.N.; BAG BB 1994, 1148. Fehlt die Warnung bzgl. der Bestands- bzw. Inhaltsgefährdung liegt nur eine Rüge oder Ermahnung vor; vgl. *Becker-Schaffner*, BB 1995, 2527; ferner ausführlich *Kranz*, DB 1998, 1464 ff. m.w.N. Darüber hinaus hat die Abmahnung noch Dokumentationsfunktion; vgl. insoweit *Gerhards*, BB 1996, 794; *Pauly*, NZA 1995, 451 jeweils m.w.N.

[63] Vgl. *Walker*, NZA 1995, 601.

§ 314 Abs. 2 BGB seit Inkrafttreten des Schuldrechtsmodernisierungsgesetzes[64] vor, dass vor außerordentlichen Kündigungen von Dauerschuldverhältnissen wegen Verletzung einer Vertragspflicht eine (erfolglos gebliebene) Abmahnung erteilt worden sein muss.[65] Damit wird wenigstens ein Teilbereich der Problematik gesetzlich erfasst und die bisherige Rechtsprechung bestätigt. Die Arbeitsgerichte haben entschieden, dass eine verhaltensbedingte Kündigung[66] – sei sie außerordentlich oder ordentlich – nur Wirksamkeit entfalten, wenn der Arbeitnehmer im Vorhinein durch den Arbeitgeber abgemahnt wurde.[67] Dieses Erfordernis ist für Störungen im Leistungsbereich allgemein anerkannt,[68] im Vertrauens- und Betriebsbereich soll allerdings nach umstrittener Auffassung in der Regel auf eine Abmahnung verzichtet werden können.[69]

Das beanstandete Verhalten – auch wenn es sich um verschiedene arbeitsvertragliche Pflichtverletzungen handelt[70] - ist als solches genau zu beschreiben (nach Art, Zeit, Ort)[71] und der Arbeitnehmer ist unmissverständlich aufzufordern, sein Verhalten zu ändern.[72] Um zu verdeutlichen, dass das vertragswidrige Verhalten in Zukunft nicht mehr hingenommen wird, hat der Arbeitgeber zudem deutlich und ernsthaft die nahe Möglichkeit der Beendigung bzw. Modifikation des Vertrages darzulegen.[73]

---

[64] Gesetz vom 26.11.2001, BGBl. I S. 3138.

[65] Vgl. *Walker*, NZA 1995, 601 f.

[66] Zu weitgehend *Schaub*, NZA 1997, 1186, der auch vor personenbedingten und betriebsbedingten Kündigungen im Einzelfall eine Abmahnung für erforderlich hält. Zur Abmahnung als Voraussetzung einer Versetzung, Rückgruppierung oder sonstiger Nachteile vgl. *v. Hoyningen-Huene*, RdA 1990, 205; *Pauly*, NZA 1995, 450.

[67] Das ist ständige Rechtsprechung seit BAG RdA 1967, 397; BAG RdA 1968, 501.

[68] Vgl. etwa *Gerhards*, BB 1996, 794; *Schaub*, NZA 1997, 1185; BAG NZA 1989, 633; BAG BB 1994, 1148; MüKo (*-Schwerdtner*), § 626 BGB Rz. 24 ff.

[69] Vgl. BAG BB 1974, 739; LAG Niedersachsen DB 1978, 750; BAG v. 4.6.1997 – 2 AZR 526/96; *Becker-Schaffner*, DB 1985, 651; a.A. *Gerhards*, BB 1996, 794 f., der in der Unterscheidung, die er weder für möglich noch für sinnvoll hält, einen Verstoß gegen das Verhältnismäßigkeitsprinzip erkennt; ähnlich *v. Hoyningen-Huene*, RdA 1990, 200 f.; *Pauly*, NZA 1995, 451; *Walker*, NZA 1995, 604 jeweils m.w.N. Tatsächlich ist die Schwere des Vertragsverstoßes im Einzelfall entscheidend, ebenso *Gerhards*, BB 1996, 795; *Pauly*, NZA 1995, 451; *Schaub*, NZA 1997, 1186; *Walker*, NZA 1995, 604. So kann es sogar erforderlich sein, bei leichteren Vertragsverstößen vor der Kündigung mehrfach abgemahnt zu haben; vgl. *Becker-Schaffner*, BB 1995, 2528; *Walker*, NZA 1995, 604; ArbG Kassel, BB 1979, 325.

[70] Vgl. *Becker-Schaffner*, BB 1995, 2527 m.w.N.; BAG BB 1991, 1567.

[71] Die Angaben „fehlende Sorgfalt“, „ungenügende Leistung“, „häufiges Zuspätkommen“ reichen nicht (*Kranz*, DB 1998, 1464 m.w.N); sie zeigen nicht auf, wie der Mitarbeiter sich zukünftig verhalten soll; (BAG EzA Nr. 7 zu § 1 KSchG – Verhaltensbedingte Kündigung).

[72] Ebenso *Becker-Schaffner*, BB 1995, 2526; *Gerhards*, BB 1996, 794, 796; *Pauly*, NZA 1995, 452; ArbG Karlsruhe, BB 1987, 2168.

[73] Vgl. BAG BB 1980, 1269. Allerdings braucht eine Kündigung nicht wörtlich angedroht zu werden; vgl. *Gerhards*, BB 1996, 794; Münchener Kommentar (*-Schwerdtner*), vor § 620

Als Rechtsgrundlage der Abmahnung wird vorwiegend der Verhältnismäßigkeitsgrundsatz[74] bzw. das ultima-ratio-Prinzip,[75] die aus dem Rechtsstaatsprinzip hergeleitet werden,[76] genannt. Als zivilrechtlicher Anknüpfungspunkt für die mittelbare Wirkung dieser Rechtsprinzipien kommt neben den Kündigungsvorschriften[77] aber auch der Grundsatz von Treu und Glauben in Betracht. Dieser Ansatz löst sich etwas mehr von der nachfolgenden Kündigung und verlagert das Gewicht auf den Informationscharakter der Abmahnung[78] und ihre Schutzfunktion.[79] Danach wird eine Abmahnung als arbeitsrechtliche Obliegenheit[80] geschuldet, wenn der Arbeitnehmer nach Treu und Glauben mit ihrer Erteilung rechnen durfte.[81]

II. Auflösungsvertrag / Aufhebungsvertrag

Beim Abschluss von arbeitsrechtlichen Auflösungsverträgen[82] ist insbesondere problematisch, ob der Arbeitnehmer seitens des Arbeitgebers über die Auswirkungen der einvernehmlichen Beendigung des Arbeitsvertrages hinsichtlich sozialversicherungsrechtlicher Nachteile (insbesondere die vom Arbeitsamt verhängte Sperrzeit für das Arbeitslosengeld gemäß § 144 Abs. 1 Nr. 1 SGB III)

BGB Rz. 262; BAG BB 1987, 1252. Auch die Festlegung auf eine konkrete Art der Beendigung des Arbeitsvertrages ist entbehrlich; vgl. *Schaub*, NZA 1997, 1185; *Becker-Schaffner*, BB 1995, 2527.

[74] Vgl. BAG BB 1985, 1599 (für den Vertrauensbereich); *Gerhards*, BB 1996, 794; *Pauly*, NZA 1995, 449 f.; *Schaub*, NZA 1997, 1185; MüKo (*-Schwerdtner*), vor § 620 BGB Rz. 256 jeweils m.w.N. *Walker*, NZA 1995, 602 f. nennt als normativen Ansatz für den Verhältnismäßigkeitsgrundsatz, der nur mittelbar im Arbeitsrecht gelte, die gesetzlichen Kündigungsvorschriften der §§ 626 Abs. 1 BGB und 1 KSchG. Allerdings kann dieser Ansatz nicht erklären, warum auch vor Ausspruch anderer Vertragsänderungen mit negativen Auswirkungen für den Arbeitnehmer eine Abmahnung erforderlich sein soll. Andere Auffassungen nennen die Fürsorge- und Treuepflicht des Arbeitgebers (vgl. *Kranz*, DB 1998, 1464) oder Regelungen aus dem Gewährleistungsrecht (früher: § 326 BGB; vgl. BAG AP Nr. 12 zu § 1 KSchG – Verhaltensbedingte Kündigung; BAG BB 1984, 725 (für den Leistungsbereich); ebenso *Schaub*, NZA 1997, 1186; kritisch *Gerhards*, BB 1996, 795; *Walker*, NZA 1995, 602 jeweils m.w.N.) als Rechtsgrundlage.

[75] Vgl. *Kranz*, DB 1998, 1464; BAG NZA 1989, 633.

[76] Vgl. Maunz/Dürig/Herzog/Scholz (*-Herzog*), Art. 20 GG Rz. 71 ff.

[77] Vgl. *Pauly*, NZA 1995, 450 (mit Hinweis auf BAGE 1, 117).

[78] Ähnlich *Kranz*, DB 1998, 1464, der die Abmahnung dem arbeitsvertraglichen Weisungsrecht des Arbeitgebers zuordnet. Vgl. ferner *Heinze*, NZA 1990, 170, 173.

[79] Vgl. etwa *Walker*, NZA 1995, 604.

[80] Vgl. BAG NZA 1986, 421; v. *Hoyningen-Huene*, RdA 1990, 197; Münchener Kommentar (*-Schwerdtner*), vor § 620 BGB Rz. 255; *Walker*, NZA 1995, 601. Die Missachtung dieser Obliegenheit führt zu einem Rechtsverlust des Arbeitgebers: Sein Kündigungsrecht entfällt.

[81] Siehe hierzu näher 6. Kapitel.

[82] Vgl. BAG AP Nr. 37 zu § 123 BGB.

aufzuklären ist.[83] Das BAG[84] hält unter dem Gesichtspunkt der Fürsorgepflicht des Arbeitgebers eine Interessenabwägung unter Billigkeitsgesichtspunkten im Einzelfall für erforderlich. Falls der Arbeitnehmer die Auflösung des Arbeitsvertrages wünsche, sei auf eine etwaige Sperrfrist hinzuweisen, sofern der Arbeitgeber mit der Unkenntnis des Arbeitnehmers rechnen müsse.

Anders hat das BAG teilweise beim Abschluss eines Aufhebungsvertrages im Hinblick auf den drohenden Verlust von Versorgungsanwartschaften[85] und einen in Vorbereitung stehenden Sozialplan[86] entschieden. Hier brauche der Arbeitgeber die entscheidenden Tatsachen nicht ungefragt zu offenbaren.[87]

Ein Rückgriff auf das Prinzip von Treu und Glauben wird aber jedenfalls regelmäßig vorgenommen.

D. Informationsrecht nach Beendigung des Arbeitsvertrages

I. Vorbemerkungen

Dass sich aus einem Arbeitsvertrag auch Nachwirkungen ergeben können, ist allgemein anerkannt.[88] Wenn auch die fortwährende Neubegründung von Haupt- und Nebenleistungspflichten mit dem Ende des Vertrages endet,[89] so wirken doch die vertraglichen Nebenpflichten über das Vertragsende hinaus.[90] Das gebieten Treue und Fürsorge der Vertragsparteien füreinander.[91] Das auf

---

[83] Vgl. ausführlich insoweit MüArbR (-*Wank*), § 115 Rz. 11 f.

[84] Vgl. BAG AiB 1988, 319. Werden Informationen vom Arbeitgeber gegeben, haftet er für deren Richtigkeit; vgl. BAG AP Nr. 99 zu § 611 BGB – Fürsorgepflicht.

[85] Vgl. BAG BB 1989, 988; BAG NZA 1990, 971. Anders jedoch - eine Hinweispflicht annehmend – BAG VersR 1989, 502; BAG NZA 2001, 206.

[86] Vgl. BAG NJW 1997, 3043.

[87] Das BAG stützt sich auf ein in diesen Fällen nicht bestehendes Ungleichgewicht zwischen Arbeitgeber und Arbeitnehmer; vgl. BAG, NZA 1996, 811.

[88] Vgl. RGZ 161, 330, 338; BGH SAE 1957, 1, 4; BAGE 3, 332; ferner *Abegglen*, Aufklärungspflichten, S. 129; *von Bar*, AcP (179) 1979, 452 ff.; *Canaris*, Bankvertragsrecht, S. 15; *Hoffmans*, Nachwirkende Nebenpflichten, S. 22 f., 61 f.; *Moos*, RdA 1962, 302; Palandt (-*Putzo*), § 611 Rz. 96 ff. (mit Hinweis auf BAG DB 1973, 622); *Teichmann*, JA 1984, 712. § 2 Abs. 1 Nr. 2 ArbGG nennt explizit die Streitigkeiten wegen Nachwirkungen aus dem Arbeitsvertrag als Gegenstand des arbeitsrechtlichen Urteilsverfahren.

[89] Vgl. *von Bar*, AcP 179 (1979), 452 ff.

[90] Siehe § 362 BGB; vgl. *von Bar*, AcP (179) 1979, 455 ff. m.w.N.; Staudinger (-*Kaduk*), Einl. vor § 362 BGB Anm. 7.

[91] Vgl. *Mohnen*, RdA 1957, 363; kritisch *Moos*, RdA 1962, 304 m.w.N.

schutzwertes Vertrauen gegründete gesetzliche Schuldverhältnis besteht zeitlich über das Ende des Arbeitsvertrags hinaus und erfasst auch Sachverhalte, die erst nach dem Vertragsende entstehen.[92]

II. Nachvertragliche Information

Zu den nachvertraglichen Nebenpflichten zählen auch Informationspflichten. Bezogen auf die Nebenpflicht „Informationserteilung" sind in der Vergangenheit immer wieder einmal Rechtstreitigkeiten von den Zivilgerichten entschieden worden, in denen auch nach Beendigung des eigentlichen Vertrages dem einen Vertragspartner das Recht zugesprochen wurde, bestimmte Informationen vom Gegenüber zu erhalten.[93]

Allerdings sind diese Fälle in der arbeitsrechtlichen Praxis eher selten, weil sich die Vertragsparteien nach dem Vertragsende voneinander (nicht nur, aber auch in räumlicher Hinsicht) trennen.[94] Informationen dienen meistens nur der Restabwicklung des Arbeitsvertrages,[95] können aber auch im Zusammenhang mit der Rechtsgutserhaltung[96] oder der Zweckerhaltung der Leistungen stehen.[97] Ein Beispiel für die letztgenannte Fallkonstellation ist die arbeitgeberseitige Information des bereits ausgeschiedenen Arbeitnehmers über dessen Rentenansprüche[98] gegenüber dem Staat.[99]

Die Nähe der Rechtsfigur culpa post pactum finitum zur Rechtsfigur der culpa in contrahendo ist unverkennbar,[100] da auch bei dieser die eigentlichen Leistungspflichten (noch) nicht bestehen, dennoch vertragsähnliche (Vertrauens-,

---

[92] Vgl. *Moos*, RdA 1962, 303 f.

[93] Vgl. etwa für die Benachrichtigungspflicht nach Beendigung eines Verwahrungsvertrages OGH NJW 1949, 504 f.

[94] Vgl. *von Bar*, AcP 179 (1979), 467 f.

[95] Ebenso *Moos*, RdA 1962, 305. Diese Sachverhalte entstehen meist bereits während des Bestehens des Vertrages und begründen deshalb streng genommen vertragliche Ansprüche; etwa § 630 BGB. Das gilt ebenfalls für Informationsrechte im Zusammenhang mit einem Auflösungsvertrag.

[96] Es gilt der Grundsatz, die abgelaufenen Vertragsbeziehungen nicht zu einer rechtlich sittenwidrigen Schädigung des früheren Vertragspartners zu missbrauchen; vgl. RAG, ARS 26, S. 256, 258 f.

[97] Vgl. näher *Hoffmans*, Nachwirkende Nebenpflichten, S. 54, 70; *Moos*, RdA 1962, 307 jeweils m.w.N.

[98] Auch diese sind Zwecke des Arbeitsvertrages.

[99] Vgl. BGH VersR 1984, 333, 334.

[100] Kritisch jedoch *Hoffmans*, Nachwirkende Nebenpflichten, S. 139; *Moos*, RdA 1962, 303.

Schutz-) Wirkungen zwischen den Parteien (bereits) angenommen werden.[101] Auch für den konkreten Bestand und den Umfang der *nachvertraglichen* Informationsrechte ist von Bedeutung, was (mit Rücksicht auf die frühere vertragliche Bindung[102]) jetzt redlicherweise erwartet werden darf.[103] Die nachvertraglichen Informationsbeziehungen werden also ebenfalls vom Treu und Glauben-Grundsatz bestimmt.[104]

E. Schlussfolgerungen

Alle nicht ausdrücklich geregelten Informationsrechte basieren letztendlich auf dem Prinzip von Treu und Glauben.[105] Dabei ist zunächst[106] die Unterscheidung zwischen vorvertraglichen, vertraglichen und nachvertraglichen Informationsrechten bedeutungslos.[107]

---

[101] Vgl. *Fikentscher*, Schuldrecht, § 20 V; *Esser/Schmidt*, Schuldrecht I 1, § 4 IV. Die Nähe bejaht *von Bar*, AcP (179) 1979, 453 für vertragliche Verkehrssicherungspflichten und S. 467 f. für Nebenpflichten.

[102] Vgl. *Moos*, RdA 1962, 303 („Richtig verstanden sind nachwirkende Vertragspflichten Teile des Vertrages ....").

[103] Ebenso *Mohnen*, RdA 1957, 367; vgl. ferner *Fikentscher*, Schuldrecht, Rz. 76 jeweils m.w.N.

[104] Vgl. MüKo (-*Kramer*), vor § 241 BGB Rz. 175; *von Bar*, AcP (179) 1979, 467.

[105] Ebenso *Abegglen*, a.a.O., S. 154; *Canaris*, Festschrift Larenz II, S. 33 f.

[106] Siehe aber im einzelnen 6. Kapitel B. III.

[107] Ebenso im Ergebnis u.a. *Abegglen*, Aufklärungspflichten, S. 131 ff., insb. S. 136; *von Bar*, AcP (179) 1979, 460; *Canaris*, JZ 1965, 479; *ders.*, Festschrift Larenz II, S. 93; *Wiegand*, Festschrift Gagnér, S. 551. Aus der Rechtsprechung vgl. BGHZ 70, 34 (auch für die nachvertragliche Vertrauenshaftung). In diesem Sinne sind auch die Bestrebungen in der Rechtslehre zu verstehen, inhaltsgleiche Haftungstatbestände in einem quasi übervertraglichen, sogenannten „gesetzlichen Schuldverhältnis ohne primäre Leistungspflichten" aus dem Gesichtspunkt der Redlichkeitserwartungen herzuleiten; vgl. etwa *Wiegand*, Festschrift Gagnér, S. 552 ff.; *Larenz*, Schuldrecht AT, § 2 I (S. 9 ff) und § 9 (S. 104 ff.); *von Bar*, AcP (179) 1979, 456, 459; *Canaris*, Bankvertragsrecht, Anm. 12 jeweils m.w.N. Vgl. ferner zur sog. Vertrauenshaftung *Canaris*, JZ 1965, 475 ff.; *dens.*, Festschrift Larenz II, S. 93, 102 f.

6. KAPITEL:

EINFÜHRUNG EINES BEWEGLICHEN SYSTEMS ZUR KONKRETISIERUNG DES PRINZIPS VON TREU UND GLAUBEN

A. Das Prinzip von Treu und Glauben

Das nach § 242 BGB bestehende gesetzliche Prinzip von Treu und Glauben verpflichtet die Vertragsparteien, ihre jeweils geschuldete Leistung so zu erbringen, wie es Treu und Glauben mit Rücksicht auf die Verkehrssitte erfordern.[1] Dieser Grundsatz beherrscht jede Sonderverbindung, indem er die in ihr bestehenden Rechte und Pflichten inhaltlich ausgestaltet und in eine bestimmte Richtung festlegt.[2] Er bezieht sich sowohl auf die Leistungselemente (§ 241 Abs. 1 BGB) als auch auf die Nebenpflichten.[3] Seit der Schuldrechtsänderung zum 1.1.2002 wird in diesem Bereich das Gebot der Rücksichtsnahme (§ 241 Abs. 2 BGB) als eine Nebenpflicht ausdrücklich im BGB genannt.[4] Diese Prinzipien sind Haftungsgrund und Rahmen für die Bestimmung der konkreten Pflichteninhalte auf dem Feld der Informationsrechte.[5]

Immer wieder wird der Generalklausel in § 242 BGB ihre Weite und Unbestimmtheit vorgehalten.[6] Aber gerade darin liegt auch ihre Stärke. Denn dadurch eignet sie sich dazu, eine Vielzahl von Überlegungen und Gesichtspunkten zu ihrer Konkretisierung zu bündeln, seien diese beispielsweise gesellschaftspolitischen, rechtlich dogmatischen, sittlich ethischen oder empirischen Topoi zuzuordnen.

---

[1] Vgl. *Canaris*, Systemdenken, S. 52 ff.; *Fikentscher*, Schuldrecht, Rz. 159 ff.; *Stürner*, JZ 1976, 388; *Wiegand*, Festschrift Gagnér, S. 551, 554 ff.

[2] Ebenso *Fikentscher*, Schuldrecht, Rz. 160; *Medicus*, Schuldrecht AT, Rz. 125.

[3] Vgl. etwa *Dütz*, Arbeitsrecht, Rz. 152, der die §§ 241 Abs. 2, 242 BGB zusammen nennt; ferner *Medicus*, Schuldrecht AT, Rz. 415 f.

[4] Vgl. Dütz, Arbeitsrecht, Rz. 152 f. 174 ff., der neben der Rücksichtnahme besondere Nebenpflichten aufzählt, die sich wiederum in Schutzpflichten und weitere Pflichten aufspalten.

[5] Vgl. *Breidenbach*, Informationspflichten, S. 23; *Gäntgen*, Pflicht zum Hinweis, S. 15 jeweils m.w.N.

[6] Zur allgemeinen Kritik am „ubiquitären" Treu- und Glaubenprinzip vgl. etwa *Mohnen*, RdA 1957, 367; *Klingler*, Aufklärungspflichten, S. 107 ff. (Einfallstor „unwägbarer Billigkeitsrechtsprechung" zu Gunsten eines Vertragspartners); vgl. ferner RGZ 67, 86, 89. Auch *Wiegand*, Festschrift Gagnér, S. 550 m.w.N. übt Kritik an der damit einhergehenden Tendenz zur case-law. Dagegen jedoch u.a. *Canaris*, Festschrift Larenz II, S. 105; *Breidenbach*, Informationspflichten, S. 50.

Ein erster dieser Aspekte offenbart sich bei der Betrachtung des Wesens des Arbeitsverhältnisses. Die arbeitsrechtlich geschuldeten Leistungen im Sinne der §§ 611 ff. BGB in Verbindung mit § 242 BGB beschränken sich keineswegs auf die in § 611 BGB genannten Hauptleistungspflichten – also auf ein vermögensrechtliches Austauschverhältnis.[7] Gerade die Besonderheiten des Arbeitsverhältnisses als Dauerschuldverhältnis mit personenrechtlichem Einschlag machen deutlich, dass mit diesem Schuldverhältnis ein „komplexes Sinngebilde, ein sinnhaftes Gefüge"[8] gemeint ist:[9] Zur Erbringung seiner Arbeitsleistung ordnet sich der Arbeitnehmer in der Regel mit seiner ganzen Person in den Betrieb ein[10]; dort erbringt er unter Weisung des Arbeitgebers[11] Arbeitsleistungen, die im Zusammenwirken der Leistungen anderer Arbeitnehmer (oder mit denen des Arbeitgebers) den Betriebszweck fördern oder verwirklichen.[12]

Außerdem hat er mit seinem Gesamtverhalten, das ihm durch zahlreiche Handlungs- und Unterlassungspflichten auferlegt wird, dafür Sorge zu tragen, die berechtigten Interessen des Arbeitgebers nicht zu schädigen[13] - besser noch, im Rahmen des Zumutbaren wahrzunehmen.[14]

An dieser Stelle tritt der Grundsatz von Treu und Glauben in Erscheinung, wenn er den Arbeitgeber verpflichtet, sein eigenes Gesamtverhalten so zu gestalten, dass es als gerechter Ausgleich der Leistungen des Arbeitnehmers angesehen werden kann.[15]

---

[7] Vgl. *Zöllner*, Informationsordnung, S. 146.

[8] *Gernhuber*, Schuldrecht, § 2; *Larenz*, Schuldrecht AT, § 2 V (S. 28). Vgl. auch *Abegglen*, Aufklärungspflichten, S. 80; *Canaris*, JZ 1965, 475, 478 jeweils m.w.N. Zum Überblick vgl. ferner *Wiegand*, Festschrift Gagnér, S. 555 m.w.N.

[9] *Canaris*, Festschrift Larenz II, S. 34 weist auf eine besondere Haftpflicht- und Verhaltensordnung innerhalb einer „Sonderverbindung" hin. Ebenso schon *Stoll*, AcP 1932, 288 f. Zur spezifischen Eigenart des Arbeitsverhältnisses vgl. *Wiese*, ZfA 1996, 461 m.w.N. (Besondere Einbindung des Arbeitnehmers und längere Dauer des Schuldverhältnisses führen zu seiner erweiterten Schutzbedürftigkeit).

[10] Vgl. etwa BAG AP Nr. 42 zu § 611 BGB – Lehrer, Dozenten.

[11] Vgl. hierzu näher etwa *Söllner*, Arbeitsrecht, S. 257 ff.

[12] Vgl. *Esser/Schmidt*, Schuldrecht AT, Teilband 1, S. 86. Zum Arbeitsrecht siehe etwa *Hanau/Adomeit*, Arbeitsrecht, Rz. 658; *Söllner*, Arbeitsrecht, S. 261 f.; MüKo *(-Söllner)*, § 611 BGB Rz. 395.

[13] Vgl. etwa BAG AP Nr. 2 zu § 134 BGB.

[14] Vgl. etwa BAG AP Nr. 2 zu § 134 BGB; MüKo *(-Söllner)*, § 611 BGB Rz. 393; *Wiese*, ZfA 1996, 463 jeweils m.w.N.

[15] Ebenso *Wiese*, ZfA 1971, 278 sowie *ders.*, ZfA 1996, 463 m.w.N.; vgl. auch *Tinnefeld/Ehmann*, Datenschutz, S. 34; ähnlich *Dütz*, Arbeitsrecht, Rz. 174. Einen ähnlichen Gedanken verfolgt *Flury*, Gewinnerläuterungsprinzipien, S. 1 ff. im Gesellschaftsrecht (Information der Gesellschafter als notwendiges Äquivalent für die Hergabe von Kapital).

Darüber hinaus wird nach Treu und Glauben in einem Vertragsverhältnis mit personalem Charakter davon auszugehen sein, dass das gegenseitige Vertrauens-niveau hoch ist, dass also zumindest auf einen Teil der Kontroll- und Nachforschungsanstrengungen beidseitig verzichtet wird.[16] Der Arbeitnehmer hat bisweilen gar nicht die Zeit und Mittel, Kontrollen oder Nachforschungen zu unternehmen. Er wird sich oftmals auf das verlassen, was er vorfindet. Das gerade unterscheidet ihn von einem Selbständigen, der als Preis für seine Selbständigkeit für sein gesamtes geschäftliches Verhalten die volle Verantwortung tragen muss.

In der „Sonderverbindung Arbeitsverhältnis" werden die Gefahren, die sich aus einem erhöhten Vertrauensniveau ergeben, mit Hilfe der Konstruktion von gesetzlichen Nebenpflichten aufgefangen. Für das vom Arbeitgeber gewährte und vom Arbeitnehmer in Anspruch genommene Vertrauen,[17] das grundsätzlich sämtliche Phasen der Sonderverbindung erfasst,[18] hat der Arbeitgeber einzustehen, falls es enttäuscht wird. Im Arbeitsrecht wird in diesem Zusammenhang von Fürsorgepflichten des Arbeitgebers gesprochen.

Auch ein besonderer rechtsdogmatischer Ansatz lässt sich mit der Anwendung des Treu- und Glaubenprinzips verfolgen. Bei der dogmatischen Betrachtung der positivierten Informationsrechte hat sich gezeigt, dass deren Ausprägungen in den Grundrechten angelegt sind. Allerdings kann kein einzelnes Grundrecht alle Aspekte der Informationsordnung erfassen. Dies gelingt jedoch unter Einsatz des Treu- und Glaubenprinzips, weil es die erforderliche Unbestimmtheit, aber eben auch Offenheit[19] besitzt, um die komplexen Sachverhalte abzubilden. Sein konkreter Inhalt orientiert sich u.a. wieder an den Erwägungen, die zu den einzelnen Grundrechten angestellt wurden.[20]

---

[16] Vgl. ähnlich *Breidenbach*, Informationspflichten, S. 73; *Gäntgen*, Pflicht zum Hinweis, S. 28; *Werres*, Aufklärungspflichten, S. 78 jeweils m.w.N. Allerdings wird das nicht so weit gehen dürfen, dass der Arbeitnehmer eigene, ihm zumutbar erschließbare Informationsquellen vernachlässigen darf. Zu weitgehend deshalb *Gäntgen*, Pflicht zum Hinweis, S. 28, der vom Verzicht auf eigene Kontrolle und Nachforschung spricht. Vgl. zur Parallele der Anlageberatung der Banken *Arendts*, WM 1993, 230.

[17] Vgl. *Canaris*, Vertrauenshaftung, S. 1 ff.; *Klingler*, Aufklärungspflichten, S. 16 f.; *Wiegand*, Festschrift Gagnér, S. 557 jeweils m.w.N.; BGH NJW 1978, 1374 f.

[18] Vgl. *Canaris*, Festschrift Larenz II, S. 102 ff.; *Klingler*, Aufklärungspflichten, S. 16 f. Allerdings weist *Sennett*, Der flexible Mensch, S. 28 f. darauf hin, dass Vertrauen, als soziale Bindung verstanden, Zeit brauche, um sich zu entwickeln.

[19] Vgl. *Canaris*, Systemdenken, S. 61 ff.

[20] Vgl. ähnlich *Badura*, Festschrift Molitor, S. 5. Kritisch zu diesem Ansatz, bei der Anwendung der Grundrechte die Treu- und Glauben- Generalklausel vorzuschalten *Gamillscheg*, Grundrechte, S. 82 m.w.N. Zu weiteren Ansätzen vgl. *ebenda*, S. 83 f. m.w.N.

In concreto lassen sich aus dem Prinzip von Treu und Glauben zahlreiche Verhaltenspflichten herleiten:[21] Rücksichtnahme auf die Rechte, Rechtsgüter und Interessen des anderen Teils (nunmehr: § 241 Abs. 2 BGB);[22] insbesondere sind also Treue und Fürsorge im Hinblick auf den Schutz von Leben und Gesundheit des anderen,[23] Beachtung der Vermögensinteressen[24] sowie Achtung und Förderung ideeller Interesse[25] Gegenstände eines zeitgemäßen Verständnisses des Arbeitsverhältnisses[26] In diesem Zusammenhang ist auch die Begründung von (gegenüber dem Leistungsprogramm erweiterten) Informationsrechten bei bestehendem und schutzwürdigem[27] Informationsinteresse leicht nachzuvollziehen.[28]

Dem steht nicht entgegen, dass bestimmte Informationsnormen bereits ausdrücklich fixiert worden sind. Denn das Prinzip von Treu und Glauben wird hierdurch nur bestätigt und konkretisiert.[29] Gerade in der Lückenfüllung hat es neben der Funktion als Rechtsauslegungsnorm seinen speziellen Anwendungsbereich.[30]

An der gängigen Beschreibung der Treu- und Glauben-Formel kann auch für die Informationsbeziehungen im Arbeitsverhältnis vorläufig[31] festgehalten wer-

---

[21] Diese Verhaltenspflichten haben beide Arbeitsvertragsparteien gleichermaßen zu beachten.
[22] Vgl. hier nur *Wiese*, ZfA 1996, 459 f. m.w.N.
[23] Vgl. bereits *Stoll*, AcP 1932, 288 f.; ferner *Wiese*, ZfA 1996, 464 (Diese Sachverhalte sind heute weitestgehend spezialgesetzlich geregelt). Für das Datenschutzrecht vgl. *Zöllner*, Daten- und Informationsschutz, S. 1 m.w.N.
[24] Vgl. etwa *von Bar*, AcP 179 (1979), 464. Zur Rechtsprechung im Versicherungsrecht vgl. etwa BGHZ 48, 7, 10; BGH VersR 1978, 121 ff.
[25] Vgl. *Wiese*, ZfA 1996, 459 ff. Beispiel für gesetzlich geregelte ideelle Interessen nennt *Wiese*, a.a.O., S. 458.
[26] Ebenso *Wiese*, ZfA 1996, 457, 461, der von „permanenter elastischer Anpassung an veränderte Umstände" spricht. Vgl. auch *Tinnefeld/Ehmann*, Datenschutzrecht, S. 34 (Zeit- und gesellschaftsvariante Auslegung des Leistungsbegriffs). Kritisch wegen der Gefahr der Verselbständigung des Treu und Glauben – Prinzips jedoch *Wiegand*, Festschrift Gagnér, S. 561.
[27] Ebenso *Zöllner*, Informationsordnung, S. 26.
[28] Vgl. *BGH* NJW 1981, 1733 (Rechtsbeziehung, die zu Informationsrechten führt, kann sich u.a. aus einem gesetzlichen Schuldverhältnis ergeben). Für das Arbeitsrecht vgl. *Gäntgen*, Pflicht zum Hinweis, S. 9, 28 m.w.N. Vgl. ferner *Canaris*, Festschrift Larenz II, S. 106 f.; Palandt (*-Heinrichs*), § 242 BGB Rz. 37; Staudinger (*-Weber*), § 242 BGB Rz. 830; *Winkler von Mohrenfels*, Informationsleistungspflichten, S. 33 f. jeweils m.w.N. Für die Aufklärungspflichten im Bankgeschäft vgl. *Abegglen*, Aufklärungspflichten, S. 134 mw.N. Aus der Rechtsprechung vgl. zudem RGZ 107, 357, 362; 112, 284, 288; BGH NJW 1970, 653, 655; BGH VersR 1972, 341 ff.
[29] Ähnlich *Gäntgen*, Pflicht zum Hinweis, S. 9, 11 ff.; *Bregenhorn*, Personalbeurteilung, S. 39; GK (*-Wiese*), vor § 81 Rz. 18; Staudinger (*-Weber*), § 242 BGB Rz. 830.
[30] So *Abegglen*, Aufklärungspflichten, S. 67, 75f; vgl. auch *Wiese*, ZfA 1996, 464.
[31] Siehe näher sogleich unter 6. Kapitel B. Für das Bilanzrecht vgl. *Flury*, a.a.O., S. 48 f.

den: Information ist geschuldet, wenn der Arbeitnehmer nach der im Verkehr herrschenden Anschauung im konkreten Einzelfall redlicherweise Information erwarten darf.[32] Oder anders – mit Blick auf das gesetzliche Schuldverhältnis bzw. den Vertrauensschutzgedanken – formuliert: Ein Informationsrecht besteht, wenn in der Sonderverbindung nach dem Grundsatz der Redlichkeit und nach der sozialen Erscheinungsform Vertrauen gewährt und in Anspruch genommen wird.[33]

Um eine besonders sorgfältige Interpretation des Treu und Glaubenprinzips vornehmen zu können, scheint es erforderlich zu sein, systematisierende und konkretisierende Kriterien einzuführen und das Prinzip dadurch operabel zu machen.[34]

---

[32] Ebenso für die Aufklärung in Schuldverhältnissen *Gäntgen*, Pflicht zum Hinweis, S. 12. Vgl. auch *Werres*, Aufklärungspflichten, S. 14; *Esser/Schmidt*, Schuldrecht I, S. 86 („legitime Integritätserwartung"). Für den vorvertraglichen Willensprozess vgl. *Klingler*, Aufklärungspflichten, S. 22 m.w.N. („Ein Partner hat nach Treu und Glauben die Verpflichtung, dem anderen Teil die für die Willensbildung und –entschließung wesentlichen Umstände mitzuteilen, soweit unter Berücksichtigung des Einzelfalles nach der Verkehrsauffassung eine entsprechende Aufklärung erwartet werden durfte"); ähnlich *BGH* WM 1983, 1006, 1007 für den Abschluss eines Kaufvertrages. Aus der Rechtsprechung vgl. RGZ 62, 149, 150; 111, 234; BGH WM 1966, 944 (Bürgschaftsvertrag); BGH NJW 1970, 653, 655; BGH NJW 1973, 752, 753; BAG AP Nr. 5 zu § 1 BetrAVG – Zusatzversorgungskasse. Im Versicherungsrecht hat der BGH (Z 47, 1011) in ähnlicher Weise „nach dem Gebot materieller Gerechtigkeit sowie Treu und Glauben" dem Versicherungsnehmer eine Informationspflicht auferlegt, wenn ohne Informationserteilung die berechtigten Interessen des Versicherers in ernster Weise gefährdet wären und der Versicherungsnehmer den Pflichtverstoß zu vertreten hätte. Im Zusammenhang mit präparatorischen Auskunftsansprüchen vgl. RGZE 108, 1, 7; 148, 364, 373; 158, 377, 379; BGH NJW 1957, 669 (mit einem Hinweis auf die Stufenklage nach § 254 ZPO); NJW 1986, 1244, 1245 („Bringt es ein Rechtsverhältnis seiner Natur nach mit sich, dass der Informationsberechtigte in entschuldbarer Weise über das Bestehen und den Umfang seines Rechts im Ungewissen ist, der Verpflichtete jedoch in der Lage ist, unschwer solche Auskünfte zu erteilen"). Auch das BAG übernimmt diese Ansicht in BAG AP Nr. 12 zu § 242 BGB – Auskunftspflicht. Vgl. auch *Haug*, Informationelle Strategien, S. 41, der von einer Generalklausel spricht, die für alle Bereiche des materiellen Zivilrechts gelte.

[33] Vgl. hierzu ausführlich und grundlegend *Ballerstedt*, AcP 151 (1950/51), S. 507; ferner BGH NJW 1978, 1374.

[34] Darauf weist u.a. *Gäntgen*, Pflicht zum Hinweis, S. 11 für Aufklärungspflichten hin. Vgl. auch *Braun*, Unterrichtung, S. 109 f.; *E. Wolf*, Schuldrecht I, Vorwort S. VI. Auch *Abegglen*, Aufklärungspflichten, S. 154 spricht davon, dass dem Treu und Glauben – Grundsatz als allgemeiner Rechtssatz kaum Anhaltspunkte zu dessen Inhaltsbestimmung entnommen werden können. Vgl. ferner die dogmatisch anschaulichen Ausführungen des BGH (NJW 1978, 1802, 1804 f.).

B. Die Verwendung beweglicher Begründungselemente

Die Frage, unter welchen Voraussetzungen dem Informationsgläubiger nach dem Prinzip von Treu und Glauben unter Beachtung der Verkehrssitte Informationsrechte gegenüber dem Informationsschuldner zustehen, ist in der rechtswissenschaftlichen Literatur mehrfach erörtert worden.[35] Zwar finden die oben beschriebenen Grundrechtsgarantien mittelbar über die zivilrechtlichen Generalklauseln Eingang in die Fragestellung, aber die Grundrechtsnormen sind in vielerlei Hinsicht zu rudimentär und unspezifisch, um praxisnahe Lösungen für das Spannungsverhältnis zwischen (ausschließlicher) Zuweisung von Informationen und ihrer freien Verbreitung und Nutzung andererseits[36] aufzuzeigen.[37]

Aus diesem Grund wird die Verwendung eines beweglichen Systems[38] verschiedener Elemente[39] zur Begründung von Informationsrechten vorgeschlagen.

---

[35] Vgl. u.a. *Abegglen*, Aufklärungspflichten; *Breidenbach*, Informationspflichten; *Canaris*, Bankvertragsrecht; *Hopt*, Kapitalanlegerschutz; *Klingler*, Aufklärungspflichten; *Loges*, Erklärungspflichten; *Schumacher*, Vertragsaufhebung; *Vortmann*, Aufklärungs- und Beratungspflichten.

[36] Vgl. *Wiebe*, Geistiges Eigentum, S. 103, 106, 109; *Gäntgen*, Pflicht zum Hinweis, S. 16.

[37] Ebenso *Egloff*, DVR 7 (1978), 132.

[38] Vgl. etwa *Abegglen*, Aufklärungspflichten, S. 45, 128 f.; *Breidenbach*, Informationspflichten, S. 61 ff.; *Klingler*, Aufklärungspflichten, S. 11 ff. Den Grundgedanken, die Begründungselemente beweglich zu gestalten, verfolgt auch *Mohren*, RdA 1957, 364 im Bereich der nachwirkenden Vertragspflichten. Beweglich sind in diesem Sinne die von ihm genannten Elemente „Ausmaß der persönlichen Bindung" und „Länge des Vertragsverhältnisses".

[39] Zum Begriff des beweglichen Systems vgl. grundlegend *Wilburg*, Bewegliches System, S. 12 ff.; ferner *Canaris*, Systemdenken, S. 74 ff. Von der Literatur wird aus dem Gesichtspunkt der Rechtssicherheit versucht, für die Statuierung von Informationsrechten ein allgemeingültiges Aufklärungs- bzw. Informationssystem vorzuschlagen; vgl. hierzu ausführlich im Zusammenhang mit Aufklärungspflichten in Dienstleistungsverhältnissen *Abegglen*, Aufklärungspflichten, S. 154 ff., 171 ff., der von operablen Kriterien bzw. Topoi spricht, deren Funktion es sei, den Inhalt des Treu und Glauben – Prinzips funktionell zu konkretisieren. Vgl. ferner *Breidenbach*, Informationspflichten, S. 47, 61 ff., 67, der seine Systemelemente aus der objektiv normativen Betrachtung des Verbraucher- bzw. Sozialschutzes, der Berufshaftung und einer ökonomischen Analyse herleitet, also eine an Einzelfällen orientierte Gruppenbildung vornimmt; ähnlich *Lorenz*, Festschrift Larenz I, S. 616 („...kraft bestimmter Berufsausübung bei der Auskunftsperson zu vermutende Sachkunde"). Vgl. ferner *Gäntgen*, Pflicht zum Hinweis, S. 15; *Loges*, Erklärungspflichten, S. 70 ff.; *Schumacher*, Vertragsaufhebung, S. 102 ff. ; *Wiegand*, Festschrift Gagnér, S. 550; *Hauck*, Wirtschaftsgeheimnisse, S. 39. Auch *Hopt*, Kapitalanlegerschutz, S. 414 ff., 427 ff. lässt erkennen, dass er an typische Bankgeschäfte denkt und ihnen jeweils spezielle Pflichten zuweist. Ähnlich verfährt *Canaris*; Bankvertragsrecht, Anm. 104 ff., der Aufklärungspflichten bei einzelnen konkreten Bankgeschäften bejaht; ebenso *Vortmann*, Aufklärungs- und Beratungspflichten, S. 31 ff.; MüKo (-

In der Regel beziehen sich die Theorieansätze allgemein auf Schuldverhältnisse und dort insbesondere auf die Aufklärungspflichten im vorvertraglichen Stadium. *Kursawe* hat auch für das Arbeitsrecht Leitgesichtspunkte aufgezeigt, die die vorzunehmende Konkretisierung präzisieren.[40]

Die vorgeschlagenen Systeme unterscheiden sich in ihren Einzelheiten in terminologischer sowie materieller Hinsicht. Gemeinsam ist ihnen aber, dass sie vorsehen, die verschiedenen Elemente beweglich und in ihrem Zusammenspiel kumulativ zu betrachten[41] bzw. zu bewerten.[42] So kann etwa allein die Schutzbedürftigkeit eines Vertragspartners einen Informationsanspruch nicht rechtfertigen.[43]

Darüber hinaus lassen sich die genannten Begründungselemente im wesentlichen auf drei tragende Grundgedanken zurückführen, die innerhalb der Systeme mehr oder weniger stark ausgeprägt ihren Niederschlag gefunden haben: Der Gedanke eines differenzierten Rechtsgüter- und Interessenschutzes, das Zurechnungsprinzip und die jeweiligen Besonderheiten der schuldrechtlichen Sonderverbindung.[44]

Roth), § 242 BGB Rz. 271 ff.; Vgl. ferner RGZ 62, 149, 150; 111, 233, 234 sowie BGH WM 1960, 585; BVerfG NJW 1994, 36, 38.

[40] *Kursawe*, NZA 1997, 247.

[41] Die einzelnen Begründungselemente sind in einen Gesamtkontext zu stellen; ähnlich für die Aufklärungspflichten *Abegglen*, Aufklärungspflichten, S. 172, 178; *Breidenbach*, Informationspflichten, S. 61 ff., 71; *Canaris*, Vertrauenshaftung, S. 303.

[42] Das zeigt *Breidenbach*, Informationspflichten, S. 63, 67 ff. beispielsweise an dem Element „Informationsbedarf".

[43] Das gilt auch für das Vorhandensein eines Informationsgefälles; ebenso *Gäntgen*, Pflicht zum Hinweis, S. 6; a.A. Staudinger (-*Weber*), § 242 BGB Rz. 835; *Kursawe*, NZA 1997, 246, 249. Auch allein die Inanspruchnahme von Vertrauen ist nicht ausreichend; ebenso *Lorenz*, Festschrift Larenz I, S. 618.

[44] *Grunewald*, AcP (190) 1990, 609 ff., 623 verdeutlicht den letzten Gesichtspunkt an Geschäften mit gesteigertem Risiko für den Informationsgläubiger. Sie kommt in diesen Fällen zu dem Ergebnis, dass sogar der gut informierte Kunde schutzwürdig sein kann. Im Versicherungsrecht hat der BGH (VersR 1978, 121, 122) dem Versicherungsgeber eine weitreichende Belehrungspflicht auferlegt, „denn der Versicherer ist im allgemeinen dem Versicherungsnehmer geschäftlich und versicherungstechnisch überlegen und muss darum auf dessen Belange immer dort so weit wie möglich Rücksicht nehmen, wo der Versicherungsnehmer wegen seiner geringeren Vertrautheit mit dem Versicherungswesen erfahrungsgemäß Gefahr läuft, den Versicherungsschutz zu verlieren". *Westermann*, ZHR 153 (1989), 132 f. m.w.N. zeigt für Aufklärungspflichten der Kreditinstitute bei Vergabe von Verbraucherdarlehen die enge Verknüpfung der Elemente „Wissensgefälle" und „Verteilung der Risikosphären nach den Besonderheiten der Schuldrechtsbeziehung".

Das lässt sich am von *Kursawe* vorgestellten System für Aufklärungspflichten im arbeitsrechtlichen Anbahnungsverhältnis veranschaulichen, das er ausdrücklich dem Geltungsbereich des § 242 BGB zuordnet.[45] Die von *Kursawe* genannten Kriterien „Informationsbedarf des aufzuklärenden Teils" und „Ausmaß der Interessengefährdung" beinhalten den Gedanken des Rechtsgüterschutzes. Die Elemente „Intellektuelle und wirtschaftliche Voraussetzungen der Beteiligten", „Informationsmöglichkeit der Parteien" und „Erkennbarkeit des Informationsbedarfs", sind Zurechnungskriterien. Schließlich spiegelt der Umstand, dass *Kursawe* seine Ausführungen unter die Rechtsgrundlage der aus § 242 BGB hergeleiteten arbeitsrechtlichen Fürsorgepflicht einordnet und von Risikosphären der Beteiligten spricht, wider, dass er die Besonderheiten eines Arbeitsverhältnisses berücksichtigt sehen will.[46]

Sind die Elemente des Systems einmal festgelegt, kann mit Hilfe ihrer Gewichtung nicht nur der grundsätzliche Bestand von Informationsrechten bestimmt werden, sondern auch der Inhalt und Umfang dieser Rechte.[47] Dadurch erhalten die Verhaltenspflichten, die ja für das Arbeitsverhältnis insgesamt gelten, jeweils neue Konturen.

I. Das relevante Informationsbedürfnis als Element der arbeitsrechtlichen Informationsbeziehungen

Dieses erste Element bezieht sich auf die in das Arbeitsverhältnis eingebrachten Rechtsgüter- und Interessenspositionen des Arbeitnehmers.[48]

1. Der Informationsanreiz in der Theorie

Unter dem Nutzungsaspekt hat Information einen Absender und einen Empfänger.[49] Daraus ergibt sich, dass auch ein gegenseitiger Informationsanreiz

---

[45] Vgl. *Kursawe*, NZA 1997, 246, (mit Hinweis auf u.a. BAG NZA 1985, 712; NZA 1995, 220).

[46] Vgl. *Kursawe*, NZA 1997, 246 ff. Allerdings sind die Grenzen der einzelnen Elemente fließend und es kommt demzufolge an einigen Punkten zu Überschneidungen. So beinhalten beispielsweise die Kriterien „Intellektuelle und wirtschaftliche Voraussetzungen der Beteiligten" und „Informationsmöglichkeit der Parteien" auch den Gesichtspunkt, die Besonderheiten eines Arbeitsverhältnisses berücksichtigen zu müssen.

[47] Ähnlich *Abegglen*, Aufklärungspflichten, S. 164. Vgl. zur Abwägung der Interessen BAG AP Nr. 5 zu § 1 BetrAVG – Zusatzversorgungskasse.

[48] Vgl. *Abegglen*, Aufklärungspflichten, S. 1; *Breidenbach*, a.a.O., S. 31.

[49] Vgl. *Breisig/König/Wengelowski*, Mitarbeitergespräch, S. 20, 24 f.; *Neuberger*, Mitarbeitergespräch zur Führung, S. 10 f. Das unterscheidet Information vom Geheimnis, das

besteht: Der des Absenders etwas mitzuteilen, der des Empfängers etwas mitgeteilt zu bekommen.[50] Diese beiden Bedürfnisse, die zwillingsgleich miteinander einher gehen, sind grundlegende Eigenschaften des Menschen, die ihn als solchen charakterisieren und ausmachen.[51]

Darüber hinaus resultieren Informationsanreize aus einer Vielzahl anderer Motive. Sie können etwa im Streben nach demokratischen Verhältnissen oder im Gefühl der (und dem Wunsch nach) Mitverantwortung für bestehende Strukturen begründet sein. In jedem Fall wird ersichtlich, dass sowohl Informationsmitteilung als auch -gewinnung einen funktionellen Charakter besitzen.[52] Information ist nicht Selbstzweck, sondern dient dazu, darüber hinausgehende Ziele anzusteuern.[53]

Die Stärke des Informationsbedürfnisses auf Seiten des Informationsempfängers ist keineswegs immer gleich.[54] Sie variiert je nach dem Wertgehalt der Information (=Informationspotential). Das Informationspotential ist um so höher, je bedeutender die angestrebten Ziele (also etwa: Schutz des Lebens, Schutz und Förderung der Gesundheit, des Eigentums, der Persönlichkeit, des Vermögens, der Handlungs- und Entschließungsfreiheit[55]) und je erheblicher[56] die fraglichen Informationen für die Zielerreichung[57] sind (also etwa: unwichtige,[58] vorteilhafte, wichtige, wesentliche, notwendige Informationen). Einem hohen Informationspotential entspricht also ein starkes Informationsbedürfnis.

---

unter dem Nutzungsaspekt nur ein Reflex des Informationsinteresses ist; vgl. ausführlich *Hauck*, Wirtschaftsgeheimnisse, S. 27, 31 ff.

[50] Einen Überblick über diese Thematik gibt *Hilb*, Personalzeitschrift, S. 50 ff.

[51] Vgl. etwa *von Cube*, Lust an Leistung, S. 12, 25 ff., 28 f., 31 f., der hier von Neugier- und Sicherheitstrieb, Bindetrieb sowie Aggressionstrieb (im Sinne von Machtzuwachs und Anerkennung) spricht. Vgl. ferner *Egloff*, DVR 7 (1978), 119 („Information und Handlung sind notwendig miteinander verbunden"); *Neuberger*, Mitarbeitergespräch zur Führung, S. 7.

[52] Vgl. *Egloff*, DVR 7 (1978), 116. Für das Bilanzrecht ebenso *Moxter*, Vorwort, S. VII.

[53] So u.a. *Werckmeister*, DVR 7 (1978), 103 f.; Soergel (-*Wolf*), § 260 BGB Rz. 9.

[54] Vgl. *Wilburg*, Bewegliches System, S. 12 ff.; *Canaris*, Systemdenken, S. 74 ff.

[55] Vgl. als Beispiel *Breidenbach*, Informationspflichten, S. 63 (Schutzpotential im vorvertraglichen Bereich ist die Schaffung einer ausreichenden Entscheidungsbasis für den Vertragsabschluss). Vgl. in diesem Zusammenhang auch *Canaris*, Festschrift Larenz II, S. 30 f.

[56] Zur Erheblichkeit vgl. näher *Breidenbach*, a.a.O., insb. S. 69; *Klingler*, Aufklärungspflichten, S. 22; *Larenz*, Schuldrecht AT, § 9 I (S. 95 f.). Aus der Rechtsprechung vgl. etwa BGH NJW 1977, 1536.

[57] Vgl. *Breidenbach*, Informationspflichten, S. 62, 67 ff; BGH WM 1971, 1097; BGHZ 60, 223; BGH NJW 1979, 2243; BGH NJW 1983, 218. Vgl. auch *Pethig*, Wirtschaftsgut, S. 2 („Verbesserung in der Zielerfüllung des Nutzers").

[58] Nähere Ausführungen hierzu *Breidenbach*, a.a.O., S. 68 m.w.N. (Über allgemeine Marktverhältnisse ist nicht aufzuklären).

2. Die relevanten Informationsbedürfnisse des Arbeitnehmers

Für das Arbeitsrecht relevant sind von vornherein nur solche Informationsbedürfnisse,[59] die wenigstens einen mittelbaren (bzw. inneren) Zusammenhang mit den Zielen und Zwecken aufweisen, die mit dem Abschluss, Vollzug oder der Abwicklung eines Arbeitsvertrages einhergehen.[60]

Konkretisiert werden die dann verbleibenden Informationsbedürfnisse durch das soeben angesprochene Informationspotential: Wie wertvoll sind die vom Arbeitnehmer verfolgten Ziele, die hinter dem Informationsbegehren stehen, und inwieweit helfen ihm die fraglichen Informationen, diese Ziele zu realisieren.[61]

Gemäß diesen Überlegungen ist zunächst von Bedeutung, die Ziele, die von den Mitarbeitern mit Hilfe der entsprechenden Informationen erreicht werden sollen, näher aufzuzeigen.[62] Ganz generell kann zwar festgehalten werden, dass derjenige, der rechtzeitig im Besitz der einschlägigen Informationen ist, fast immer größere Chancen hat, sich entsprechend einzustellen und seine Pläne und

---

[59] Zur Konkretisierung des Treu und Glauben – Prinzips wird hier auf die objektiven, d.h. nach der allgemeinen Lebenserfahrung typischerweise relevanten Informationsbedürfnisse der Arbeitnehmer abgestellt. Abweichend *Abegglen*, a.a.O., S. 174 ff. („*konkreter* Aufklärungsbedarf"), der aber dann doch vom „geschäfts- sowie kundentypischen Informationsbedarf" und von „allgemeiner Lebenserfahrung" spricht. Zur Differenzierung zwischen objektiv und subjektiv relevanten Informationen vgl. *Breidenbach*, Informationspflichten, S. 62 ff.

[60] Vgl. *Balthasar*, Informationsanspruch, S. 38. Ähnlich für das allg. Schuldrecht *Lorenz*, Festschrift Larenz I, S. 616; insbesondere für den vorvertraglichen Bereich vgl. *Böhme*, Aufklärungspflicht, S. 7; *Breidenbach*, a.a.O., S. 11 ff., 62 ff. (mit Hinweis auf u.a. BGH NJW 1979, 2243 und BGH WM 1964, 609); *Klingler*, Aufklärungspflichten, S. 21 f.; vgl. auch *Abegglen*, a.a.O., S. 173 jeweils m.w.N. Zur Parallele der Anlageberatung der Banken vgl. *Arendts*, WM 1993, 233; LG Frankfurt/M., WM 1992, 1770 (Ausreichend ist die Information über Umstände, die für den Kauf der Wertpapiere relevant sind). Damit sind aber sowohl vor- als auch nachvertragliche Stadien mit umfasst; vgl. *Winkler von Mohrenfels*, Informationsleistungspflichten, S. 44 ff.; *Wiese*, ZfA 1996, 460, 466 („... im Rahmen des Vertragszwecks"); a.A. wohl *Bregenhorn*, Personalbeurteilung, S. 45.

[61] Die ständige Rechtsprechung hält zu Recht etwa nur solche vorvertraglichen Informationen für relevant, die für den Vertragsschluss von wesentlicher Bedeutung sind; vgl. BGH NJW 1979, 2243; ähnlich *Breidenbach*, Informationspflichten, S. 62, 67 f .; *Abegglen*, Aufklärungspflichten, S. 173. Vgl. auch *Canaris*, Festschrift Larenz II, S. 30 ff.

[62] Das entspricht der Forderung *Breidenbachs*, a.a.O., S. 65, den Informationsbedarf objektiv nach den im konkreten Geschäftstyp typischerweise notwendigen Informationen zu bestimmen. Vgl. zur umgekehrten Konstellation, nämlich den unterschiedlichen Informationsinteressen des Arbeitgebers im Rahmen des zeitlichen Ablaufsplans eines Arbeitsverhältnisses, BAG DB 1987, 1048.

Interessen durchzusetzen.[63] Andererseits ist diese Aussage zu allgemein, um den jeweiligen Stellenwert der Information zu erkennen und die relevanten Informationsinteressen der Mitarbeiter zu bestimmen.[64]

Die Interessen der Arbeitnehmer an der Gewinnung von Informationen sind so vielfältig wie die ihnen zugrundliegenden Lebenssachverhalte.[65] Je nach den Vorgaben und Zielsetzungen der Arbeitnehmer und den Situationen, in denen sie sich befinden, erhalten die Informationen eine neue Aussagekraft, einen veränderten Informationswert.[66] Die im folgenden vorgenommene Aufspaltung des Arbeitsverhältnisses in historisch nacheinander ablaufende Phasen dient der Strukturierung dieser Problematik.[67]

Folgt man dem historischen Verlauf eines Arbeitsverhältnisses, so lässt sich bereits im sogenannten *vorvertraglichen Anbahnungsverhältnis* das erste relevante arbeitnehmerseitige Informationsbedürfnis ausmachen.[68] Denn der (vermögensrechtlich) vorteilhafte Abschluss eines Arbeitsvertrages hängt für ihn in erster Linie davon ab, dass er mit der Verhandlungspartei in Kenntnis ihrer jeweiligen allgemeinen Merkmale und Verhältnisse als zukünftigem Vertragspartner einverstanden ist.[69] Außerdem muss eine irrtumsfreie Übereinstimmung

---

[63] Vgl. *Haug*, Informationelle Strategien S. 17. Ob sich daraus dann ein Informationsrecht ergibt (= rechtliche Relevanz), ist eine Frage der Zusammenschau aller genannten Begründungselemente.

[64] Vgl. *Abegglen*, Aufklärungspflichten, S. 1.

[65] *Von Cube*, Lust an Leistung, S. 100 spricht allgemein von Sicherheit am Arbeitsplatz und Altersversicherung, sozialen Bedürfnissen, Bedürfnissen nach sozialer Wertschätzung und Bedürfnissen nach Selbstverwirklichung. *Haug*, a.a.O., S. 184 nennt überschlägig die folgenden Interessen: ordnungsgemäße Durchführung des Arbeitsvertrages, Kenntniserlangung über die allgemeinen Verhältnisse des Unternehmens sowie über wichtige Vorschriften zum Schutz des Arbeitnehmers. Vgl. auch *Wiese*, ZfA 1996, 465 („Überhaupt sind die Schutzbereiche Leben und Gesundheit, materielle und ideelle Interessen nicht scharf voneinander getrennt, akzentuieren aber den Schwerpunkt des jeweiligen Schutzbereichs"). Vgl. ferner *Abegglen*, Aufklärungspflichten, S. 175 f.; *Breidenbach*, Informationspflichten, S. 63, die für den vorvertraglichen Bereich von entscheidungserheblichen Informationen sprechen. Vgl. zu den Informationsinteressen beim Jahresabschluß *Flury*, Gewinnerläuterungsprinzipien, S. 40.

[66] Ebenso *Egloff*, DVR 7 (1978), 116 („... Information ist in konkrete Handlungsabläufe eingebettet"); *Tinnefeld/Ehmann*, Datenschutzrecht, S. 7; *Breidenbach*, Informationspflichten, S. 63. Auch *Gassmann*, Datenschutz in Europa, S. 13 weist auf den unterschiedlichen Gehalt von Informationen je nach der Perspektive und Interessenlage des Benutzers hin. Auch *Hauck*, Wirtschaftsgeheimnisse, S. 34 unterscheidet etwa zwischen Information für Entscheidungszwecke und Bildungs- bzw. Wissenszwecke.

[67] Vgl. Soergel (-*Teichmann*), § 242 BGB Rz. 134 ff. (insb. Rz. 145 zur vorvertraglichen Information im Arbeitsrecht).

[68] Vgl. *Breidenbach*, Informationspflichten, S. 52 ff., 63.

[69] Das folgt aus dem höchstpersönlichen Charakter des Arbeitsvertrages und umfasst auch die allgemeinen Verhältnisse des Unternehmers bzw. des Unternehmens. Erfasst sind Informa-

hinsichtlich der Vertragsinhalte erzielt werden.[70] Information dient hier also in erster Linie der Willensbildung im Hinblick auf den Vertragsschluss.[71] Daneben will der Arbeitnehmer natürlich seine sonstigen in die Vertragsverhandlungen eingebrachten Rechtsgüter und Rechte geschützt sehen.[72]

Der Umstand, dass es sich bei einem abgeschlossenen Arbeitsvertrag um ein Schuldverhältnis handelt, das zum Zwecke des Austauschs von Leistungen begründet wird, ist Ausgangspunkt der weiteren Überlegungen und bildet den fließenden Übergang zur zweiten Informationsphase, die mit dem Abschluss des Arbeitsvertrages Konturen erlangt. Ein zusätzliches Informationsbedürfnis lässt sich hier feststellen: Informationserlangung interessiert den Arbeitnehmer, um die vertraglich geschuldete Arbeitsleistung ordnungsgemäß erbringen zu können, damit er seinerseits die Gegenleistung des Arbeitgebers, nämlich das vereinbarte Arbeitsentgelt, vollständig erhalten kann (§ 611 BGB).[73]

---

tionen über Umstände, die die Erfüllung des Arbeitsvertrages von Seiten des Arbeitgebers unmöglich machen oder für den Arbeitsplatz von ausschlaggebender Bedeutung sind. Diese Informationen sind wesentlich für den vertragsschließenden Bewerber; vgl. Palandt (*-Putzo*), § 611 BGB Rz. 8; Palandt (*-Heinrichs*), § 276 BGB Rz. 78 f., 89 (mit Hinweis auf BAG NJW 1975, 708; BAG DB 1977, 1323); ferner RGZE 159, 33, 35. Vgl. zudem die Parallele der Offenbarungspflichten des Bewerbers; etwa BAG NJW 1991, 2727; zum Überblick ferner Palandt (-Putzo), § 611 BGB Rz. 5 ff.

[70] Dazu dienen unter anderem die Ausschreibung der zu besetzenden Arbeitsstelle, die Durchführung eines Bewerbungsgespräches (das richtig verstanden beiderseitige Frage- und Antwortbestandteile aufweist), die Aushändigung des Vertragstextes sowie nicht zuletzt das Einholen externer Informationen. Auch *Abegglen*, Aufklärungspflichten, S. 43 spricht hier von „mängelfreier Willensbildung"; ähnlich *Breidenbach*, Informationspflichten, S. 63.

[71] Vgl. *Breidenbach*, a.a.O., S. 3, 5. Ähnlich auch *Abegglen*, Aufklärungspflichten, S. 120 f., 135 („Unterbreitung von Entscheidungsalternativen zur Erfüllung der Selbstbestimmung"); ferner *Lorenz*, ZIP 1998, 1053 ff.; BGH LM Nr. 31 zu § 242 BGB. Vgl. zur Schutzfunktion der Informationen im Recht der Allgemeinen Geschäftbedingungen *Niedenführ*, Informationsgebote, S. 1 m.w.N.

[72] Vgl. OLG Saarbrücker NJW-RR 1995, 23; GK (*-Wiese*), vor § 81 BetrVG Rz. 13 ff.; *Breidenbach*, Informationspflichten, S. 3. *Gäntgen*, Pflicht zum Hinweis, S. 13 spricht hier von „Erhaltungsinteresse"; *Winkler von Mohrenfels*, Informationsleistungspflichten, S. 22 spricht in diesem Zusammenhang von „Schutzpflichten". Laut *Canaris*, Festschrift Larenz II, S. 34, 90 sind im Rahmen der culpa in contrahendo sogar das Vermögen und die Willensfreiheit in § 823 BGB geschützt. Auch das allgemeine Persönlichkeitsrecht (bspw. den Schutz des Inhalts der Bewerbungsunterlagen sowie psychologische Persönlichkeitstests) ist geschützt; vgl. näher *Bregenhorn*, Personalbeurteilung, Vorwort S. 1 f. sowie S. 243 („Der Arbeitnehmer hat ein berechtigtes Interesse zu erfahren, welche Persönlichkeitsmerkmale untersucht worden sind und wie das Ergebnis .... ausgefallen ist").

[73] Die Betriebswirtschaftslehre spricht insoweit von „Ausführungsinformationen"; vgl. *Wöhe*, Betriebswirtschaftslehre, S. 173. Diese Informationsbedürfnisse sind weitreichend abgedeckt durch die ausdrücklich normierten Informationsrechte der §§ 81 ff. BetrVG. Vgl. näher zum Informationsbedürfnis insoweit *Gäntgen*, Pflicht zum Hinweis, S. 14 („Leistungsinteresse");

Weitere relevante Informationsinteressen *im bestehenden Arbeitsverhältnis* kommen zum Vorschein, wenn man sich vergegenwärtigt, dass die heute als veraltet angesehene Norm des § 611 BGB den Arbeitsvertrag nur unzureichend als ein „auf den Austausch von vermögenswerten Leistungen" abzielendes Schuldverhältnis ansieht.[74] Einem modernen Verständnis vom Wesen des Arbeitsvertrags folgend, beschränkt sich dessen Inhalt keineswegs auf den Austausch von Primärleistungen innerhalb des eigentlichen, auf Dauer angelegten Vollzugs des Schuldvertrags.[75] Vielmehr bündeln sich in ihm zusätzlich verschiedenartige personale und soziale Interessen mit Bezug zum Arbeitsvertrag, die die Vertragsparteien geschützt bzw. gefördert sehen wollen.[76] Im einzelnen geht es dabei um den Schutz und die Förderung materieller sowie immaterieller bzw. ideeller Interessen.[77]

Zuvorderst fällt in diesem Zusammenhang der Blick auf zum *Schutz* der körperlichen Integrität des Arbeitnehmers begehrte Informationen.[78] Daneben bestehen Informationsinteressen auch hinsichtlich anderer in den Arbeitsvertrag eingebrachter und gefährdeter materielle Rechte des Arbeitnehmers, beispielsweise das Eigentum und das Vermögen.[79] Hierunter fällt auch das Interesse des Arbeitnehmers seinen Arbeitsplatz und sein Einkommen inklusive der betrieblichen Sozialleistungen auch in der Zukunft zu behalten.[80] Ebenso ist ein

---

Teichmann, JZ 1984, 546. Laut *Breidenbach*, Informationspflichten, S. 67 geht es hierbei um Informationstatsachen, die den „intendierten Vertragszweck insgesamt in Frage stellen". Abweichend *Abegglen*, a.a.O., S. 119, der Informationen, die sich auf das faktische Verhalten beziehen, nicht zu den Aufklärungspflichten zählt.

[74] Vgl. RGZE 106, 272 (275); *Haug*, Informationelle Strategien, S.184.

[75] Ebenso *Aussem*, Ausstrahlungswirkung, S. 2, 3. Vgl. auch *Stürner*, JZ 1976, 385, 388 ff.

[76] Laut *Breidenbach*, a.a.O., S. 67 sind das Informationsbedürfnisse bzgl. Tatsachen, die „doch immerhin von entscheidender Bedeutung" sind. *Wiese* ZfA 1996, 439 ff. spricht vom „personalen Gehalt" des Arbeitsverhältnisses.

[77] *Wiese*, ZfA 1996, 439, 458 spricht bei den immateriellen Interessen von ideellen Interessen.

[78] Siehe hierzu § 81 Abs. 1 Satz 2 und Abs. 3 BetrVG sowie die Regelungen des ArbSchG. Vgl. näher zum Informationsbedürfnis *Abegglen*, Aufklärungspflichten, S. 121; *Breidenbach*, Informationspflichten, S. 3; *Böhme*, Aufklärungspflicht, S. 4; *Haug*, Informationelle Strategien, S. 18, 184; *Winkler von Mohrenfels*, Informationsleistungspflichten, S. 22.

[79] *Abegglen*, Aufklärungspflichten, S. 45 spricht in diesem Zusammenhang von „Schutzbedarf, der durch die Risiken der Dienstleistungserbringung verursacht wird". Auch das Vermögen ist Schutzgut, ebenso *Canaris*, Festschrift Larenz II, S. 34. Vgl. hierzu näher *Wiegand*, Festschrift Gagnér, S. 562. Dazu ein Beispiel: Im Vorfeld einer gerichtlichen Auseinandersetzung mit dem Arbeitgeber hat der Arbeitnehmer aus prozessökonomischen Gründen ein Interesse daran, umfassend über alle relevanten Tatsachen informiert zu sein. Nur dann ist er zu einer Abwägung zwischen den Vor- und Nachteilen einer Weiterverfolgung seiner Rechte vor den Gerichten in der Lage.

[80] Siehe hierzu ausdrücklich § 613a BGB.

Schutzinteresse zu erkennen, falls ideelle Interessen des Arbeitnehmers tangiert werden.[81] Zu nennen sind hier sämtliche Ausformungen seines allgemeinen Persönlichkeitsrechts.[82]

Stark – wenn auch nicht ausschließlich - von wirtschaftlichen Erwägungen geprägt ist das Informationsinteresse des Arbeitnehmers, wenn es darum geht, seine über den Rechtsgüterschutz hinausgehenden persönlichen Interessen an *Förderung* im Arbeitsverhältnis geltend zu machen. Zu denken ist dabei zum Beispiel an das Interesse des Arbeitnehmers, seine einmal vereinbarten Arbeitskonditionen im Laufe der Zeit zu verbessern oder durch Qualifizierung sein berufliches Fortkommen zu beschleunigen.[83] Neben die genannten materiellen Interessen treten dabei auch Faktoren, die nicht mit Geld zu messen, sondern der Förderung der Persönlichkeitsentfaltung und –entwicklung zuzurechnen sind.[84]

Wirft man einen letzten Blick auf den oben angesprochenen historischen Verlauf eines Arbeitsverhältnisses, dann kann man schließlich zum Ende des Arbeitsvertrages, im sogenannten *Abwicklungsverhältnis*, eine starke Gewichtung auf materielle Informationsinteressen feststellen.[85] In diesem Stadium gilt es seitens des Arbeitnehmers, Restansprüche aus dem Arbeitsvertrag geltend zu machen und zu beziffern.[86]

Zusammenfassend kann von einem Zusammenspiel verschieden starker Informationsbedürfnisse gesprochen werden. Das höchste Informationspotential weisen die Informationen auf, die notwendig und wesentlich für den *Schutz* der eingebrachten Rechtsgüter sind oder die sich auf die Vertragserfüllung beziehen. In abgestufter Weise gilt das auch noch für diesbezügliche wichtige und

---

[81] Vgl. GK (-*Wiese*), vor §§ 81 ff. BetrVG Rz. 13 ff.

[82] Siehe hierzu insbesondere die in §§ 4 Abs. 3, 33, 34 BDSG ausdrücklich normierten Informationsrechte. Zur Frage der Persönlichkeitsbeurteilung vgl. in diesem Zusammenhang *Bregenhorn*, Personalbeurteilung, S. 37 ff.

[83] Vgl. näher *Braun*, Unterrichtung, S. 6, 106 (zu § 110 BetrVG).

[84] Beispiel: Wenn der Arbeitgeber seine Belegschaft halbjährlich in einer Broschüre über im Rahmen von Bildungsurlaub anerkannte Kursangebote informiert, dann haben diese Informationen für den Arbeitnehmer zunächst Geldwert, da er durch den Besuch dieser Kurse seine beruflichen Fähigkeiten erweitern und dadurch seinen „Marktwert" steigern kann. Zudem erhöhen gewonnene Berufskenntnisse und (realisierte) Arbeitsmarktchancen auch den „Selbstwert", den „Eigenwert". Vgl hierzu *Haug*, Informationelle Strategien, S. 18; *Schaub*, Handbuch, S. 1902; ferner *Braun*, a.a.O., S. 197 ("Bedürfnis nach individueller Sicherheit, sozialen Kontakten, Anerkennung").

[85] Zum Abschluss eines Aufhebungsvertrages vgl. BAG NJW 1997, 3043.

[86] *Winkler von Mohrenfels*, Informationsleistungspflichten, S. 96 f. widmet sich diesem Gesichtspunkt unter dem Begriff der „präparatorischen" Informationspflichten.

vorteilhafte Informationen. Ein insgesamt niedriges Informationspotential haben Informationen, die einem *Förderungsinteresse* dienen. Das liegt darin begründet, dass diese Interessen von den primären Vertragszwecken nicht erfasst sind und bei ihrer Nichtbeachtung keine unmittelbare Rechtsgutsbeeinträchtigung droht.

II. Strukturelles Informationsgefälle

Als zweites[87] Begründungselement für Informationsrechte des Arbeitnehmers ist das Vorliegen eines strukturellen Informationsgefälles[88] zu nennen.

Im Rahmen dieses Kriteriums interessiert die Frage, ob die oben beschriebenen Informationsbedürfnisse des Arbeitnehmers typischerweise[89] von sich aus, das heißt ohne den lenkenden Eingriff rechtlicher Bestimmungen, vollständig bzw. ausreichend beachtet und erfüllt werden oder ob aus Sicht des Arbeitnehmers ein Informationsdefizit[90] das Arbeitsverhältnis charakterisiert. Diese Frage hängt eng mit der Problematik des Zugangs zu den relevanten Informationsquellen und der Möglichkeit eines Defizitausgleichs zusammen.[91] Wenn es dem

---

[87] *Gäntgen*, Pflicht zum Hinweis, S. 6, 31 Fußnote 159 m.w.N. weist zu Recht darauf hin, dass allein das Vorhandensein eines Informationsgefälles nicht ausreicht, um Aufklärungspflichten zu statuieren, denn Informationsbeschaffung sei nach den Grundsätzen der Privatautonomie grundsätzlich Sache jedes einzelnen Vertragspartners. *Lorenz*, Festschrift Larenz I, S. 588 ff., 616 erkennt im Merkmal der vermuteten Sachkunde des Informationsschuldners nur eine Orientierungshilfe für die Statuierung von Informationspflichten.

[88] Von „Ungleichgewichtslage" und von „Kompensatorischer Wirkung der Information" spricht *Wiegand*, Festschrift Gagnér, S. 560, 562. Von „Wissensgefälle" spricht *Grunewald*, AcP (190) 1990, 611; von „konkretem Wissensvorsprung" spricht *Abegglen*, Aufklärungspflichten, S. 45, 173, 177 f., 180. Vgl. zudem zur Parallele bei der Anlageberatung der Banken *Arendts*, DZWir 1994, 185 f., der als Voraussetzung der Informationspflicht ebenfalls vom „Informationsgefälle" spricht.

[89] Vgl. hierzu *Breidenbach*, Informationspflichten, S. 62 ff., der sich allerdings gegen eine Typenbildung von Aufklärungsbedürftigen ausspricht; a.A. insoweit *Schumacher*, Vertragsaufhebung, S. 103 ff. Auch der BGH (NJW 1961, 166, 169; NJW 1978, 2145, 2147) spricht von einer „*typischerweise* geschäftlich unerfahrener Käuferschicht".

[90] Vgl. etwa *Breidenbach*, Informationspflichten, S. 70 ff.; *Kursawe*, NZA 1997, 247 („Intellektuelle, soziale und wirtschaftliche Voraussetzungen des Arbeitnehmers"); vgl. ferner BGH, BB 1989, 1713. Der BGH (MDR 1976, 748) spricht hier von „Sachkunde".

[91] Dem liegt die Erkenntnis zugrunde, dass von einem Informationsgefälle nicht nur gesprochen werden kann, wenn ursprünglich unterschiedliche Informationsniveaus vorliegen, sondern auch, wenn die Zugangsmöglichkeiten unterschiedlich ausgestaltet sind; vgl. *Breidenbach*, Informationspflichten, S. 70 ff.; *Kursawe*, NZA 1997, 247 („Informationsmöglichkeit der Parteien"); *Schumacher*, Vertragsaufhebung, S. 103; *Vortmann*, Aufklärungspflichten, S. 4; ähnlich *Westermann*, ZHR 153 (1989), 132 f. (mit Hinweis auf BGH WM 1983, 1039) zu Informationspflichten bei Kreditgeschäften („... Offenhalten der eigenen

Wesen des Arbeitsverhältnisses entspricht, dass ein freier und umfassender Informationsaustausch generell stattfindet, wird ein Bedarf – auch an Normierung – nicht entstehen.[92] Informationelle Streitigkeiten wären die Ausnahme.[93] Herrscht hingegen typischerweise ein Informationsgefälle, hat also eine der Vertragsparteien in der Regel einen erheblichen und beständigen Informationsvorsprung vor der anderen, kann dieser Umstand zu (rechtlichen) Spannungen führen, die sich der überlegene Teil wird zurechnen lassen müssen.[94]

Das Begründungselement wird umso stärker in Erscheinung treten, je größer das tatsächliche Informationsgefälle zwischen den Arbeitsvertragsparteien ist. Denn mit dem Informationsgefälle wächst auch die Notwendigkeit der Vertrauensinanspruchnahme.[95] Um diese Problematik verdeutlichen zu können, hat ein näherer Blick auf die Informationsgegebenheiten im Unternehmen/Betrieb zu erfolgen.

Sammelbecken der meisten betrieblichen Informationen sind neben dem Controlling die unternehmensleitenden Stellen, also etwa der Vorstand, das Management, die Personalabteilung, die in diesem Zusammenhang Arbeitgeberfunktionen wahrnehmen.[96] Alle vorhandenen relevanten Daten werden hier gesammelt, analysiert und bewertet. In aller Regel steht diesen Stellen das betriebliche Rechnungswesen zur Verfügung.[97] Darüber hinaus erleichtern es andere, meist

---

Augen"); ferner BGH WM 1987, 1546; BGH WM 1994, 149; OLG München, ZIP 1994, 125; abweichend *Abegglen*, Aufklärungspflichten, S. 180.

[92]. Vgl. *Abegglen*, Aufklärungspflichten, S. 47, der die Statuierung von Aufklärungspflichten zum Zwecke der Kompensation von Ungleichgewichtslagen bei der Risikoverteilung propagiert.

[93] Ähnlich *Haug*, Informationelle Strategien, S. 17.

[94] Vgl. BGH NJW 1961, 166 (zum finanzierten Ratenkauf); OLG Düsseldorf NJW 1973, 1612 (zum Leasinggeschäft); BGH NJW 1978, 2145 (zur Arbeitnehmer-Vermögensbildung); BGH BB 1970, 943 (zum Abschluss eines Fernlehrkurses). Diese Entscheidungen laufen darauf hinaus, dass die Vertragsfreiheit nicht mehr funktioniert, wenn auf Seiten einer Vertragspartei „eine Ausnutzung wirtschaftlicher Macht" oder „Unkenntnis und Unerfahrenheit in Bezug auf den Vertragsgegenstand oder Vertragsinhalt" vorliegt. Auch *Abegglen*, Aufklärungspflichten, S. 46; *Grunewald*, AcP (190) 1990, 611 f.; *Wiegand*, Festschrift Gagnér, S. 560 jeweils m.w.N. sprechen von einem Bedürfnis nach Kompensation von intellektuellen und finanziellen Ungleichgewichtslagen. Vgl. ferner *Aussem*,. Ausstrahlungswirkung, S. 6, 54, 56 m.w.N.; BVerfGE 81, 242, 254 f.; 85, 191, 213.

[95] Vgl. in diesem Zusammenhang etwa *Lorenz*, Festschrift Larenz I, S. 589.

[96] Vgl. *Gamillscheg*, Grundrechte, S. 30 („Ausgebildeter Stab").

[97] Ebenso *Haug*, Informationelle Strategien, S. 17.

computergestützte Hilfsmittel, umfangreichere Ausgangsinformationen zu erhalten, sie zu sichern und mit ihnen je nach Bedarf umzugehen.[98]

Der Arbeitgeber hat Kenntnisse über sämtliche Arbeitsplätze und Arbeitnehmer im gesamten Unternehmen. Neben den Daten, die die Belegschaft liefert, stehen dem Unternehmer vielfältige weitere Informationsquellen zur Verfügung. Etwa der Austausch mit verbundenen oder „befreundeten" Unternehmen, Steuerberatern, Rechtsanwälten, Unternehmensberatern, Gewerkschaften und dem Betriebsrat. Für den Arbeitgeber stellt es geradezu eine Unternehmensführungsaufgabe dar, sich aus diesen Quellen zu informieren. Es gibt ganze Abteilungen, die sich hiermit beschäftigen. Es wird deutlich, dass der Unternehmer eine Informationszentrale darstellt. Hier werden die Informationen gesammelt und von hier aus werden sie gezielt weitergeleitet, verteilt oder zurückbehalten.[99]

Anders verhält es sich in der typischen Ausgangssituation beim Arbeitnehmer. Er ist ursprünglich nur Herr seiner eigenen Daten. Neben den für seine unmittelbare Arbeitsleistung erforderlichen Informationen erhält er meist nur von einigen anderen Arbeitskollegen, teilweise auch vom Betriebsrat und den Gewerkschaften weitergehende Auskünfte.[100] Rein faktisch wird der Arbeitnehmer damit beschäftigt sein, seine Arbeitspflichten zu erfüllen, und ihm werden kaum die erforderlichen Mittel (Zeit, Geld, Gelegenheiten) zur Verfügung stehen, wietere Informationsquellen zu erschließen bzw. die vorhandenen umfassend und auf Dauer zu nutzen. Wegen der oftmals weit verzweigten Unternehmens- bzw. Organisationsstrukturen hat der Arbeitnehmer zudem nicht die Möglichkeit, problemlos Einblick in die Planungs- und Entscheidungsprozesse zu gewinnen. Er kann meist nur seinen eigenen Arbeitsplatz und seine Abteilung überblicken.

Weiterhin führen auch die Informationsinteressen selbst zu strukturellen Informationsdefiziten auf Seiten der Arbeitnehmer. Da der Unternehmer in erster Linie an dem Wirtschaftsfaktor Arbeit interessiert ist, liegt es nahe, dass er nur solche Informationen von sich aus weiterleitet, die der unmittelbaren Arbeitsleistung dienen. Darüber hinausgehende Interessen des Arbeitnehmers wirken

---

[98] Ebenso *Schwarz*, Arbeitnehmerüberwachung, S. 38 f.; 49 (Das führe zur Verschärfung von bestehenden Informationsungleichgewichten). Auch *Fiedler*, JuS 1970, 603, 607 erkennt in der Herrschaft über die Informationssysteme einen Machtfaktor.

[99] Der Arbeitgeber hat grundsätzlich die Möglichkeit Informationen zur Verfügung zu haben und diese weiter zuleiten. Vgl. zu diesem Gesichtspunkt auch BGH, VersR 1963, 648; BGH, MDR 1982, 462; BGH, NJW 1971, 1795. MüKo (*-Roth*), § 246 BGB Rz. 206; *Werres*, Aufklärungspflichten, S. 139 sprechen in diesem Zusammenhang von besonderer Sachkunde. Vgl. zur Abgrenzung der Begriffe näher *Breidenbach*, a.a.O., S. 56 ff.

[100] Vgl. *Haug*, Informationelle Strategien, S. 75.

sich auf die Arbeitsleistung nur mittelbar aus; ihnen nachzukommen setzt auf der Arbeitgeberseite ein weitergehendes Reflektieren über arbeitspsychologische Zusammenhänge voraus. Das hat zur Folge, dass die der Verwirklichung der Persönlichkeit dienenden Informationen seitens des Arbeitgebers eher vernachlässigt werden.

Ausgleichsfunktion haben in diesem Kontext der Betriebsrat und die Gewerkschaften. Aber deren Bedeutung hat in der letzten Zeit stark abgenommen und auch ihnen stehen die relevanten Informationen nicht immer zur Verfügung.

Als Zwischenergebnis kann festgehalten werden, dass auf Seiten der Arbeitnehmer ein strukturelles Informationsdefizit besteht, das seinen Ursprung in den Rahmenbedingungen der Arbeitswelt hat.[101] Andererseits besitzen die Arbeitgeber strukturell einen Informationsvorsprung mit der Möglichkeit das Informationsgefälle auszugleichen.[102]

Wie alle zuvor beschriebenen Elemente variiert auch die Stärke des Elements „Informationsgefälle". Je größer das Informationsgefälle, um so wahrscheinlicher wird es, dass dem Arbeitnehmer ein Recht zusteht, informiert zu werden.[103] Verfügt allein der Arbeitgeber über die betreffende Information, ist der Arbeitnehmer also darauf angewiesen, die Information vom Arbeitgeber zu erhalten, ist das Informationsgefälle besonders stark ausgeprägt.[104] Weniger stark ist das Element, wenn der Arbeitgeber seinerseits Nachforschungen oder Untersuchungen anstellen müsste, um die Information zur Weitergabe zur Verfügung zu stellen.[105] Am geringsten ausgeprägt ist das Element schließlich, wenn die anderweitige Informationsbeschaffung auch für den Arbeitnehmer

---

[101] Der Grundkonflikt des Arbeitsrechts, nämlich das Über- bzw. Unterordnungsverhältnis der Vertragsparteien, lässt sich bis in die (technisierten) Informationsbeziehungen verfolgen; vgl. *Linnekohl*, AuR 1984, 130; *Schwarz*, a.a.O., S. 46. Das entspricht der Erkenntnis von *Mikl-Horke*, Industrie- und -arbeitssoziologie, S. 310, dass „die Quelle der Macht der Zugang zu den Informationen ist"; ebenso u.a. *Werckmeister*, DVR 7 (1978), 107. Vgl. ferner zum Machtgefälle im ArbeitsR *Gamillscheg*, Grundrechte, S. 29 ff. Kritisch zum sog. Informationsmodell (S. 26) und personenbezogenen Ansatz (S. 31) *Breidenbach*, Informationspfl.

[102] Im Ergebnis ähnl. *Abegglen*, Aufklärungspflichten, S. 179; *Braun*, Unterrichtung, S. 125.

[103] Ähnlich *Breidenbach*, Informationspflichten, S. 70; *Medicus*, Allgemeiner Teil, Rz. 449.

[104] Vgl. *Breidenbach*, a.a.O., S. 71 m.w.N.; *Medicus*, Allgemeiner Teil Rz. 449.; *Canaris*, Bankvertragsrecht Rz. 1886; BGHZ 77, 176; 79, 344; 80, 81.

[105] Ebenso *Breidenbach*, a.a.O., S. 59 ff., 71 f.; *Canaris*, BankvertrR, Rz. 1887. Vgl. *Abegglen*, Aufklärungspfl., S. 178 ff; *Klingler*, Aufklärungspfl., S.23 („Ohne wesentliche Mühe").

selbst unproblematisch ist[106] oder andererseits, wenn es auch für den Arbeitgeber kaum möglich ist, die betreffende Information zu erhalten.[107]

III. Modifizierung der Risikosphären durch Funktionsübernahme

Dieses Begründungselement[108] verkörpert den spezifischen Bedeutungsgehalt der arbeitsrechtlichen Sonderbeziehung bei der Statuierung von Informationsrechten des Arbeitnehmers. Es stellt sich also die Frage, „wie das Arbeitsrecht der menschlich-persönlichen Einbindung des Arbeitnehmers in das Arbeitsverhältnis gerecht werden kann."[109]

Ausgangspunkt ist ein zeitgemäßes Verständnis des Arbeitsverhältnisses, in dem anerkannt ist, dass ein beiderseitiges Zusammenwirken zur Verfolgung primärer Betriebszwecke das Arbeitsverhältnis nicht abschließend charakterisiert. Es kann vielmehr auch erwartet werden, dass personale Aspekte von den Parteien beachtet werden, die über das reine Leistungsaustauschverhältnis hinausweisen.[110]

---

[106] Vgl. *Böhme*, Aufklärungspflicht, S. 81.

[107] Dann reicht es in der Regel, dass der Arbeitgeber den Arbeitnehmer über diese Schwierigkeiten aufklärt; vgl. *Breidenbach*, a.a.O., S. 72; BGH NJW 1982, 1096.

[108] Vgl. zur „Funktionsübernahme näher *Breidenbach*, Informationspflichten, S. 33, 73 ff. m.w.N. Vgl. ferner zum Merkmal der im Einzelfall übernommenen Aufgaben (=Funktionen) des Informationsschuldners BGHZ 56, 81; BGH, BB 1979, 1372. *Abegglen*, Aufklärungspflichten, S. 45, 157 ff., 181 ff. m.w.N. unterscheidet in Dienstleistungsbeziehungen nochmals zwischen „Funktionsübernahme" und (Experten-) „Rolle". Er räumt dabei der Berufsrolle eine vorherrschende Bedeutung für die Begründung von Informationspflichten ein; ähnlich auch *Grunewald*, JZ 1982, 631; *Lammel*, AcP 179 (1979), 347 ff., 358 ff.; *Lorenz*, Festschrift Larenz I, S. 584, 589, 591, 616 m.w.N. Sehr weitgehend auch *Hopt*, AcP (183) 1983, 655 ff.; Die Erheblichkeit der Berufsrolle lehnen jedoch *Breidenbach*, Informationspflichten, S. 33 ff., 37 f., 40; *Canaris*, Festschrift Larenz II, S. 83 f.; *Arendts*, WM 1993, 232 ab. Vgl. in diesem Zusammenhang auch *Lorenz*, Festschrift Larenz I, S. 577 f. m.w.N. zu den historischen Gründen für eine Anknüpfung an die Berufsstellung des die Auskunft Erteilenden. Im Arbeitsrecht kommt es demgegenüber aber nicht auf die Rolle „Arbeitgeber als Beruf", sondern vielmehr auf die vom Arbeitgeber übernommene Funktion in der Beziehung zu seinem Arbeitnehmer an.

[109] So *Wiese*, ZfA 1996, 440, 455 f., 460 ff.; ähnlich auch *Gamillscheg*, Grundrechte, S. 17. Auf dem Gebiet der Informationsbeziehungen sind damit die Bereiche Schutz des Lebens und der Gesundheit des Arbeitnehmers, Rücksichtsnahme auf dessen Vermögensinteressen sowie Schutz, Achtung und Förderung ideeller Interessen angesprochen;

[110] Vgl. u.a. *Söllner*, RdA 1968, 438. Auf die Aufgabe des Arbeitsrechts diesen personalen Gehalt dogmatisch und inhaltlich zu bestimmen, macht *Wiese*, ZfA 1996, 455 aufmerksam. Vgl. ferner *Burghardt*, Betriebssoziologie, S. 18, 51, 55 ff. zu den Themen „Netz sozialer Beziehungen" sowie „Interaktionsanalyse"; *Burian*, AuA 1992, 1 f.; *Dollinger*, Festschrift Floretta, S. 131.

Bereits im Anbahnungsverhältnis entstehen mit der Übernahme spezifisch arbeitsrechtlicher Funktionen Nebenpflichten (§§ 241 Abs. 2, 311 Abs. 2 BGB) der Parteien.[111] Im allgemeinen wird insoweit von Treue und Fürsorge gesprochen, die der jeweils andere erwarten darf.[112] Im Ergebnis verschieben sich dadurch die jeweiligen Risikosphären.[113]

Die jeweilige Stärke des beweglichen Elements „Funktionsübernahme" ist an die Intensität der geweckten Verhaltenserwartungen[114] gebunden. Das Element ist umso stärker ausgeprägt, je mehr sich der eine Teil in den Bereich des anderen hineinbegibt bzw. je mehr er die eigene Sphäre dem anderen öffnet.[115] Das gilt auch für den Bereich der Informationsbeziehungen.[116] Das bedeutet einen Zuwachs der Bedeutung dieses Elements je länger das Arbeitsverhältnis der Parteien Bestand hat.[117]

---

[111] Vgl. etwa *Teichmann*, JA 184, 545.

[112] Vgl. bereits *BAGE* 7,267, 271, 272; ferner *BAG* ArbuR 1988, 222 f. (Entfernung einer Abmahnung aus der Personalakte). Anders für das Verbraucherkreditgeschäft zu Recht Westermann, ZHR 153 (1989), 134, der den Grund für Aufklärungspflichten der Banken nicht in der sozialen Verantwortung für ihre Kunden sieht.

[113] Auch *Westermann*, ZHR 153 (1989), 132 f. (mit Hinweis auf BGH WM 1983, 1039) spricht im Zusammenhang mit Informationspflichten bei Kreditgeschäften von Risikosphären.

[114] Vgl. *Canaris*, Vertrauenshaftung, S. 494; *Lorenz*, Festschrift Larenz I, S. 618. Ähnlich *Abegglen*, Aufklärungspflichten, S. 155; *Breidenbach*, Informationspflichten, S. 50, 55, 75; *Gäntgen*, a.a.O., S. 15; *Esser/Schmidt*, Schuldrecht I, S. 86; *Medicus*, Allgemeiner Teil, Rz. 796; *Wohlgemuth*, BB 1980, 1533. *Werres*, Aufklärungspflichten, S. 78 konstruiert hier eine Garantenstellung. Im Ergebnis ebenso bereits RGZ 27, 118, 121; 126, 50, 52; 139, 106; 143, 223; BGH NJW 64, 811; BGHZ 13, 198, 200; 21, 102, 107; 49, 168 f.; BGH MDR 1979, 730.

[115] Ebenso *Gäntgen*, Pflicht zum Hinweis, S. 15 m.w.N.

[116] Je nach der Lage des Einzelfalls kann also die Intensität des Informationsrechts variieren; ebenso *Abegglen*, Aufklärungspflichten, S. 131; *Balthasar*, Informationsanspruch, S. 48; *Breidenbach*, Informationspflichten, S. 50; *Böhme*, Aufklärungspflicht, S. 2; *Taupitz*, Fehlverhalten, S. 71; Staudinger (-*Weber*), § 242, Anm. 832 jeweils m.w.N. *Canaris*, JZ 1965, 476 f. m.w.N. erkennt zutreffend, dass nach dem Vertragsschluss die Schutzpflichten erst recht gelten, weil die Einwirkungsmöglichkeiten auf Rechtsgüter des anderen Teils verstärkt werden. Auch *Hopt*, Kapitalanlegerschutz, S. 356, 421 f. spricht von erweiterten Aufklärungspflichten bei gesteigerter Intensität der gegenseitigen Beziehung. *Gäntgen*, Pflicht zum Hinweis, S. 16 stellt ab auf die Enge der vertraglichen Bindungen und das Maß des notwendigen gegenseitigen Vertrauens; ähnlich auch *Lorenz*, Festschrift Larenz I, S. 586. Der BGH (WM 1995, 345 und 381 ff.) unterscheidet jedenfalls für die Haftungsbegründung zwischen culpa in contrahendo und positiver Forderungsverletzung. Abweichend *Abegglen*, Aufklärungspflichten, S. 45, 131 ff., 168; *Arendts*, WM 1993, 231.

[117] Vgl. *Breidenbach*, Informationspflichten, S. 73; *Canaris*, JZ 1965, 476. Für die Prospekthaftung vgl. etwa *Canaris*, Bankvertragsrecht, Rz. 2279.

IV. Zumutbarkeit der Informationspreisgabe als begrenzendes Element

1. Vorbemerkungen

Immer wieder wird im Zusammenhang mit der Statuierung von Informationspflichten bzw. –rechten der Grundsatz der Zumutbarkeit der Informationspreisgabe mit in die Erwägungen einbezogen.[118] Und tatsächlich ist dieses Element erforderlich, um die Weite der Informationslasten auf ein verträgliches Maß zu bringen. In ihm vereinigen sich vielfältige Gesichtspunkte und Wertungen, die zu Gunsten des Arbeitgebers das Ergebnis beeinflussen können.

In diesem Sinne ist zu berücksichtigen, dass sich der Arbeitgeber wenigstens mittelbar auf Grundrechtsverbürgungen, nämlich die Art. 2 Abs. 1, 5, 12, 14 GG berufen kann,[119] da sich die Grundrechtsträger im nicht-öffentlichen Bereich grundsätzlich gleichberechtigt gegenüber treten.[120]

Wird ihm die Last auferlegt, dem Vertragspartner Informationen zu erteilen, ist darin eine Einschränkung seines privatautonomen unternehmerischen Handelns bzw. seiner Gestaltungsfreiheit der vertraglichen Beziehungen im Sinne von Art. 2 Abs. 1, 12 Abs. 1 GG zu erblicken.[121] Insoweit Art. 5 Abs. 3 GG vorsieht, dass Wissenschaft und Forschung frei sind, kann sich auch ein Recht zu Gunsten des Arbeitgebers herleiten lassen, wissenschaftliche Forschungsergebnisse und Erfindungen der Kenntnis des Arbeitnehmers vorzuenthalten.[122]

---

[118] Vgl. etwa *Hopt*, Kapitalanlegerschutz, S. 425 ff.; *Teichmann*, JA 1984, 547; BGH VersR 1978, 122 („ ... so weit wie möglich Rücksicht nehmen"); abweichend *Breidenbach*, Informationspflichten, S. 31 ff., 61 ff., der dieses Element nicht berücksichtigt und allein im Zusammenspiel von Bedarf, Funktionsübernahme und Möglichkeit zu informieren den objektiven Tatbestand einer Aufklärungspflicht erkennt, der dann später für die Frage der Haftung mit dem subjektiven Verschuldensprinzip in Zusammenhang gebracht wird.

[119] Vgl. hierzu insbesondere das Mitbestimmungsurteil des BVerfG (AP Nr. 1 zu § 1 MitbestG).

[120] Vgl. *Ehmann/Sutschet*, RDV 1997, 5. Der Ausgleich grundrechtlich geschützter Interessen erfolgt nach den Grundsätzen der „praktischen Konkordanz"; vgl. grundlegend *Hesse*, Verfassungsrecht, Rz. 353 ff.; ferner etwa *Hofmann*, ZfA 1975, 6 ff.; *Klingler*, Aufklärungspflichten, S. 23; Münchener Kommentar (*-Roth*), § 242 BGB Rz. 205; *Tinnefeld/ Ehmann*, Datenschutzrecht, S. 92; Staudinger (*-Weber*), § 242 BGB Rz. 835; *Wiese*, ZfA 1971, 282, 296 jeweils m.w.N.; kritisch *Stettner*, Information, S. 52 f., 57.

[121] Vgl. *Gamillscheg*, Grundrechte, S. 19, 37, 40; *Hauck*, Wirtschaftsgeheimnisse, S. 104, 198; *Stettner*, Information, S. 45, 56 sowie BVerfGE 73, 261, 270.

[122] Das gilt, sofern und soweit die Information vom Rechtsschutz für Immaterialgüterrechte erfasst wird; vgl. *Hauck*, Wirtschaftsgeheimnisse, S. 277, 280 ff.; ferner *Wiebe*, Geistiges Eigentum S. 122 ff.

Ob darüber hinaus eine Beeinträchtigung des Eigentums vorliegt, ist fraglich. Der Gesetzgeber hat im Grundsatz davon abgesehen, Informationen zu einem Eigentumsgut zu machen. Insoweit werden die Mühe, die Arbeit oder der Kapitalaufwand, die zur Beschaffung oder Geheimhaltung von Informationen erforderlich sind, nicht honoriert.[123] Nur ausnahmsweise werden in diesem Bereich aufgrund der wirtschaftlichen Betätigungsfreiheit Urheber- und Patentrechte als vermögenswerte Ausschließlichkeitsrechte gewährt.[124] Informationen gehören grundsätzlich auch nicht als Annex zum Schutz des Gewerbebetriebes, weil Art. 14 GG insoweit nur die Substanz der Sach- und Rechtsgesamtheit des Gewerbebetriebs schützt.[125] Etwas anderes wird nur für diejenigen Informationen gelten, deren Offenbarung den Bestand des Unternehmens gefährden würden.[126] Folglich gewährt Art. 14 GG dem Arbeitgeber keine allgemeine Eigentumsposition bezogen auf die im Arbeitsverhältnis relevanten Informationen.

Sofern es zu Grundrechtseingriffen durch Informationspreisgabelasten kommen würde, sind diese nur unter Beachtung der wertsetzenden Bedeutung der eingeschränkten Grundrechte für den Privatrechtsverkehr zulässig.[127]

Aus diesem Grund sehen vereinzelte Normen explizit Ausnahmetatbestände – etwa zum Schutz von Betriebs- und Geschäftgeheimnissen – vor und positivieren damit die Grundrechtsgewährleistungen zu Gunsten des Arbeitgebers.[128] Allerdings ist bei Ausnahmetatbestände regelmäßig von einer restriktiven Auslegung auszugehen.[129] Weiterreichende Analogien sind nicht mög-

---

[123] Vgl. *Hauck*, Wirtschaftsgeheimnisse, S. 255 ff., 263.

[124] Vgl. BVerfGE 36, 281 ff.; 49, 382, 400.

[125] Vgl. BVerfGE 13, 225 ff.; 45, 272 ff., 296; vgl. hierzu *Hauck*, a.a.O., S. 111, kritisch S. 188.

[126] Für das Bilanzrecht ähnlich *Flury*, S. 47 m.w.N. (und einem Hinweis auf § 286 HGB).

[127] Vgl. BVerfGE 96, 152, 164. Insbesondere ist das Verhältnismäßigkeitsprinzip zu beachten: Legitimes Ziel (des Arbeitnehmers); Eignung der Information zur Erreichung des angestrebten Ziels; Erforderlichkeit des Eingriffs in die Grundrechtsposition des Arbeitgebers (= mildestes Mittel); der Wesensgehalt des betroffenen Grundrechts wird nicht verletzt; vgl. näher *Gamillscheg*, Grundrechte, S. 21, 41 f.

[128] Siehe Art. 6 Abs. 2 RL 2002/14/EG („vertrauliche Information"); ferner die für die Informationsrechte des Betriebsrats/Wirtschaftsausschuss §§ 79, 80 Abs. 4, 120 BetrVG. Vgl. hierzu ferner *Hauck*, Wirtschaftsgeheimnisse, S. 24 m.w.N., der auf die §§ 17 ff. UWG, 203 Abs. 2 StGB; 384 Nr. 3 ZPO; 21 GWB – hinweist. Als Beispiel nennt *Flury*, Gewinnerläuterungsprinzipien, S. 188 ff. den § 286 Abs. 2 HGB („... die Aufgliederung der Umsatzerlöse nach § 285 Nr. 4 kann unterbleiben, soweit .... (sie) .... geeignet ist .... einen erheblichen Nachteil zuzufügen"). Vgl. zum Überblick *Kunz*, DB 1993, 2482 f.

[129] Die Ausnahmen sind gefahrenorientiert anzuwenden; für das Bilanzrecht ebenso Flury, a.a.O., S. 188.

lich.[130] Das bedeutet, dass die Grundrechtswertungen über die geregelten Fälle hinaus nur in die Auslegung der arbeitsrechtlichen Informationsnormen[131] und in die anwendbaren Generalklauseln des Zivilrechts einfließen.[132]

Fehlt es also an einem ausdrücklichen Ausnahmetatbestand, kann sich der Arbeitgeber seinerseits auf das Rücksichtnahmegebot (§ 241 Abs. 2 BGB) in Verbindung mit dem Prinzip von Treu und Glauben (§ 242 BGB) berufen, d.h. im Rahmen des beweglichen Systems geltend machen, die Preis- bzw. Weitergabe der betreffenden Information sei ihm nicht zumutbar.[133] Aus Sicht des Arbeitgebers macht er ein Recht auf Zurückbehaltung[134] der Information geltend.

Auch dieses Recht wird durch bewegliche Elemente konkretisiert. Es sind dies die bereits bekannten Elemente aus Arbeitgebersicht: „Informationszurückbehaltungsbedürfnis" (als Ausdruck des Rechtsgüter- und Interessenschutzes[135]), „Informationsgefälle" sowie „Funktionsübernahme". Die beiden letztgenannten Elemente waren bereits Gegenstand der Erörterungen.[136] Es gilt nunmehr das Element „Zurückbehaltungsbedürfnis" zu bestimmen.

2. Zurückbehaltungsbedürfnis

Parallel zum Informationsbedürfnis des Arbeitnehmers kann auch für das Zurückbehaltungsbedürfnis des Arbeitgebers ein Zurückbehaltungspotential der Information ermittelt werden. Dazu werden die hinter der Zurückhaltung der

---

[130] Für das Bilanzrecht ebenso *Flury*, a.a.O., S. 188.
Das gilt insbesondere für die ausdrücklich normierten Informationsrechte des Arbeitnehmers, die keine tatbestandlichen Begrenzungen erkennen lassen, also beispielsweise §§ 81 ff. BetrVG, §§ 4 Abs. 3, 33, 34 BDSG (mit den im 3. Kapitel A I 2 und A I 5 genannten engen Ausnahmen), § 2 NachwG; §§ 4, 9, 12 ArbSchG, § 626 Abs. 2 BGB, § 1 Abs. 3 KSchG, § 102 Abs. 4 BetrVG.

[131] Vgl. in diesem Zusammenhang für das Bilanzrecht *Flury*, Gewinnerläuterungsprinzipien, S. 196 f.

[132] Vgl. *Gamillscheg*, Grundrechte, S. 21 m.w.N.

[133] Vgl. näher *Böhme*, Aufklärungspflicht, S. 83 f.

[134] Dieses Recht ist nicht mit dem Zurückbehaltungsrecht im Sinne von § 273 BGB zu verwechseln !

[135] *Flury*, Gewinnerläuterungsprinzipien, S. 47 spricht in diesem Zusammenhang als Gegenbegriff von „negativen Informationsinteressen" des Informationsschuldners. Vgl. ferner BGHZ 24, 200, 208. Siehe zudem ausführlich *Maass*, Informationen und Geheimnisse im Zivilrecht, 1970, S. 35 ff.

[136] Siehe oben 6. Kapitel B. II. und III.

fraglichen Information stehenden Interessen bewertet und die Relevanz der Informationszurückhaltung für die Erreichung dieser Interessen beurteilt.

Von entscheidender Bedeutung sind Informationen und ihre Geheimhaltung für den Arbeitgeber, wenn es sich um Betriebs- und Geschäftsgeheimnisse[137] handelt. Der Unternehmer will Kontrolle von außen, Konkurrenz und Kalkulierbarkeit seines unternehmerischen Handelns vermeiden;[138] Schäden am good will sind ebenfalls vorstellbar.[139] Unter Beachtung der Art. 5 Abs. 3 und Art. 14 GG sind insoweit beispielsweise patentierte oder dem Urheberrecht unterfallende Informationen als Ausschließlichkeitsrechte zu berücksichtigen.

Sonstige Betriebs- und Geschäftsgeheimnisse können nur ganz ausnahmsweise als Grundrechtsposition in den Abwägungsvorgang einfließen.[140] Die eigentliche Problematik aus der Sicht des Arbeitgebers besteht hier auch nicht etwa im Informationszugangsrecht des Arbeitnehmers, sondern in der Frage, ob und wie sich vermeiden lässt, dass die dem Arbeitnehmer bereits vorliegenden Informationen an Dritte gelangen.[141]

Im Rahmen der Zurückbehaltungsinteressen ist auch daran zu denken, dass die Erteilung von Information an verwaltungstechnische Grenzen beim Arbeitgeber stößt.[142] Unter dem Gesichtspunkt der Wirtschaftlichkeit, d.h dem Streben nach geringstem Aufwand, Substitution, Optimierung sowie Maximierung der Mittel kann auch die finanziell betriebliche Tragbarkeit der Informationsbeschaffung eine Rolle spielen.[143]

---

[137] Vgl. *Braun*, Unterrichtung, S. 139 m.w.N.; ferner *Hauck*, Wirtschaftsgeheimnisse, S. 13 ff., der als Oberbegriff von Wirtschaftsgeheimnissen spricht. Darunter fallen Betriebsinterna, Rezepte Prognosen, Werturteile, Kenntnisse (know how), Produktionstechniken, Kundenlisten, innerbetriebliche Organisationsideen- und Pläne, Buchführungssysteme, Verkaufsstrategien, patentfähige und nicht patentfähige Erfindungen (S. 42, 78), wissenschaftliche Forschungsergebnisse (S. 43), Entscheidungsentwürfe, Pläneurheberrechtsschutzfähige Werke (S. 40); ähnlich *Kunz*, DB 1993, 2483. Vgl. ferner hierzu *Wiebe*, Geistiges Eigentum, S. 122 ff.

[138] Ebenso *Hauck*, Wirtschaftsgeheimnisse, S. 17. Zur Problematik des ausgeschiedenen Arbeitnehmers vgl. *dens.*, a.a.O., S. 65 f. Vgl. ferner hierzu ausführlich *Kunz*, DB 1993, 2482, 2485.

[139] Vgl. näher *Balthsar*, Informationsanspruch, S. 57.

[140] Damit ist noch nicht gesagt, dass sie zu offenbaren sind. Das ist eine Frage der Gesamtbetrachtung anhand des beweglichen Systems.

[141] Vgl. hierzu ausführlich *Kunz*, DB 1993, 2482 ff.; ferner *Balthasar*, Informationsanspruch, S. 62 ff.; *Hoffmans*, Nachwirkende Nebenpflichten, S. 44 f.

[142] Vgl. *Bell*, Gesellschaft, S. 355.

[143] Für die Anlageberatung der Banken vgl. nur *Arendts*, WM 1993, 233.

Schließlich kann es zu einer wirklichen Konfliktsituation beim Arbeitgeber kommen, wenn er seinerseits zur Verschwiegenheit verpflichtet ist. Auch in diesem Fall sind die widerstreitenden Interessen abzuwägen.

V. Zusammenfassung: Leitlinien eines Abwägungsprozesses

Sowohl der Bestand von Informationsrechten als auch der Umfang und die Art und Weise der Informationserteilung ergeben sich erst aus der Gesamtschau und Bewertung aller Elemente des beweglichen Systems.[144]

Zunächst sollte eine Einordnung des Informationsbegehrens in die jeweilige Phase des Arbeitsverhältnisses erfolgen. Dabei ist auch die Länge der Sonderbeziehung zu berücksichtigen. Anschließend sollte beachtet werden, welchen Informationsstand die Parteien aufweisen und wie die Möglichkeiten der Informationsweiterleitung und –beschaffung ausgestaltet sind. Schließlich sind das Informationspotential und das Zurückbehaltungspotential als wesentliche Elemente in den Abwägungsprozess aufzunehmen.

Setzt sich im Ergebnis die Arbeitgeberposition durch, rechtfertigt das jedoch nicht gleichzeitig, dass der Arbeitgeber falsche Informationen erteilen darf.[145] Beruft sich der Arbeitgeber auf die Unzumutbarkeit der Informationserteilung, so ist der Arbeitnehmer hierauf grundsätzlich mit einer Begründung hinzuweisen.[146] Als Ausnahme verdient allerdings Beachtung, dass bereits der Hinweis relevante negative Folgen für den Arbeitgeber haben kann.

Liegt im Ergebnis eine Arbeitgeberpflicht zur Erteilung von Information vor, kann der Arbeitnehmer aber aus dem arbeitsrechtlichen Treuegedanken verpflichtet sein, die Information nicht an Dritte weiter zu reichen.[147] Eine vertrag-

---

[144] Vgl. *Zöllner*, Informationsordnung, S. 26 f. („Dem Informationsempfänger muß ein schutzwürdiges Interesse zur Seite stehen. Dieses Interesse muß um so höher sein, je höherwertig auf der anderen Seite das Interesse des Informationsgebers an der Zurückhaltung der Information ist."). Vgl. ferner *Abegglen*, Aufklärungspflichten, S. 174, 177; *Breidenbach*, Informationspflichten, S. 62 ff. (Je wichtiger, wesentlicher eine Information erscheint, desto eher ist in der Gesamtbetrachtung eine Aufklärungspflicht gegeben).

[145] Für das Bilanzrecht ebenso *Flury*, a.a.O., S. 188 m.w.N.

[146] Siehe für das Bilanzrecht § 286 III 3 HGB, wohl auch § 264 II 2 HGB; vgl. insoweit *Flury*, a.a.O., S. 191.

[147] Vgl. *Kunz*, DB 1993, 2482 f.; *Simitis*, Gutachten, S. 119; *Zöllner*, Informationsordnung, S. 31; *dens.*, Daten- und Informationsschutz, S. 53 ff. Vgl. ferner *Raiser*, § 25 MitbestG Rz. 123 ff. zur Verschwiegenheitspflicht von Aufsichtsratsmitgliedern. Siehe zu den Geheimhaltungsgrundsätzen, die alle Betriebsratsmitglieder zu beachten haben, die §§ 79, 99 Abs. 1 Satz 3 BetrVG.

liche Erweiterung der Verschwiegenheitspflicht des Arbeitnehmers ist in den Grenzen der §§ 134, 138 BGB möglich.[148]

C. Erprobung des beweglichen Systems an Beispielsfällen

I. Informationsrecht im Anbahnungsverhältnis

Wie schwierig die genaue Bestimmung von vorvertraglichen Informationsrechten auch unter Hinzuziehung der oben genannten Grundsätze ist, sollen folgende Fallüberlegungen zeigen.

Man betrachte den Fall, dass der Bewerber sich auf eine von seinem Wohnort weit entfernte Arbeitsstelle bewirbt und der potentielle Arbeitgeber Kenntnis davon hat, dass in unmittelbarer Nähe der Wohnung des Bewerbers eine Stelle im selben Unternehmen neu zu besetzen ist, die ansonsten die gleichen Merkmale aufweist, wie die vom Bewerber anvisierte Stelle.[149] Der potentielle Arbeitgeber unterlässt eine entsprechende Information aus Bequemlichkeit. War der Bewerber berechtigt, einen entsprechenden Hinweis zu erhalten?

Diese Fallgestaltung ist jedenfalls nicht zweifelsfrei von den anerkannten Fallgruppen der culpa in contrahendo[150] erfasst. Denn es ist fraglich, ob der Arbeitnehmer berechtigt sein soll, Informationsrechte geltend zu machen, bei denen es um die Ermöglichung eines Vermögensvorteils (Fahrkostenersparnis)[151] sowie um immaterielle Rechtsgüter (Freizeitgewinn) geht.

---

[148] Vgl. LAG Hamm, DB 1989, 783; näher *Hoffmans*, Nachwirkende Nebenpflichten, S. 24; *Kunz*, DB 1993, 2483, 2486.

[149] Streit besteht gerade über die Frage, ob über allgemeine Marktverhältnisse aufzuklären ist. Dagegen spricht sich u.a. *Breidenbach*, Informationspflichten, S. 68 aus, da diese Information im Rahmen des konkreten Vertragsverhältnisses nicht wesentlich sei. A.A. bei Warentermingeschäften ist der BGH, WM 1985, 81.

[150] Vgl. zu den einzelnen Fallgruppen näher *Canaris*, Festschrift Larenz II, S. 90 f.; MüKo (-*Emmerich*), vor § 275 BGB Rz. 89; *Fikentscher*, Schuldrecht, Rz. 71 ff.; *Grunewald*, JZ 1982, 627; *Klingler*, Aufklärungspflichten, S. 2 ff.; *Niedenführ*, Informationsgebote, S. 147, 149 ff.; *Reich*, NJW 1978, 515 ff.; *Stoll*, Festschrift Caemmerer, S. 435 ff. Aus der zivilrechtlichen Rechtsprechung vgl. etwa RG JW 1912, 743; BGH LM Nr. 37 zu § 242 BGB; BGH NJW 1976, 892; BGH NJW 1979, 2092. Zu den Aufklärungs- und Beratungspflichten der Anbieter von Finanzdienstleistungen vgl. ferner *Grün*, NJW 1994, 1330 ff. (mit Hinweis auf BGH NJW 1983, 2433: Bei einer Bond-Anleihe ist eine anleger- und objektgerechte Beratung erforderlich. Grundlegend bereits BGH NJW 1981, 1266 zu Londoner Optionen.).

[151] Vgl. zum Schutz des Vermögens im Rahmen des c.i.c. etwa *Niedenführ*, Informationsgebote, S. 182.

Zunächst ist mit Blick auf das Element „Funktionsübernahme“ festzuhalten, dass die Fallkonstellation in den vorvertraglichen Bereich einzuordnen ist. Die Parteien sind noch nicht zu Vertragspartnern geworden. Sie haben zunächst nur die Funktion übernommen, Verhandlungspartner zu sein. Das Vertrauensverhältnis befindet sich erst im Anfangsstadium. Allerdings wird bereits in diesem Zeitpunkt Rücksichtnahme auf die Rechte, Rechtsgüter und Interessen des anderen geschuldet (§§ 241 Abs. 1, 311 Abs. 2 BGB).

Unter dem Gesichtspunkt des Informationsgefälles ist festzustellen, dass Informationen, die das einstellende Unternehmen betreffen, beim Bewerber kaum vorliegen werden.[152] Andererseits bieten etwa Geschäftsberichte, Berichterstattungen in den Medien (Internet, Zeitung etc., hier insbesondere der Stellenmarkt), Werbebroschüren etc. einschlägige Informationsmöglichkeiten. Die fragliche Information, dass eine nahe gelegene gleichwertige Stelle im Unternehmen zu besetzen ist, liegt jedenfalls dem Arbeitgeber vor und ihre Weitergabe ist für ihn ohne weiteres möglich.[153]

Von entscheidender Bedeutung für die Statuierung eines vorvertraglichen Informationsrechts sind die verbleibenden Elemente „Informationsbedürfnis“ und „Zurückbehaltungsbedürfnis“.

Der Bewerber müsste eine Information begehren, die geeignet ist, seine Willensbildung in bezug auf den Vertragsschluss zu beeinflussen.[154] Damit gewinnt zunächst die Frage Bedeutung, welche Umstände willensrelevant für den Vertragsschluss sind.[155] Sicherlich sind das zunächst einmal alle Informationen, die

---

[152] Diesen Gesichtspunkt hält das BAG (ArbuR 1996, 404) für entscheidend, wenn es für die Aufklärungspflichten von Sphären ausgeht. Vgl. ferner in diesem Zusammenhang BAG DB 2000, 96, 98.

[153] Vgl. etwa *BGH* WM 1972, 854, 856 zur positiven Kenntnis über die fraglichen Tatsachen. Zur „Möglichkeit“ der Informationserteilung vgl. ferner *Breidenbach*, Informationspflichten, S. 70 ff.

[154] Vgl. etwa BGH WM 1972, 854, 855 (für Willensentschluss bedeutsame Umstände); BGHZ 60, 221, 224 (Umstände, die mutmaßlich von Bedeutung sein können); enger BGH WM 1983, 1006, 1007 (wesentlich sind nur solche Umstände, die nicht nur mitentscheidend, sondern erkennbar motivierend wirken). Zum „Informationsbedarf“, vgl. *Breidenbach*, a.a.O., S. 12, 62 ff. („Der Adressat der Information soll wissen was er tut“).

[155] Vgl. *Grunewald*, AcP 190 (1990), 609 (mit Hinweis auf BGH WM 1988, 1255 – Warenterminoptionen) („... für den Willen zum Vertragsschluss ... sind ... wesentlich, ... Fakten, die geeignet sind, den anderen vom Vertragsschluss abzuhalten“). Zum Wesentlichkeitskriterium ähnlich auch *Breidenbach*, a.a.O., S. 62; vgl. ferner RG JW 1912, 743 f. (Nr.5); RGZ 97, 325 ff.; BGH WM 1971, 1096 f.; BGH NJW 1979, 2243 („ ... solche Umstände, die den Vertragszweck vereiteln können und daher für (die) Entscheidung von wesentlicher Bedeutung sind“). Kritisch hierzu *Stoll*, Festschrift v. Caemmerer, S. 454 ff., der die Vereitelung der Leistungserwartung dem Recht der Leistungsstörung zurechnet. A.A. demgegenüber zu

den bezweckten Enderfolg betreffen, das sind die Informationen über die Hauptleistungen[156] des Arbeitsvertrages, das beinhaltet also auch die Gegenleistung „Entgelt".[157] Daneben sind aber auch die Bedingungen der Leistungserbringung willensbildungsrelevant,[158] also zumindest alle Modalitäten, die mit dem Ort, der Zeit und Dauer sowie der Art der Arbeitsleistung in Verbindung stehen.[159] Auch typische Risiken der späteren Arbeitserbringung gehören dazu.[160] Schließlich gehören bestimmte Basisinformationen im Hinblick auf die Unternehmensverfassung, -kultur, und -philosophie zum vorvertraglichen Informationsbegehren.[161]

Damit gehört die Information bezüglich der Alternativstelle im Unternehmen nicht zum Basisprogramm der wesentlichen Informationen. Andererseits hätte die Kenntnis hinsichtlich des nahe gelegenen gleichwertigen Arbeitsplatzes den konkret geschlossenen Vertrag mit hoher Wahrscheinlichkeit vereitelt. Dies musste auch dem Arbeitgeber klar sein. Folglich kann von der Wesentlichkeit der Information ausgegangen werden.

Für das Merkmal der Zumutbarkeit[162] der Informationspreisgabe ist grundsätzlich von der Vertragsfreiheit im allgemeinen Geschäftsverkehr auszugehen.[163] Danach ist jede Vertragsseite berechtigt, vorteilhafte Geschäfte abzu-

---

Recht *Breidenbach*, a.a.O., S. 20 f. („Umstände, die den *Vertragsschluss* vereiteln können"). Vgl. zum ganzen auch Staudinger (*-Löwisch*), vor §§ 275-283 BGB Rz. 88 ff.

[156] Vgl. *Breidenbach*, Informationspflichten, S. 67; *Niedenführ*, Informationsgebote, S. 151; sehr weitgehend *Dörner*, NJW 1979, 242 (umfassende Beratung bei Angeboten von Direktunterricht); vgl. ferner BGH WM 1971, 1097; BGHZ 60, 223.

[157] Deshalb muss der Arbeitgeber seine wirtschaftlichen Schwierigkeiten offenbaren, wenn diese den Lohnanspruch des Arbeitnehmers gefährden, ebenso BAG NJW 1975, 708. Das gilt auch für den Fall, dass die ordnungsgemäße Beendigung eines Ausbildungsverhältnisses bereits im Zeitpunkt des Ausbildungsvertragsabschlusses bedroht erscheint, vgl. näher MüKo (*-Roth*), § 242 Rz. 209.

[158] Ebenso *Niedenführ*, Informationsgebote, S. 153, S. 171 (der nochmals zwischen einfachem und besonderem berechtigten Interesse unterscheidet, aber auch bei ersterem ein Hinweisgebot anerkennt); *Breidenbach*, a.a.O., S. 67 (mit Hinweis auf OLG Stuttgart MDR 1961, 1013 für das Kaufrecht); a.A. *Dauner-Lieb*, Verbraucherschutz, S. 100.

[159] Vgl. BGH NJW 1984, 2468, 2469.

[160] Ebenso *Abegglen*, Aufklärungspflichten, S. 74 f.; a.A. wohl *Niedenführ*, Informationsgebote, S. 156 f. m.w.N., der diesen Bereich den vertraglichen Nebenpflichten (nach Vertragsschluss !) zuordnet. Vgl. zu dieser Frage für das Kaufrecht BGHZ 47, 312.

[161] Vgl. im einzelnen *Hentze/Kammel*, Personalwirtschaftslehre, S. 76 ff., 78 ff., 83 ff.

[162] Vgl. *Niedenführ*, Informationsgebote, S. 173; *Grigoleit*, Informationshaftung, S. 6 f.

[163] Ebenso im Ergebnis *Breidenbach*, Informationspflichten, S. 12, 14 („Information ... entlässt nicht aus der Selbstbestimmung").Vgl. auch *Canaris*, Festschrift Larenz II, S. 36 f.

schließen. Das geschieht häufig durch das Ausnutzen von bestehenden Informationsvorsprüngen[164].

Andererseits darf das nicht dazu führen, einen Schwächeren unverhältnismäßig stark zu benachteiligen. In diesem Rahmen spielt sich die Abwägung der beiderseitigen Interessen ab. Danach ist es für den potentiellen Arbeitgeber zumutbar, ein berechtigtes Informationsinteresse des Bewerbers zu befriedigen, wenn bei fehlender Information dem Bewerber Nachteile entstehen würden, die diejenigen des Arbeitgebers - die bei der Erteilung der Information zwangläufig entstehen würden - als unwesentlich erscheinen lassen.[165]

Nach der Fallschilderung war der potentielle Arbeitgeber nur zu bequem, den Hinweis zu geben. Demgegenüber stehen die höherwertigen Vermögens- und Freizeitinteressen des Bewerbers. Im Ergebnis hat der Bewerber ein Informationsrecht im Hinblick auf die Alternativstelle im Unternehmen.

II. Erteilung einer Abmahnung

Oftmals stellt sich die Frage, ob vor der arbeitgeberseitig ausgesprochenen Kündigung eine Abmahnung zu erfolgen hat. Das ist grundsätzlich der Fall, wenn der Arbeitnehmer nach Treu und Glauben mit ihrer Erteilung rechnen durfte. Bei Anwendung des beweglichen Systems gelangt man zu folgenden Erwägungen.

Dieser Informationssachverhalt ist einem bestehenden Vertragsverhältnis mit dem dort vorzufindenden recht engen Vertrauensverhältnis eines Dauerschuldverhältnisses zuzuordnen. Die Abmahnung dient (= Informationsbedürfnis) in erster Linie dem Arbeitnehmerschutz im Hinblick auf den Erhalt seines Arbeitsplatzes.[166] Sie stellt eine Information dar, deren Erteilung keine besonderen Zurückbehaltungsinteressen des Arbeitgebers rechtfertigen. Diese Erwägungen sprechen für ein Informationsrecht des Arbeitnehmers.

Entscheidend ist aber, welches Informationsgefälle besteht. Liegt es nahe, dass der Arbeitnehmer bereits vor seiner Vertragsverletzung Kenntnis von der Miss-

---

[164] Vgl. *Niedenführ*, Informationsgebote, S. 173.
[165] Vgl. *Niedenführ*, Informationsgebote, S. 173 m.w.N.
[166] Vgl. *Gerhards*, BB 1996, 795.

billigung seines Verhaltens durch den Arbeitgeber hatte,[167] bestehen keine Informationsrechte.

Deshalb kann eine Abmahnung entbehrlich sein, wenn der Arbeitnehmer erkennbar nicht willens oder nicht in der Lage ist, sein Verhalten zu ändern.[168] Das gilt ebenfalls wenn angesichts der Schwere des Vertragsverstoßes ein Hinweis auf die Missbilligung nicht notwendig zu sein scheint.[169] Dagegen ist eine Abmahnung notwendig, wenn die Leistungs- bzw. Verhaltensmängel auf einer unklaren Regelung oder Anweisung basieren.[170]

III. Informationsgewährung bei Auflösungsverträgen

Bei der Problematik, ob dem Arbeitnehmer bei Vertragsauflösungen ein Informationsrecht bezüglich etwaiger Verluste von Versorgungsanwartschaften bzw. drohender Sperrzeiten für die Arbeitslosenunterstützung zusteht, sind folgende Überlegungen anzustellen:

Der fragliche Sachverhalt gehört zur Phase, in der ein Arbeitsvertrag noch besteht, die Vertrauensbeziehungen sind dementsprechend als eng zu bezeichnen. Allerdings gilt das nicht mehr uneingeschränkt, weil wenigstens eine Partei das Ende des Vertrages herbeiwünscht. Das Prinzip der Selbstverantwortlichkeit gewinnt an Bedeutung.[171]

Das Informationsgefälle zwischen den Parteien ist beim Abschluss eines Aufhebungsvertrages typischerweise recht groß.[172] Hierbei ist nicht bedeutsam, welche Partei die Vertragsaufhebung veranlasst hat.[173] Die fraglichen Informationen sind zwar grundsätzlich frei zugänglich und nicht der Sphäre des Arbeit-

---

[167] Vgl. ähnlich *Gerhards*, BB 1996, 795; *Schaub*, NZA 1997, 1186 f.; *Walker*, NZA 1995, 604; BAGE 31, 153.

[168] Ebenso *Gerhards*, BB 1996, 796; *Walker*, NZA 1995, 604; BAG BB 1983, 1215; BAG NZA 1995, 65.

[169] Vgl. *Gerhards*, BB 1996, 796; BAG BB 1989, 1483.

[170] Vgl. BAGE 37, 387; BAG AuR 1993, 123; *Gerhards*, BB 1996, 796; *Preis*, DB 1990, 687; *Walker*, NZA 1995, 605. Ein Verschulden des Arbeitnehmers ist nicht Voraussetzung einer Abmahnung; vgl. BAG NZA 1988, 474; *Schaub*, NZA 1997, 1186.

[171] Vgl. BAG NZA 1990, 971.

[172] Von einem allgemeinen strukturellen Ungleichgewicht zwischen den Parteien beim Abschluß von Aufhebungsverträgen geht *Thüsing*, BB 2002, 2669 m.w.Nachw. aus; a.A. BAG, NZA 1996, 811.

[173] Hier differenziert jedoch das BAG (AiB 1988, 319); vgl. auch *Richter/Richter*, AiB 1988, 320 f.

gebers zuzuordnen, aber es handelt sich um sehr spezielle Informationen, die dem rechtlichen Laien in aller Regel nicht vorliegen. Der Arbeitgeber ist meistens sehr viel routinierter in solchen Angelegenheiten und die Weitergabe seines Wissens erscheint möglich.

Das Informationsbedürfnis ist regelmäßig den Vermögensinteressen des Arbeitnehmers zuzuordnen. Dem stehen aus Sicht des Arbeitgebers keine ersichtlichen Zurückbehaltungsinteressen gegenüber. Denn die Informationen betreffen materielle Ansprüche des Arbeitnehmers gegenüber Dritten.

Nach diesen Erwägungen ist von einem grundsätzlichen Informationsrecht des Arbeitnehmers beim Abschluss von Auflösungsverträgen auszugehen.[174]

[174] Vgl. in diesem Sinne LAGE Hamm - § 611 BGB Inhaltskontrolle Nr.2; ferner zu dieser Thematik ausführlich etwa MüArbR (-*Wank*) mit weiteren Nachweisen.

7. KAPITEL:

AUSBLICK

A. Erforderlichkeit einer Neuorientierung

Ein Bedarf an Modernisierung und Weiterentwicklung der Informationsordnung aus arbeitsrechtlicher, insbesondere personalwirtschaftlicher Sicht lässt sich aus vielfältigen Gesichtspunkten herleiten. Der allgemeine Kritikpunkt, dass bestehende Informationssystem sei nicht mehr zeitgemäß[1], soll anhand der in diesem Kapitel geschilderten Gesichtspunkte näher veranschaulicht worden.[2]

Unternehmen und Betriebe sind „lebende Organismen", das bedeutet, sie bestehen aus einer Vielzahl von Faktoren, die sich verändern und gegenseitig bedingen und auf einem schmalen Grat geregelt und koordiniert werden müssen, um sich zum Positiven zu ergänzen. Normative Regulierungen und Deregulierungen können nur in begrenztem Maße auf dieses Gesamtsystem Einfluss nehmen. Das gilt um so mehr, als sich komplexe (soziale) Systeme träge verhalten und sich mit ihrer eigenen Veränderung kaum beschäftigen. Die Kontinuität wird nicht selten erst hinterfragt, wenn Krisen auftreten oder von außen Einflüsse auf das System treffen, die es zwingen, seine Determinanten zu überprüfen.

I. Interne Faktoren: Informationsmanagement

1. Informationsvermitteltes Wissen als neuer Produktionsfaktor

Die klassischen volkswirtschaftlichen Produktionsfaktoren in den Unternehmen Natur- und Sachkapital, Boden und Arbeit werden zunehmend ergänzt und/oder substituiert durch informationsvermitteltes Wissen.[3] Unternehmerischer Erfolg hängt nicht mehr in erster Linie davon ab, wie viele Fabriken, Lagerhallen,

---

[1] So etwa *Stettner*, Information, S. 47.

[2] Vgl. *Hauck*, Wirtschaftsgeheimnisse, S. 80 ff., der ähnliche Überlegungen anstellt.

[3] Ebenso *Bell*, Gesellschaft, S. 132; *Mikl-Horke*, Industrie- und Arbeitssoziologie, S. 154 f. Vgl. ferner *Fiedler/Ullrich*, Vorwort, S. V; *Sennett*, Der flexible Mensch, S. 10; *Wiebe*, Geistiges Eigentum, S. 141 f. Ähnlich auch *Habermas*, Technik und Wissenschaft als Ideologie, Ffm. 1968, S. 79 ff., der in Technik und Wissenschaft die „erste Produktivkraft" erblickt. Siehe zu diesem Thema ausführlich ferner *Edvinsson/Brüning*, Aktivposten Wissenskapital, Wiesbaden 2000.

Maschinen, Realkapital und Mitarbeiter zur Verfügung stehen. Das waren noch Anfang des 20. Jahrhunderts die bestimmenden Faktoren, die *Taylor* bei der Entwicklung seines Systems einer „wissenschaftlichen Betriebsführung" zu berücksichtigen hatte.[4] Nach dieser Theorie war allein dem Management ein Informations- und Wissensmonopol einzuräumen.

Die unternehmerischen Strukturen haben sich mittlerweile teilweise gravierend verändert. In den hochentwickelten Volkswirtschaften ist nicht zu übersehen, dass die Nachfrage nach qualifizierter Arbeit steigt, während einfache Arbeit weniger nachgefragt wird.[5] Der Anteil an Arbeit mit hoher Komplexität übersteigt zunehmend den der routinemäßigen, nicht kognitiven Aufgaben.[6] Heute bestehen zahlreiche erfolgreiche Software- und Internetfirmen nur aus ein paar Computern und dazugehörendem Expertenwissen.[7] Unternehmerische Wertschöpfung findet nicht länger bei Standardarbeiten statt, sondern in den Ausnahmesachverhalten und Problemsituationen, die mit kognitivem Geschick, Kreativität und hoher Kommunikationsfähigkeit schnell bewältigt werden müssen.[8] Von den Mitarbeitern wird in zunehmendem Maße verlangt, mitzudenken und selbständig zu handeln.[9] In vielen Unternehmen - vor allen Dingen im Dienstleistungssektor, der immer wichtiger wird[10] - haben die Aufgaben des Beratens und Unterstützens (der Kunden) große Bedeutung erlangt.[11] Um diesen neuen Arbeitsanforderungen gerecht werden zu können, ist es erforderlich, die Zusammenhänge und den größeren Rahmen der sich stellenden Aufgaben zu klären.[12]

Ist die große Bedeutung des Wissens im Unternehmen erst einmal erkannt worden, dann wird auch der betrieblichen Bildungsarbeit zunehmend Aufmerk-

---

[4] Siehe *Taylor*, The Principles of Scientific Management, New York 1911; vgl. *Bell*, Gesellschaft, S. 252; *Burghardt*, Betriebssoziologie, S. 69 ff.; *Mike-Horke*, Industrie- und Arbeitssoziologie, S. 57 ff.

[5] Vgl. zu der selben Tendenz bereits im Jahre 1975 *Bell*, Gesellschaft, S. 16, 115.

[6] Ebenso *Burghardt*, Betriebssoziologie, S. 38 f.; *Linnekohl*, ArbuR 1984, 130; *Weißer*, Bloß ausführen oder mitdenken ?, S. 29 f. m.w.N.

[7] Vgl. *Bell*, Gesellschaft, S. 166.

[8] Ähnlich *Bell*, Gesellschaft, S. 134; *Breisig/König/Wengelowski*, Mitarbeitergespräch, S. 3 ff. m.w.N.

[9] Vgl. auch *Zander*, AuA 1992, 3; *Bregenhorn*, Personalbeurteilung, S. 38.

[10] Vgl. bereits *Bell*, Gesellschaft, S. 13, 32.

[11] Vgl. *Mikl-Horke*, Industrie- und Arbeitssoziologie, S. 161.

[12] Ebenso *Breisig/König/Wengelowski*, Mitarbeitergespräch, S. 40 f. In diese Richtung auch *Braun*, Unterrichtung, S. 6, der einen gut ausgebildeten Personalbestand als personalwirtschaftliches Oberziel bezeichnet.

samkeit geschenkt.[13] Die Bereitschaft und der Wille der Belegschaft sich fortzubilden, um konkurrenzfähig zu bleiben, wird mit Hilfe eines gut funktionierenden Informationssystems unterstützt.[14]

Aus ökonomischer Sicht sind die Kosten der Informationsbeschaffung (= Transaktionskosten) am ehesten zu minimieren, wenn das Informationsmanagement die Informationsbereitstellung und –übermittlung demjenigen als Aufgabe zuweist, der diese am kostengünstigsten zu erfüllen vermag.[15]

2. Innovation als neues Managementkonzept

Die Antworten unternehmerischer Aktivität auf den verschärften Wettbewerb, die Globalisierung der Märkte und deren Schnelllebigkeit lassen sich nicht länger nur im Bereich der Konservierung und Perfektionierung des Erreichten finden. Natürlich bilden bewährte Rezepte wie die Einführung von Lean Management, Automatisierung und Rationalisierung sowie Spezialisierung, aber auch Unternehmensumstrukturierung weiterhin gangbare Unternehmensstrategien.[16] Aber nachhaltige Unternehmenssicherung und Rentabilität (einhergehend mit der Erhöhung der Beschäftigungsfähigkeit des Unternehmens) bedürfen eines zweiten Standbeins: Das der nachfrageorientierten Innovation, der Neuorientierung und Neugestaltung sowie Verbesserung der Produkte bzw. Dienstleistungen.[17] Die gegenwärtige Unternehmenspolitik ist gekennzeichnet durch immer kürzere Innovationszyklen.[18] Darauf haben sich auch die Arbeitnehmer einzustellen. Hierbei hat eine ausreichende Informationsversorgung eine herausragende Bedeutung.[19]

Darüber hinaus gilt: Innovation setzt den Ablauf kreativer Prozesse voraus. Kreativität im Betrieb/Unternehmen setzt, soll sie erfolgreich im Unternehmen

---

[13] Vgl. näher *Hentze/Kammel*, Personalwirtschaftslehre, S. 51; siehe ausführlich etwa *Pawlowsky/Bäumer*, Festschrift Fürstenberg, S. 145 ff.; *Georg*, Festschrift Fürstenberg, S. 163 ff.

[14] Vgl. *Zander*, Mitarbeiterinformation, S. 30; *Braun*, Unterrichtung, S. 6 („Information als Mittel einer modernen Personalwirtschaft"). So kann etwa eine gut gestaltete Broschüre über die angebotenen Kurse der innerbetrieblichen Aus- und Weiterbildung durchaus motivierende Wirkungen entfalten.

[15] Vgl. *Wöhe*, Betriebswirtschaftslehre, S. 196 ff.; ferner *Lehmann*, NJW 1981, 1240.

[16] Beispielsweise gab es im Jahr 2001 ca. 13000 Fusionen und Übernahmen im Unternehmensbereich.

[17] *Sennett*, Der flexible Mensch, S. 10, 26, 64 f. spricht in diesem Zusammenhang vom „flexiblen Kapitalismus"; vgl. ferner *Bell*, Gesellschaft, S. 32, 36.

[18] Vgl. etwa *Schusser*, Festschrift Fürstenberg, S. 126 f.

[19] Vgl. zum Stichwort „Lernen im Betrieb" *Burghardt*, Betriebssoziologie, S. 30 m.w.N.

eingesetzt werden, bereits bei jedem einzelnen Mitarbeiter an.[20] Denn jedes einzelne Wissen, wird es nur hinreichend aktiviert, neu entdeckt und vernetzt, kann entscheidende Neuerungen bewirken.[21] Auffällig ist in diesem Zusammenhang, dass der Nutzen von zusätzlichem (Fach-) Wissen – anders als der des Kapitals – um so höher ist, je mehr Wissen bereits zuvor vorhanden war, da umfangreichere kognitive Verknüpfungsmöglichkeiten bestehen.[22]

Natürlich ist nicht jeder Mensch zum Schöpfertum geboren, aber die Fähigkeit kreativ zu werden, ist niemandem auf die Stirn geschrieben und oftmals bedarf die Verwirklichung des bei jedem Menschen vorhandenen Potentials der Förderung durch die entsprechenden externen und internen Bedingungen. Diese gilt es zu optimieren.[23] Einer der wichtigsten Faktoren, damit das gelingt, ist die Motivation der Mitarbeiter. Zusätzlich ist für einen Freiraum im Denken und Handeln zu sorgen, die Erkenntnisse und Wirklichkeitsbeschreibungen der Beteiligten sind für den Diskurs zugänglich zu machen. Schließlich bedarf es auch eines funktionierenden Systems der Interaktionen, um den relativ kleinen, individuell überschaubaren Raum verlassen zu können.[24]

Kreativität zu aktivieren gelingt am besten in einem Unternehmensklima, das gekennzeichnet ist durch ein hohes Maß an Kooperation, gegenseitigem Vertrauen und Sicherheit sowie geistigem Freiraum. Kreativität braucht in diesem Sinne einen definierten Raum, in dem sich die Mitarbeiter sicher fühlen: In welche Richtung werden innovative Ideen gewünscht? Müssen sie dem unternehmerischen Gesamtkonzept entsprechen? Wie werden sie umgesetzt?[25]

Natürlich sind diese Managementideen weit von dem entfernt, was im letzten Jahrhundert galt, um effizient Waren bzw. Dienstleistungen auf dem Markt anzubieten. Aber allzu konservative Organisationsformen sind wenig geeignet ein

---

[20] Vgl. von *Cube*, Leistung, S. 13 f, 28 f., 80 ff., 119 ff. zum verhaltensbiologischen Aspekt der Mitarbeiterführung die Stichworte „Neugiertrieb“ und „Flow“; ferner *Kador*, Festschrift Fürstenberg, S. 135 ff.

[21] Vgl. *Hauck*, Wirtschaftsgeheimnisse, S. 65 f.; siehe ferner ausführlich *Lischke*, Abstimmung und Koordinierung von unternehmensübergreifenden Prozessen der Produktentwicklung, Bremen 1992.

[22] Vgl. *Bell*, Gesellschaft, S. 182 f., der von einer exponentiellen Zunahme des Wissensumfangs ausgeht.

[23] Siehe zu diesem Thema ausführlich *Hübner*, Informationsmanagement und strategische Unternehmensführung: Vom Informationsmarkt zur Innovation, München 1995.; *Kroll*, Informationsvermittlung in der Industrie, 3. Aufl., Eschborn 1990.

[24] Vgl. hierzu *Sennett*, Der flexible Mensch, S. 11, 69 ff. Siehe zu diesem Thema ausführlich *Hübner*, Integratives Informationsmanagement: Nachhaltigkeit als Herausforderung für ganzheitliche Erneuerungsprozesse, Berlin 2002.

[25] Ähnlich *von Cube*, Leistung, S. 13 f.

für Innovationen zuträgliches Klima zu schaffen. In ihnen wird Macht in nicht geringem Maße durch ein Oligopol von Information ausgeübt, wodurch immer wieder für innovative Ideen unüberwindbare Mauern gebildet werden. Dies geschieht nicht selten letztendlich um bestehende Machtverhältnisse zu bewahren.

Auch unter dem Gesichtspunkt des Schutzes von Geschäftsgeheimnissen ist die Innovationsfähigkeit im Unternehmen von erheblicher Bedeutung. Das „beste Mittel zum Schutz von Informationen/Wissen im Unternehmen besteht darin, der Konkurrenz voranzueilen“.[26]

3. Partizipativ-demokratischer Führungsstil

Die in letzter Zeit zum Modethema gewordene, aber immer noch recht unbestimmte Idee sozial verantwortlicher Unternehmensführung (Corporate Social Responsibility) lässt sich im Bereich des Informationsmanagements wiederfinden.[27] Eine weitreichende und regelmäßige Erteilung von Information weist einen Weg, wie sich sozial verantwortliches Management und Gewinnstreben vereinbaren lassen.[28]

Insbesondere den veränderten Anforderungen in der Wirtschaft folgend, legen neue Führungs- und Organisationskonzepte größeren Wert auf die Gestaltungsfunktion nicht nur des Betriebsrats, sondern auch auf die der gut informierten, geistig wachen und verantwortlichen Mitarbeiter.[29] Dezentrale Entscheidungsstrukturen und die Neuentwicklung mitarbeitergestützter Produktionskonzepte wie Gruppenarbeit und sogenannte Qualitätszirkel nehmen den einzelnen Arbeitnehmer auch auf der Organisationsebene mit in die unternehmerische Ver-

[26] So beschreibt es das „Innobarometer“ der Europäischen Kommission. Im Internet zu finden unter der www-Adresse: cordis.lu/innovation-smes/src/innobarometer.htm; Stand: Juni 2002; vgl. ferner *Egloff*, DVR 7 (1978), 139.

[27] Eine ganzheitliche Betrachtung der Organisationsentwicklung fordert auch *Burian*, AuA 1992, 2 und spricht (a.a.O., S. 1) von materieller und immaterieller Beteiligung der Arbeitnehmer am Unternehmen/Betrieb.

[28] Vgl. *Zink*, Festschrift Fürstenberg, S. 27; ferner *Breisig*, Personalbeurteilung, S. 29, 84 mit dem Beisp. eines modernen Mitarbeiter-Beurteilungskonzepts. Allerdings weist er a.a.O., S. 60 f. auch auf die damit einhergehende Gefahr der Herrschaftsausübung und –sicherung hin.

[29] Vgl. *Burghardt*, Betriebssoziologie, S. 72 ff.; *Burian*, AuA 1992, 1 f. Das zeigt etwa *Fischer*, AiB 1998, 152, 159 am Beispiel der Entwicklung von Mitarbeiterbeurteilungssystemen. Auch hier kann von einer Trendwende hin zu einer offenen, flexiblen und motivationsorientierten Personalpolitik gesprochen werden; ebenso *Breisig*, Personalbeurteilung, S. 29.

antwortung hinein.[30] Dem liegt die Erkenntnis zugrunde, dass immer mehr der Mitarbeiter zum wichtigsten Produktionsfaktor geworden ist.[31] Er stellt das Humankapital[32], das heißt die Verbindung aus Arbeit, Wissen, Erfahrungen und Fähigkeiten dar.

Es kommt immer mehr darauf an, wie Menschen miteinander umgehen.[33] Nachhaltiger ökologischer Erfolg lässt sich nur erzielen, wenn die Mitarbeiter so behandelt werden, dass sie sich wohl fühlen,[34] die motivationsfördernde Wirkung liegt auf der Hand.[35]

II. Externe Faktoren: Fortentwicklung in wirtschaftlichen, technischen und gesellschaftlichen Prozessen

1. Aufweichung des Normalarbeitsverhältnisses

Veränderte Betriebs-, Unternehmens- und Arbeitsstrukturen haben zu einer Neuorientierung der Arbeit an sich geführt.[36] Traditionelle Arbeitsverträge werden zunehmend durch die Gruppe der Teilzeit- und Leiharbeitnehmer, Heimarbeiter, befristet Beschäftigten und der sogenannten Scheinselbständigen er-

---

[30] Vgl. *Brox/Rüthers*, Arbeitsrecht, Rz. 393a; *Mikl-Horke*, Industrie- und Arbeitssoziologie, S. 148 ff.; *Pries*, Festschrift Fürstenberg, S. 32 f.

[31] Vgl. ausführlich *Heidack*, Festschrift Fürstenberg, S. 92 f.; kritisch *Schwarz*, Arbeitnehmerüberwachung, S. 48.

[32] Vgl. zum Human Resource Management *Hentze/Kammel*, Personalwirtschaftslehre, S. 47 ff.

[33] Vgl. ausführlich zur Human-Relations-Bewegung *Mikl-Horke*, Industrie- und Arbeitssoziologie, S. 101 ff., 106 ff., 113 ff. sowie S. 108 ff. zur sog. Hawthorne-Untersuchung der Western Electric Company / Chicago von *Mayo*; vgl. hierzu auch *Burghardt*, Betriebssoziologie, S. 99 ff. Siehe ferner ausführlich *Bell*, Gesellschaft, S. 52; *Habermas*, Technik und Wissenschaft, S. 81 f.; *Rosenkranz*, Soziale Betriebsorganisation, München/Basel 1973.

[34] Ebenso *Burghardt*, Betriebssoziologie, S. 101, 113 ff., der von sozialer Zufriedenheit spricht. Vgl. ferner *Hauck*, Wirtschaftsgeheimnisse, S. 66; *Zander*, AuA 1992, 4; C. *Freilinger*, Berufszufriedenheit, S. 25 f. Auch *Braun*, Unterrichtung, S. 197 f. erkennt den Zusammenhang zwischen Zufriedenheit und Leistungsgrad der Mitarbeiter. *Neuberger*, Mitarbeitergespräch zur Führung, S. I spricht vom Vorgesetzten als „Coach" des Mitarbeiters; *Burian*, AuA 1992, 1 f. („Partnerschaft"); skeptisch aber *Sennett*, Der flexible Mensch, S. 75.

[35] Siehe grundlegend *Mayo*, The Human Problem of an Industrial Civilization, New York 1933; *dens.*, Probleme industrieller Arbeitsbedingungen, Ffm. 1949 (insb. S. 111 ff); vgl. ferner *Mikl-Horke*, Industrie- und Arbeitssoziologie, S. 82 ff. (zum Thema „Arbeitssoziologie") sowie S. 115 ff. (zur „Theorie der Arbeitsmotivation"); *Neubauer*, Festschrift Fürstenberg, S. 73 ff.; *Heidack*, Festschrift Fürstenberg, S. 100 ff.. Vgl. zudem *Breisig/König/ Wengelowski*, Mitarbeitergespräch, S. 17 sowie S. 170 ff. (zum Anerkennungsgespräch).

[36] Vgl. etwa Erwägungsgrund Nr. 1 der Richtlinie 91/533/EWG.

gänzt. Neue Berufsbilder und Ausbildungsabschlüsse sind entstanden, Karrierewege sind weniger berechenbar, Stellenbeschreibungen werden flexibler gehandhabt, zahlreiche Arbeitsplätze fallen durch Unternehmensumstrukturierungen weg.[37]

Kann man häufig nicht mehr vom Arbeitsplatz im herkömmlichen Sinne sprechen, dann wächst für den einzelnen das Erfordernis, anpassungs- und lernfähig zu sein.[38] Die Instabilität des Arbeitsplatzes kann nur aufgefangen werden durch die Steigerung der Fähigkeit, durch (irgendeine) Arbeit seinen Lebensunterhalt zu verdienen, wie immer diese Arbeit in concreto aussehen mag. Aber wird Veränderung zur Normalsituation, entfallen die sicheren Phasen der Kontinuität, dann werden andauernd Unsicherheiten und Ängste vor dem Unbekannten hervorgerufen.[39] Eine Möglichkeit, Unsicherheiten zu bewältigen, ist den wenig vorhersehbaren Entwicklungsverlauf transparent zu machen.

Schutz- und Förderungsfunktionen, die die Betriebsräte auf betrieblicher und die Gewerkschaften auf überbetrieblicher Ebene übernehmen, müssen durch den Ausbau von individuellen Teilhaberechten der Mitarbeiter verstärkt und ergänzt werden.[40] Um so mehr, als in den letzten Jahren die Tendenz zu beobachten ist, dass in der Privatwirtschaft immer weniger Arbeitnehmer in den Genuss einer betrieblichen Vertretung durch den Betriebsrat kommen.[41] Auch der Einfluss der Gewerkschaften scheint rückläufig zu sein.

2. Technologische Entwicklung

Fast in allen produzierenden Betrieben und sogar im Dienstleistungsgewerbe haben Technik und Automatisierung Einzug gehalten. Die Arbeitsabläufe sind auf den ersten Blick vereinfacht, oftmals im wörtlichen Sinn „erleichtert“ worden.[42]

---

[37] Im Jahr 2001 haben Fusionen und Übernahmen zu ca. 350.000 Entlassungen geführt.

[38] Ähnlich etwa *Fischer*, Europäische Aktiengesellschaft, S. 115 (mit Hinweis auf den Europäischen Sondergipfel von Lissabon). Vgl. ferner *Sennett*, Der flexible Mensch, S. 64 m.w.N.

[39] Siehe ausf. *Riemann*, Grundformen der Angst, Eine tiefenpsychologische Studie, 31. Aufl., München/Basel 1999; *Panse/Stegmann*, Kostenfaktor Angst, Landsberg/Lech 1996.

[40] Die Gewerkschaftspolitik hat sich in den letzten Jahren verstärkt auch der Sicherheit und Stabilität der Arbeitsplätze angenommen; vgl. hierzu näher *Braun*, Unterrichtung, S. 4 f.

[41] 1981 waren es noch mehr als 50 % der Arbeitnehmer, heute schätzungsweise 35 %. Zu den Ursachen zählen u.a. die Begrenzung des Anwendungsbereichs des BetrVG auf Betriebe mit mindestens 5 ständigen wahlberechtigten Arbeitnehmer und eine in der letzten Zeit steigende Zahl an Kleinstbetrieben. Außerdem ist wegen der „Erosion des Normalarbeitsverhältnisses“ die Zahl der „echten“ Arbeitnehmer ständig am sinken.

[42] Ähnlich *von Cube*, Lust an Leistung, S. 10. Vgl. ferner *Bell*, Gesellschaft, S. 133.

Auch die Einführung der Informationstechnologien und die Digitalisierung in den Betrieben haben die Arbeitswelt grundlegend revolutioniert.[43] Das wahre Potenzial der Informationstechnologie wird erst in letzter Zeit erkannt.[44] Computer sind nicht allein programmierbare Maschinen, sondern sie stellen ein Medium für den Austausch und die Verknüpfung von Informationen dar, sie ermöglichen die vereinfachte Kommunikation und Kooperation zwischen den Menschen.[45]

Aus Sicht der Mitarbeiter geht damit aber nicht nur der Segen arbeitstechnischer und kooperativer Erleichterungen einher, sondern ebenso Gefahren, die unter den Stichworten „Dehumanisierung der Arbeit durch Technik"[46] und „Datenschutz" bzw. „Datensicherheit"[47] zusammengefasst werden.[48] Der Grad der individuellen Freiheit wird vom technischen Entwicklungsstand beeinflusst, deshalb muss mit „einer technischen Innovation ... eine soziale Innovation parallel laufen".[49] Auch in diesen Belangen hat eine aktualisierte Informationsordnung Funktionen - in aller Regel Schutzfunktionen, etwa um informationelle Fragen in strukturelle Bahnen zu lenken[50] - zu übernehmen.[51]

Ebenfalls dem Schutzgedanken verpflichtet ist die Erläuterung der zunehmend technisierten Arbeitsabläufe im Betrieb, um insbesondere Gesundheitsgefahren für die Belegschaft zu vermeiden.[52] Sollen die Potentiale der Technisierung voll ausgeschöpft werden, bedarf es einer tragfähigen und sinnvollen Informationsordnung.[53]

---

[43] Vgl. *Mikl-Horke*, Industrie- und Arbeitssoziologie, S. 154 ff. Auch *Bell*, Gesellschaft, S. 17, 196 spricht von einer Revolution auf dem Gebiet der Telekommunikation. Siehe hierzu ausführlich *Zink*, Festschrift Fürstenberg, S. 11 ff.

[44] Vgl. etwa zum Stichwort „Betriebsdatenverarbeitung" und deren Einordnung in das Arbeitsrecht, *Buchner*, ZfA 1988, 449 ff.

[45] Schon *Gassmann*, Datenschutz in Europa, S. 12 spricht von der Tendenz, von Einweg- zu Zweiweginformationssysteme umzusteigen. Vgl. ferner *Sennett*, Der flexible Mensch, S. 27.

[46] *Schwarz*, Arbeitnehmerüberwachung, S. 49. Vgl. auch *Dollinger*, Festschrift Floretta, S. 142, der das Selbstwertgefühl der Arbeitnehmer durch die Technisierung bedroht sieht. Ferner *Sennett*, Der flexible Mensch, S. 81 ff. mit dem Beispiel eine moderne Bäckerei. Zudem *von Cube*, Leistung, S. 10 ("Denn leichte Arbeit, die rein mechanisch abläuft, die nur Routine bedeutet, ist ihrer Lust beraubt, ist langweilig, ist ein Übel").

[47] Vgl. BVerfG, NJW 1984, 419 ff.

[48] Vgl. näher zu den sozialen Konflikten im Betrieb *Mikl-Horke*, Industrie- und Arbeitssoziologie, S. 98.

[49] So *Gassmann*, Datenschutz in Europa, S. 24.

[50] Ebenso *Zöllner*, Informationsordnung, S. 12.

[51] In diesem Sinne auch *Gassmann*, a.a.O., S. 24.

[52] Vgl. *Braun*, Unterrichtung, S. 5.

[53] Das ist eine Frage des Informationsmanagements. Vgl. etwa *Gassmann*, Datenschutz in Europa, S. 11 ff.; *Wiebe*, Geistiges Eigentum, S. 144 ff.

3. Wandel in der Gesellschaft

Eine allgemeine Neuorientierung der heutigen Gesellschaft, die der Selbstverwirklichung[54] und der aktiven Gestaltung des sozialen Lebens größeres Gewicht beimisst als noch Generationen vor ihr das taten, hat auch für den Bereich der abhängigen Arbeit Bedeutung.[55] Die größere Eigenverantwortung, höheres Engagement und Identifikationspotential haben zu einem vermehrten Beteiligungsinteresse jedes einzelnen Belegschaftsmitglieds an den Unternehmens- und Betriebsvorgängen geführt.[56]

Die Gemeinschaft im Betrieb wird als selbst gewählter, aktiv beeinflussbarer und dem Austausch von Gedachtem dienender Sozial- und Interessenverband empfunden.[57] Die Leistungs- und Identifikationsbereitschaft der Mitarbeiter wird nicht mehr als selbstverständlich gegeben angesehen,[58] sondern ist Resonanz auf Verhaltensweisen der Unternehmensführung. Die Identifikation der Mitarbeiter mit „ihrem" Unternehmen steigt, wenn die Mitarbeiter Einblick in das Verhalten und die Gründe des Verhaltens der Unternehmensleitung erhalten.

Eine moderne Informationsordnung hat sich dem Zeitalter ausgeprägter Individualität anzupassen.[59] Dann lassen sich gute Mitarbeiter langfristig an das Unternehmen binden. Deren Zufriedenheit hat positive Auswirkungen auf die Leistungsbereitschaft des Einzelnen und das Betriebsklima der (Arbeits-) Gemeinschaft.

4. Europarechtliche Entwicklungen

Neben die beschriebenen nationalen Entwicklungsprozesse tritt in nicht zu unterschätzenden Ausmaßen der europäische Integrationsprozess, für den stellvertretend immer wieder auf die Rahmenbedingungen „Einführung des Binnen-

---

[54] Ebenso *Bell*, Gesellschaft, S. 30.

[55] *Wiese*, ZfA 1996, 440 weist zu Recht auf die Einflüsse der Verfassungs- und Gesellschaftsordnung auf das geltende Arbeitsrecht hin. Siehe ferner *Zink*, Festschrift Fürstenberg, S. 11 ff.; *Fürstenberg*, Arbeitsbeziehungen im gesellschaftlichen Wandel, München 2000.

[56] Vgl. *Burian*, AuA 1992, 3; *Braun*, Unterrichtung, S. 5.

[57] Ebenso *Müller*, Mitbestimmung, S. 4 m.w.N.; *Breisig/König/Wengelowski*, Mitarbeitergespräch, S. 41. In diese Richtung geht auch die Gewerkschaftspolitik; vgl. hierzu näher *Braun*, Unterrichtung, S. 4 f. Von „gleichgeordneten Vertrags-partnern" spricht *Wiese*, a.a.O., S. 454; vgl. ferner *Mikl-Horke*, Industrie- und Arbeits-soziologie, S. 174 ff. jeweils m.w.N.

[58] Laut *Mikl-Horke*, Industrie- und Arbeitssoziologie, S. 174 ist nunmehr die Freizeit von zentralem Lebensinteresse.

[59] Vgl. *Bell*, Gesellschaft, S. 31

marktes", „Wirtschafts- und Währungsunion" und „Globalisierung" verwiesen wird. Auch auf dem Arbeitsmarkt wird den Mitgliedstaaten Gemeinschaftsinitiative abverlangt. Ein kohärenter Rahmen des Gemeinschaftsrechts soll einerseits dazu beitragen europäischen Beschäftigungsstrategien zum Erfolg zu verhelfen und andererseits die sozialen Rechte der Arbeitnehmer anzugleichen, um – letztendlich – das reibungslose Funktionieren des Binnenmarktes sicherzustellen.[60] Auf dem Gebiet der Informationsordnung haben diese Überlegungen bereits zum Erlass einiger Richtlinien geführt.[61]

III. Schlussfolgerungen

Die geschilderten Faktoren verdeutlichen die Tendenz, aber auch die Notwendigkeit, in der Unternehmens- bzw. Betriebspraxis erhöhten Wert auf umfangreiche Wissens- und Informationsflüsse zu legen. Kommunikation und Begegnung dienen der Lösung von Konflikten im Unternehmen/Betrieb.[62]

Es darf aber nicht übersehen werden, dass eine Informationsordnung den stark divergierenden Anforderungen gerecht werden muss, diverse Rückkoppelungen zu beachten und ein Ausgleich des hohen Konfliktpotentials anzustreben hat.

Die Informationsordnung wird determiniert durch die den freiheitlich demokratischen Rechtsstaat mitbestimmenden Wirtschaftsgrundsätze der Privatautonomie und der Selbstregulierung der Wirtschaftsbeziehungen.[63] Andererseits ist es eine Aufgabe des Staates, die Wirtschaftsordnung so zu gestalten, dass es im freien Spiel der Kräfte nicht zu wesentlichen Missverhältnissen kommt.[64]

---

[60] Vgl. *Burger*, Europäische Betriebsräte, S. 16 f.
[61] Siehe 1. Kapitel C. II.
[62] Ebenso *Bell*, Gesellschaft, S. 168, *Burghardt*, Betriebssoziologie, S. 114.
[63] Ebenso *Zöllner*, Informationsordnung, S. 32.
[64] Ähnlich *Wiegand*, Festschrift Gagnér, S. 561 m.w.N. Der Grundsatz der Privatautonomie kann nur so weit Geltung beanspruchen, als ein strukturelles Kräftegleichgewicht der Vertragsparteien vorliegt. Andernfalls sind Rechtspositionen des Stärkeren zu beschneiden, um die des Schwächeren zu sichern; vgl. in diesem Zusammenhang BVerfGE 81, 242, 254 f.; 85, 191, 213 sowie *Aussem*, Ausstrahlungswirkung, S. 6, 32, 54 m.w.N. Im Fall von Interessenkollisionen (insbesondere im Grundrechtsbereich) zwischen den Parteien des Arbeitsverhältnisses ist die jeweils zuständige Staatsgewalt dazu berufen, einen Interessenausgleich nach rechtsstaatlichen Grundsätzen vorzunehmen; vgl. *Sieber*, Jura 1993, 568 ff. Dies lässt sich bereits Artikel 1 Absatz 3 GG entnehmen; vgl. *Aussem*, Ausstrahlungswirkung, S. 45. Das Bundesverfassungsgericht gibt der Gesetzgebung aber keine konkreten Handlungsaufträge vor. Das kann mit der in der Verfassung vorgesehenen Gewaltenteilung begründet werden; vgl. Aussem, a.a.O., S. 39 f. Die Verfassung gibt zwar den Schutz von Grund-

Zudem trifft den Arbeitgeber eine soziale Verantwortung für das Wohlergehen seiner Arbeitnehmer. Der Entfremdung der Mitarbeiter in den Produktionsprozessen ist entgegen zu wirken,[65] die Förderung der Mitarbeiter ist als Unternehmensziel mit zu berücksichtigen. Mag auch auf den ersten Blick die Ausgangssituation durch unterschiedliche Ziel- und Zwecksetzungen der Beteiligten gekennzeichnet sein, so ist die Verfolgung gemeinsamer Wertmaßstäbe, die Orientierung am Gemeinwohl in den Pflichtenkreis der Unternehmensführung mit aufgenommen.

Mit einer gestiegenen Akzeptanz einer Neuorientierung ist auch deshalb zu rechnen, weil trotz der hohen instrumentellen Bedeutung von Information ein Umdenken, in mancher Hinsicht auch Umsteuern, in diesem Bereich keinen eigentlichen Eingriff in das marktwirtschaftliche System und das freie Unternehmertum bedeuten.[66] Die Bestimmungen über die Informationsrechte der Mitarbeiter belassen nämlich die Planungs-, Organisations- und Leitungskompetenz unberührt in den Händen des Unternehmers.[67]

Nur auf einer quasi darunter liegenden Ebene - sollen im Rahmen des Arbeitsvertragsrechts sowohl ein ausreichender Arbeitnehmerschutz als auch die erforderliche Arbeitnehmerförderung partnerschaftlich geregelt und gewährleistet werden.[68] Der Zeitaufwand und die Kosten, die mit dieser Form der Partizipation verbunden sind,[69] dürften unter dem Gesichtspunkt der Wirtschaftlichkeit durch deren Vorteile mehr als aufgewogen sein.

---

rechtspositionen als Ziel vor, nicht aber seine Ausgestaltung im einzelnen; ebenso BVerfG NJW 1993, 1751, 1754. Einen weiten Spielraum des Gesetzgebers konstatiert auch das Bundesverfassungsgericht (BVerfG, GRUR 1990, 438, 441). Vgl. ferner zu dieser Thematik *Gäntgen*, Pflicht zum Hinweis, S. 15 (mit Hinweis auf BAG AP Nr. 5 zu § 1 BetrAVG – Zusatzversorgungskasse).

[65] Vgl. *Egloff*, DVR 7 (1978), 137 f.

[66] Zu Recht stellen auch *Ackermann/Feurer/Ulrich*, Innerbetriebliche Information, S. 49 fest, dass mit einer offenen Informationsordnung keine völlige Umkehrung des hierarchischen Prinzips einhergeht.

[67] Vgl. demgegenüber die viel weiterreichenden Funktionen und Kompetenzen des Aufsichtsrats, etwa *Henze*, NJW 1998, 3310 (mit Hinweis auf BGH NJW 1997, 1926 ff. - Prüfung von Rechtmäßigkeit, Zweckmäßigkeit und Wirtschaftlichkeit des Unternehmerhandelns).

[68] *Zander*, Mitarbeiterinformation, S. 190 ff., spricht in diesem Zusammenhang von „Human Relations", einem Begriff, der seine Wurzeln in der Soziologie und Betriebswirtschaftslehre hat.

[69] Vgl. die kritischen Hinweise von *Bell*, Gesellschaft, S. 355.

B. Ausgestaltung der Informationsordnung

Nachdem bereits die Problemfelder der gegenwärtig in der Unternehmens- bzw. Betriebspraxis bestehenden Informationsordnung angesprochen wurden, gilt es im folgenden, die grundsätzlichen Ordnungsideen einer Informationsordnung darzulegen.[70] Eine funktionelle Informationsordnung bringt im Idealfall Vorteile sowohl für das Unternehmen als auch für die Mitarbeiter.

Allerdings sind die vorgeschlagenen Prinzipien nicht unumstößlich. Stets sind der sozial-kulturelle, betriebliche Kontext, die Wirtschaftsbranche und die Unternehmenskultur zu berücksichtigen. Hier hat insbesondere der Betriebsrat Aufgabenfelder wahrzunehmen (siehe §§ 75, 80 BetrVG).

I. Transparenzprinzip

Die hier konzeptionell vorgeschlagene offene Informationsordnung ist zunächst dem *Transparenzprinzip* verpflichtet. Das heißt, es ist von dem Grundsatz auszugehen, den Zugang zur Information weitestgehend zu ermöglichen.[71] Diese Vorstellung wird den gewandelten Arbeitsstrukturen gerecht.[72] Nur so kann dem in der Gesellschaft im allgemeinen fortlaufenden Prozess der Verallge-

---

[70] Vgl. in diesem Sinne *Steinmüller*, Informationsrecht, S. 19.

[71] Das Prinzip der (Meinungs- und) Informationsfreiheit gehört zu den wichtigen Errungenschaften der französischen Revolution von 1789. Die Freiheit der Kommunikation von Gedanken und Meinungen als erklärtes Menschenrecht lässt sich ohne ungehinderten Informationsfluss nicht denken; vgl. *Schmitt Glaeser*, Jura 1987, 567 f. In der geschichtlichen Folgezeit lässt sich dieses Prinzip noch an zahlreichen anderen Stellen wiederfinden: Zum Beispiel: Art. 19 der Menschenrechtserklärung der Generalversammlung der Vereinten Nationen vom 10. 12.1948; Art. 10 der Europäischen Menschenrechtskonvention vom 4.11. 1950; Art. 19 des Internationalen Pakts über bürgerliche und politische Rechte vom 16.12. 1966; Ziffer 17 und 18 der Gemeinschaftscharta der sozialen Grundrechte der Arbeitnehmer (vom 9.12.1989, KOM (89) 471 endg.); Art. 11 Abs. 1 S. 2 sowie Art. 27 Abs. 1 der Charta der Grundrechte der Europäischen Union (ABl. EG 2000, Nr. C 364/1). Vgl. näher *M. Schmidt*, EG-Arbeitsrecht, Kap. I, Rz. 99. Vgl. ferner in diesem Zusammenhang *Breisig*, Mitarbeitergespräch, S. 56; *Funk*, Diskussionsberichte, S. 30; *Rossnagel/Wedde/Hammer/Pordesch*, Digitalisierung, S. 296; *Sieber*, Jura 1993, 570; *Zöllner*, AuA 1992, 2 jeweils m.w.N. Aus betriebswirtschaftlicher Sicht vgl. *Pethig*, Wirtschaftsgut, S. 14, 25 („Ein ......Wohlfahrtsverlust einer monopolistischen Informationsverteilung ist gerade in Kommunikationsprozessen zu erkennen") sowie S. 28 („... es ist über staatliche Lenkungsbefugnisse nachzudenken"). Vgl. aus staatsrechtlicher Sicht *Stettner*, Information, S. 39, 46, 48. Viel zu weitgehend und undifferenziert sind die Vorschläge von *Zander*, Mitarbeiterinformation, S. 19, der allein auf die Informationsanlässe blickt, ohne die tangierten Rechtspositionen und Interessen zu beachten.

[72] Vgl. *Heidack*, Festschrift Fürstenberg, S. 7.

meinerung von Information entsprochen werden.[73] Das bezieht sich zunächst auf eine Grundversorgung mit Information mit dem Ziel, sachgerechte Entscheidungen beim Abschluss, der Durchführung und Beendigung des Arbeitsverhältnisses zu ermöglichen.[74]

Darüber hinaus ist Information zu erteilen, solange der Verhältnismäßigkeitsgrundsatz gewahrt ist, d.h. das Interesse am Informationszugang nicht außer Verhältnis zum Zurückbehaltungsinteresse des Arbeitgebers steht.[75]

Eine moderne und zukunftsgerichtete Unternehmensführung wird von sich aus ihre Mitarbeiter weitestgehend und partnerschaftlich in die Vorgänge des Betriebes/Unternehmens einbeziehen und sie von der Richtigkeit der Unternehmenspolitik überzeugen.[76] Dann ist damit zu rechnen, dass die Mitarbeiter dies durch Leistungsbereitschaft, Verantwortungsbewusstsein, Loyalität, Toleranz und Vertrauen belohnen werden.[77]

Als Beispiele für solche Informationsinhalte seien an dieser Stelle genannt: Sachverhalte, die sich auf die wirtschaftliche Entwicklung des Unternehmens beziehen, ohne gleichzeitig die Ausführung der Arbeit, die zur Arbeitsleistung eingebrachten Rechtsgüter, den Bestand des Arbeitsverhältnisses etc. zu betreffen. In Betracht kommen demnach beispielsweise Angaben über in Planung befindliche neue Projekte, geschäftspolitische Zielsetzungen sowie die allgemeine Marktsituation.[78] Die gesetzlich vorgesehene Information des Wirtschaftsausschusses bzw. des Betriebsrats wird insoweit ergänzt.

---

[73] Jede Monopolisierung der Information in der Hand des Arbeitgebers widerspricht der gesellschaftlichen Bedeutung der Information; ebenso u.a. *Egloff*, DVR 7 (1978), 118 f.; *Werckmeister*, DVR 7 (1978), 97 ff.

[74] Ebenso *Egloff*, DVR 7 (1978), 122. Damit können strukturelle Nachteile des Arbeitnehmers kompensiert werden; vgl. *Zöllner*, AuA 1992, 2. Außerdem gilt es den geistig wachen und selbständigen Mitarbeiter zu formen und ihm ein Kreativität und innovatives Verhalten förderndes Umfeld zu schaffen.

[75] Vgl. ähnlich *Zöller*, Informationsordnung, S. 27.

[76] Vgl. *Neuberger*, Mitarbeitergespräch, S. 270. Auch *Acker*, Personal 1981, 333 spricht sich für eine offene, reversible und transparente Beziehung zwischen Vorgesetzten und Mitarbeitern aus.

[77] Ebenso *Zander*, AuA 1992, 3 f.; *Freilinger*, Berufszufriedenheit, S. 25 f.

[78] Vgl. *Zander*, AuA 1992, 4, der insoweit von Informationswünschen der Arbeitnehmer spricht. *Zander* scheint auch die Angaben über freiwerdende Stellen, die Beurteilung durch Vorgesetzte und die Einsicht in die Personalakte hierzu zu zählen.

II. Werthaltigkeit

Ein weiterer Grundpfeiler einer funktionellen Informationsordnung ist die Gewährleistung der Werthaltigkeit der mitgeteilten Informationen zu nennen. Dieses Prinzip beinhaltet mehrere Aspekte des Inhalts und der Art und Weise der Informationsweitergabe.[79] Insgesamt gilt es, wirklich signifikante Informationen in einem hohen Aufbereitungsniveau zu vermitteln.

1. Authentizität

Der Grundsatz der Authentizität beinhaltet die Übereinstimmung der getätigten Aussage mit der ihr zugrunde liegenden Tatsache. Das bezieht sich sowohl auf die Wahrhaftigkeit und Eindeutigkeit[80] als auch auf die Vollständigkeit der Informationsübermittlung.[81] Eine authentische Information hat Aussagekraft und bringt den Empfänger auf den gleichen Kenntnisstand wie den Informationssender und macht dessen Entscheidungen und Maßnahmen nachvollziehbar.

Zu diesem Zweck kann es geboten sein, den Arbeitnehmer unter Vorlage der erforderlichen Unterlagen zu unterrichten.[82] Auch die Pflicht zur Überprüfung von Informationen vor deren Weitergabe oder die Offenbarung von Informationslücken kann in Betracht kommen, wenn Zweifel an deren Authentizität bestehen.[83]

Hat sich bis hierhin gezeigt, welchen großen Wert Informationen im Unternehmen/Betrieb erlangt haben, so ist andererseits nicht zu vernachlässigen, dass die beteiligten Wirtschaftssubjekte vor einer kaum oder sogar nicht mehr zu be-

---

[79] Vgl. *Arendts*, WM 1993, 233; *Hopt*, AcP 183 (1983), 707 f.; ähnlich auch BGHZ 74, 103, 106.

[80] Vgl. näher *Braun*, Unterrichtung, S. 163 ff.; für das Bilanzrecht/Jahresabschluss vgl. *Flury*, Gewinnerläuterungsprinzipien, S. 30 ff.

[81] Vgl. etwa BGH WM 1977, 1000 (Unternehmenskauf). Dass eine unvollständige Information eine unrichtige Information ist, darauf weist u.a. *Canaris*, Bankvertragsrecht, Rz. 80 hin. Vgl. zur Anlageberatung der Banken BGHZ 74, 106 sowie aus neuerer Zeit BGH DZWir 1994, 198; *Arendts*, DZWir 1994, 186. Vgl. *Flury*, a.a.O., S. 31 zum Bilanzrecht.

[82] Beispiele: Personalakte, Gehaltsabrechnung, Bilanzen, Jahresabschlüsse, Gutachten, Analysen und Berichte. Vgl. zur kollektiven Ebene § 92 Absatz 1 BetrVG. Siehe zur Unterrichtung des Wirtschaftsausschusses § 106 Absatz 2 BetrVG. Kritisch bzgl. der Unterrichtung nach § 110 BetrVG unter Vorlage der Bilanzen und Gewinn- und Verlustrechnung, *Braun*, a.a.O., S. 19 f.

[83] Vgl. für die Anlagenberatung der Banken BGH DZWir 1994, 198 f.; *Arendts*, WM 1993, 234 f.; *Kunz*, DZWir 1994, 201 jeweils m.w.N.

wältigenden Flut von Informationen überschwemmt zu werden drohen.[84] Die Kapazität zur Aufnahme und Verarbeitung der unzähligen Daten etc. stößt an die natürlichen Grenzen des Menschen. Aus der Informationsflut resultiert nicht selten in Wahrheit eine erhebliche Informationsarmut.[85] Das ist um so schwerwiegender, als sich der Wert der Information erst nach deren Inanspruchnahme erschließt. Ist sie wertlos, so hat sie dennoch Zeit und Aufmerksamkeit des Empfängers verbraucht.

Daraus wird ersichtlich, wie wichtig es ist, sicherstellt, dass Wesentliches von Unwesentlichem getrennt wird und vorwiegend wertvolle Informationen an die Nutzer verteilt werden.[86] Diese Bewertung darf aber keinesfalls dazu führen, dass von vorneherein allein aus Arbeitgebersicht bestimmte Informationen als unwichtig für den Arbeitnehmer eingestuft werden.[87]

2. Rechtzeitigkeit

Als weiterer Aspekt der Werthaltigkeit ist die Rechtzeitigkeit der Informationserteilung zu beachten. Informationen sind ihrem Wesen nach kontextgebunden, sie entfalten ihre spezifische Wirkung und Bedeutung nur im zeitlichen Zusammenhang mit den Gegebenheiten und Vorgängen, über die sie berichten sollen.[88]

Der Arbeitnehmer muss so rechtzeitig informiert werden, dass er sein Verhalten auf die neuen Kenntnisse einstellen kann. Vorteilhaft erscheint, wenn in festgelegten Zeitabständen regelmäßig informiert wird[89] und im Einzelfall nach den Anforderungen der konkreten Situation weiterer Informationsaustausch möglichst schnell erfolgt.[90]

---

[84] Ebenso *Bell*, Gesellschaft, S. 353 f.

[85] Ebenso *Zander*, AuA 1992, 5. *Wiebe*, Geistiges Eigentum, S. 149 („Es fehlt an Orientierung, Qualität, Sinn“).

[86] Ebenso *Bell*, Gesellschaft, S. 354. Zum Anlagegeschäft *Arendts*, WM 1993, 233 m.w.N.

[87] Vgl. für das Wertpapieranlagegeschäft *Arendts*, WM 1993, 233.

[88] Vgl. *Wiebe*, Geistiges Eigentum, S. 101. Zur Parallele der Anlageberatung der Banken vgl. *Arendts*, WM 1993, 234 m.w.N. sowie für den vorvertraglichen Bereich *Grunewald*, AcP 190 (1990), 613. Auch wenn die Vorgänge nur vorhergesehen werden können, vgl. zum antizipatorischen Element der Unterrichtung auf europäischer Ebene *Giesen*, EU-Richtlinienvorschlag, S. 134, 140 m.w.N.

[89] Auch *Breisig/König/Wengelowski*, Mitarbeitergespräch, S. 56 schlagen eine Verstetigung der Dienstbesprechungen vor.

[90] Hier kann eine Parallele zu den sog. Monatsgesprächen zwischen den Betriebspartnern gezogen werden. Vgl. hierzu *Zander*, Mitarbeiterinformation, S. 61, 65 f. *Neuberger*, Mitar-

In den Fällen, in denen die Informationserteilung nur der Schlüssel zu weitergehenden Rechten des Arbeitnehmers darstellt, kann von Rechtzeitigkeit nur gesprochen werden, wenn die sinnvolle Wahrnehmung dieser weiterreichenden Rechte nicht vereitelt wird.[91] Ähnlich wie dem Betriebsrat Unterrichtungsrechte bereits zustehen, bevor personelle oder wirtschaftliche Entscheidungen auf Unternehmens- bzw. Betriebsebene fallen, falls ihm insoweit weiterreichende Beteiligungsrechte per Gesetz eingeräumt sind,[92] kann auch der einzelne Arbeitnehmer verlangen, die einschlägigen Informationen bereits in der Planungsphase zu erhalten. Die Information ist nur dann rechtzeitig erteilt, wenn die zu treffende Entscheidung nicht bereits endgültig oder im wesentlichen unveränderbar getroffen wurde.

3. Verständlichkeit

Schließlich muss die Information, um einen Wert darzustellen, auch für den einzelnen verständlich sein.[93] Abzustellen ist insoweit auf einen durchschnittlichen Arbeitnehmer,[94] aber selbst für ihn muss die Information gegebenenfalls zuvor aufbereitet, gegliedert, gestaltet oder ergänzt werden.[95] Oftmals dient es der Anschaulichkeit ganz erheblich, wenn die Informationen mit Hilfe von Daten, Zahlen und Tabellen verdeutlicht werden. Die reibungslos funktionierende und

---

beitergespräch zur Führung, S. II hält das Mitarbeitergespräch für eine tägliche Herausforderung für Führungskräfte.

[91] Beispielsweise ist der Arbeitnehmer nur dann rechtzeitig über geplante Maßnahmen des Arbeitgebers, die die Gestaltung seines Arbeitsplatzes oder des Arbeitsablaufs betreffen, informiert, wenn seine eigenen diesbezüglichen Vorschläge eine Chance haben, in die Arbeitgeberentscheidung mit einzufließen, vgl. § 82 Absatz 1 BetrVG.

[92] Vgl. §§ 92 – 95, 96 – 98 sowie 99 – 102 BetrVG.

[93] Ebenso *Breisig/König/Wengelowski*, Mitarbeitergespräch, S. 89. Für den vorvertraglichen Bereich ebenso *Grunewald*, AcP 190 (1990), 613; für die Unterrichtung gemäß § 110 BetrVG ebenso *Braun*, a.a.O., S. 146 f.; 163; für die Anlageberatung der Banken ebenso *Arendts*, DZWir1994, 186; LG Frankfurt/M. WM 1992, 1768, 1772; BGH, DZWir 1994, 198. Siehe ferner § 307 Abs. 1 Satz 2 BGB: Eine unangemessene Benachteiligung im Sinne dieser Vorschrift kann darin liegen, dass eine Vertragsklausel nicht klar und verständlich formuliert ist; vgl. näher *Thüsing*, BB 2002, 2672 m.w.Nachw.

[94] Vgl. *Grunewald*, AcP 190 (1990), 614; BGH WM 1988, 1780; BGH ZIP 1990, 980, 981 („Durchschnittskunden").

[95] Wegen der Zweiseitigkeit des Informationstransfers sind die Informationen vom Sender auf den Wissens- und Bildungsstand des Empfängers zu übersetzen; vgl. *Zander*, a.a.O., S. 28, 30, 40. Vgl. hierzu näher *Breisig/König/Wengelowski*, Mitarbeitergespräch, S. 88 ff.; *Neuberger*, Mitarbeitergespräch zur Führung, S. 11f. Bei der Anlageberatung der Banken sieht *Arendts*, WM 1993, 232 darin eine Obliegenheit der Bank.

wirksame Weitergabe von Information in geeigneter Art und Weise stellt durchaus eine Schulungsaufgabe (nicht nur für Führungskräfte) dar.[96]

Es muss auch unmissverständlich klar sein, welche Qualität die Information hat, ob es sich also etwa um eine Meinungsäußerung, eine Vermutung oder um eine Tatsache handelt. Schließlich soll dem Arbeitnehmer Gelegenheit gegeben werden, sich auf den Erhalt neuer Informationen vorzubereiten.[97] Selbst eine schlagwortartige Ankündigung kann durchaus hilfreich sein; Besprechungen sind mit ausreichender Ladungsfrist durch die Bekanntgabe der geplanten Tagesordnung und Protokollübermittlung anzukündigen.[98]

4. Das Mitarbeitergespräch als Beispiel

Im Unternehmen/Betrieb sollten Regeln aufgestellt werden, die sich mit der Organisation und Technik des Informationsaustauschs beschäftigen.[99] Es ist im Blick zu behalten, dass eine wünschenswerte offene und vertrauensvolle Zusammenarbeit bei den am Arbeitsprozess Beteiligten ansetzt. So sollte sich der Informationsabsender - in der Regel ein Vorgesetzter des Arbeitnehmers – im Rahmen des Möglichen diesem individuell widmen und die Zeit gewähren, an Ort und Stelle die Informationen bei Bedarf näher zu erörtern.[100] Nach empirischen Untersuchungen hat das Mitarbeitergespräch in diesem Zusammenhang eine zentrale Bedeutung.[101] Dagegen hat eine frontale Unterrichtung nur einen geringen Wirkungsgrad.[102]

---

[96] Vgl. *Breisig/König/Wengelowski*, Mitarbeitergespräch, S. 18 f.; *Fischer*, AiB 1998, 152, 159; *Zander*, a.a.O., S. 17 ff., 26, 41. Für die Anlageberatung vgl. *Arendts*, DZWir 1994, 188 m.w.N.

[97] Laut *Breisig*, Personalbeurteilung, S. 190 ff. sollen Vorbereitungsblätter an die Mitarbeiter ausgehändigt werden.

[98] Vgl. näher *Zander*, a.a.O., S. 66.

[99] Vgl. etwa *Acker*, Personal 1981, 334; *Breisig/König/Wengelowski*, Mitarbeitergespräch, S. 33 ff.; *Freilinger*, Berufszufriedenheit, S. 26 für das Kooperationsgespräch. Siehe zu einer weiteren Informationsform *Hilb*, Personalzeitschrift als Instrument der innerbetrieblichen Personalpolitik, Stuttgart/Bern 1975.

[100] Vgl. *Breisig/König/Wengelowski*, Mitarbeitergespräch, S. 33 ff., 38 ff., 45 ff.; *Fischer*, AiB 1998, 159; *Zander*, Mitarbeiterinformation, S. 15, 47, 118 ff. (menschlicher Kontakt); *dens.*, AuA 1992, 5; *Zöllner*, Informationsordnung, S. 31 jeweils m.w.N.

[101] Ebenso *Neuberger*, Mitarbeitergespräch zur Führung, S. 7.

[102] Auch *Braun*, Unterrichtung, S. 7 f. weist auf den geringen Wirkungsgrad von Vorträgen, Ansprachen etc. hin und legt Wert auf die Möglichkeit der Befragung.

III. Durchsetzungs- und Sanktionssystem

Die deutsche Rechtsordnung ist entsprechend Art. 19 Abs. 4 GG auf einen wirksamen Rechtsschutz bedacht.[103] Eine ausgewogene Informationsordnung erfordert die Bereitstellung eines handhabbaren Durchsetzungs- und Sanktionssystems für den Fall, dass Informationsansprüche des Arbeitnehmers bestehen, aber keine Beachtung finden bzw. gefunden haben. Zu denken ist insoweit zunächst an eine gesetzliche Klarstellung, ob das jeweilige Informationsrecht eine subjektive einklagbare Rechtsposition gewährt.

Darüber hinaus liegt es nahe, zukünftige Informationsnormen mit Rechtsfolgenanweisungen auszustatten. Denkbare Sanktionierungen sind etwa die Verhängung von Bußgeldern, die Anordnung der Nichtigkeit von Entscheidungen, die sich auf die Arbeitsbeziehung oder –verträge beziehen sowie die Sperrung von (EG-) Fördergeldern.[104]

---

[103] Ebenso *Hauck*, Wirtschaftsgeheimnisse, S. 32.
[104] Auf die Schwierigkeiten eines gesonderten Sanktionierungsprogramms im Informationsrecht weist *Haug*, Informationelle Strategien, S. 82 f. hin.

8. KAPITEL:

RESÜMEE

Es sollen folgende Ergebnisse nochmals besonders herausgestellt werden:

1. Für die am Arbeitsverhältnis Beteiligten ist Information eine sinnlich wahrnehmbare Aussage über innere oder äußere Sachverhalte, die für das Arbeitsverhältnis von Relevanz sind.

2. Ein allumfassendes Informationsrecht des Arbeitnehmers gegenüber seinem Arbeitgeber besteht nicht. Ein solches Recht lässt sich insbesondere nicht aus den Grundrechten herleiten.

3. Für die gesamte arbeitsrechtliche Informationsordnung kann als Diagnose genannt werden, dass die für das Arbeitsrecht im allgemeinen geltende Rechtszersplitterung auch im Informationsbereich gilt. Es fehlt zudem an einer umfassenden gesetzlichen Regelung. Bemerkenswert ist, dass sich die bestehenden Tatbestände stark daran orientieren, an welchem Ort bzw. in welchem Bereich sich der die Information betreffende Sachverhalt abspielt. Ebenso wichtig scheint zu sein, über welchen konkreten technischen Sachverhalt zu informieren ist. Dabei wird vernachlässigt, das Prinzip der (sozialen) Wirkung von Information zu beachten. Mit in die Erwägungen hat eine Risikobetrachtung zu fließen, die in Betracht zieht, welcher Schaden ohne die Erteilung der betreffenden Information entstehen kann.

4. Die ausdrücklich normierten Informationsrechte bedürfen vielfach der Auslegung. Vor allen Dingen das neu in Kraft getretene Bundesdatenschutzgesetz wird noch Gegenstand weiterer juristischer Erörterungen sein. Jedenfalls dem neuen § 4 Abs. 3 BDSG kann ein erstes positives Zeugnis ausgestellt werden.

5. Die in den einzelnen Gesetzen verwendeten Begriffe sind wenig aufeinander abgestimmt und oftmals unpräzise. Gleiche Begriffe werden unterschiedlichen Erscheinungen zugeordnet. Dabei macht eine stringente Begriffsbildung durchaus Sinn, wenn sie zur Präzisierung des Norminhalts beiträgt.

Für den Informationsbereich bietet sich an, zwischen Aufklärung (Initiative des Arbeitgebers) und Auskunft (Initiative des Arbeitnehmers) zu unterscheiden. Des weiteren sind die Begriffe „Warnung“, „Hinweis“, „Benachrichtigung“ und „Offenbarung“ eindeutig den Aufklärungstatbeständen zuzuordnen. Die Begriffe „Unterrichtung“, „Erläuterung“ und „Erklärung“ sind zur tatbestandlichen Formulierung weniger geeignet, weil ihnen eine entsprechende Eindeutigkeit fehlt.

6. Die Informationstatbestände bestimmen in aller Regel weder das Verfahren zur Rechtsdurchsetzung noch ein Sanktionssystem. Das gilt es in der Zukunft zu ändern.

7. Informationsrechte sind im Arbeitsrecht den relativen Rechten zuzuordnen. Sie ergeben sich in aller Regel als Gegenposition arbeitsrechtlicher Nebenpflichten des Arbeitgebers. Sie sind als Erfüllungsansprüche einklagbar. Nur die Aushang- und Auslegungsvorschriften sind als Obliegenheiten des Arbeitgebers ausgestaltet. Vereinzelt kommen funktionelle Veranlassungstatbestände (§§ 4a Abs. 1 BDSG, 84 Abs. 2 BetrVG) hinzu.

8. Sowohl für die vorvertragliche als auch für die nachvertragliche Phase des Arbeitsverhältnisses sind keine ausdrücklichen gesetzlichen Regelungen vorgesehen. In diesem Bereich ist auf unbestimmte Rechtsbegriffe und Generalklauseln wie das Gebot zur Rücksichtnahme (§ 241 Abs. 2 BGB) und das Treu und Glauben Prinzip (§ 242 BGB) zurückzugreifen, um Informationsansprüche des Arbeitnehmers herleiten zu können. Das gilt - abgesehen von den vorhandenen ausdrücklichen Informationsvorschriften - letztendlich auch für die Phase der Vertragserfüllung, wird aber hier ergänzt durch die Grundsätze für die Behandlung der Betriebsangehörigen (§ 75 BetrVG).

9. Zur Konkretisierung der genannten Generalklauseln bietet sich die Verwendung eines beweglichen Systems verschiedener Begründungselemente an. Diese Elemente sind: Das Informationsbedürfnis des Arbeitnehmers, das Informationsgefälle zwischen Arbeitnehmer und Arbeitgeber, die Funktionsübernahme des Arbeitgebers sowie die Zumutbarkeit der Informationspreisgabe für den Arbeitgeber. Die vielfach als weiteres Begründungselement genannte Erkennbarkeit (des Informationsbedürfnisses) ist kein objektives Element. Es findet erst auf der subjektiven Ebene im Rahmen von Schadensersatz- und Beweislastfragen Anwendung.

Weiter denkend stellt sich die - hier nur zur Anregung weiterer Überlegungen aufgeworfene - Frage, ob die Berücksichtigung der genannten Elemente des entworfenen beweglichen Systems nicht auch bei der Auslegung und Anwendung der positivierten Informationsrechte hilfreich sein kann ?

10. Aufgrund der vielfältigen und weitreichenden Veränderungen, mit denen das Arbeitsverhältnis in Berührung kommt, ist an eine gesetzliche Neuorientierung der arbeitsrechtlichen Informationsordnung zu denken. Auch die Praxis in den Unternehmen und Betrieben sollte dem Transparenzprinzip Aufmerksamkeit schenken und es im Rahmen des Möglichen verwirklichen.

Literaturverzeichnis

Abegglen, Sandro: Die Aufklärungspflichten in Dienstleistungsbeziehungen, insbesondere im Bankgeschäft – Entwurf eines Systems zu ihrer Konkretisierung, Bern 1995; (zitiert: Abegglen, Aufklärungspflichten).

Acker, Rolf: Mitarbeiter beurteilen ihre Vorgesetzten, in: Personal 1981, 332-334.

Ackermann, Albert / Feurer, Willi / Ulrich, Hans: Innerbetriebliche Information als Führungsaufgabe, Bern 1959; (zitiert: Ackermann/Feurer/Ulrich, Innerbetriebliche Information).

Adomeit, Klaus: Die gestörte Vertragsparität – ein Trugbild, in: NJW 1994, 2467-2469.

Altvater, Lothar / Bacher, Eberhard / Hörter, Georg / Peiseler, Manfred / Sabottig, Giovanni / Vohs, Gerhard: Bundespersonalvertretungsgesetz – Basiskommentar mit Wahlordnung und ergänzenden Vorschriften, 3. Auflage, Frankfurt am Main 2000.

Arendts, Martin: Beratungs- und Aufklärungspflichten über das einem Wertpapier erteilte Rating, in: WM 1993, 229-237.

Arendts, Martin: Aufklärungs- und Beratungspflichten bei der Anlageberatung, in: DZWir 1994, 185-188.

Angermaier, Max: Das neue Arbeitsschutzgesetz, in: AiB 1996, 522-529.

Asplund, Christer: Gewerkschaftliche Grundrechte im Unternehmen in west-europäischen Ländern – eine vorläufige Untersuchung über Versammlungs- und Informationsrechte in Unternehmen in westeuropäischen Ländern, (Hrsg.: Köpke, Günter), Brüssel 1980.

Auernhammer, Herbert: Bundesdatenschutzgesetz Kommentar, 3. Auflage, Köln/ Berlin/Bonn/München 1993; (zitiert: Auernhammer, BDSG).

Aussem, Uwe: Die Ausstrahlungswirkung der Grundrechte auf das Arbeitsrecht, Köln 1994; (zitiert: Aussem, Ausstrahlungswirkung).

Bachmeier, Roland: EG-Datenschutzrichtlinie – Rechtliche Konsequenzen für die Datenschutzpraxis, in: RDV 1995, 49-52.

Bachner, Michael / Nielebock, Helga: Ausgewählte Aspekte des Gesetzes über Europäische Betriebsräte, in: AuR 1997, 129-137.

Bader, Bachar: Computerunterstützte Personalinformationssystem: Stand und Entwicklungstendenzen, Dresden 1997.

Badura, Peter: Zur Lehre von der verfassungsrechtlichen Institutsgarantie des Eigentums, betrachtet am Beispiel des „geistigen Eigentums" (S. 1-16), in: Festschrift für Maunz, Theodor zum 80. Geburtstag am 1. September 1981, (Hrsg.: Lerche, Peter / Zacher, Hans / Badura, Peter), München 1981; (zitiert: Badura, Geistiges Eigentum).

Bächle, Hans-Ulrich: Unterrichtungs- und Belehrungspflichten nach dem Betriebsverfassungsgesetz 1972, in: DB 1973, 1400-1402.

Ballerstedt, Kurt: Zur Haftung für culpa in contrahendo bei Geschäftsabschluss durch Stellvertreter, in: AcP 151 (1950/51), S. 501-531.

Balthasar, Klaus-Peter: Der allgemeine Informationsanspruch des Betriebsrats, München/Florenz 1986; (zitiert: Balthasar, Informationsanspruch).

Bangemann, Matin: Bangemann-Report, Europe and the Global Information Society, Brüssel 1994.

Bar, Christian von: „Nachwirkende" Vertragspflichten, in: AcP 179 (1979), 452-474.

Bardens, Rupert: Führen und Entlohnen mit Zielvereinbarungen, Bergisch Gladbach 2000.

Bauer, Jobst-Hubertus / Baeck, Ulrich: Scientology – Fragerecht des Arbeitgebers und Kündigungsmöglichkeiten, in: DB 1997, 2534-2539.

Bauer, Jobst-Hubertus / Diller, Martin: Der EURO – auch ein arbeitsrechtliches Problem !, in: NZA 1997, 737-741.

Bauer, Jobst-Hubertus / von Steinau-Steinrück, Robert: Neuregelung des Betriebsübergangs: Erhebliche Risiken und viel mehr Bürokratie, in: ZIP 2002, 457-466.

Becker, Fred G.: Zur ökonomischen Perspektive von Leistungsbeurteilungen, in: AuA 1993, 298-301.

Becker; Friedrich / Etzel, Gerhard / Fischermeier, Ernst / u.a.: Gemeinschaftskommentar zum Kündigungsschutzgesetz und zu sonstigen kündigungsschutzrechtlichen Vorschriften, 6. Auflage, Neuwied/Kriftel 2001; (zitiert: KR (-Bearbeiter)).

Becker-Schaffner, Reinhard: Die Personalakte – Einsichtsrecht – Berichtigungsanspruch, in: BlStSozArbR 1980, 177-180.

Becker-Schaffner, Reinhard: Die Abmahnung in der Praxis, in: BB 1995, 2526-2529.

Bell, Daniel: Die nachindustrielle Gesellschaft, Frankfurt am Main/New York, Neuausgabe 1996; (zitiert: Bell, Gesellschaft).

Besgen, Dietmar / Bleistein, Franzjosef / Jüngst, Manfred / Lorenz, Martin: Betriebsverfassungsrecht, mit Besonderheiten in den neuen Bundesländern, Bonn 1991; (zitiert: Besgen/Bleistein/Jüngst/Lorenz, BetrVG).

Beyer, Hans: Der Begriff der Information als Grundlage für die Beurteilung des technischen Charakters von programmbezogenen Erfindungen, in: GRUR 1990, 399-410.

Birk, Rolf: Das Nachweisgesetz zur Umsetzung der Richtlinie 91/533/EWG in das deutsche Recht, in: NZA 1996, 281-290.

Blaeser, Hans-Otto: Betriebliches Personalaktenrecht: Hinweise für die rechtliche und praktische Handhabung der Personalakte im Betrieb, 2. Auflage, Frechen 1999.

Blanke, Thomas: Europäische Betriebsräte-Gesetz: EBRG-Kommentar, Baden-Baden 1999; (zitiert: Blanke, EBRG).

Bleistein, Fransjosef / Thiel, Adolf: Kommentar zur Rahmenordnung für eine Mitarbeitervertretungsordnung, 3. Auflage, Neuwied/Kriftel/Berlin 1997; (zitiert: Bleistein/ Thiel, Mitarbeitervertretungsordnung).

Böhme, Lothar: Die Aufklärungspflicht bei Vertragsverhandlungen, Göttingen 1964; (zitiert: Böhme, Aufklärungspflicht).

Bopp, Hans-Peter: Informationsrecht des GmbH-Gesellschafters: Eine rechtsvergleichende Untersuchung des deutschen, französischen und schweizerischen Rechts, Konstanz 1991.

Braun, Albert: Die Unterrichtung der Arbeitnehmer über die wirtschaftliche Lage und Entwicklung des Unternehmens, Koblenz 1982; (zitiert: Braun, Unterrichtung).

Bregenhorn, Siegbert: Die Rechtsproblematik in der Personalbeurteilung, München 1982; (zitiert: Bregen-horn, Personalbeurteilung).

Breidenbach, Stephan: Die Voraussetzungen von Informationspflichten beim Vertragsschluss, München 1989; (zitiert: Breidenbach, Informationspflichten).

Breisig, Thomas: Personalbeurteilung – Mitarbeitergespräch – Zielvereinbarungen: Grundlagen, Gestaltungsmöglichkeiten und Umsetzung in Betriebs- und Dienstvereinbarungen, 2. Auflage, Frankfurt am Main 2001; (zitiert: Breisig, Personalbeurteilung).

Breisig, Thomas / König, Susanne / Wengelowski, Peter: Arbeitnehmer im Mitarbeitergespräch, Frankfurt am Main 2001; (zitiert: Breisig/König/Wengelowski, Mitarbeitergespräch).

Breitfeld, Anja: Berufsfreiheit und Eigentumsgarantie als Schranke des Rechts auf informationelle Selbstbestimmung: Verfassungsrechtliche Vorgaben für die zivilrechtliche Informationsordnung, Berlin 1992; (zitiert: Breitfeld, Informationelle Selbstbestimmung).

Brettschneider, Dieter / Sondermann, Josef: Grenzen innerbetrieblicher Information bei Betriebsbußen, in: AuR 1980, 158-162.

Brinkmann, Hans: Ganzheitliche Unternehmensführung und offensives Personalmanagement – Eine Synthese von Theorie und Praxis, Münster/New York 1996; (zitiert: Brinkmann, Unternehmensführung).

Brock, Ditmar / Backert, A. / Lechner, B.: Unternehmenskultur, Arbeitskultur, Alltagskultur (S. 295-310), in: Festschrift für Friedrich Fürstenberg, Arbeitsstrukturen im Umbruch, (Hrsg.: Heidack, Clemens), 2. Auflage, München 1997; (zitiert: Brock/ Backert/Lechner, Festschrift Fürstenberg).

Brockhaus – Die Enzyklopädie in vierundzwanzig Bänden, 10. Band: Herr – Is, 19. Auflage, Leipzig/Mannheim 1989.

Brox, Hans / Rüthers, Bernd: Arbeitsrecht, 15. Auflage, Stuttgart/Berlin/Köln 2002; (zitiert: Brox/Rüthers, Arbeitsrecht).

Bruske, Frank: Beweiswürdigung und Beweislast bei Aufklärungspflichtverletzungen im Bankrecht, Berlin 1994; (zitiert: Bruske, Beweiswürdigung).

Buchner, Herbert: Vom „gläsernen Menschen" zum „gläsernen Unternehmen" – zur rechtlichen Bindung der Datenerfassung und –verarbeitung im Betrieb, in: ZfA 1988, 449-488.

Buchner, Herbert: Freiheit und Bindung des Arbeitgebers bei Einstellungsentscheidungen, in: NZA 1991, 577-593.

Bull, Hans Peter: Datenschutz als Informationsrecht und Gefahrenabwehr, in: NJW 1979, 1177-1182.

Bull, Hans Peter: Die Grundprobleme des Informationsrechts, Frankfurt am Main 1985; (zitiert: Bull, Grundprobleme).

Bundesminister für Arbeit und Sozialordnung, Referat Presse- und Öffentlichkeitsarbeit (Hrsg.): Entwurf eines Arbeitsgesetzbuches – Allgemeines Arbeitsvertragsrecht, Bonn 1977.

Bunte, Hermann-Josef: Informationsrechte in der GmbH und im GmbH-Konzern, Bern/Frankfurt am Main 1976.

Burger, Franz: Europäischer Betriebsrat und was kommt danach ?, (S. 1-19), in: Symposion über Information, Konsultation und Mitbestimmung der Arbeitnehmer in der Europäischen Union, (Hrsg.: Mitglieder des Zentrums für Europäisches Wirtschaftsrecht, Rheinische Friedrich –Wilhelms -Universität Bonn), Bonn 2001; (zitiert: Burger, Europäischer Betriebsrat).

Burghardt, Anton: Lehrbuch der Betriebssoziologie, Wien/Köln/Graz 1974; (zitiert: Burghardt, Betriebssoziologie).

Burghardt, Wolfgang: Aufklärungspflichten des Bürgschaftsgläubigers, Frankfurt am Main/Bern/New York 1985.

Burian, Walter: Mitarbeiterbeteiligung – Partnerschaft – Personalentwicklung, in: AuA 1992, 1-3.

Canaris, Claus-Wilhelm: Ansprüche wegen "positiver Vertragsverletzung" und "Schutzwirkung für Dritte" bei nichtigen Verträgen, in: JZ 1965, 475-482.

Canaris, Claus-Wilhelm: Die Vertrauenshaftung im deutschen Privatrecht, München 1971; (zitiert: Canaris, Vertrauenshaftung).

Canaris, Claus-Wilhelm: Systemdenken und Systembegriff in der Jurisprudenz, 2. Auflage, Berlin 1983; (zitiert: Canaris, Systemdenken).

Canaris, Claus-Wilhelm: Schutzgesetze – Verkehrspflichten – Schutzpflichten (S. 27-110), in: Festschrift für Karl Larenz zum 80. Geburtstag, (Hrsg.: Canaris, Claus-Wilhelm / Diederichsen, Uwe), München 1983; (zitiert: Canaris, Festschrift Larenz II).

Canaris, Claus-Wilhelm: Grundrechte und Privatrecht, in: AcP 183 (1983), 201-246.

Canaris, Claus-Wilhelm: Bankvertragsrecht, 3. Auflage, Berlin/New York 1988; (zitiert: Canaris, Bankvertragsrecht).

Canaris, Claus-Wilhelm: Grundrechte und Privatrecht: eine Zwischenbilanz, stark erweiterte Fassung des Vortrags gehalten vor der juristischen Gesellschaft zu Berlin am 10. Juni 1998, Berlin/New York 1998; (zitiert: Canaris, Grundrechte).

Cube, Felix von: Lust an Leistung: Die Naturgesetze der Führung, München/Zürich 1998; (zitiert: von Cube, Leistung).

Däubler, Wolfgang: Die Schweigepflicht des Betriebsarztes – ein Stück wirksamer Datenschutz ?, in: BB 1989, 282-286.

Däubler, Wolfgang: Individualrechte des Arbeitnehmers nach dem neuen BDSG, in: CR 1991, 475-482.

Däubler, Wolfgang: EG-Arbeitsrecht auf dem Vormarsch, in: NZA 1992, 577-585.

Däubler, Wolfgang: Gläserne Belegschaft ? – Datenschutz für Arbeiter, Angestellte und Beamte, 3. Auflage, Köln 1993; (zitiert: Däubler, Belegschaft).

Däubler, Wolfgang: Arbeitnehmerdatenschutz – ein Problem der EG ? (S. 110-124), in: Tinnefeld, Marie-Theres / Philipps, Lothar / Heil, Susanne (Hrsg.), Informationsgesellschaft und Rechtskultur in Europa, Baden-Baden 1995; (zitiert: Däubler, Arbeitnehmerdatenschutz).

Däubler, Wolfgang / Kittner, Michael / Klebe, Thomas (Hrsg.): Betriebsverfassungsgesetz mit Wahlordnung, §§ 321-325 UmwG, §§ 121-128 InsO und EBR-Gesetz – Kommentar für die Praxis, 8. Auflage, Frankfurt am Main 2002; (zitiert: D/K/K (-Bearbeiter)).

Däubler, Wolfgang: Arbeitsrecht, 4. Auflage, Frankfurt am Main 2002; (zitiert: Däubler, Arbeitsrecht).

Dauner-Lieb, Barbara: Verbraucherschutz durch Ausbildung eines Sonderprivatrechts für Verbraucher, Berlin 1983; (zitiert: Dauner-Lieb, Verbraucherschutz).

Degener, Udo: Das Fragerecht des Arbeitgebers gegenüber Bewerbern, Berlin 1975.

Deinert, Olaf: Vorschlag für eine europäische Mitbestimmungsrichtlinie und Umsetzungsbedarf im Betriebsverfassungsgesetz, in: NZA 1999, 800-805.

Dörner, Heinrich: Verbraucherschutz bei privatem Direktunterricht, in: NJW 1979, 241-248.

Dörr, Erwin / Schmidt, Dietmar: Neues Bundesdatenschutzgesetz: Handkommentar, 2. Auflage, Köln 1992; (zitiert: Dörr/Schmidt, BDSG).

Dollinger, Rupert: Das Recht auf Arbeit im wirtschaftlichen und politischen Wandel, (S. 131-143), in: Festschrift für Hans Floretta zum 60 Geburtstag - Arbeitsrecht und soziale Grundrechte, (Hrsg.: Martinek, Oswin / Migsch, Erwin / Ringhofer, Kurt / Schwarz, Walter / Schwimann, Michael), Wien 1983; (zitiert: Dollinger, Festschrift Floretta).

Dorndorf, Eberhard / Weller, Bernhard / Hauck, Friedrich / Höland, Armin / Kriebel, Volkhart / Neef, Klaus: Heidelberger Kommentar zum Kündigungsschutzgesetz, 3. Auflage, Heidelberg 1999; (zitiert: D/W/H/H/K/N (-Bearbeiter)).

Dreher, Martina: Die zeitlichen Grenzen des arbeitnehmerseitigen Widerspruchs bei Betriebsübergang, in BB 2000, 2358-2362.

Dürig, Günter: Grundrechte und Zivilrechtsprechung (S. 157-190), in: Festschrift für Hans Nawiasky zum 75. Geburtstag (Hrsg.: Maunz, Theodor), München 1956; (zitiert: Dürig, Festschrift Nawiasky).

Dütz, Wilhelm: Arbeitsrecht, 7. Auflage, München 2002; (zitiert: Dütz, Arbeitsrecht).

Edvinsson, Leif / Brüning, Gisela: Aktivposten Wissenskapital, Wiesbaden 2000.

Egelmeyer, Cäcilie: Die Informationsrechte des Betriebsrats und der Arbeitnehmer bei Strukturänderungen, in: DB 1996, 2542-2546.

Egloff, Willi: Information und Grundrechte, in: DVR 7 (1978), 115-150.

Ehmann, Horst: Daten- und Informationsschutz im Arbeitsverhältnis, in: RdA 1983, 95-99.

Ehmann, Horst: Arbeitnehmerüberwachung durch elektronische Datenerhebung und Datenverarbeitung, in: SAE 1985, 181-193.

Ehmann, Horst: Arbeitnehmerüberwachung mittels nicht beurteilungsrelevanter Datenverarbeitung , in: SAE 1985, 273-383.

Ehmann, Horst: Informationsschutz und Informationsverkehr im Zivilrecht, in: AcP 188 (1988), 230-380.

Ehmann, Horst / Sutschet, Holger: EU-Datenschutzrichtlinie – Umsetzungsbedarf und Auswirkungen aus der Sicht des Arbeitsrechts, in: RDV 1997, 3-15.

Eisner, Beat: Die Aufklärungspflicht des Arztes - Die Rechtslage in Deutschland, der Schweiz und den USA, Bern 1992.

Enders, Christoph: Die Menschenwürde in der Verfassungsordnung – Zur Dogmatik des Art. 1 GG, Tübingen 1997; (zitiert: Enders, Menschenwürde).

Erfurter Kommentar: Kommentar zum Arbeitsrecht (Hrsg.: Dieterich, Thomas / Schaub, Günter / Hanau, Peter), 2. Auflage, München 2001; (zitiert: Erfurter Kommentar (-Bearbeiter)).

Erman Bürgerliches Gesetzbuch: Handkommentar (Hrsg.: Westermann, Harm Peter), 10. Auflage, Münster/Köln 2000; (zitiert: Erman (-Bearbeiter)).

Esser, Josef: Schuldrecht Band I, Allgemeiner Teil, 4. Auflage, Karlsruhe 1970.

Esser, Josef / Schmidt, Eike: Schuldrecht, Band I, Allgemeiner Teil Teilband 1, 8. Auflage, Heidelberg 1995; Teilband 2, 8. Auflage Heidelberg 2000; (zitiert: Esser/ Schmidt, Schuldrecht, AT Teilb.1 bzw. 2).

Ewald, Uwe: Versorgungsschaden wegen unterlassener Aufklärung ? Zugleich Anmerkung zu BGH v. 3.7.1990, AZR 382/89, in: AiB 91, 33-34.

Fabricius, Fritz: Leistungsstörungen im Arbeitsverhältnis, Tübingen 1970.

Fabricius, Fritz / Kraft, Alfons / Wiese, Günther / Kreutz, Peter / Oetker, Hartmut: Betriebsverfassungsgesetz – Gemeinschaftskommentar, 6. Auflage, Band 1 (§§ 1-73 BetrVG) Neuwied 1997, Band 2 (§§ 74-132 BetrVG) Neuwied 1998; (zitiert: GK (-Bearbeiter)).

Fank, Matthias: Einführung in das Informationsmanagement: Grundlagen – Methoden - Konzepte, München/Wien 1996.

Feldgen, Dagmar: Nachweisgesetz: erläuterte Textangabe mit Einführung sowie ergänzenden Rechtsvorschriften, München 1995; (zitiert: Feldgen, Nachweisgesetz).

Fiedler, Herbert: Automatisierung im Recht und juristische Informatik, in: JuS 1970, 603-607.

Fiedler, Herbert / Ullrich, Hanns: Vorwort, (S. V-VII), in: Information als Wirtschaftsgut: Management und Rechtsgestaltung, (Hrsg. Fiedler, Herbert /Ullrich, Hanns) Köln 1997; (zitiert: Fiedler/Ullrich, Vorwort).

Fikentscher, Wolfgang: Schuldrecht, 9. Auflage, Berlin/New York 1997; (zitiert: Fikentscher, Schuldrecht).

Fischer, Cornelia: Stand der Überlegungen zur Ausgestaltung der Mitbestimmung bei der Europäischen Aktiengesellschaft (S. 101-110), in: Symposion über Information, Konsultation und Mitbestimmung der Arbeitnehmer in der Europäischen Union, (Hrsg.: Mitglieder des Zentrums für Europäisches Wirtschaftsrecht, Rheinische Friedrich –Wilhelms -Universität Bonn), Bonn 2001; (zitiert: Fischer, Europäische Aktiengesellschaft).

Fischer, Ulrich: Die Personalbeurteilung, in: AiB 1998, 152-160.

Fischer, Ulrich / Breisig, Thomas: Ideenmanagement: Förderung der Mitarbeiterkreativität als Erfolgsfaktor in Unternehmen, Frankfurt am Main 2000.

Fitting, Karl / Kaiser, Heinrich / Heither, Friedrich / Engels, Gerd: Betriebsverfassungsgesetz – Handkommentar, 21. Auflage, München 2002; (zitiert: F/K/H/E, BetrVG).

Flume, Werner: Allgemeiner Teil des Bürgerlichen Rechts, 2. Band: Das Rechtsgeschäft; 3. Auflage, Berlin/Heidelberg/New York u.a. 1979; (zitiert: Flume, Allgemeiner Teil, Band 2)

Flury, Cornelia: Gewinnerläuterungsprinzipien, Frankfurt am Main/ Berlin/Bern/ Bruxelles/New York 1999; (zitiert: Flury, Gewinnerläuterungsprinzipien).

Franzen, Martin: Informationspflichten und Widerspruchsrecht beim Betriebsübergang nach § 613 a Abs. 5 und 6 BGB, in: RdA 2002, 258-272.

Freilinger, Christian: Berufszufriedenheit und Mitarbeiter-Information, in: Management heute, Heft 2/1978, S. 25-26; (zitiert: Freilinger, Berufszufriedenheit).

Fürstenberg, Friedrich: Organisation der Betriebsverfassung, in: Zeitschrift für Arbeits- und Sozialrecht (ZAS) 1971, 83-96.

Fürstenberg, Friedrich: Prozessorientierte Arbeitsforschung, in: Zeitschrift für Arbeitswissenschaft 47 (1993), 156-160.

Fürstenberg, Friedrich: Arbeitsbeziehungen im gesellschaftlichen Wandel, München 2000.

Funk, A.: Diskussionsbericht, (S. 29-31, 56-58), in: Information als Wirtschaftsgut: Management und Rechtsgestaltung, (Hrsg.: Fiedler, Herbert / Ullrich, Hanns), Köln 1997; (zitiert: Funk, Diskussionsbericht).

Gäntgen, Hans Jörg: Die Pflicht zum Hinweis auf eigene und fremde Fehler in zivilrechtlichen Vertragsverhältnissen, Köln 1991; (zitiert: Gäntgen, Pflicht zum Hinweis).

Galeos, Georgios: Das strategische Personalinformationssystem als Komponente von „Executive Information Systems“, Aachen 1995.

Gallwas, Hans-Ullrich: Der allgemeine Konflikt zwischen dem Recht auf informationelle Selbstbestimmung und der Informationsfreiheit, in: NJW 1992, 2785-2790.

Gallwas, Hans-Ullrich: Grundrechte, 2. Auflage, Neuwied/Kriftel/Berlin 1995; (zitiert: Gallwas, Grundrechte)

Galperin, Hans / Löwisch, Manfred: Betriebsverfassungsgesetz – Kommentar, Band I (Organe der Betriebsverfassung), Band II (Regelung der Mitbestimmung), 6. Auflage, Heidelberg 1982; (zitiert: Galperin/Löwisch, BetrVG).

Gamillscheg, Franz: Arbeit: Realität und Problem, (Hrsg.: Eifler, Günter), Mainz 1982.

Gamillscheg, Franz: Die Grundrechte im Arbeitsrecht, Berlin 1989; (zitiert: Gamillscheg, Grundrechte).

Gassmann, Hans-Peter: Probleme bei internationalen Datenflüssen und Gemeinsamkeiten des Datenschutzes in Europa, (S. 11- 26), in: Datenschutz und Datensicherung – Referate der gemeinsamen Fachtagung der Österreichischen Gesellschaft für Informatik (ÖGI) und der Gesellschaft für Informatik vom 21. bis 23. September 1976, (Hrsg.: Dierstein, Rüdiger / Fiedler, Herbert / Schulz, A.), Köln 1976; (zitiert: Gassmann, Datenschutz in Europa).

Gaul, Björn / Otto, Björn: Unterrichtungsanspruch und Widerspruchsrecht bei Betriebsübergang und Umwandlung, in: DB 2002, 634-640.

Geddert-Steinacher, Tatjana: Menschenwürde als Verfassungsbegriff - Aspekte der Rechtsprechung des Bundesverfassungsgerichts zu Art. 1 Absatz 1 GG, Berlin 1990.

Georg, Walter: Lean-Produktion, Unternehmenskultur und berufliche Bildung, (S. 163-178), in: Festschrift für Friedrich Fürstenberg, Arbeitsstrukturen im Umbruch, (Hrsg.: Heidack, Clemens), 2. Auflage, München 1997; (zitiert: Georg, Festschrift Fürstenberg).

Gerhards, Thomas: Abmahnungserfordernis bei Vertrauensstörungen, in: BB 1996, 794-797.

Gerhardt, Horst H.: Die Personalakte im Arbeitsverhältnis, Würzburg 1976; (zitiert: Gerhardt, Personalakte).

Gernhuber, Joachim: Handbuch des Schuldrecht in Einzeldarstellungen, Band 8: Das Schuldverhältnis, Tübingen 1989; (zitiert: Gernhuber, Schuldrecht).

Geulen, Reiner: Die Personalakte in Recht und Praxis: Systematische kritische Darstellung des gesamten Rechts der Personalakte für Beamte, Angestellte, Arbeiter u.a. Berufsgruppen, Neuwied/Darmstadt 1984.

Giesen, Richard: EU-Richtlinienvorschlag zur Information und Anhörung der Arbeitnehmer (S. 123-146), in: Symposion über Information, Konsultation und Mitbestimmung der Arbeitnehmer in der Europäischen Union, (Hrsg.: Mitglieder des Zentrums für Europäisches Wirtschaftsrecht, Rheinische Friedrich–Wilhelms -Universität Bonn), Bonn 2001; (zitiert: Giesen, EU-Richtlinienvorschlag).

Glaubrecht, Helmut: Humanität und Rationalität in Personalpolitik und Personalführung, Freiburg i. Br. 1987.

Gnade, Albert / Kehrmann, Karl / Schneider, Wolfgang / Klebe, Thomas: Kommentar zum Betriebsverfassungsgesetz, 10. Auflage, Frankfurt am Main 2002; (zitiert: G/K/S/K, BetrVG).

Götz, Heinrich: Die Überwachung der Aktiengesellschaft im Lichte jüngerer Unternehmenskrisen, in: AG 1995, 337-353.

Gola, Peter / Hümmerich, Klaus: Die Personalakte des Arbeitnehmers; in: BB 1974, 1167-1172.

Gola, Peter: Datenschutz aus Sicht der Personalabteilung, (S. 111-124), in: Datenschutz und Datensicherung – Referate der gemeinsamen Fachtagung der Österreichischen Gesellschaft für Informatik (ÖGI) und der Gesellschaft für Informatik vom 21. bis 23. September 1976, (Hrsg.: Dierstein, Rüdiger / Fiedler, Herbert / Schulz, A.), Köln 1976; (zitiert: Gola, Datenschutz).

Gola, Peter: Rechtliche Grenzen für Personalinformationssysteme, in: BB 1980, 584-587.

Gola, Peter: Anforderungen des Arbeitsrechts an Personalinformationssysteme – dargestellt am Beispiel der Datenerhebung (S. 49-60), in: Personalinformationssysteme in der Diskussion, (Hrsg.: Hentschel, Bernd / Wronka, Georg), 2. Auflage, Köln 1986; (zitiert: Gola, Personalinformationssysteme).

Gola, Peter: Betrieblicher Datenschutz - Gesetzestexte, Erläuterungen und Dokumentation zur Anwendung des Bundesdatenschutzgesetzes in der betrieblichen Praxis, Wiesbaden 1989.

Gola, Peter / Wronka, Georg: Das neue BDSG und der Arbeitnehmerdatenschutz, in: RDV 1991, 165-172.

Gola, Peter: Krankenkontrolle, Datenschutz und Mitbestimmung, in: BB 1995, 2318-2325.

Gola, Peter / Schomerus, Rudolf / Ordemann, Hans-Joachim: Bundesdatenschutzgesetz – Kommentar, 6. Auflage, München 1997; (zitiert: Gola/Schomerus/Ordemann, BDSG).

Gola, Peter / Jaspers, Andreas: Das neue Bundesdatenschutzgesetz im Überblick: Information zum BDSG 2001 bei Anwendung in der Privatwirtschaft, Frechen 2001.

Goos, Wolfgang: Der Europäische Betriebsrat in der Praxis am Beispiel der freiwilligen Vereinbarungen in der chemischen Industrie (S. 43-56), in: Symposion über Information, Konsultation und Mitbestimmung der Arbeitnehmer in der Europäischen Union, (Hrsg.: Mitglieder des Zentrums für Europäisches Wirtschaftsrecht, Rheinische Friedrich–Wilhelms-Universität Bonn), Bonn 2001; (zitiert: Goos, Europäischer Betriebsrat).

Gornig, Gilbert Hanno: Äußerungs- und Informationsfreiheit als Menschenrecht, Berlin 1988.

Goutier, K. / Knopf, P. / Tulloch, T.: Kommentar zum Umwandlungsrecht, Heidelberg 1996.

Grigoleit, Hans Christoph: Vorvertragliche Informationshaftung - Vorsatzdogma, Rechtsfolgen, Schranken, München 1997; (zitiert: Grigoleit, Informationshaftung).

Grillberger, Konrad: Rechtliche Grenzen der Ermittlung von Arbeitnehmerdaten im Arbeitsrecht und Datenschutzgesetz, (S. 373-388), in: Festschrift für Hans Floretta zum 60 Geburtstag - Arbeitsrecht und soziale Grundrechte, (Hrsg.: Martinek, Oswin / Migsch, Erwin / Ringhofer, Kurt / Schwarz, Walter / Schwimann, Michael), Wien 1983; (zitiert: Grillberger, Festschrift Floretta).

Grün, Beate: Abstandnahme vom Vertragsschluss als Ziel anlegergerechter Aufklärung bei hohen Prämienaufschlägen des Terminoptionsvermittlers, in: NJW 1994, 1330-1333.

Grünberger, Johannes: Nachweisgesetz und Änderung des Kündigungsschutzgesetzes, in: NJW 1995, 2809-2813.

Grunewald, Barbara: Zur Haftung von Fachleuten im Zivilrechtsverkehr, in: JZ 1982, 627-632.

Grunewald, Barbara: Das Scheitern von Vertragsverhandlungen ohne triftigen Grund, in: JZ 1984, 708-711.

Grunewald, Barbara: Aufklärungspflichten ohne Grenzen ?, in: AcP 190 (1990), 609 -623.

Grunewald, Barbara: Die Beweislastverteilung bei der Verletzung von Aufklärungspflichten, in: ZIP 1994, 1162-1166.

Grunsky, Wolfgang: Kommentar zum Arbeitsgerichtsgesetz, 7. Auflage, München 1995.

Habermas, Jürgen: Technik und Wissenschaft als Ideologie, Frankfurt am Main 1968.

Hager, Johannes: Grundrechte im Privatrecht, in: JZ 1994, 373-383.

Hanau, Peter: Unklarheiten in dem Regierungsentwurf des Betriebsverfassungsgesetzes, in: BB 1971, 485-491.

Hanau, Peter: Neuer Anlauf zur mitbestimmten SE, in: RdA 1998, 231-233.

Hanau, Peter / Adomeit, Klaus: Arbeitsrecht, 12. Auflage, Neuwied, Kriftel, Berlin 2000.

Hanel, Erich: Einsicht in die Personalakten, in: Personal 1977, 168-169.

Haug, Ulrich: Informationelle Strategien im Arbeitsrecht – Instrumente zur rechtlichen Gestaltung der Informationsbeziehungen bei strukturellen Informationsdefiziten einer Vertragspartei, Berlin 1986; (zitiert: Haug, Informationelle Strategien).

Hauck, Ernst: Wirtschaftsgeheimnisse – Informationseigentum kraft richterlicher Rechtsbildung ? Zum Konflikt zwischen Freiheit, Eigentum und Öffentlichkeit, Berlin 1987; (zitiert: Hauck, Wirtschaftsgeheimnisse).

Heidack, Clemens: Vorwort, (S. 7) sowie Qualifikation und Qualität – Effektivität der kooperativen Selbstqualifikation als geistig-soziale Wertschöpfung, (S. 87-124), in: Festschrift für Friedrich Fürstenberg, Arbeitsstrukturen im Umbruch, (Hrsg.: Heidack, Clemens), 2. Auflage, München 1997; (zitiert: Heidack, Festschrift Fürstenberg).

Heinze, Meinhard: Der Europäische Betriebsrat, in: AG 1995, 385-402.

Heinze, Meinhard: Ein neuer Lösungsweg für die Europäische Aktiengesellschaft, in: AG 1997, 289-297.

Heinze, Meinhard: Vorwort (S. I-III) sowie Die Europäische Aktiengesellschaft (S. 85-99), in: Symposion über Information, Konsultation und Mitbestimmung der Arbeitnehmer in der Europäischen Union, (Hrsg.: Mitglieder des Zentrums für Europäisches Wirtschaftsrecht, Rheinische Friedrich –Wilhelms -Universität Bonn), Bonn 2001; (zitiert: Heinze, Vorwort bzw. Europäische Aktiengesellschaft).

Helle, Jürgen: Besondere Persönlichkeitsrechte im Privatrecht, Tübingen 1991; (zitiert: Helle, Persönlichkeitsrechte).

Hellmann, Thomas: Materiellrechtlicher Auskunftsanspruch und prozessuale Auskunftspflicht, Würzburg 1978, (zitiert: Hellmann, Auskunftsanspruch).

Henssler, Martin: Anlegerschutz durch Information, in: ZHR 153 (1989), 611-642.

Hentschel, Bernd / Gliss, Hans: Die Personalakte als Datei im Sinne des Bundesdatenschutzgesetzes, in: DB 1977, 2329-2331.

Hentschel, Bernd: Auskunfts-, Bescheinigungs- und Meldevorschriften im Personalwesen: Rechtssammlung gesetzlicher Informationspflichten, 5. Auflage, Frechen 2001.

Hentze, Joachim / Kammel, Andreas: Personalwirtschaftslehre 1, 7. Auflage, Bern/ Stuttgart/Wien 2001; (zitiert: Hentze/Kammel, Personalwirtschaftslehre).

Henze, Hartwig: Prüfungs- und Kontrollaufgaben des Aufsichtsrats in der Aktiengesellschaft, in: NJW 1998, 3309-3312.

Herb, Armin: Entgelt für Auskünfte nach dem BDSG, in: CR 1992,705-708.

Hess, Harald / Schlochauer, Ursula / Glaubitz, Werner: Betriebsverfassungsgesetz, 5. Auflage, Neuwied/Darmstadt 1997; (zitiert: H/S/G (-Bearbeiter)).

Hesse, Konrad: Grundzüge des Verfassungsrechts der Bundesrepublik Deutschland, Neudr. der 20. Auflage, Heidelberg 1999; (zitiert: Hesse, Verfassungsrecht).

Hilb, Martin: Personalzeitschrift als Instrument der innerbetrieblichen Personalpolitik: Untersuchung der Erwartungen verschiedener Publikationskategorien, Stuttgart/Bern 1975; (zitiert: Hilb, Personalzeitschrift).

Hilb, Martin (Hrsg.): Innere Kündigung: Ursachen und Lösungsansätze, Referate einer Tagung, Zürich 1992.

Hilb, Martin: Integriertes Personalmanagement: Ziele – Strategien – Instrumente, 10. Auflage, Neuwied/Kriftel 2002; (zitiert: Hilb, Personalmanagement).

Hildebrand, Knut: Informationsmanagement – Wettbewerbsorientierte Informationsverarbeitung, München/Wien 1995; (zitiert: Hildebrand, Informationsmanagement).

Hilty, Reto M.: Der Information Highway – eine Einführung in die Problematik (S. 21-42), in: Information Highway, (Hrsg.: Hilty, Reto M.), Bern/München 1996.

Höland, Armin: Das neue Nachweisgesetz – Arbeits- und zivilrechtliche Fragen, in: ArbuR 1996, 87-94.

Hoeren, Thomas / Queck, Robert (Hrsg.): Rechtsfragen der Informationsgesellschaft, Berlin 1999.

Hoffmann, Jens: Kompetenzzuweisung an den Betriebsrat, Grundlage für Individualrechte einzelner Arbeitnehmer?, Hamburg 1984.

Hoffmans, Helmut: Nachwirkende Nebenpflichten von Schuldverhältnissen, Köln 1986; (zitiert: Hoffmans, Nachwirkende Nebenpflichten).

Hofmann, Edgar: Zur Beweislastumkehr bei Verletzung vertraglicher Aufklärungs- oder Beratungspflichten, in: NJW 1974, 1641-1644.

Hofmann, Paul: Zur Offenbarungspflicht des Arbeitnehmers, in: ZfA 1975, 1-64.

Holtmanns, Peter / Niebur, Rainer: Personalinformationssysteme: Mitbestimmungs- und personalpolitische Anforderungen an eine EDV-gestützte Personaldatenverarbeitung, (Hrsg.: Hans-Böckler-Stiftung), Köln 1993.

Holz, Berthold: Die Richtlinie des Rates vom 22.9.1994 über die Ersetzung eines Europäischen Betriebsrates oder die Schaffung eines Verfahrens zur Unterrichtung und Anhörung der Arbeitnehmer in gemeinschaftsweit operierenden Unternehmen und Unternehmensgruppen, Aachen 1996; (zitiert: Holz, Europäischer Betriebsrat).

Hopt, Klaus: Nichtvertragliche Haftung außerhalb von Schadens- und Bereicherungsausgleich, in: AcP 183 (1983), 634-720.

Hopt, Klaus: Der Kapitalanlegerschutz im Recht der Banken, München 1975, (zitiert: Hopt, Kapitalanlegerschutz).

Hostasch, Eleonore: Der Europäische Betriebsrat: Angelpunkt zur Herausbildung transnationaler ArbeitnehmerInnenmitwirkung (S. 21-33), in: Symposion über Information, Konsultation und Mitbestimmung der Arbeitnehmer in der Europäischen Union, (Hrsg.: Mitglieder des Zentrums für Europäisches Wirtschaftsrecht, Rheinische Friedrich–Wilhelms-Universität Bonn), Bonn 2001; (zitiert: Hostasch, Europäischer Betriebsrat).

Hromadka, Wolfgang: Ein Arbeitsvertragsgesetz, in: NJW 1992, 1985-1993.

Hromadka, Wolfgang: Die Betriebsverfassung – Ein Überblick über Betriebsverfassungsgesetz und Sprecherausschussgesetz, 2. Auflage, München 1994.

Hubmann, Heinrich: Gewerblicher Rechtsschutz: Patent-, Gebrauchsmuster-, Geschmacksmuster-, Marken- und Wettbewerbsrecht, (fortgeführt von Götting, Horst-Peter), 7. Auflage, München 2002; (zitiert: Hubmann, Gewerblicher Rechtsschutz).

Hübner, Heinz: Informationsmanagement und strategische Unternehmensführung: Vom Informationsmarkt zur Innovation, München 1995.

Hübner, Heinz: Integratives Innovationsmanagement: Nachhaltigkeit als Herausforderung für ganzheitliche Erneuerungsprozesse, Berlin 2002.

Hueck, Götz / Hoyringen-Huene, Gerrick von / Link, Rüdiger: Kündigungsschutzgesetz – Kommentar, 13. Auflage des von Hueck, Alfred begr. Werkes, München 2002; (zitiert: Hueck/Hoyringen-Huene/Linck, KSchG).

Hüffer, Uwe: Aktiengesetz: Kurzkommentar, 5. Auflage, München 2002.

Hümmerich, Klaus: Erfassungsschutz im arbeitsvertraglichen Anbahnungsverhältnis unter besonderer Berücksichtigung des vorvertraglichen Rechts der Datenerfassung bei Personalinformationssystemen, Bonn 1977.

Hümmerich, Klaus: Streitfragen um Personalakten in der Privatwirtschaft, in: DB 1977, 541-544

Hümmerich, Klaus: Aufklärungspflichten des Arbeitgebers im Anbahnungsverhältnis bei ungesicherter Beschäftigung des Arbeitnehmers, in: NZA 2002, 1305-1310.

Hunnins, Gerhard: Innerbetriebliche Information und Kommunikation, Köln 2000.

Hunold, Wolf: Personalakten richtig führen, in: AuA 1997, 364-366.

Isele, Hellmut: Reflexwirkungen der Betriebsverfassung im Individualbereich, in: RdA 1962, 373-375.

Jarass, Hans D.: Das allgemeine Persönlichkeitsrecht im Grundgesetz, in: NJW 1989, 857-862.

Jedzig, Jochim: Mitbestimmung des Betriebsrats bei der Durchführung von Betriebsvereinbarungen über Leistungsbeurteilung von Arbeitnehmern, in: DB 1991, 859-864.

Jhering, Rudolf von: Culpa in contrahendo oder Schadensersatz bei nichtigen oder nicht zur Perfection gelangten Verträgen, in: Jher. Jahrbuch 4 (1861), 1 ff.

Jickeli, Joachim: Europäisches Privatrecht, Unternehmensrecht, Informationspflichten im Zivilrecht, Tübinger Tagung vom 11. bis 14. September 1991, Stuttgart/ München/Hannover/Berlin/Weimar 1992; (zitiert: Jickeli, Europäisches Privatrecht).

Jobs, Friedhelm / Samland, Jürgen: Personalinformationssysteme in Recht und Praxis, Stuttgart 1984; (zitiert: Jobs/Samland, Personalinformationssysteme).

Jung, Hans: Akteneinsichts- und Informationsrecht des Bürgers, Berlin 1970.

Kador, Friedrich-K.: Voraussetzungen und Chancen einer modernen Personalentwicklungspolitik, (S. 133-143), in: Festschrift für Friedrich Fürstenberg, Arbeitsstrukturen im Umbruch, (Hrsg.: Heidack, Clemens), 2. Auflage, München 1997; (zitiert: Kador, Festschrift Fürstenberg).

Karlsfeld, Stephan: Das Widerspruchsrecht der Arbeitnehmer beim Betriebsübergang nach dem Umwandlungsgesetz, Hamburg 2001.

Kempff, Gilbert: Grundrechte im Arbeitsverhältnis: Zum Grundrechtsverständnis des Bundesarbeitsgerichts, Köln 1988.

Kern, Bernd-Rüdiger / Laufs, Adolf: Die ärztliche Aufklärungspflicht, Berlin/ Heidelberg/New York 1983.

Kilian, Wolfgang: Melde- und Auskunftspflichten des Arbeitgebers im Personalbereich; in: BB 1977, 1153-1159.

Kilian, Wolfgang: Auswirkungen des Bundesdatenschutzgesetzes auf das Betriebsverfassungsrecht, in: RdA 1978, 201-209.

Kilian, Wolfgang: Personalinformationssysteme in deutschen Großunternehmen, 2. Auflage, Berlin/Heidelberg/New York 1982; (zitiert: Kilian, Personalinformationssysteme).

Kilian, Wolfgang: Europäisches Datenschutzrecht – Persönlichkeitsrecht und Binnenmarkt (S. 98-109), in: Tinnefeld, Marie-Theres / Philipps, Lothar / Heil, Susanne (Hrsg.), Informationsgesellschaft und Rechtskultur in Europa, Baden-Baden 1995; (zitiert: Kilian, Europäisches Datenschutzrecht)

Kittner, Michael / Trittin, Wolfgang: Kündigungsschutzrecht, Kommentar für die Praxis zum Kündigungsschutzgesetz und zu den anderen Kündigungsvorschriften, 3. Auflage Köln 1997; (zitiert: Kittner/Trittin, § ....).

Kleinschmidt, Martin: Das Informationsmodell bei Börsentermingeschäften, Berlin 1991; (zitiert: Kleinschmidt, Informationsmodell).

Kliemt, Michael: Formerfordernisse im Arbeitsverhältnis, Köln 1994; (zitiert: Kliemt, Formerfordernisse).

Kliemt, Michael: Der neue Teilzeitanspruch, in: NZA 2001, 63-71.

Kliemt, Michael: Das neue Befristungsrecht, in: NZA 2001, 297-307.

Klingler, Joachim: Aufklärungspflichten im Vertragsrecht - Hypothesen zu ihrer richterlichen Instrumentalisierung, Düsseldorf 1981; (zitiert: Klingler, Aufklärungspflichten).

Köndgen, Johannes: Selbstbindung ohne Vertrag: Zur Haftung aus geschäftsbezogenem Handeln, Tübingen 1981.

Kollmer, Norbert: Inhalt und Anwendungsbereich der vier neuen Verordnungen zum Arbeitsschutzgesetz, in: NZA 1997, 138-143.

Kollmer, Norbert / Vogel, Markus: Das Arbeitsschutzgesetz: Darstellung der Rechtslage für Arbeitgeber, Beschäftigte und Fachkräfte für Arbeitssicherheit, 2. Auflage, München 1999.

Kopke, Wolfgang: Heimliches Mithörenlassen eines Telefongespräches, in: NZA 1999, 917-921.

Kranz, Nicolai: Die Ermahnung in der arbeitsrechtlichen Praxis, in: DB 1998, 1464-1467.

Krause, Peter: Das Recht auf informationelle Selbstbestimmung – BVerfGE 65, 1 ff., in: JuS 1984, 268-275.

Kress, Hugo: Lehrbuch des allgemeinen Schuldrechts, Nachdruck der Ausgabe 1929 (Hrsg.: Weitnauer, Hermann / Ehmann, Horst), Aalen 1974.

Krimphove, Dieter: Neuer Europäischer Datenschutz im Arbeitsrecht, in: NZA 1996,1121-1125.

Krimphove, Dieter: Anlageberatung: Das System der zivilrechtlichen Haftung von Kreditinstituten, Frankfurt am Main 1992.

Kroll, Hartmut: Informationsvermittlung in der Industrie: Verbesserung der innerbetrieblichen Zusammenarbeit, Kostensenkung durch rechtzeitige Bereitstellung wichtiger Informationen, Unterstützung der Innovation; 3. Auflage, Eschborn 1990.

Küchenhoff, Günter: Einwirkungen des Verfassungsrechts auf das Arbeitsrecht (S. 317-348), in: Festschrift für Hans Karl Nipperdey zum 70 Geburtstag, Band II (Hrsg.: Dietz, Rolf, Hübner, Heinz), München/Berlin 1965.

Kümpel, Siegfried: Die allgemeinen Verhaltensregeln des Wertpapierhandelsgesetzes; in: WM 1995, 689-694.

Kunz, Harald: Marktsystem und Information: „konstitutionelle Unwissenheit“ als Quelle von „Ordnung“, Tübingen 1985

Kunz, Jürgen: Betriebs- und Geschäftsgeheimnisse und Wettbewerbsverbot während der Dauer und nach Beendigung des Anstellungsverhältnisses, in: DB 1993, 2482-2487.

Kunz, Jürgen: Anmerkung zu BGH vom 6.7.1993 (DZWir 1994, 197 ff.), in: DZWir 1994, 199-201.

Kursawe, Stefan: Die Aufklärungspflicht des Arbeitgebers bei Abschluss von Arbeitsverträgen, in: NZA 1997, 245-249.

Kuznik, Reinhardt: Das vorvertragliche Informationsbedürfnis des Arbeitgebers und die Rechtsstellung des Bewerbers bei Anwendung psychologischer Testverfahren zur Eignungsfeststellung; Darmstadt 1982; (zitiert: Kuznik, Informationsbedürfnis).

Lammel, Siegbert: Zur Auskunftshaftung, in: AcP 179 (1979), 337-366.

Langer, Margit: Informationsfreiheit als Grenze informationeller Selbstbestimmung: Verfassungsrechtliche Vorgaben der privatrechtlichen Informationsordnung; Berlin 1992; (zitiert: Langer, Informationsfreiheit).

Larenz, Karl: Lehrbuch des Schuldrechts, Band 1, Allgemeiner Teil, 14. Auflage, München 1987; (zitiert: Larenz, Schuldrecht AT)

Larenz, Karl: Methodenlehre der Rechtswissenschaft, 6. Auflage, Berlin/Heidelberg/New York/u.a. 1991; (zitiert: Larenz, Methodenlehre).

Lauer, Jürgen: Vorvertragliche Informationspflichten (insbesondere gegenüber Verbrauchern) nach schweizerischem, deutschem und französischem Recht, Bern 1983; (zitiert: Lauer, Informationspflichten).

Laufs, Adolf: Arztrecht; 5. Auflage, München 1993.

Lehmann, Michael: Die bürgerlichrechtliche Haftung für Werbeangaben, in: NJW 1981, 1233-1242.

Leutheusser-Schnarrenberger, Sabine: Informationsgesellschaft und Rechtskultur in Europa (S. 11-13), in: Tinnefeld, Marie-Theres / Philipps, Lothar / Heil, Susanne (Hrsg.), Informationsgesellschaft und Rechtskultur in Europa, Baden-Baden 1995; (zitiert: Leutheusser-Schnarrenberger, Informationsgesellschaft)

Lichtenberg, Peter / Schücking, Prosper: Stand der arbeitsrechtlichen Diskussion zur HIV-Infektion und Aids-Erkrankung, in: NZA 1990, 41-47.

Lieb, Manfred: Grundfragen einer Schuldrechtsreform, in: AcP 183 (1983), 327-366.

Lieb, Manfred: Arbeitsrecht, 7. Auflage, Heidelberg 2000.

Liebel, Hermann J. / Oechsler Walter A.: Personalbeurteilung: Neue Wege zur Bewertung von Leistung, Verhalten und Potential, Wiesbaden 1992.

Liedtke, Werner: Der Anspruch auf ein qualifiziertes Arbeitszeugnis, in: NZA 1988, 270-272.

Linnekohl, Karl: Informationsrecht und Arbeitnehmerschutz; in: ArbuR 1984, 129-140.

Linnekohl, Karl / Töfflinger, Frank: Personalakte und Inhaltskontrolle durch den Arbeitnehmer, in: AuR 1986, 199-208.

Linnekohl, Karl / Gressierer, Christine: Das Mithören von Telefonaten im Arbeitsverhältnis, in: AuA 1999, 410-413.

Lischke, Christian: Abstimmung und Koordinierung von unternehmensübergreifenden Prozessen der Produktentwicklung, Bremen 1992; (zitiert: Lischke, Abstimmung).

Lörcher, Klaus: Die EG-Nachweis-Richtlinie (91/533/EWG) und ihre Umsetzung in innerstaatliches Recht, in: ArbuR 1994, 450-455.

Löwisch, Manfred: Die Beschwerderechte des Arbeitnehmers nach den §§ 84 und 85 BetrVG 1972, in: DB 1972, 2304-2308.

Löwisch, Manfred: Arbeitsrecht, 6. Auflage, Düsseldorf 2002.

Lodde, Stephan: Informationsrecht des Bürgers gegen den Staat, Köln/Berlin/Bonn/München 1996.

Loges, Rainer: Die Begründung neuer Erklärungspflichten und der Gedanke des Vertrauensschutzes, Berlin 1991; (zitiert: Loges, Erklärungspflichten).

Lorenz, Stephan: Vertragsaufhebung wegen culpa in contrahendo: Schutz der Entscheidungsfreiheit oder des Vermögens?, in: ZIP 1998, 1053-1057.

Lorenz, Werner: Das Problem der Haftung für primäre Vermögensschäden bei der Erteilung einer unrichtigen Auskunft (S. 575-620), in: Festschrift für Karl Larenz zum 70. Geburtstag (Hrsg.: Paulus, Gotthard / Diederichsen, Uwe / Canaris, Claus-Willhelm), München 1973; (zitiert: Lorenz, Festschrift Larenz I).

Lüke, Gerhard: Der Informationsanspruch im Zivilrecht, in: JuS 1986, 2-7.

Luhmann, Niklas: Grundrechte als Institution, ein Beitrag zur politischen Soziologie, Berlin 1965.

Lutter, Marcus: Umwandlungsgesetz: Kommentar, (Bearb.: Bayer, Walter), Köln 1996; (zitiert: Lutter, UmwG).

Lutter, Marcus: Information und Vertraulichkeit im Aufsichtsrat, 2. Auflage, Köln/Berlin/Bonn/München 1984; (zitiert: Lutter, Information und Vertraulichkeit).

Maass, Hans-Heinrich: Information und Geheimnis im Zivilrecht, Stuttgart 1970.

Maier, Christoph: Personalinformationssysteme in der Verwaltung privater Unternehmen: Möglichkeiten und Grenzen der Mitentscheidung des Betriebsrats über ihre Nutzung nach Maßgabe der höchstrichterlichen Rechtsprechung, Baden-Baden 1996.

Marly, Jochen: Urheberrechtsschutz für Computersoftware in der Europäischen Union, München 1995.

Maunz, Theodor / Dürig, Günter: Kommentar zum Grundgesetz, Band I und Band II, München Juli 2001; (zitiert: Maunz/Dürig (-Bearbeiter)).

Mayer-Maly, Theo: Datenschutz gegen Arbeitnehmerinformation ?, in: DB 1980, 1441-1445.

Mayo, E.: The Human Problem of an Industrial Civilization, New York 1933.

Mayo, E: Probleme industrieller Arbeitsbedingungen, Frankfurt am Main 1949.

Medicus, Dieter: Zur Entstehungsgeschichte der culpa in contrahendo, (S. 169 ff.), in: Festgabe für Max Kaser zum 80. Geburtstag (Hrsg.: Benöhr, Hans-Peter), Wien/Köln/Graz 1986; (zitiert: Medicus, Festschrift Kaser).

Medicus, Dieter: Die culpa in contrahendo zwischen Vertrag und Delikt (S. 205-219), in: Festschrift für Max Keller zum 65. Geburtstag, (Hrsg.: Forstmoser, Peter / Giger, Hans / Heini, Anton / Schluep, Walter R.), Zürich 1989; (zitiert: Medicus, Festschrift Keller).

Medicus, Dieter: Allgemeiner Teil des BGB, 5. Auflage, Heidelberg 1992; (zitiert: Medicus, Allgemeiner Teil).

Medicus, Dieter: Bürgerliches Recht, 18. Auflage, Köln/Berlin/Bonn/München 1999.

Medicus, Dieter: Schuldrecht I, Allgemeiner Teil, 13. Auflage, München 2002; (zitiert: Medicus, Schuldrecht AT).

Menrad, Wilfried: Vorschlag für eine Richtlinie eines allgemeinen Rahmens zur Information und Konsultation der Arbeitnehmer in der Europäischen Union (S. 111-121), in: Symposion über Information, Konsultation und Mitbestimmung der Arbeitnehmer in der Europäischen Union, (Hrsg.: Mitglieder des Zentrums für Europäisches Wirtschaftsrecht, Rheinische Friedrich–Wilhelms-Universität Bonn), Bonn 2001; (zitiert: Menrad, Richtlinievorschlag).

Menze, Sandra: Das Widerspruchsrecht der Arbeitnehmer beim Betriebsübergang, Frankfurt am Main/Berlin/Bern u.a. 2000; (zitiert: Menze, Widerspruchsrecht).

Mertz, Ulrich: Der individuelle Schutz des Arbeitnehmers im Rahmen der Betriebsverfassung, in: RdA 1971, 203-206.

Meyer, Cord: Betriebsübergang – Die Novelle im Praktikerblick, in: AuA 2002, 159-164.

Mikl-Horke, Gertraude: Industrie- und Arbeitssoziologie, 5. Auflage, München/ Wien 2000; (zitiert: Mikl-Horke, Industrie- und Arbeitssoziologie).

Mohnen, Heinz: Nachwirkungen des Arbeitsverhältnisses, in: RdA 1957, 361-368.

Molkentin, Thomas: Das Recht auf Arbeitsverweigerung bei Gesundheitsgefährdung des Arbeitnehmers, in: NZA 1997, 849-856.

Moll, Wilhelm / Klunker, Hans-Jürgen: Das Beschwerdeverfahren nach dem Betriebsverfassungsgesetz 1972; in: RdA 1973, 361- 369.

Moos, Peter: Nachwirkende Vertragspflichten aus Arbeitsverhältnissen, in: RdA 1962, 301-307.

Moritz, Heinz Peter: Fragerecht des Arbeitgebers sowie Auskunfts- und/oder Offenbarungspflicht des Arbeitnehmers bei der Anbahnung von Arbeitsverhältnissen, in: NZA 1987, 329-336.

Moufang, Rainer: Information als Vertragsgegenstand, (S. 213-229) in: Information als Wirtschaftsgut: Management und Rechtsgestaltung, (Hrsg.: Fiedler, Herbert / Ullrich, Hanns), Köln 1997; (zitiert: Moufang, Vertragsgegenstand).

Moxter, Adolf: Vorwort (S. I-VI), in: Flury, Cornelia, Gewinnerläuterungsprinzipien, Frankfurt am Main/Berlin/Bern/Bruxelles/New York 1999; (zitiert: Moxter, Vorwort).

Müller, Christopher: Europäisches Betriebsrätegesetz: EBRG-Kommentar, Stuttgart/ Berlin/Köln 1997.

Müller, Georg: Vorvertragliche und vertragliche Informationspflichten nach englischem und deutschem Recht, Heidelberg 1994; (zitiert: Müller, Informationspflichten)

Müller, Helmut: Mitbestimmung im Aufsichtsrat und Kontrolle der Unternehmenspolitik: eine empirische Untersuchung zur Handhabung repräsentativer Mitbestimmung in einem Mitarbeiterunternehmen; Frankfurt am Main 1986; (zitiert: Müller, Mitbestimmung).

Münch, Ingo von / Kunig, Philip: Kommentar zum Grundgesetz, Band 1 (Präambel bis Art. 19 GG), 5. Auflage, München 2000; (zitiert: von Münch/Kunig (-Bearbeiter)).

Münchener Handbuch für Arbeitsrecht, Richardi, Reinhard / Wlotzke, Otfried (Hrsg.), Band 1-3, 2. Auflage, München 2000; (zitiert: MüArbR (-Bearbeiter)).

Münchener Kommentar zum Bürgerliches Gesetzbuch, Band 2 Schuldrecht Allgemeiner Teil (§§ 241-432 BGB, FernAbsG), 4. Auflage, München 2001; Band 4 Schuldrecht Besonderer Teil II (§§ 607-704 BGB), 3. Auflage 1997; (zitiert: MüKo (-Bearbeiter)).

Neubauer, Walter: Bedingungen der Arbeitsmotivation: Forschungstrends und Befunde, (S. 73-86); in: Festschrift für Friedrich Fürstenberg, Arbeitsstrukturen im Umbruch, (Hrsg.: Heidack, Clemens), 2. Auflage, München 1997; (zitiert: Neubauer, Festschrift Fürstenberg).

Neuberger, Oswald: Das Mitarbeitergespräch: praktische Grundlagen für erfolgreiche Führungsarbeit; 5. Auflage, Leonberg 2001; (zitiert: Neuberger, Mitarbeitergespräch zur Führung).

Neuberger, Oswald: Mitarbeitergespräch, in: Handwörterbuch der Betriebspsychologie und Betriebssoziologie (Hrsg.: Beckerath / Sauermann / Wiswede), Stuttgart 1981; (zitiert: Neuberger, Mitarbeitergespräch).

Neuberger, Oswald: Miteinander arbeiten – miteinander reden, München 1981; (zitiert: Neuberger, Miteinander arbeiten).

Nickel, Egbert: Anmerkung zu BAG v. 9.9.1975 – 1 ABR 20/74, in: AuR 1976, 91-96.

Niederalt, Werner: Die Individualrechte des Arbeitnehmers nach dem Betriebsverfassungsgesetz 1972, München 1976; (zitiert: Niederalt, Individualrechte).

Niedenführ, Werner: Informationsgebote des AGB-Gesetzes, Frankfurt am Main/ Bern/New York 1986; (zitiert: Niedenführ, Informationsgebote).

Nobbe, Gerd: Neue höchstrichterliche Rechtsprechung zum Bankrecht, 5. Auflage, Köln 1993.

Nordemann, Wilhelm / Vinck, Kai / Hertin, Paul W.: Urheberrecht: Kommentar zum Urhebergesetz und zum Urheberrechtswahrnehmungsgesetz, 9. Auflage, Stuttgart 1998; (zitiert: Nordemann/Vinck/Hertin (-Bearbeiter)).

Ossberger, Karl-Friedrich: Betriebliche Kontrolle, ihre Voraussetzungen und Grenzen: Zugleich ein Beitrag zur Diskussion um den Schutz und die Entfaltung der Persönlichkeit im Arbeitsverhältnis, Köln/Berlin/Bonn/München 1981; (zitiert: Ossberger, Betriebliche Kontrolle).

Ostrowics, Alexander / Künzl, Reinhard / Schäfer, Horst: Der Arbeitsgerichtsprozess, Berlin 2000.

Oswald, Christoph: Analyse der Sorgfaltspflichtverletzung im vertraglichen wie außervertraglichen Bereich, Zürich 1988.

Palandt, Otto: Kommentar zum Bürgerlichen Gesetzbuch, 61. Auflage, München 2002; (zitiert: Palandt (-Bearbeiter)).

Panse, Winfried / Stegmann, Wolfgang: Kostenfaktor Angst, Landsberg/Lech 1996.

Pauly, Holger: Hauptprobleme der arbeitsrechtlichen Abmahnung, in: NZA 1995, 449-454.

Pawlowsky, Peter / Bäumer, Jens: Konzepte betrieblicher Weiterbildungsstrategien, (S. 145-161), in: Festschrift für Friedrich Fürstenberg, Arbeitsstrukturen im Umbruch, (Hrsg.: Heidack, Clemens), 2. Auflage, München 1997; (zitiert: Pawlowsky/Bäumer, Festschrift Fürstenberg).

Petersberg-Kreis: Ordnungspolitische und rechtliche Rahmenbedingungen der Informationsgesellschaft, (Hrsg.: Bundesministerium für Wirtschaft, Referat Öffentlichkeitsarbeit), Bonn 1996.

Pethig, Rüdiger: Information als Wirtschaftsgut in wirtschaftswissenschaftlicher Sicht, (S. 1-28), in: Information als Wirtschaftsgut: Management und Rechtsgestaltung, (Hrsg.: Fiedler, Herbert / Ullrich, Hanns), Köln 1997; (zitiert: Pethig, Wirtschaftsgut).

Picker, Eduard: Positive Forderungsverletzung und culpa in contrahendo – Zur Problematik der Haftungen „zwischen" Vertrag und Delikt, in: AcP 183 (1983), 369-520.

Pieper, Ralf: Das Arbeitsschutzgesetz, in: ArbuR 1996, 465-474.

Pieper, Ralf: Verordnung zur Umsetzung von EG-Arbeitsschutz-Richtlinien, in: ArbuR 1997, 21-23.

Pieroth, Bodo / Schlink, Bernhard: Grundrechte, Staatsrecht II, 16. Auflage, Heidelberg 2000; (zitiert: Pieroth/Schlink, Grundrechte).

Pipkorn, Jörn: Europäische Aspekte der Informations- und Mitwirkungsrechte der Arbeitnehmer: Referat im Rahmen der Vortragsreihe „Das Wirtschaftsrecht der EU" in Bonn am 9.1.1995, Bonn 1995.

Podlech, Adalbert: Gesellschaftstheoretische Grundlagen des Datenschutzes (S. 311-322), in: Dierstein, Rüdiger / Fiedler, Herbert / Schulz, Thomas (Hrsg.), Datenschutz und Datensicherung - Referate der gemeinsamen Fachtagung der Österr. Gesellschaft für Informatik (ÖGI) und der Gesellschaft für Informatik (GI); Köln / 1976; (zitiert: Podlech, Datenschutz).

Podlech, Adalbert: Verfassungsrechtliche Probleme öffentlicher Informationssysteme, in: DVR 1 (1972/1973), S. 149-169.

Podlech, Adalbert: Aufgaben und Problematik des Datenschutzes, in: DVR 5 (1976), S. 23-39.

Popp, Gerfried J.: Die Bekanntgabe des Austrittsgrundes im Arbeitszeugnis, in: NZA 1997, 588-590.

Pramann, Götz: Zum Begriff der Einsichtnahme in betriebsverfassungsrechtlichen Vorschriften (§§ 34, 80, 83, 108 BetrVG), in: DB 1983, 1922-1926.

Preis, Ulrich: Grundfragen der Vertragsgestaltung im Arbeitsrecht, Neuwied/Kriftel/Berlin 1993; (zitiert: Preis, Vertragsgestaltung).

Pries, Ludger: Die Gestaltung der Arbeitsorganisation zwischen Strategie und Ideologie, (S. 29-39), in: Festschrift für Friedrich Fürstenberg, Arbeitsstrukturen im Umbruch (Hrsg.: Heidack, Clemens), 2. Auflage, München 1997; (zitiert: Pries, Festschrift Fürstenberg).

Pulte, Peter: Die arbeitsrechtlichen Aushang- und Bekanntmachungspflichten im Betrieb, in: BB 2000, 197-203 (Teil I) und BB 2000, 250-257 (Teil II).

Raab, Thomas: Das Fragerecht des Arbeitgebers nach schwebenden Strafverfahren und die Unschuldsvermutung des Bewerbers, in: RdA 1995, 36-48.

Raeschke-Kessler, Hilmar: Bankenhaftung bei der Anlageberatung über neue Finanzprodukte, in: WM 1993, 1830-1838.

Raiser, Thomas: Mitbestimmungsgesetz, 3. Auflage, Berlin/New York 1998.

Reich, Norbert: Schuldrechtliche Informationspflichten gegenüber Endverbrauchern, in: NJW 1978, 514-519.

Reinhard, Michael: Die Umkehr der Beweislast aus verfassungsrechtlicher Sicht, in: NJW 1994, 93-99.

Reutlinger, Heinrich: Die Anzeigepflicht im Vertragsrecht, eine Nebenpflicht nach Treu und Glauben, Berlin 1945; (zitiert: Reutlinger, Anzeigepflicht).

Richardi, Reinhard: Betriebsverfassungsgesetz mit Wahlordnung, 8. Auflage, München 2002; (zitiert: Richardi (-Bearbeiter)).

Richter, Karin / Richter, Klaus: Präzisierung von Aufklärungspflichten, zugleich eine Anmerkung zu BAG v. 10.3.1988, Az.: 8 AZR 420/85, in: AiB 1988, 319-322.

Riemann, Fritz: Grundformen der Angst: Eine tiefenpsychologische Studie, 31. Auflage, München/Basel 1999.

Rosenkranz, Hans: Soziale Betriebsorganisation, München/Basel 1973; (zitiert: Rosenkranz, Betriebsorganisation).

Rossnagel, Alexander/ Wedde, Peter / Hammer, Volker / Pordesch, Ulrich: Digitalisierung der Grundrechte ? Zur Verfassungsverträglichkeit der Informations- und Kommunikationstechnik, Opladen 1990.

Roth, Herbert: Beweismaß und Beweislast bei der Verletzung von bankvertraglichen Aufklärungs- und Beratungspflichten; in: ZHR 1990, 513-534.

Ruoff, Axel: Das Europäische Betriebsräte-Gesetz (EBRG), in: BB 1997, 2478-2484.

Säcker, Franz Jürgen: Informationsrecht der Betriebs- und Aufsichtsratsmitglieder und Geheimsphäre des Unternehmers; Heidelberg 1979; (zitiert: Säcker, Informationsrecht).

Sandmann, Bernd: Die Euro-Betriebsrats-Richtlinie 94/45/EG: Europäischer Betriebsrat und alternative Verfahren zur Unterrichtung und Anhörung der Arbeitnehmer in transnationalen Unternehmen, Augsburg 1996.

Schaffland, Hans-Jürgen / Wiltfang, Noeme: Bundesdatenschutzgesetz, ergänzbarer Kommentar nebst einschlägigen Rechtsvorschriften; Loseblattsammlung Berlin 1994; (zitiert: Schaffland/Wiltfang, Bundesdatenschutzgesetz).

Schaub, Günter: Die Abmahnung als zusätzliche Kündigungsvoraussetzung, in: NZA 1997, 1185-1188.

Schaub, Günter: Arbeitsrechts-Handbuch: systematische Darstellung und Nachschlagewerk für die Praxis; 9. Auflage, München 2000; (zitiert: Schaub, Handbuch)

Schierbaum, Bruno: Personaldatenverarbeitung – Rechte der Arbeitnehmer nach dem BDSG, in: AiB 1993, 517-525.

Schlessmann, Karl: Personalakten und Einsichtsrecht, in: BB 1972, 579-582.

Schlessmann, Hein: Das Arbeitszeugnis: Zeugnisrecht, Zeugnissprache, Bausteine, Muster, 16. Auflage, Heidelberg 2000.

Schlitt, Michael: Informationsrecht des stillen Gesellschafters in der typischen stillen Gesellschaft und in der stillen Publikumspersonengesellschaft; Berlin 1996.

Schmid, Karlheinz: Rechtliche Zulässigkeit von Bewertungskriterien bei Personalbeurteilungen und in Entlohnungssystemen, in: BB 1970, 351-355.

Schmidt, Karsten: Gesellschaftsrecht; 3. Auflage, Köln/Berlin/Bonn/München 1997.

Schmidt, Karsten: Informationsrecht in Gesellschaften und Verbänden: ein Beitrag zur gesellschaftsrechtlichen Institutionsbildung; Heidelberg 1984; (zitiert: K. Schmidt, Informationsrecht).

Schmidt, Marlene: Das Arbeitsrecht der Europäischen Gemeinschaft, Baden-Baden 2001; (zitiert: M. Schmidt, EG-Arbeitsrecht).

Schmidt, Reimer: Die Obliegenheiten, Karlsruhe 1953.

Schmidt, Walter: Die bedrohte Entscheidungsfreiheit, in: JZ 1974, 241-250.

Schmitt Glaeser, Walter: Das Grundrecht auf Informationsfreiheit, in: Jura 1987, 567-574.

Scholz, Christian: Personalmanagement: Informationsorientierte und verhaltenstheoretische Grundlagen, München 1989; (zitiert: Scholz, Personalmanagement).

Schulte, Peter-Dietrich: Informationsrecht des Vermächtnisnehmers gegenüber den Erben; Bielefeld 1996.

Schulz von Thun, Friedemann: Miteinander reden, 1. Störungen und Klärungen. Allgemeine Psychologie der Kommunikation, 2. Auflage, Hamburg 2000.

Schumacher, Rolf: Vertragsaufhebung wegen fahrlässiger Irreführung unerfahrener Vertragspartner, Bonn 1979; (zitiert: Schumacher, Vertragsaufhebung).

Schusser, Walter H.: Mitarbeiter – Unternehmer im Unternehmen, (S. 125-131); in: Festschrift für Friedr. Fürstenberg, Arbeitsstrukturen im Umbruch, (Hrsg: Heidack, C.), 2. Aufl., München 1997; (zitiert: Schusser, Festschrift. Fürstenberg).

Schwarz, Mathias: Arbeitnehmerüberwachung und Mitbestimmung; Berlin 1982; (zitiert: Schwarz, Arbeitnehmerüberwachung).

Schwarz, Walter: Dauerschuldverhältnis und Dogmatik arbeitsvertraglicher Treuepflicht (S. 355-368), in: Festschrift Wilburg zum 70. Geburtstag (Hrsg.: Baltl, Hermann), Graz 1975; (zitiert: Schwarz, Dauerschuldverhältnis).

Schwerdtner, Peter: Fürsorgetheorie und Entgelttheorie im Recht der Arbeitsbedingungen, Heidelberg 1970; (zitiert: Schwerdtner, Fürsorgetheorie).

Sennett, Richard: Der flexible Mensch: Die Kultur des neuen Kapitalismus, 9. Auflage, Berlin 1999; (zitiert: Sennett, Der flexible Mensch)

Sieber, Ulrich: Informationsrecht und Recht der Informationstechnik, in: NJW 1989, 2569-2580.

Sieber, Ulrich: Rechtsinformatik und Informationsrecht – Herausforderungen und Zukunftsperspektiven an der Schnittstelle von Informatik und Recht; in: Jura 1993, 561-571.

Sieber, Ulrich: Missbrauch der Informationstechnik und Informationsstrafrecht (S. 166-191), in: Tinnefeld, Marie-Theres / Philipps, Lothar / Heil, Susanne (Hrsg.), Informationsgesellschaft und Rechtskultur in Europa, Baden-Baden 1995; (zitiert: Sieber, Missbrauch).

Sigel, Peter: Das Informationsrecht der Gesellschafter einer GmbH & Co KG: Betrachtung der Systematik der Informationsrechte im Gesellschaftsrecht; Aachen 1991.

Simitis, Spiros / Weiss, Manfred: Zur Mitbestimmung des Betriebsrats bei Kurzarbeit, in: DB 1973, 1240-1252.

Simitis, Spiros: Schutz von Arbeitnehmerdaten: Regelungsdefizite – Lösungsvorschläge, Gutachten erstattet im Auftrag des Bundesministers für Arbeit und Sozialordnung; Bonn 1980; (zitiert: Simitis, Gutachten).

Simitis, Spiros: Von der legislativen Entscheidung zur richterlichen Interpretation, in: NJW 1981, 1697-1701.

Simitis, Spiros: Die informationelle Selbstbestimmung – Grundbedingung einer verfassungskonformen Informationsordnung, in: NJW 1984, 398-405.

Simitis, Spiros: Vom Markt zur Polis: Die EU-Richtlinie zum Datenschutz (S. 51-70), in: Tinnefeld, Marie-Theres / Philipps, Lothar / Heil, Susanne (Hrsg.), Informationsgesellschaft und Rechtskultur in Europa, Baden-Baden 1995; (zitiert: Simitis, Datenschutzrichtlinie).

Söllner, Alfred: Betrieb und Menschenwürde, in: RdA 1968, 437-439.

Söllner, Alfred: Grundriss des Arbeitsrechts; 12. Auflage, München 1998; (zitiert: Söllner, Arbeitsrecht).

Soergel, Hs. Th.: Kommentar zum Bürgerlichen Gesetzbuch, Band 2, Schuldrecht I (§§ 241-432 BGB), 12. Auflage, Stuttgart/Berlin/Köln 1990; Band 4/1, Schuldrecht III/1, (§§ 516-651 BGB), 12. Auflage, Stuttgart/Berlin/Köln 1997; (zitiert: Soergel (-Bearbeiter)).

Sowka, Hans Harald: Die Frage nach der Schwangerschaft, in: NZA 1994, 967-971.

Staudinger, J. von: Kommentar zum Bürgerlichen Gesetzbuch, 2. Buch, Recht der Schuldverhältnisse (Einleitung §§ 241 ff., §§ 241-243 BGB), 13. Auflage, Berlin 1995; 2. Buch, Recht der Schuldverhältnisse (§§ 611-615 BGB), 13. Auflage, Berlin 1999; (zitiert: Staudinger (-Bearbeiter)).

Stege, Dieter /Weinspach, F.K.: Betriebsverfassungsgesetz: Handkommentar für die betriebliche Praxis, 8. Auflage, Köln 1999; (zitiert: Stege/Weinspach, BetrVG).

Steinmüller, Wilhelm: Informationsrecht und Informationspolitik (S. 1-20), in: Informationsrecht und Informationspolitik, (Hrsg. Steinmüller, Wilhelm), München/Wien 1976; (zitiert: Steinmüller, Informationsrecht).

Stengel, Rüdiger: Kann der Arbeitnehmer den Inhalt seiner Personalakte bestimmen?, in: BB 1976, 1083-1084.

Stettner, Rupert: Information – ihr Stellenwert in der Verfassung, (S. 33-56), in: Information als Wirtschaftsgut: Management und Rechtsgestaltung, (Hrsg.: Fiedler, Herbert / Ullrich, Hanns), Köln 1997; (zitiert: Stettner, Information).

Stoll, Heinrich: Tatbestände und Funktionen der Haftung für culpa in contrahendo (S. 435-474), in: Festschrift für Ernst v. Caemmerer, Tübingen 1978; (zitiert: Stoll, Festschrift Caemmerer).

Stoll, Heinrich: Abschied von der Lehre von der positiven Vertragsverletzung; in: AcP 1932, 257-320.

Strombach, Hans: Information – in philosophischer Sicht, (S. 3 ff.); in: Huning/ Mitcham (Hrsg.), Technikphilosophie im Zeitalter der Informationstechnik; München 1986; (zitiert: Strombach, Information).

Stürner, Rolf: Der Anspruch auf Erfüllung von Treue- und Sorgfaltspflichten, in: JZ 1976, 384-392.

Taeger, Jürgen: Die Offenbarung von Betriebs- und Geschäftsgeheimnissen, Baden-Baden 1988; (zitiert: Taeger, Geschäftsgeheimnisse).

Taeger, Jürgen: Softwareschutz durch Geheimnisschutz, in: CR 1991, 449-457.

Taupitz, Jochen: Die zivilrechtliche Pflicht zur unaufgeforderten Offenbarung eigenen Fehlverhaltens, Tübingen 1989; (zitiert: Taupitz, Fehlverhalten).

Tauss, Jörg: Deutschlands Weg in die Informationsgesellschaft, Baden-Baden 1996.

Taylor, Frederick: The Principles of Scientific Management, New York 1911.

Teichmann, Arndt: Nebenpflichten aus Treu und Glauben. 1. Teil: Vorvertragliche Informationspflichten, in: JA 1984, 545-548. 2. Teil: Vertragliche und nachvertragliche Leistungspflichten, Schutzpflichten, in: JA 1984, 709-714.

Thees, Thomas: Das Arbeitnehmer-Persönlichkeitsrecht als Leitidee des Arbeitsrechts – Persönlichkeitsschutz und Persönlichkeitsentfaltung im Arbeitsverhältnis; Berlin 1995; (zitiert: Thees, Arbeitnehmer-Persönlichkeitsrecht).

Thüsing, Gregor: Inhaltskontrolle von Formulararbeitsverträgen nach neuem Recht, in: BB 2002, 2666-2674.

Tinnefeld, Marie-Theres: Aktenschutz für Aktendaten, in: CR 1989, 43–48.

Tinnefeld, Marie-Theres: Persönlichkeitsrecht und Modalitäten der Datenerhebung im Bundesdatenschutzgesetz; in: NJW 1993, 1117-1119.

Tinnefeld, Marie-Theres: Der runde Tisch – Eine Metapher für das Gespräch der Europäer (S. 14-22), in: Tinnefeld, Marie-Theres / Philipps, Lothar / Heil, Susanne (Hrsg.), Informationsgesellschaft und Rechtskultur in Europa, Baden-Baden 1995; (zitiert: Tinnefeld, Der runde Tisch).

Tinnefeld, Marie-Theres / Ehmann, Eugen: Einführung in das Datenschutzrecht; 3. Auflage, München/Wien 1998; (zitiert: Tinnefeld/Ehmann, Datenschutzrecht).

Troller, Alois: Immaterialgüterrecht, Band 1, 3. Auflage, Frankfurt am Main 1983; (zitiert: Troller, Immaterialgüterrecht).

Vogl, Markus: Das neue Arbeitsschutzgesetz, in: NJW 1996, 2753-2757.

Vogt, Aloys: Zu den Wechselbeziehungen von Informationsrechten und –pflichten im Unternehmens- und Betriebsverfassungsrecht; in: DB 1978, 1481-1488.

Vortmann, Jürgen: Die neuere Rechtsprechung zu den Aufklärungs- und Beratungspflichten der Banken, in: WM 89, 1557-1560.

Vortmann, Jürgen: Aufklärungs- und Beratungspflichten der Banken, 2. Auflage, Köln 1993.

Walker, Wolf-Dietrich: Fehlentwicklungen bei der Abmahnung im Arbeitsrecht, in: NZA 1995, 601-608.

Wanckel, Endress: Persönlichkeitsschutz in der Informationsgesellschaft, Frankfurt am Main 1999.

Wank, Rolf: Das Nachweisgesetz, in: RdA 1996, 21-24.

Weilbauer, Arthur: Die ergänzenden Leistungspflichten nach Treu und Glauben, Mannheim 1922; (zitiert: Weilbauer, Leistungspflichten).

Weiler, Barbara: Richtlinie zur Information und Konsultation verabschiedet, in: AiB 2002, 265-267.

Weiss, Manfred / Weyand, Joachim: Betriebsverfassungsgesetz, 3. Auflage, Baden-Baden 1994; (zitiert: Weiss/Weyand, BetrVG).

Weißer, Ulfried: Bloß ausführen oder mitdenken, in: Management heute 1978, Heft 1, S. 29-30.

Weitbrecht, Hansjörg: Entwicklungstendenzen betrieblicher Arbeitsbeziehungen in Deutschland, (S. 197-208); in: Festschrift für Friedrich Fürstenberg, Arbeitsstrukturen im Umbruch, (Hrsg.: Heidack, Clemens), 2. Auflage, München 1997; (zitiert: Weitbrecht, Festschrift Fürstenberg).

Wendeling-Schröder, Ulrike: Autonomie im Arbeitsrecht: Möglichkeiten und Grenzen eigenverantwortlichen Handelns in der abhängigen Arbeit, Frankfurt am Main 1993.

Werckmeister, Georg: Informationsrecht- Grundlagen und Anwendung im Überblick, in: DVR 7 (1978), 97-114.

Werres, Rüdiger: Aufklärungspflichten in Schuldverhältnissen und deren Grenzen, Köln 1985; (zitiert: Werres, Aufklärungspflichten).

Westermann, Harm Peter: Verhaltenspflichten der Kreditinstitute bei der Vergabe von Verbraucherdarlehen – dogmatische Grundlagen, in: ZHR 153 (1989), 123-146.

Weuster, Arnulf: Arbeits- und Ausbildungszeugnisse, in: AiB 1992, 328-341.

Wiebe, Andreas: Information als Schutzgegenstand im System des geistigen Eigentums, (S. 93-152), in: Information als Wirtschaftsgut: Management und Rechtsgestaltung, (Hrsg.: Fiedler, Herbert / Ullrich, Hanns), Köln 1997; (zitiert: Wiebe, Geistiges Eigentum).

Wiedemann, Herbert: Das Arbeitsverhältnis als Austausch- und Gemeinschaftsverhältnis, Karlsruhe 1966.

Wiegand, Wolfgang: Die Verhaltenspflichten – Ein Beitrag zur juristischen Zeitgeschichte, (S. 547-563), in: Festschrift für Gagnér zum 70. Geburtstag, Die Bedeutung der Wörter, (Hrsg.: Stolleis, Michael u.a.), München 1991; (zitiert: Wiegand, Festschrift Gagnér).

Wiese, Günther: Der Persönlichkeitsschutz des Arbeitnehmers gegenüber dem Arbeitgeber, in: ZfA 1971, 273-317.

Wiese, Günther: Individualrechte in der Betriebsverfassung, in: RdA 1973, 1-9.

Wiese, Günther: Der personale Gehalt des Arbeitsverhältnisses; in: ZfA 1996, 439-479.

Wilburg, Walter: Entwicklung eines beweglichen Systems im bürgerlichen Recht. Rede, gehalten bei der Inauguration als Rector magnificus der Karl-Franzens-Universität in Graz am 22. November 1950, Graz 1950; (zitiert: Wilburg, Bewegliches System).

Wilburg, Walter: Zusammenspiel der Kräfte im Aufbau des Schuldrechts; AcP 163 (1963), 346-379.

Winkler von Mohrenfels, Peter: Abgeleitete Informationsleistungspflichten im deutschen Zivilrecht, Berlin 1986; (zitiert: Winkler von Mohrenfels, Informationsleistungspflichten).

Wischenbart, Maresa: Informationsbedarf und Informationsrecht im Gesellschaftsrecht, Frankfurt am Main/Bern/New York 1986.

Wissmann, Hellmut: Das BAG an der Schwelle zum Jahr 2000, in: NZA 2000, 2-3.

Witte, Andreas: Der Prüfungsbericht als Informationsträger im Konzern – Zum System konzerninterner Informationsrechte, Köln/Berlin/Bonn/München 1996.

Witte, Eberhard: Das Informationsverhalten in Entscheidungsprozessen, Tübingen 1972; (zitiert: Witte, Informationsverhalten).

Wlotzke, Otfried: Die Änderungen des Betriebsverfassungsgesetzes und das Gesetz über Sprecherausschüsse der leitenden Angestellten (Teil I), in: DB 1989, 111-126.

Wlotzke, Otfried: EG-Binnenmarkt und Arbeitsrechtsordnung – Eine Orientierung, in: NZA 1990, 417-423.

Wlotzke, Otfried: Fünf Verordnungen zum Arbeitsschutzgesetz von 1996, in: NJW 1997, 1469-1476.

Wöhe, Günter: Einführung in die Allgemeine Betriebswirtschaftslehre, 21. Auflage, München 2002; (zitiert: Wöhe, Betriebswirtschaftslehre).

Wohlgemuth, Hans Hermann: Rechtliche Grenzen der Informationsgewinnung durch den Arbeitgeber, in: BB 1980, 1530-1536.

Wohlgemuth, Hans Hermann: Datenschutz für Arbeitnehmer: eine systematische Darstellung, 2. Auflage, Neuwied 1988; (zitiert: Wohlgemuth, Arbeitnehmerdatenschutz).

Wohlgemuth, Hans Hermann: Datenschutzrecht – Eine Einführung mit praktischen Fällen, Neuwied/Kriftel/Berlin 1992; (zitiert: Wohlgemuth, Datenschutzrecht).

Wohlgemuth, Hans Hermann: Auswirkungen der EG-Datenschutzrichtlinie auf den Arbeitnehmer-Datenschutz, in: BB 1996, 690-696.

Wohlleben, Hermann Peter: Informationsrecht des Gesellschafters, Köln, Berlin, Bonn, München 1989.

Wolf, Ernst: Lehrbuch des Schuldrechts Erster Band: Allgemeiner Teil, Köln/Berlin/ Bonn/München 1978; (zitiert: Wolf, Schuldrecht AT).

Wolfrum, Rüdiger: Recht auf Information, Schutz vor Information, Berlin 1986.

Worzalla, Michael: Das Beschäftigtenschutzgesetz in der Praxis, in: NZA 1994, 1016-1021.

Worzalla, Michael: Neue Spielregeln bei Betriebsübergang – Die Änderungen des § 613a BGB, in: NZA 2002, 353-358.

Wronka, Georg: Personalinformationssysteme und Datenschutz (S. 181-220), in: Personalinformationssysteme in Recht und Praxis, (Hrsg.: Jobs, Friedhelm / Samland, Jürgen), Stuttgart 1984.

Zander, Ernst: Praxis des Führens: Führung - wieder gefragt, 7. Auflage, Heidelberg 1990; (zitiert: Zander, Führung).

Zander, Ernst: Information - eine Führungsaufgabe, in: AuA 92, 3-5.

Zander, Ernst: Beurteilungswesen und Mitarbeitergespräch, in: AuA 1993, 202-206.

Zander, Ernst: Mitarbeiterinformation als Führungsaufgabe: 4. Auflage, Köln 1995; (zitiert: Zander, Mitarbeiterinformation).

Zink, Klaus J.: Die Entwicklungen der Arbeitsstrukturen im soziotechnischen Wandel – ein Überblick, (S. 11-28), in: Festschrift für Friedrich Fürstenberg, Arbeitsstrukturen im Umbruch (Hrsg.: Heidack, Clemens), 2. Auflage, München 1997; (zitiert: Zink, Festschrift Fürstenberg).

Zöller, Richard: Kommentar zur Zivilprozessordnung, 22. Auflage, Köln 2001; (zitiert: Zöller (-Berabeiter)).

Zöllner, Wolfgang: Daten- und Informationsschutz im Arbeitsverhältnis, 2. Auflage, Köln, Berlin, Bonn, München 1983; (zitiert: Zöllner, Daten- und Informationsschutz).

Zöllner, Wolfgang: Informationsordnung und Recht, Vortrag gehalten vor der Juristischen Gesellschaft zu Berlin am 25. Oktober 1989, Berlin, New York 1990; (zitiert: Zöllner, Informationsordnung).

Zöllner, Wolfgang / Loritz, Karl-Georg: Arbeitsrecht, 5. Auflage, München 1998; (zitiert: Zöllner/Loritz, Arbeitsrecht).

Abkürzungsverzeichnis

a.A.	anderer Ansicht
a.a.O.	am angegebenen Ort
abgedr.	abgedruckt
Abs.	Absatz
abw.	abweichend
AcP	Archiv für civilistische Praxis (Zeitschrift)
ÄndG	Änderungsgesetz
a.F.	alte Fassung
FAiB	Arbeitsrecht im Betrieb (Zeitschrift)
AktG	Aktiengesetz
allg.	allgemein (e, r, s, n)
Anm.	Anmerkung
AP	Arbeitsrechtliche Praxis (Entscheidungssammlung)
ArbG	Arbeitsgericht
ArbGG	Arbeitsgerichtsgesetz
ArbR.	Arbeitsrecht
Art.	Artikel
AT	Allgemeiner Teil
AuA	Arbeit und Arbeitsrecht (Zeitschrift)
AÜG	Arbeitnehmerüberlassungsgesetz
Aufl.	Auflage
AuR	Arbeit und Recht (Zeitschrift)
ausf.	ausführlich
BAG	Bundesarbeitsgericht
BAGE	Entscheidungen des Bundesarbeitsgerichts (Entscheidungssammlung)
BAnz	Bundesanzeiger
BB	Betriebsberater (Zeitschrift)
BBG	Bundesbeamtengesetz
BBiG	Berufsbildungsgesetz
Bd.	Band
BDSG	Bundesdatenschutzgesetz
BetrAVG	Gesetz zur Verbesserung der betrieblichen Altersversorgung
BetrVG	Betriebsverfassungsgesetz
BGB	Bürgerliches Gesetzbuch
BGBl.	Bundesgesetzblatt
BGB-RGRK	Kommentar, hrsg. Von Reichsgerichtsräten und Bundesrichtern
BGH	Bundesgerichtshof
BGHZ	Entscheidungen des Bundesgerichtshofes in Zivilsachen
BlStSozArbR	Blätter für Steuerrecht, Sozialversicherung und Arbeitsrecht (Zeitschrift)
BPersVG	Bundespersonalvertretungsgesetz
BRRG	Beamtenrechtsrahmengesetz
Bsp.	Beispiel
bspw.	beispielsweise
BT	Besonderer Teil

BT-Drs.	Bundestagsdrucksachen
BVerfG	Bundesverfassungsgericht
BVerfGE	Entscheidungen des Bundesverfassungsgerichts (Sammlung)
bzgl.	bezüglich
bzw.	beziehungsweise
c.i.c.	culpa in contrahendo
CR	Computer und Recht (Zeitschrift)
DB	Der Betrieb (Zeitschrift)
ders.	Derselbe
DGB	Deutscher Gewerkschaftsbund
d.h.	das heißt
DKK	Däubler/Kittner/Klebe, Kommentar zum Betriebsverfassungsgesetz
DÖV	Die Öffentliche Verwaltung (Zeitschrift)
Drucks.	Drucksache
DWHHKN	Dorndorf/Weller/Hauck/Höland/Kriebel/Neef, Heidelberger Kommentar zum Kündigungsschutzgesetz
DZWir	Deutsche Zeitschrift für Wirtschaftsrecht
ebda.	ebenda
EFZG	Entgeltfortzahlungsgesetz
Einf.	Einführung
EMRK	Europäische Konvention zum Schutz der Menschenrechte und Grundfreiheiten
EU	Europäische Union
EuGH	Gericht der Europäischen Gemeinschaften
EZA	Entscheidungssammlung zum Arbeitsrecht
f.	folgende
ff.	fortfolgende
F/K/H/E	Fitting/Kaiser/Heither/Engels, Handkommentar zum Betriebsverfassungsgesetz
Fn.	Fußnote
FS	Festschrift
G.	Gesetz
GBl.	Gesetzblatt
gem.	gemäß
GG	Grundgesetz
ggf.	gegebenenfalls
ggü.	gegenüber
GK	Gemeinschaftskommentar zum Betriebsverfassungsgesetz, Fabricius/Kraft/Wiese/Kreutz/Oetker
G/K/S/K	Gnade/Kehrmann/schneider/Klebe, Kommentar zum Betriebsverfassungsgesetz
GRUR	Gewerblicher Rechtsschutz und Urheberrecht (Zeitschrift)
Hdb.	Handbuch

HeimarbG	Heimarbeitsgesetz
h.L.	herrschende Lehre
h.M.	herrschende Meinung
H/S/G	Hess/Schlochauer/Glaubitz, Betriebsverfassungsgesetz (Kommentar)
i.d.F.	in der Fassung
i.d.R.	in der Regel
insb.	insbesondere
i.S.v.	im Sinne von
i.V.m.	in Verbindung mit
JarbSchG	Jugendarbeitsschutzgesetz
JhJ	Jherings Jahrbücher der Dogmatik des bürgerlichen Rechts
JR	Juristische Rundschau (Zeitschrift)
Jura	Juristische Ausbildung (Zeitschrift)
JuS	Juristische Schulung (Zeitschrift)
JW	Juristische Wochenschrift (Zeitschrift)
JZ	Juristen-Zeitung (Zeitschrift)
KR	Gemeinschaftskommentar zum Kündigungsschutzgesetz, Becker/Etzel/ Fischermeier/u.a.
KSchG	Kündigungsschutzgesetz
LAG	Landesarbeitsgericht
LFZG	Lohnfortzahlungsgesetz
LG	Landgericht
LM	Das Nachschlagewerk des Bundesgerichtshofs in Zivilsachen
Lohn und Gehalt	Zeitschrift für Lohnbuchhalter und Personalsachbearbeiter
LS	Leitsatz
MDR	Monatsschrift für Deutsches Recht (Zeitschrift)
MitBestG	Gesetz über die Mitbestimmung der Arbeitnehmer
MüArbR	Münchener Handbuch für Arbeitsrecht
MüKo	Münchener Kommentar zum Bürgerlichen Gesetzbuch
m.w.N.	mit weiteren Nachweisen
NJW	Neue Juristische Wochenschrift (Zeitschrift)
NJW-RR	NJW Rechtsprechungs-Report Zivilrecht (Zeitschrift)
NZA	Neue Zeitschrift für Arbeitsrecht
OLG	Oberlandesgericht
pFV.	positive Forderungsverletzung
pVV.	positive Vertragsverletzung
RdA	Recht der Arbeit (Zeitschrift)
RDV	Recht der Datenverarbeitung (Zeitschrift)
Recht	Das Recht (Zeitschrift)
Reg.	Regierung

RG	Reichsgericht
Rspr.	Rechtsprechung
Rz.	Randzeichen
S.	Seite
SGB	Sozialgesetzbuch
Slg.	Sammlung
sog.	sogenannt
SprAuG	Sprecherausschussgesetz
str.	streitig
stRspr.	ständige Rechtsprechung
TVG	Tarifvertragsgesetz
u.a.	unter anderem
umstr.	umstritten
UmwG	Umwandlungsgesetz
VersR	Versicherungsrecht (Zeitschrift)
vgl.	vergleiche
WM	Wertpapiermitteilungen (Zeitschrift)
WuB	Wirtschafts- Bankrecht (Zeitschrift)
ZAS	Zeitschrift für Arbeits- und Sozialrecht
ZfA	Zeitschrift für Arbeitsrecht
ZHR	Zeitschrift für das gesamte Handels- und Wirtschaftsrecht
ZIP	Zeitschrift für Wirtschaftsrecht
ZPO	Zivilprozessordnung
ZRP	Zeitschrift für Rechtspolitik

Peter Lang · Europäischer Verlag der Wissenschaften

Vera Huth

Kreditsicherungsrecht im Lichte der neuen Insolvenzordnung

Frankfurt/M., Berlin, Bern, Bruxelles, New York, Oxford, Wien, 2000. 277 S.
Europäische Hochschulschriften: Reihe 2, Rechtswissenschaft. Bd. 2995
ISBN 3-631-37074-1 · br. DM 98.– / € 65.40*

„Die Quelle aller Konkurse ist der Kredit", womit jedem Kreditgeschäft ein natürliches Insolvenzrisiko des Schuldners immanent ist. Dieser Risikogewißheit der Kreditgeber entspringt ihr natürliches Verlangen nach der Überlassung von Kreditsicherheiten. Mit dem 01. Januar 1999 ist die neue InsO in Kraft getreten. Welche Auswirkungen sich hieraus in Zukunft für die sicherungsnehmenden Kreditgläubiger im Insolvenzfall ihres Kreditschuldners ergeben, wird in dieser Arbeit näher untersucht. Es werden die wesentlichen, mit der neuen InsO einhergehenden Änderungen vor dem rechtspolitischen Hintergrund der Insolvenzrechtsreform dargestellt und im Anschluß daran die verschiedenen Kreditsicherungsalternativen daraufhin untersucht, inwieweit sie den Kreditgläubigern auch unter der neuen InsO eine möglichst verläßliche Kreditsicherungsmöglichkeit bieten.

Aus dem Inhalt: Risiken der Kreditgewährung · Änderungen durch die InsO · Änderungen in den insolvenzrechtlichen Anfechtungstatbeständen · Änderungen in Verwertungsverfahren · Anpassungsoptionen der Kreditgeber an Änderungen in der InsO · Übersicherung von Krediten · Bedingter Freigabeanspruch

Frankfurt/M · Berlin · Bern · Bruxelles · New York · Oxford · Wien
Auslieferung: Verlag Peter Lang AG
Jupiterstr. 15, CH-3000 Bern 15
Telefax (004131) 9402131

*inklusive der in Deutschland gültigen Mehrwertsteuer
Preisänderungen vorbehalten

Homepage http://www.peterlang.de

FSC
www.fsc.org
MIX
Papier | Fördert
gute Waldnutzung
FSC® C083411

Kolibri 360 GmbH
Ferdinand-Jühlke-Straße 7
99095 Erfurt, Deutschland
produktsicherheit@kolibri360.de

Druck:
CPI Druckdienstleistungen GmbH
im Auftrag der
Kolibri 360 GmbH
Ferdinand-Jühlke-Str. 7
99095 Erfurt